개인적 신화의 탐색과 재구성

이야기
심리학

The Stories We Live By

Dan P. McAdams 저 | 양유성 · 이우금 공역

학지사

역자 서문

이야기는 인류 문명의 시작부터 존재하면서 의사소통의 주요 수단으로 이해되고 사용될 뿐 아니라, 인간의 삶의 내용과 방식에도 다른 어떤 것과 비교할 수 없는 커다란 영향을 주었다. 어떤 면에서 인간은 근원적으로 이야기에 의해 자신과 세계를 형성해 나가고, 이야기 구조와 방식에 절대적으로 의존하며 살아가는 존재라고 볼 수 있다. 우리는 자기 삶의 이야기 속에서 내 삶의 과정을 정리해 보기도 하고, 온갖 감정을 경험하기도 하며, 삶의 의미와 방향을 찾아가기도 한다.

자신에게 일어난 모든 일을 이야기하는 것은 불가능하지만, 이야기는 시간 속에서 경험한 다양한 사건을 의미 있게 배열한다. 또한 이야기는 창조적 상상력을 동원하여 새로운 질서를 만들어 낸다.

이 책의 저자인 매캐덤스는 발달이론 심리학자로, 우리가 자신의 신화를 제작하면서 어린 시절부터 삶의 이야기를 통해 정체성을 형성해 나간다고 주장한다. 이를테면, 영아기에 자신의 이야기에서 독특한 분위기가 형성되고, 유아기에 이야기 속의 상징체계가 만들어지며, 학령기에 삶의 동기가 나타나기 시작한다. 또한 청소년기에 자신의 삶의 이야기에서 어떤 사상적 토대가 세워져 가고, 청년기에는 자신의 삶의 이야기에서 주인공을 비롯한 다양한 등장인물에 의해 영향을 받는 이마고들이 더욱 분명하고 강하게 생성된다. 그리고 중년기에는 생산성의 대본이 삶의 이야기를 주도해 나가기도 하며, 노년기에는 자신의 삶의 모든 이야기를 통합하거나 화해시키는 작업을 한다.

이렇게 매캐덤스는 이야기의 틀과 체계로 인간의 성장 과정을 재해석함으로써 우리가 자신의 신화를 제작해 나가고 자신의 정체성을 발전시켜 나가는 과정을 매우 흥미롭게 설명해 준다. 이 책의 자랑거리는 우리가 이야기를 구성하는 실제 내용과 방식에 대해 심층 면접을 통한 각각의 현실적인 사례들로 공개해 준다는 사실이고, 그것을 이론 형성의 근거로 삼아 학문적 분석을 하고 있다는 점이다. 이야기라는 형식을 통해 인간의 내면세계에 학문적으로 접근한 진지한 시도로 인해, 이 분야에서 가장 괄목할 만한 학문적 공헌을 이루었다고 평가할 수 있다.

저자의 또 다른 공헌은 심리학에 문학적 영감을 끌어들인 점이다. 이 책에서는 원래 문학적 용어이자 문학의 표현 방식으로 이해하고 사용하였던 내러티브나 스토리텔링 등 문학적 이론의 도움을 여러 군데에서 받고 있다. 새롭고 창의적인 발상을 위해 학문의 세계에서는 문학과 예술의 접촉을 자주 시도한다. 이 책에서도 심리학으로만은 다 밝혀낼 수 없는 인간의 정체성에 대한 이해를 문학의 영역으로 이동시켜 학문적 진실의 규명을 확장시켜 나갔다. 삶의 이야기를 단지 이야기의 주제와 동기로 보는 데 그치지 않고, 플롯의 구성을 탐색해 보려고 하는 등 심리적 세계를 문학 작품의 영역으로 끌어들인 것이다. 이와 같은 학문적인 만남과 대화는 우리 자신과 삶을 이해하는 데 보다 풍부하고 흥미로운 접근 방식을 제시해 줄 수 있을 것이다. 이러한 방식의 구체적인 방안으로 저자는 자서전 쓰기를 통한 정체성의 탐색을 제안한다. 마지막 장에서 개인적·집단적으로 해 볼 수 있는 단계적인 실행 지침을 주었는데, 이 실습 과정을 통해 우리는 자신에 대해 심층적으로 이해할 수 있고 자신의 성장을 도모해 나갈 수 있다.

상담을 전공한 역자는 상담 과정을 '내담자의 삶의 이야기를 이야기 구조와 형식 속에서 탐색해 보고, 내담자의 역기능적인 문제 이야기를 건강하고 성숙한 삶의 이야기로 재구성해 주는 작업'으로 본다. 또한 상담 과정을 통해 내담자의 삶의 이야기에는 특정한 주제와 동기가 깔려 있고, 다양한 표현 방식이 나타나며, 그 시대와 사회의 이데올로기가 담겨 있다는 것을 발견한다. 이와 같이 이야기의 시간적 발달 과정, 심리적 에너지의 관계성 등의 구도에서 보는 관점은 다양한 삶의 영역과 학문의 세계에서도 자신의 경험을 이해하고 표현하며 구성해 나가는 데 유용하게 적용될 수 있을 것이다.

역자 대표 양유성

저자 서문

　한 개인을 알 때 우리는 무엇을 아는가? 자기 자신을 안다고 생각할 때 우리는 무엇을 아는가? 이 질문들은 대부분의 사람이 한 가지 또는 또 다른 방식 속에서 알려고 했던, 어쩌면 가장 중요한 관계들의 맥락 속에서, 또는 그들이 누구이고 무엇이 그들의 삶을 이해할 수 있게 하는지에 관한 생각 속에서 찾아내려고 했던, 단순하지만 깊이 있는 질문들이다. 또한 이 질문들은 사람들에 관한 자료를 수집 · 해석하고, 인간 삶의 중요성에 대해 의미 있는 학문적 이론을 생성해 내는 나와 같은 성격심리학자들에게 핵심적인 질문들이기도 하다.

　이 책의 중심 사상은 의심할 바 없이 단순한 것이다. 우리 모두가 살고 있는 현대사회에서 정체성은 삶의 이야기다. 삶의 이야기는 자신의 삶에 일치성과 목적을 제공하고 심리사회적인 세계에서 의미 있는 내용을 기술하기 위해서, 한 개인이 청소년기 후반과 청년기에 시작하여 만들어 가는 개인적 신화다. 이 책에서 강조하는 것은 출생부터 노년기까지 이야기가 어떻게 발달하는지에 관한 것이다. 나는 현대인이, 영아기에 이야기의 톤을 만들고, 중년기에 자기의 생산적 유산을 형성하며, 노년기에 삶의 이야기의 만족스러운 종결을 위해 노력하는 이야기를 통해 정체성을 어떻게 형성하는지에 관한 생애주기적 발달이론을 제기한다. 내가 발표하는 이론은 내가 해 온 인격에 관한 학문적 연구 및 타 분야의 많은 사람에 의해 작성된 상당 분량의 연구물과 이론적 문헌을 읽고서 나왔다.

그렇다면 한 개인을 알 때 우리는 무엇을 아는가? 우선, 우리는 한 사람의 특성에 관한 것을 안다. 예를 들어, 나의 아내를 아는 어떤 사람은 그녀의 특성을 '강한' '성실한' '따뜻한'과 같은 말로 설명할 것이다. 그들이 그녀를 더 잘 알게 됨에 따라, "그녀는 클래식 음악을 좋아하는데, 오페라는 싫어해." "그녀는 법정에서 변호사들을 이기려고 하는데, 열 살 된 우리 애가 그녀에게 매우 충동적인 요구들을 할 때 감성적으로 변했어."와 같이 보다 미묘하고 개인적인 발언을 할지 모른다. 그러나 특성 이해와 조건적 설명들은 나의 아내가 누구인지를 설명하는 데 있어, 단지 여기까지만 갈 수 있다. 그녀를 잘 알기 위해서 당신은 그녀의 정체성을 알아야 할 것이다. 즉, 당신은 그녀의 삶에 관해 그녀에게 의미, 일치성 그리고 목적을 제공하는 것이 무엇인지를 알아야 한다. 나의 아내의 삶에 의미, 일치성, 목적을 제공하는 것은 실제로 현재 삶에 그런 특색을 제공하는 것이다. 그것은 바로 이야기다. 나의 아내를 잘 알기 위해서, 당신은 그녀의 삶의 이야기를 알아야 한다.

길포드 출판사는 이 책이 받은 긍정적 반응과 이야기 접근에 대한 심리학 및 인문사회과학 등 다른 분야들의 최근 영향력과 인식에 기초하여 이 책을 출판하였다. 근래 이 책에서 설명한 자기에 관한 이야기들은 애착과 결정적 이론만큼 다양한 영역에서 연구의 초점이 되고 있다. 심지어 낭만적 사랑도 연인에 의해 공동 저술된 하나의 이야기로 보고 있다.

이 책의 독특한 공헌은 사람들이 시간에 걸쳐 성장하면서 생성되는 삶의 이야기의 구성 내용에 초점을 두었다는 것이다. 우리가 보게 되겠지만, 삶의 이야기는 독특한 이야기의 톤, 개인적 이미지, 주제의 목록들, 사상적 배경들, 핵심적인 장면들, 갈등을 빚는 주인공들 그리고 다가올 종결에 대한 기대를 포함하여 많은 다른 기능과 관점을 포함한다. 이런 기능은 각기 발달적 논리를 갖고 있고, 인간의 삶의 특정 지점에서 두드러지게 떠오르며, 주어진 개인적 삶의 시간, 장소 그리고 풍조 속에서 충분히 맥락화된다.

　나는 현대사회에서 우리 모두가 직면해 있는 중요한 심리사회적 도전은 우리 자신의 시간, 장소 그리고 풍조 속의 우리 삶에서 어떤 좋은 것을 만드는 것이라고 믿는다. 그렇게 하기 위해서 우리는 우리의 삶이, 우리의 자녀, 우리의 친구, 우리의 이웃 그리고 심지어 우리의 세계 속의 동료 시민에 의해 창조된 이야기들에 생산적인 방식으로 기여하는 의미 있는 이야기가 되도록 해야 한다. 큰 부분에서, 좋은 삶은 좋은 이야기에 의해 정당화된다. 그리고 좋은 삶의 이야기는 우리가 서로에게 줄 수 있는 가장 중요한 선물 중의 하나다.

Dan P. McAdams

차 례

제2부 이야기의 등장인물들

제3부 성인기의 신화적 도전

서론 삶과 신화

    만약 당신이 나를 알고 싶다면 당신은 나의 이야기를 알아야 하는데, 그것은 나의 이야기가 내가 누구인지를 정의해 주기 때문이다. 그리고 만약 자신의 삶의 의미를 알기 위해 내가 나 자신을 알고자 한다면, 나 또한 나 자신의 이야기를 알아야 한다. 나는 내 이야기의 모든 특별한 것, 즉 내가 내 인생에서 은밀하게, 심지어 무의식적으로 형성해 온 개인적 신화를 알아야 한다. 내가 살아가면서 나 자신과 그리고 때때로 다른 사람들에게 계속 새로 바꾸어 가며 말하는 것은 바로 이야기다.

    우리는 모두 이야깃거리를 가진 이야기꾼이다. 우리는 각기 이야기 속에서 우리 삶의 에피소드를 정리하므로, 우리의 흩어지고 종종 혼란스러운 경험들을 일관성 있게 제공하려고 한다. 이것은 망상이나 자신을 속이는 어떤 것이 아니다. 우리는 우리 자신에게 거짓말을 하고 있는 것이 아니다. 오히려 우리의 개인적 신화를 통해서 우리는 각기 무엇이 진실이고, 무엇이 삶에서 의미가 있는지를 발견한다. 일관성과 목적을 갖고 인생을 잘 살기 위해 우리는 우리 자신에 관한 중요한 진실들을 설명하는 자신의 영웅적 이야기를 구성한다. 오랜 세월 지속되는 인간의 진실들은, 과거에도 그랬던 것처럼, 여전히 신화 속에 주로 존재한다.

이 책은 인간의 정체성에 대한 새로운 이론을 제시한다. 이 이론은 우리가 각기 자신에 관한 영웅적 이야기를 만들어 냄으로써 자신이 누구인지를 알게 된다는 생각 주변에 세워져 있다. 나는 어떻게 우리가 각각 의식적·무의식적으로 개인적 신화를 구성하는지를 탐색하고 설명하려고 한다. 당신의 신화는 당신에게 독특하고, 그것은 다른 어떤 것보다도 당신을 독특하게 만드는 것이다. 당신의 신화가 다른 어떤 사람의 것과 어떻게 같은지를 보여 주는 것이 여기서의 내 목적은 아니다. 나는 우리가 어떤 유형에 속하는지를 발견함으로써 우리 자신에 대해 많이 배운다고 믿지 않는다. 만약 우리가 누구인지 그리고 우리 자신의 삶이 어떻게 매우 의미 있게 만들어질 수 있는지를 알려고 한다면, 대신 우리는 각기 우리의 독특한 삶의 과정과 개인적 여정의 특별한 성격을 이해하려고 노력해야만 한다.

개인적 신화는 무엇인가? 무엇보다 먼저 그것은 우리 자신과 우리 삶의 다른 부분을 목적이 있고 설득력이 있는 전체로 합쳐지도록 우리가 각기 자연스럽게 구성한 특별한 종류의 이야기다. 모든 이야기와 같이 개인적 신화는 시작, 중간, 끝이 있고, 플롯의 전개와 주인공에 의해서 정의된다. 우리는 우리의 이야기를 저항하기 어려운 심미적인 상태로 만들려고 한다. 개인적인 신화는 우리의 기억된 과거, 인식된 현재 그리고 예견되는 미래가 통합된 상상력의 행위다. 저자와 독자의 양쪽 입장으로, 우리는 자신의 신화가 가진 그것의 아름다움과 심리사회적인 진실 때문에 그 신화를 인정하게 된다.

비록 우리가 매일의 삶 속에서 개인적 신화를 수행해 낼지 모르지만, 그 이야기는 우리의 내부에 존재한다. 그것은 우리 자신의 심리적인 발견과 즐김을 위해서, 우리 자신의 마음속에서, 의식적이든 무의식적이든, 은밀하게 만들어지고 다시 만들어진다. 강한 친밀감을 느끼는 순간, 우리는 다른 사람과 중요한 에피소드를 나눌 수 있다.[1] 그리고 위대한 통찰의 순간에, 그 이야기의 조각들이 갑작스럽게 의식되거나, 하찮게 여겨진 모티프들이 갑자기 자신을 정의해 주는 사건으로 등장할지도 모른다.

　　최근 몇몇 대중적인 심리학 저서에서는 고대 그리스 신화가 인간의 삶을 위한 보편적인 지침의 일부를 제공한다는 것을 주장했다.[2] 그 저자들은 우리가 우리 안에 거주하는 특정한 신들과 여신들을 인식하고 이해하므로, 우리에게 특별한 심리적 여행을 떠날 것을 격려한다. 특별히 서사시적인 저자가 주장하는, 우리 속에 있는 신화적 영웅을 찾는 것은 우리가 정말로 번성하고 사랑하고 행복해질 수 있는 약속의 땅으로 마침내 우리를 데려간다.[3] 과학적 조사와 이론보다는 임상사례에 주로 기반을 둔 이러한 대중 서적들은 성격유형의 단순하고 낭만적인 초상화를 제시한다.

　　인간의 삶은 유형적으로 접근하기에는 너무 복잡하고, 진실은 오직 내면에 존재한다고 말하는 어떤 주장을 지지하기에는 사회적으로 너무 많이 영향을 받는다는 것을 나는 믿고 있다. 나는 당신의 내면세계에서 인식되기를 기다리고 있는 신들과 여신들이 있다는 것을 믿지 않는다. 우리는 신화 속에서 우리 자신을 발견하지 않고, 신화를 통해 우리 자신을 만들어 간다. 진실은 우리의 사랑과 미움, 우리가 맛보고 냄새 맡고 느끼는 가운데, 매일의 약속과 주말의 데이트 속에서, 가장 친밀한 사람들과 나누는 대화에서, 그리고 버스에서 만난 낯선 사람과의 대화 속에서 구성된다. 오래된 이야기들은 개인적 신화 형성을 위한 어떤 원재료들을 제공하지만, 우리가 황금 시간대에 시청하는 TV 드라마보다 더 중요한 것은 아니다. 우리의 자원은 대단히 다양하고, 우리의 가능성은 방대한 것이다.

　　개인적 신화의 발달은 유아기부터 노년기까지 추적할 수 있을 것이다. 제1장에서는 인간의 삶에서 이야기의 의미를 생각함으로써 개인적 신화의 발달적인 관점에 대한 정황을 제시할 것이다. 제2장에서는 영아기와 유아기로 시작할 것이다. 이야기가 무엇인지 의식적으로 알기 전에조차도, 우리는 언젠가 구성할 자기를 정의하는 이야기를 위한 재료들을 모으고 있는 것이다. 우리의 부모와 형성된 초기의 애착관계로부터 우리의 출생 후 첫해에는 나중에 성인이 되어 채택할 이야기의 톤에 영향을 주는 낙관주의나 비관주의의 유산을 남긴다. 우리가 어린 시절 받게 되는 두 번째 유산은 우리가 개인적 신화에 사용하는 정서적으로 강하게 형성된 이미지이며, 그것의 뿌리는 유년기의 환상 놀이에 박혀 있다. 힘과 사랑의 중심적 주제가 성인기의 개인적 신화에 동기를 주면서 발전되고, 제3장에서 볼 수 있듯이, 그러한 자원들은 우리가 초등학교에서 듣고 배우고 창작하는 이야기들 속에 뒤따르게 될 것이다. 청소년기에 우리는 우리의 개인적 신화를 위해, 우리가 진실하고 선하다고 믿는 상황 속에서 우리의 이야기에 자리 잡는 사상적 기반을 만들어 낸다. 청소년이 이야기로 전해지는 역사적인 용어 속에서 그들의 삶을 보기 시작하듯이, 청소년기는 삶의 주기에서 신화 제작의 시작이 적절하다는 것을 알려 준다(제4장).

제5, 6장은 우리가 성인 초기에 시작하는 과정인 개인적 신화에서 주요 등장인물의 성향과 재규정을 탐색할 것이다. 주요 인물은 권력과 사랑에 관한 우리의 기본적 욕구들을 의인화시켜 준다. 이 주요 인물 또는 내면화된 '이마고'는 전사, 현인, 애인, 돌보는 자, 인도주의자, 치유자 그리고 다른 사람들 속의 생존자와 같은 원형적 모습들을 추측하게 한다. 우리가 자신을 정의하는 이야기들 속에 들어간 이런 주요 인물은 우리의 전체적인 정체성의 질을 결정하는 데 도움을 준다. 초기 성인기의 불만과 불안감은 등장인물들의 구성에서 때로는 중요한 문제가 될 수 있다. 또한 제7장에서 볼 수 있듯이, 이런 문제들은 인간의 신앙 문제와 의미에 대한 관심에 영향을 미칠 수 있다.

제8장에서는 우리가 우리 이야기의 반대쪽 부분들에 생명력을 더해 주고 조화롭게 하는 전체 속으로 가져가려고 하면서, 개인적 신화 만들기가 중년기와 그 이후에 어떻게 보다 통합적이 될 수 있는지를 생각할 것이다. 우리는 또한 삶의 이야기의 예상되는 종말과 우리의 직업 활동, 가정생활, 공동체의 삶에서 발생할 수 있는 새로운 시작과 함께 중년기에 관심을 갖게 될 것이다. 효과적인 양육, 교육과 지도, 장기적인 우정, 직업적 헌신과 성취, 예술과 과학에서의 창조적인 공헌, 자원봉사 활동, 이 모든 활동과 다른 많은 것, 어떤 것들은 대단하고 또 다른 어떤 것들은 보잘것없지만, 내가 제9장에서 개인적 신화의 '생산적 대본'이라고 부르는 것의 일부가 될 것이다. 생산적 대본은

한 세대에서 다음 세대로 개별적인 개인적 신화를 사회의 집단적인 이야기와 신화들, 그리고 인간의 삶과 복지를 촉진시키고 개선시키는 사업과 전체로서 연결시킨다.

이 책의 마지막 장에서 나는 독자에게 자신의 개인적 신화의 탐구를 시작할 것을 격려한다. 마지막 장에서는 당신이 자신의 신화를 찾아내고, 살고 있으며, 변화시키는 방식들을 간략하게 생각해 볼 것이다.

개인적 신화는 우리의 성인기의 대부분을 통해 발전되고 계속 변화한다. 그러나 삶의 마지막 부분에서 우리 중 어떤 사람들은 신화 만들기를 중단하며, 우리가 만들었던 것을 최종적으로 정리해 보기를 시작한다. 심리학자 에릭 에릭슨(Erik Erikson)은 인간의 삶의 주기의 마지막 단계를 우리가 '자아통합 대 절망'의 문제를 직면하는 시기로 설명했다.[4] 내가 생각하기에는 삶에서 통합성을 찾는 것은, 자신의 개인적 신화를 회고해 보면서, 개인적 신화의 모든 결함과 한계에도 불구하고, 그것이 유익하다는 것을 결정하는 것이다. 창조자가 그의 창조물의 열매를 회고해 보면서 만들어진 것을 감사하게 받아들이는 관점이다. 만약 창조자가 창조물을 거부한다면, 창조자는 절망을 경험할 것이다. 정체성은 받아들일 가치가 없는 것이고, 새로운 것을 창조하기에는 너무 늦은 것이다.

나는 우리의 대부분이 수용과 거부가 뒤섞인 상태에서 자신의 개인적 신화의 창조물을 회고하지 않을까 생각한다. 그러나 우리가 그런 신화 이후의 시대에 도달할 때까지 우리는 긴장 속에서 각기 문학 평론의 역할을 채택해야만 하고, 우리가 각기 집필하고 살기 위해 노력했던 정체성을 최종적으로 분석하고 검토하기를 요청받는 때를 기다릴 것이다.

이 책은 과학적 연구와 이론에 기초를 두었다. 자료는 실제로 삶을 살고 설명하는 사람들로부터 수집했다. 대부분의 경우 이들은 장기간 심리치료를 받은 적이 없거나, 정신질환으로 입원한 적이 없는 비교적 정상적인 사람들이다. 지난 13년 동안 나는 일련의 심리학적 연구과제들을 세인트올라프 대학교, 시카고의 로욜라 대학교, 가장 최근에 노스웨스턴 대학교에서 수행해 왔다. 연구의 몇 가지 보고서는 학술지와 심리학자 및 다른 사회과학자를 위해 쓴 전문서적에 실렸다.[5] 이 책의 핵심 논쟁의 기원은 1985년 출판된 『권력, 친밀성 그리고 삶의 이야기』라는 내가 쓴 전문서적의 초반부에서 찾아낼 수 있을 것이다.[6]

연구의 결과물은 시카고의 로욜라 대학교로부터 받은 수많은 작은 보조금과 1988년 겨울과 봄 동안 받은 연구년을 통해 나올 수 있었다. 미국 루터 교회에서 보낸 1980년의 연구지원금은 이 책에 간략히 설명한 학생들의 종교적 신앙체계의 연구에 도움을 주었다. 새로운 자료의 수집과 분석 그리고 원고의 마지막 준비는 스펜서 재단으로부터 1990년 여름에 받게 된 주된 지원금과 노스웨스턴 대학교의 지원금에 의해 가능했다.

많은 친구와 동료가 이 책을 쓰는 데 여러 방식으로 공헌해 주었다. 1986년에서 1989년까지 시카고의 로욜라 대학교에서 가르쳤고 함께 연구했던 대학원생들에게 나의 가장 큰 감사의 마음을 전한다. 이들 학생들 중에는 레이철 알브레히트, 에드 드 세인트 오빈, 배리 호프먼, 데니즈 렌스키, 톰 네스토르, 줄리 옥센버그, 디네쉬 샤르마 그리고 도나 반 드 워터 등이 있다. 나는 또한 이 책을 쓰기 위해 노력할 때 지칠 줄 모르는 지원을 해 준 카틴카 매트슨과 영향력 있는 열정과 지혜로운 안내를 해 준 마리아 구아나셀리에게 감사의 마음을 전한다. 최근 몇 년 동안 가장 도움이 되고 격려를 해 준 다른 사람으로는 베키 블랭크, 마커스 보그스, 로드니 데이, 밥 에먼스, 데이비드 파인스타인, 밥 호건, 조지 하워드, 제인 뢰빙거, 지나 로건, 데이비드 맥클렌런드, 리처드 오크버그, 캐런 람보, 맥 런연, 재닛 슈레이스, 애비 스튜어트, 캐럴 앤 스토, 데이비드 윈터, 그리고 누구보다도 나의 아내인 리베카 팔메이어가 있다.

후 주

1) 다른 사람과 자기를 공유하는 것은 대인관계에서 친밀감의 특징이다. 다른 사람과 친밀해 진다고 하는 것은 가장 깊은 자기를 공유하는 것을 의미한다. 다른 사람과의 친밀감에 대한 욕구는 보편적인 인간의 욕구이지만, 이 특별한 욕구가 삶의 주어진 순간에 그들에게 얼마 나 두드러지고 강한지에 대해서는 사람들마다 현저하게 다르다. 실제로 친밀감에 대한 인 간의 필요의 상대적 강도는 나의 심리학적 연구에서 개발하고 개선한 방법인 인간의 상상 적 환상들을 분석함으로써 측정될 수 있다. 나는 친밀감의 필요 또는 이 책의 후반부에 '친 밀감 동기'라고 내가 부른 것에 대한 나의 경험적 연구에 대해 간략히 말할 것이다. 이 연구 에 대한 충분한 설명은 다음의 책에 나온다. McAdams, D. P. (1989). *Intimacy: The need to be close*. New York: Doubleday.

2) 예를 들면, 다음의 책들을 참고하라. Bolen, J. S. (1984). *Goddesses in everywoman: A new psychology of women*. New York: Harper & Row. Bolen, J. S. (1989). *Gods in everyman: A new psychology of men's lives and loves*. New York: Harper & Row.

3) Pearson, C. S. (1989). *The hero within: Six archetypes we live by, 24*. New York: Harper & Row.

4) Erikson, E. H. (1982). *The life cycle completed*. New York: W. W. Norton. 또한 다음을 참조하라. Erikson, E. H. (1963). *Childhood and society* (2nd Ed.). New York: W. W. Norton.

5) 관련된 책과 논문들은 다음과 같다. McAdams, D. P. (1982) Experiences of intimacy and power: Relationships between social motives and autobiographical memory. *Journal of Personality and Social Psychology, 42*, 292-302. McAdams, D. P. (1984) Love, power, and images of the self. In C. Z. Malatesta and C. E. Izard (Eds.), *Emotion in adult development* (pp. 159-174). Beverly Hills, CA: Sage Publications. McAdams, D. P. (1985). The "imago": A key narrative component of identity. In P. Shaver (Ed.), *Self, situations, and behavior: Review of personality and social psychology* (Vol. 6, pp. 115-141). Beverly Hills, CA: Sage Publications. McAdams, D. P. (1987) A life-story model of identity. In R. Hogan and W. H. Jones (Eds.), *Perspectives in personality* (Vol. 2, pp. 15-50) Greenwich, CT: JAI Press. McAdams, D. P. (1989). The development of a narrative identity. In D. Buss and N. Cantor (Eds.), *Personality psychology: Recent trends and emerging directions* (pp. 160-174). New York: Springer-Verlag. McAdams, D. P. (1990). Unity and purpose in human lives: The emergence of identity as a life story. In A. I. Rabin, R. A. Zucker, R. A. Emmons, and S. Frank (Eds.), *Studying persons and lives* (pp. 148-200) New York: Springer McAdams, D. P. (1991). Self and story. In R. Hogan (Ed.), *Perspectives in personality* (Vol. 3A, pp. 133-159). London: Jessica Kingsley. McAdams, D. P., Ruetzel, K., & Foley, J. M. (1986). Complexity and generativity at midlife: A study of biographical scripts for the future. *Journal of Personality and Social Psychology, 50*, 800-807. Van de Water, D., & McAdams, D. P.

(1989). Generativity and Erikson's "belief in the species." *Journal of Research in Personality, 23*, 435–449.

6) McAdams, D. P. (1985). *Power, intimacy, and the life story: Personological inquiries into identity.* New York: The Guilford Press.

제1부 삶을 이야기로 만들기

이것이 사람들을 속이는 것이다. 인간은 항상 이야기를 말한다. 그는
자신의 이야기와 다른 사람들의 이야기에 둘러싸여 살아가고, 이야기를
통해 자신에게 발생한 모든 일을 보며, 마치 이야기를 말하는 것처럼 자
신의 삶을 살려고 한다.

-장폴 사르트르(Jean-Paul Sartre)

신은 이야기들을 사랑하기 때문에 인간을 만들었다.

-엘리 위젤(Elie Wiesel)

제1장 이야기들의 의미

35세의 나이에 마거릿 샌즈는 '버려진 예배당'에 들어가 그곳을 파괴하기 위해 그녀의 십대 딸과 함께 미국을 2,000마일이나 횡단하는 순례여행을 했다.[1) 그 둘은 소녀들을 위한 과거 천주교 기숙학교 주변의 담장을 기어올랐다. 마거릿의 딸은 문을 비집고 그 틈으로 들어가서 건물의 뒤편으로 달려가 엄마가 안으로 들어오도록 문을 열어 주었다. 마거릿이 그 학교를 떠난 지는 25년이 지났다. 그녀에게는 이제 모든 것이 작게 보였지만, 냄새는 여전히 그녀가 본능적인 역겨움과 공포를 연상시켰던 친숙한 것이었다.

마거릿은 뻔뻔스럽게 어떤 여자도 허용되지 않은 장소인 제단 뒤로 달려갔다. 그녀는 벽을 발로 차고, 강대상과 의자들을 손으로 내리쳤다. 그녀는 십자가와 성상들을 향해 신성모독적인 행동을 했다. 예배당의 커다란 나무 문 위에 자동차 열쇠로 "나는 수녀들을 증오한다."와 "그들은 아이들을 때린다."라는 두 개의 문장을 거칠게 새겨 팠다. 그러고는 딸에게 "이제 우리는 떠날 수 있어."라고 조용히 말했다.

친척과 옛 친구들을 방문한 후, 마거릿은 시카고로 돌아왔고, 개인적으로 특별히 중요한 임무를 수행했다. 다른 사람들에게는 편협한 파괴 행위로 보이는 것이지만, 그녀에게는 개인적 신화에 근거한 신성한 의식이었고, 마거 릿의 용어 속에서 무시하고 학대하는 세상의 면전에서 '낭비된 삶'의 비극적 이고 영웅적인 이야기, 그러나 희망, 진보 그리고 승리의 약속을 확인하는 것 이었다.

1986년 가을 마거릿이 한 사회과학 연구에 자원하여 참가하기로 함으로써 나는 그녀의 이야기를 들을 수 있었다. 나는 사람들에게 그들의 삶의 이야기 들을 말해 달라고 요청했는데, 그들의 언어적 설명이 내면화된 개인적 신화 의 윤곽을 지니고 있을 것이라고 믿었기 때문이다. 나는 사람들이 나에게 말 하는 모든 것이 중요한 것은 아니라는 것과 그들이 말하는 어떤 것들은 단지 내게 잘 보이기 위한 기능을 하는 것일 수도 있음을 알았다. 나는 또한 우리 의 인터뷰가 얼마나 성공적이고, 우리의 관계가 얼마나 친밀하든지 간에 많 은 부분은 말하지 않은 채 남아 있을 것이라는 것도 알았다.[2] 그러나 한 개인 이 인터뷰 도중에 개인적 신화를 갑자기 고안해 내는 것은 아니다. 그 신화는 마음속에 계속해서 존재하는 것이다. 그것은 시간을 두고 천천히 진화하는 하나의 심리학적 구조물인데, 일관성과 목적을 지니고 삶에 주입되는 것이 다. 인터뷰는 말하는 사람의 마음속에 이미 자리 잡은 진실에 관한 단서들을 나에게 주면서, 그 신화의 모습을 끌어낼 수 있다.

마거릿의 인터뷰는 그녀의 삶에서 극적인 사건들에 대한 설명들로 채워져 있었다. 신랄하고 두려운 많은 장면 중에서 수많은 악당, 하나 또는 두 명의 영웅적인 여성들이 나왔고, 나는 그녀가 자신을 정의하는 신화—성인으로 그 녀의 정체성을 가장 분명하게 특징짓는다고 내가 믿는 이야기—의 핵심을 주 의 깊게 들었다. 신화 그 자체는 일련의 복잡한 설명 속에 묻혀 있었다. 그것 은 그녀가 내게 말한 다양한 에피소드의 배후에 있는 중심적인 이야기다.

그녀는 내가 상상하기에 제단 위로 걸어가 과거 천주교를 거부하도록 했 던 똑같은 종류의 엄숙한 결심을 갖고 인터뷰를 시작했다. "나는 1941년 7월 21일 캘리포니아 샌디에이고에서 태어났습니다. 45세인 나는 인간으로서 나 의 존재 기반을 매우 강하게 믿지 않습니다." 마거릿은 자신의 근원, 약함과 강함, 인간의 삶의 기초에 놓여 숨겨진 필수적인 지지 구조에 관한 이야기를 했다.

　그녀의 개인적 신화에 따르면, 어린 시절 마거릿은 그녀의 성장을 유지시켜 주고 행복을 지켜 주기에 충분하고 확고한 기초를 제공받지 못했다. 두 시간의 인터뷰가 막 끝날 때, 마거릿은 "기초가 침해당하고는 성공한 인간이 되는 것에 대한 기대를 할 수 없어요."라고 결론을 내렸다. 여전히 그녀는 딸에게 그녀가 결코 가질 수 없었던 것을 줌으로써 자신의 삶에 발생했던 어떤 피해를 바로잡으려고 한다. 만약 그녀가 자신의 영혼 안의 상처를 치유할 수 없다면, 그녀가 전에 거의 포기했던 것들을 자신의 딸이 할 수 있게 함으로써 안전하고, 행복하고, 성취할 기회를 갖는 적어도 충분히 강한 기반을 제공할 수 있을 것이다. 마거릿의 고통과 마거릿의 선물은 그녀의 개인적 신화와 밀접하게 연결되어 있다. 그녀는 너무 많은 상처를 받았기 때문에, 같은 고통으로부터 딸을 지키려고 했다.

　마거릿은 "내가 태어나기 전부터 스트레스는 예정되어 있었어요."라고 말했다. 19년 연상의 알코올중독자인 오페라 가수와 결혼할 때, 그녀의 어머니는 아름답고 화려하지만 장래가 없는 순진한 작가이고 배우였다. 그녀는 중상류층이었고, '반쪽 유대인'이었다. 그는 개신교 교인이었고, 한 번 결혼한 적이 있었다. 그녀의 부모는 결혼을 강하게 반대했지만, 그녀에게 남자는 너무나 당당하고 세련되게 보였다. 두 사람은 할리우드의 무대에 서는 꿈을 가졌다.

　마거릿은 자신의 삶의 초기인 처음 4년간을 거의 기억하지 못하지만, 그녀가 네 살 때 부모가 이혼했다는 것을 알고 있었다. 그때 마거릿의 어머니는 부동산 업계에서 새로운 직업을 찾기로 결심했고, 지역의 사제의 조언으로 딸을 천주교 기숙학교로 보냈다. 그녀가 '5세에서 10세까지의 인간 교화'라고 부르는, 그녀의 기반을 파괴한 끔찍스러운 5년이 이렇게 시작되었다. 그녀는 좋은 학문적 교육을 받았지만, 동시에 정기적으로 매를 맞고, 학대를 당했으며, 수녀들에 의해 수모를 당했다고 보고했다. 이 기간 동안, 그녀의 어머니 또한 계속 재발되는 호흡기 문제를 포함하여 심한 질병을 앓고 있었다. "어머니는 폐에 구멍이 있었고, 그녀의 상태는 아주 좋지 않았어요."라고 마거릿은 말했다. 어머니는 질병으로 딸을 거의 방문할 수 없었다. "저는 5년 동안 감옥살이를 했어요. 저는 버려졌고, 지독한 할머니와 남겨졌고, 그 기간은 지금까지 줄곧 나를 사로잡고 있어요."

마거릿은 기숙학교에서 해방된 그날을 아주 분명하게 기억한다. 그녀의 어머니의 건강이 좋아졌고, 마거릿은 외가에서 함께 살기 위해 시카고로 가는 여행을 했다. 마거릿에게 공포는, 그녀의 어머니가 그들이 살고 있던 엄격한 유대인 지역에 있는 훌륭한 지역 학교들을 거절하고, 마거릿을 또 다른 기숙학교에 보내는 것으로 시작됐다. 마거릿은 두 번째 학교를 "길거리 사람들과 구제불능의 청소년들을 위한 쓰레기장. … 나는 다른 아이들에게 학대당했어요. 그들은 내가 모아 놓은 음반들을 훔쳤어요. 그들은 나의 모든 것을 훔쳤어요."라고 표현했다. 1년 반 뒤에 그녀는 새로운 학교를 탈출했다. 그녀는 시카고 도심에 있는 월그린 약국까지 갔다. 그녀는 공중전화로 어머니에게 전화를 걸기 전에 점심 식사로 매운 칠리 한 접시를 먹었고, 즉시 기숙학교에서 나오게 해 주지 않는다면 다시는 집에 가지 않을 것이라고 협박했다. 마거릿은 12세에 어머니에게 공갈을 쳤다고 말했다. 이것은 마거릿의 삶에서 첫 번째 중요한 사건이었고, 그녀는 투쟁에서 이겼다.

마거릿은 무시하는 이웃들, 위선적인 교사들, 학대하는 수녀들을 포함하여, 그녀의 어린 시절 권위를 가진 남자들과 여자들에 대해 상당한 분노와 고통을 표현했다. 그러나 그녀의 어머니를 생각할 때 그녀는 의식적 분노를 연민으로 바꾸었다. 그녀는 자신의 어머니를 취약한 건강과 약화된 의지로 잘못된 기초를 놓은 불행한 희생자로 보았다. 수녀들이 그녀를 학대하고 아이들이 그녀의 소지품을 훔치는 동안, 마거릿은 어머니와 같은 무력한 운명으로 나아가는 것 같았다. 그러나 청소년기와 청년기가, 마거릿이 그것을 '말썽꾸러기'로 묘사하듯이, 자기주장이 강한 자기의 발현을 예고한다. 그녀의 어머니와 달리, "나는 전력을 다할 거야. 무엇을 하든지 나는 항상 흔적을 남길 것을 나는 알아."라고 말했다.

만약 약국에서의 전화가 마거릿의 반항적인 자기에 대한 첫 번째 구체적 암시였다면, 한 입양 알선 단체에 의한 그녀의 직면은 두 번째이자 그 이상의 보다 중요한 승리였다. 결혼하지 않은 상태에서 21세에 임신하고, 마거릿은 그녀의 가족과 친구들로부터 그녀의 아기를 입양시킬 것에 대한 압력을 받았다. 아이가 태어나면, 2주간 사설기관에서 아이와 함께 지내고, 그 후에는 입양 문서에 서명하기로 동의했다. 그러나 그 시간이 왔을 때, 그녀는 그들에게 서명해 줄 수 없었다. 그 기관의 사무원들은 계획대로 그녀가 진행하기를 맹렬하게 설득했지만, 마거릿은 굴복하지 않았다. 그녀는 그녀의 아기를 돌려 달라고 담당 직원들에게 소리를 질렀다. 그들은 그녀를 욕했고, 그녀에게 수치감을 주었지만, 마지막에는 마음을 돌렸다. 다시 마거릿은 이겼다. "이것은 내 인생에 남아 있던 끔찍한 운명을 결정한 것이에요."라고 그녀는 말했다.

그녀의 삶은 딸과 병든 어머니와의 관계에 집중되어 있었다. 그녀는 그 두 사람을 돌보는 사람이었다. 비록 잠시 동안 '외적인 유지를 위하여' 결혼한 것으로 주장하는 딸의 아버지가 있었지만, 마거릿은 결코 결혼하지 않았다. 도중에 그녀는 약간의 남성 및 적어도 한 명의 여성과 성관계를 가졌지만, 그 것이 그녀의 개인적 신화에서 중심부를 차지하고 있지 않도록 이 사건들을 비밀리에 진행했다. 장기간의 성적이고 친밀한 헌신에 기반을 둔 관계들은 확고한 개인적 토대를 요구한다. 마거릿은 이것을 결코 갖지 못할 것이라고 주장한다. 그러므로 그녀의 성인기의 삶의 투쟁을 정의 내리는 돌봄과 기반 형성에 대한 헌신이자, 어쩌면 그녀를 지탱할 수 있는 유일한 헌신은 딸일 것이다.

1970년에, "어머니는 나의 팔에 안겨 돌아가셨어요." 집에서 갑작스러운 심장마비로 돌아가셨다고 그녀는 말했다. 16년 후 마거릿은 여전히 어머니에 관해 이야기할 때 눈물을 흘렸다. 그녀의 딸은 고등학교를 졸업하고, 몇 년 전 스스로 독립하여 따로 살고 있으며, 간호사나 사회복지사로 경력을 쌓기 위해 계획 중이다. 마거릿은 그녀가 결코 가져 보지 못한 견고한 토대를 그녀의 딸에게 제공해 주기 위해 여전히 일하고 있다고 생각한다.

직업적으로 마거릿은 잡지 편집장으로, 사무실 매니저로 그리고 영업 대표로 일했다. 그녀의 정치에 관한 관심은 1970년대 여성 운동에 의해 자극을 받았고, 그 당시 그녀는 다양한 여성 단체에서 수많은 자원봉사 활동을 했다. 그녀는 지금 그녀의 미래가 너무 막연하게 느껴져서 두렵기 때문에, 마침내 '여성의 건강'에 관한 분야에서 실질적인 공헌을 하고 싶어 한다. 이것은 아마도 대학으로 돌아가서 적어도 학사학위를 받을 것을 요구할 것이다. 대부분의 미국 여성은, 마거릿이 보여 주는 특별한 결심을 갖고 있는 사람조차도, 40대 후반에 새로운 직업을 위해 자신의 삶을 바꾸기가 쉽지 않다는 것을 알 것이다. 마거릿이 자신의 삶을 위해 설정한 이야기 체계 내에서, 그녀의 다음 행동이 무엇이 될지 정확하게 예측하는 것은 쉽지 않은 일이다.

우리가 마거릿에게 시행한 심리 검사 결과, 그녀는 자신의 세계 위에 강한 행적을 남기기 위해 문화적 관습의 여성다움에 도전하는 비전통적인 여성으로 자신을 간주하는 것으로 나타났다. '성역할' 척도에서 그녀는 그녀 자신을 특히 '독립적' '도전적' 그리고 '개인주의적' 등의 남성적인 문화적 관습과 관련된 전형적인 수식어로 설명했다.[3] 그러나 심리학적 동기에 대한 보다 민감한 척도에서 마거릿은 친밀감에 대한 강한 욕구—다른 사람과 따뜻하고 밀접하게 상호작용을 나누기를 원하는 욕구—를 극단적으로 드러냈다. 전형적으로 여성은 친밀감 욕구에서 남자보다 높은 점수를 나타내지만, 마거릿의 점수는 여성의 기본 점수보다도 매우 높았다.[4] 힘의 필요성에 대한 그녀의 점수는 놀라울 정도로 낮았는데, 그녀가 도전적이고 개인적인 것은 의식적인 주장 때문일 뿐이지, 그녀는 자신의 삶에서 개인적인 힘에 대한 관심에 의해 강하게 영향을 받지 않는다는 것이 밝혀졌다.

마거릿은 그녀의 갈등에 관한 도전적인 행동과 친절한 돌봄을 통해 무서운 과거를 복구하려는 비극적인 개인적 신화를 창조함으로써 자신의 삶에 일관성과 목적을 제공했다. 그 이야기는 많은 좌절과 실패를 포함하지만, 그녀는 적어도 두 가지 중요한 성취를 인식한 것으로 보인다. 첫째는 그녀가 결코 받은 적이 없는 기반을 딸에게 제공했다는 것이다. 둘째는 수녀들에게 상징적인 복수를 했다는 것이다. 자기를 성취하는 의미에서 예배당을 훼손시킨 일은 그녀의 개인적 신화를 다시 바꾸는 첫 번째의 중요한 단계가 될 수 있었다. 그러나 우리는 더 많은 신화 만들기가 이행될 필요가 있다는 것을 알 수 있다.

그녀 자신의 심리사회적 발달의 관점에서, 우리는 마거릿이 자신의 창조적인 에너지를 자신의 정체성을 재형성하는 데 썼다는 것과 그녀는 또 다른 사람, 즉 딸의 정체성을 형성하도록 돕는다는 사실을 고려할 것을 제안할 수 있다. 이제 그녀의 딸은 멀리 떠났고, 이번에는 상대적인 힘의 위치에서, 마거릿은 그녀의 삶에서 자신의 기초를 다시 고칠 시간을 가졌다는 것을 발견할지 모른다. 그녀의 이야기는 그녀가 끝까지 해낼 수 있다는 것을 보여 준다. 그녀는 그녀의 어머니처럼 깨어지기 쉬운 약한 사람이 아니다. 그녀는 환경을 초월한 강한 생존자다.

마거릿은 자신의 삶의 이야기를 통해 자신의 영웅적 성취를 보다 잘 인식할 수 있도록, 그 이야기를 재구성할 필요가 있다. 이것이 그녀로 하여금 자신의 과거와 화해할 수 있도록 해 주고, 또한 자신이 자랑스럽게 창조할 미래를 향해 에너지와 방향을 갖고 나갈 수 있도록 해 줄 것이다. 나는 그녀의 신화가 항상 비극적인 신화가 될 것이라고 믿는다. 그러나 그 비극적인 신화는 다른 사람들에게 영감을 주는 신화가 될 것이고, 실제로 마거릿은 자신에게 영감을 주었다. 그녀가 12세에 처음으로 자신의 삶을 통제하려고 결심했을 때인 월그린의 간이식당에서, 외로운 오후 시간에 그녀가 가능할 것이라고 상상했던 것보다 더 깊은 만족을 찾게 했다.

이야기는 무엇인가

6세인 나의 딸은 이야기가 무엇인지 안다. 물론 학구적으로 만족할 만한 형식적인 정의를 나에게 전달하지는 못하지만, 그녀는 이야기를 들었을 때 그것이 이야기라는 것을 안다. 내가 딸에게 5분 정도 되는 두 개의 친숙하지 않은 내용의 글을 읽어 주었을 때, 하나는 마술의 힘을 가진 소년에 관한 민담이고 다른 하나는 아동용 게임에 대한 설명서였는데, 그녀는 어려움 없이 첫 번째를 이야기로 구별해 냈다. 두 번째 것도 아이들에게 재미와 오락을 주기 위해 쓰인 것이지만, 그녀는 "다른 것이야. 이야기 같지가 않아." 라고 말했다. 6세인 그녀도 벌써 이야기의 문법에 대한 감각을 발달시킨 것이다.[5]

그녀는, 우리 모두 기대하는 것을 배우는 것처럼, 이야기는 어떤 일치하는 특징을 가질 것이라는 기대를 한다. 첫째, 우리는 이야기가 보통 초기에 발견되는 어떤 종류의 장치를 갖고 있다는 것을 안다. "크리스마스 전날 밤이었고, 모두 그 집을 통과할 때"에서 즉각적으로 우리는 크리스마스 이야기를 준비하면서 시간과 장소에 위치를 잡는다. "옛날 옛적 멀리 떨어진 곳에서"는 우리에게 평범한 것에서 나오는 그런 장치에 관해 가장 중요한 것을 이야기한다. 모든 이야기가 그런 장치를 발달시키는 것은 아니다. 어떤 이야기는 특별한 시간 혹은 장소의 생생한 연상을 되살려 내는 것도 있는 반면, 어떤 이야기는 주요 행위에 이르기 위한 시간과 장소 주변을 활발하게 움직이기도 한다. 장치가 모호한 곳에서의 이야기는 혼란을 주거나 당황스럽게 하는 것처럼 보인다. 사뮈엘 베케트는 『고도를 기다리면서(*Waiting for Godot*)』에서 이런 효과를 사용했다. 이 이야기를 위한 장치는 말라 버린 풍경 옆으로 난 길과 나무 한 그루다. 그런 장치는 어디에나 있을 수 있고, 에펠탑과 과거 재앙에 관한 우연한 참고가 그 장소는 황폐화된 유럽에 있을 것이라는 조화를 이루지 못하게 하는 결론으로 우리를 이끈다. 그러나 사건들을 설정하면서 베케트가 그런 제한된 규정을 둔 것은 이례적인 것이다. 그의 연극은 6세 아이가(그리고 우리 중 많은 사람이) 충분히 기대하거나 이해할 수 없는 방식 속에서, 이야기들의 구조에 관한 우리의 전제를 위반한다.

두 번째 기대는 이야기에는 인간 혹은 인간다운 등장인물이 나온다는 것이다. 이야기의 시작에서 어떤 일이 일어날 때까지 등장인물은 일종의 균형 잡힌 상태에서 존재한다. 어떤 일이 일어나기 이전에, 우리는 등장인물에 관하여 어떤 기본적인 것을 종종 알게 되는데, 예컨대 등장인물의 모습이 어떤지, 얼마나 나이를 먹었는지 등에 관한 것이다. 마침내 주도적인 사건이 생긴다. 잘 알려진 동화에서, 어머니는 멀리 떨어져 사는 할머니를 보살피기 위해 어린 빨간 모자를 보내면서 그 이야기의 행위가 시작된다. 의도된 사건은 등장인물이 확실한 목표를 달성하기 위해 노력하는 시도를 만들도록 동기를 부여한다. 등장인물은 목표를 순탄하게 성취하려고 하지만, 할머니 댁으로 가는 길에는 커다랗고 못된 늑대가(또는 그와 동등한 것이) 필연적으로 기다리고 있다.

빨간 모자가 늑대를 만났을 때, '플롯은 복잡해졌다.' 이야기 문법의 용어로 우리는 그런 시도가 결과로 이끄는 것을 알게 된다. 늑대는 할머니에게 케이크를 가져다주는 빨간 모자의 시도에 대한 결과다. 그녀의 반응은 할머니의 오막살이의 위치를 폭로하는 것이다. 이제 할머니 또한 위험에 처했고, 이야기에 대한 우리의 기대는 두 명의 주요 등장인물이 각각 다르게 위협받을 미래의 에피소드로 확장되어 나간다. 빨간 모자는 케이크를 잘 전달하려고 하지만, 늑대는 그녀를 잡아먹으려고 한다. 그들의 다른 의도가 그들을 필연적으로 갈등 속으로 몰고 간다.

이야기에 나타나는 각각의 에피소드는 내가 방금 묘사한 대로 구성 요소들의 인과적인 관련성으로 여겨질 수 있다. 한 가지 주도적 사건은 어떤 시도를 이끌어 낸다. 그리고 그 결과는 반응을 일으킨다. 한 에피소드는 또 다른 에피소드를 뒤따라가고, 각기 같은 구조적 연속체를 포함한다.[6] 에피소드가 만들어지면, 이야기는 형태를 취한다.

이 기본적인 구조 안에서, 헤아릴 수 없는 문학적 기교와 관습에 의해 스토리는 긴장의 박차를 가하고, 다른 에피소드들을 서로 다른 것에 관련짓는 방법은 더 풍성해진다. 예를 들면, 한 작가가 중년 남성 주인공이 태어나자 곧바로 그의 부모로부터 버려진 이야기를 우리에게 절반쯤 알려 주기 위해 플래시백을 사용할 수 있다. 관점을 바꾸는 방법을 사용하여 저자는 다른 주인공들과 관찰자들의 경쟁적 관점을 통해 같은 사건을 연결시킬 수 있다. 초반의 사소한 사건들은 나중에 중대한 사건의 전조가 되기도 한다.

많은 이야기의 에피소드가 교차하면 긴장이 높아지기 때문에, 우리는 극적인 해결에 대한 욕구를 경험하게 된다. 아리스토텔레스는 긴장을 드라마의 고조된 혹은 전환점인 절정까지 끌고 갈 것을 제안했다. 그 후에 곧바로 뒤따르는 것이 플롯의 해결인데, 그것을 결말이라고 부른다.

동화 〈빨간 모자(*Little Red Riding-Hood*)〉에서, 우리는 할머니의 잠옷을 입고 있는 늑대가 소녀를 기다리고 있는, 할머니 댁으로 가는 숲을 지나갈 때 긴장이 고조된다. 처음 듣는 사람은, 훌륭한 이야기에 두 가지의 빼놓을 수 없는 감정인 불안과 호기심을 느낀다.[7] 늑대는 소녀를 잡아먹고 잠에 곯아떨어졌다. 나무꾼이 도착하고, 늑대의 배를 잘라 작은 소녀와 할머니를 구출한다. 이와 같이 절정의 사건에 뒤따르는 것이 결말이다. 놀랍게도 늑대는 여전히 자고 있다. 나무꾼은 늑대의 빈 배에 돌을 가득 채운다. 나무꾼이 깨우자 늑대는 그 무게 때문에 떨어져 죽는다. 빨간 모자는 집으로 돌아왔고, 그녀의 귀환으로 이야기는 끝난다. 그 마지막 장면은 우리를 시작하던 장소로 돌아오게 해 주지만, 빨간 모자는 우리가 느꼈던 것처럼 바뀌었다.

만약 당신이 평소에 듣고 말하는 다양한 것에 좀 더 깊이 관심을 갖고, 당신의 경험이 이야기를 얼마나 많이 포함하고 있는지를 알게 된다면 놀랄 것이다. 텔레비전을 시청하면서, 우리는 다양한 형태의 끝없이 연속적인 이야기를 보게 된다. 〈I Love Lucy〉에서 〈Roseanne〉까지 TV 드라마는 명확한 배경, 사건의 발단, 시도, 결말 그리고 반응과 함께 비교적 단순한 이야기들로 구성된다. 희극의 절정은 신속한 결말로 이어진다. 상업 광고 후의 짤막하고 유쾌한 종결은 그 이야기를 다시 집으로 가져오게 한다.

〈All My Children〉과 〈L. A. Law〉와 같은 연속극은 오버랩과 교차하는 이야기들로 구성되어 있다. 이런 드라마의 작가들은 단순한 에피소드 과정 속에서 모든 것을 해결하기를 원하지 않는다. 그들은 확장된 플롯으로 다음 방영되는 일주일간을 시청자가 긴장감을 가지고 흥미 있게 기다리기를 바란다. 심지어 게임 쇼와 저녁 뉴스까지도 어느 정도는 이야기들과 같이 구성된다.[8] 우리는 결국 게임 쇼의 에피소드를 누가 이길 것인지 알기 위해 시청한다. 많은 뉴스의 내용들이 각각 배경, 인물들 그리고 플롯을 가진 작은 이야기들로 보도된다. 보다 덜 명백하게, 남녀 앵커, 스포츠해설가, 기상전문가는 우리를 이야기 여행으로 데리고 갔다가, 뉴스가 끝나는 순간 유쾌한 인간적인 이야기들과 가벼운 논평과 함께 우리를 무사히 집으로 돌려보낸다. 그들은 우리가 그 프로그램에 다시 돌아오기 이전보다 즐겁게, 해결된 상태로 보내기를 바란다.

텔레비전을 시청하는 것 외에도, 우리는 일상생활의 사회활동 속에서 모든 종류의 이야기들을 접하게 된다. 우리는 친구, 지인, 잘 알지 못하는 사람들에게 이야기들을 말한다. 우리는 사무실에서, 교실에서, 집에서, 쇼핑을 하거나, 놀거나, 먹거나, 마시면서 이야기들을 듣는다. 우리는 이야기들을 꿈꾸고, 아니면 적어도 이야기 형태 속에서 이야기들을 제작함으로써 꿈을 이해한다. 우리는 세상과 그 속에서 우리의 행위를 이야기로 된 상태로 전달한다.

이야기 심리

인간은 타고난 이야기꾼들이다. 민담, 전설, 신화, 서사시, 역사, 영화와 TV 프로와 같은 다양한 모습으로, 이야기는 인간의 알려진 모든 문화에서 나타난다. 이야기는 다른 많은 종류의 정보를 구성하기 위해 자연스럽게 구성된 제품이다. 스토리텔링은 다른 사람들에게 우리 자신과 우리의 세계를 표현하는 근본적인 방식으로 나타난다.

당신이 당신 자신에 관해 정말로 중요한 무언가를 다른 사람에게 설명하려는 마지막 시간이라고 가정해 보라. 당신은 이야기를 함으로써 이 과제를 성취할 가능성이 높다. 아니면 당신의 과거로부터 특별히 친밀했던 대화를 생각해 보라. 대화를 유익하게 했던 것은, 이야기로 들려지고 전달되는 방식 속에서, 이런 이야기들이었을 것이라고 나는 생각한다. 실제로, 사람들 사이에서 일상생활 대화로 통하는 것의 대부분은 어떤 형태로든 스토리텔링이다. 이것은 너무 만연한 진실로 보여, 많은 학자가 인간의 마음을 스토리텔링을 위한 우선적이고 가장 중요한 수단으로 주장해 왔다.[9] 그들은 우리가 이야기하는 마음을 갖고 태어났다고 주장한다.

하루가 끝날 때에 있는, 그래서 낮 시간의 승리와 패배, 밤의 보이지 않는 위험과 깊은 수면 중의 모호한 중간에 있는 고대의 조상들을 상상해 보라. 사냥을 하고 집으로 돌아와서 또는 그날의 음식 채취를 끝내고 쉬는 중에, 어린아이들에게 음식을 주는 중에, 부족을 지키는 중에 우리의 원시적 선조들은 함께 앉아 마무리 작업을 한다. 해가 지기 전, 그들은 그날의 이야기를 들려준다. 그들은 지난 시간들을 이해하면서 시간을 보낸다. 그들은 서로를 즐겁게 하고 깨우치기 위해, 그리고 어쩌면, 가끔, 그저 깨어 있기 위해 자신들의 경험담을 들려준다. 소설가이자 수필가인 포스터(E. M. Forster)는 예전에 다음과 같이 유추했다.[10]

두개골의 형태를 보고 판단해 보건대, 선사 시대의 사람들은 이야기를 들었다. 원시적인 청중은 매머드와 털북숭이 코뿔소와 싸우는 것에 지쳤는데, 모닥불 주변에 둘러앉고, 오직 긴장감으로 깨어 있는, 머리가 덥수룩한 사람들이었다. 다음에는 무슨 일이 벌어질까?

하루의 끝에 전해지는 이야기는 사람들을 연기자, 이야기하는 사람, 관중으로 만들고 시간과 사건 속에 연결시키는 공유된 역사를 창조한다. 전개되는 인생의 드라마는 실제 사건들보다 이야기함으로써 더 많이 드러나게 된다. 이야기는 비서의 회의 일정표와 같이, 정확히 어떤 시간에 무엇이 발생했는지 보고하기 위해 쓴, 단순한 '연대기'가 아니다. 이야기는 사실보다는 의미에 관한 것이다. 과거에 대한 주관적이고 미화된 말하기에서 과거는 재건

되며 역사가 만들어진다. 역사는 단지 경험적 사실에 대한 집착에 의해 참이 거나 거짓으로 판단되지 않는다. 오히려 그것은 '신뢰성' '일관성'과 같은 이 야기 기준과 관련하여 판단된다. 논리, 과학, 경험적 증명으로부터 꽤 멀어 보이는 삶에서의 이야기 진실이 있다. 그것은 '좋은 이야기'의 진실이다. 한 작가의 말에 따르면, 이것은 우리의 고대 조상들에게 친숙하게 익숙했던 진 실의 형태다.[11]

> 누군가가 이야기를 들려줄 때까지 세상의 그 누구도 진실이 무엇인지 알 지 못했다. 그것은 번개가 치거나 짐승이 울 때는 없었지만, 그 후 그것들에 대한 이야기에 있어, 그것을 인간의 삶의 일부로 만들었다. 우리의 먼 야만 적인 조상은 어두운 숲 속에서의 위대한 살육의 이야기를 그가 이야기한 대 로 찬양했고, 또는 연기하거나 춤추었고, 그 이야기는 부족의 삶 속에 들어 왔으며, 그것을 통해 부족은 자신을 알게 되었다. 우리가 짐승과 싸워 이겼 던 그런 날에, 우리는 그 이야기를 하기 위해 지금 살고 있다. 이야기는 많이 미화되기는 했지만, 여전히 진실인데, 진실은 단순히 발생한 것이 아니라, 그것이 발생했을 때 우리가 그것에 대해 어떻게 느꼈는가와 지금 그것에 관 해 어떻게 느끼는지와 관련되기 때문이다.

심리학자 제롬 브루너(Jerome Bruner)는 사람들이 세상을 두 가지 아주 다 른 방법으로 이해한다고 주장해 왔다.[12] 첫 번째는 그가 패러다임 방식이라 고 부르는 사고방식이다. 패러다임 방식에서 우리는 매우 질서정연한 분석, 논리적 증거, 경험적 관찰의 면에서 우리의 경험을 이해하려고 한다. 두 번째 는 이야기 방식이라고 부르는 사고방식인데, 우리는 인간의 욕구, 필요 그리 고 목적에 관심을 갖는다. 이것은 이야기 방식으로, 여기서 우리는 시간에 따 라 정리된 '인간적 의도의 변화과정'을 다룬다.

패러다임 방식의 전문가들은 '그들이 의미하는 것 이상으로 말하지 않기' 위해 노력한다.[13] 그 실례들은 사건을 설명하고 현실을 예상하고 제어하는

것을 돕기 위해 인과관계를 밝히고자 하는 과학자들이나 논리에 능숙한 자들
이다. 그들의 설명은 전제들의 촉진을 막기 위한 방식으로 구성된다. 이론적
구성은 의견의 차이를 권장하지 않는 대신에 이론은 명백한 객관적 사실을
제안한다. 그러한 이론은 시험되고, 지지를 받거나 아니면 틀렸음이 입증될
수 있다. 모호한 공식들은 모호한 사상의 상대적 진리를 시험할 정밀한 방법
이 없기에, 패러다임 사상가들에게 거의 도움이 되지 않는다. 우리의 교육적
훈련의 대부분은 패러다임 방식을 강화한다.

하지만 그것의 모든 힘과 정확성에도 불구하고, 패러다임 방식은 이야기
만들기보다는 이상하게 더 빈약한 사고의 형태다. 그것은 인간의 욕구, 목적
그리고 사회적 행위를 충분히 이해하지 못한다. 인간의 사건들은 종종 모호
하며, 그것들을 이해하기 위한 패러다임 방식의 노력들에 저항한다. 대조적
으로, 훌륭한 시인들과 소설가들은 이야기 방식의 대가들이다. 브루너의 말
에 따르면, 그들의 이야기들은 '그들이 말할 수 있는 것보다 더 많은 것을 의
미할' 때 특히 효과적이다.[14] 좋은 이야기는 전제들을 촉발시킨다. 우리는 모
두 좋은 영화, 연극 또는 소설로부터 '얻어 낸' 것들에 대해 친구와 의견을
나누어 보면, 두 사람이 같은 이야기를 매우 다른 방법으로 이해했다는 것을
알게 된 경험이 있다. 이것은 우리에게 대화와 논쟁을 일으키는 다른 생각들
과 의견들을 주기에, 이야기의 재미와 가치의 일부분이다. 좋은 이야기들은
매우 다양한 의미를 낳아, 그들 자신의 이미지 안에 의미의 '자녀들'을 생성
한다.

이야기 사고방식에서, 우리는 시간이 지나서 일을 하려는 인간 배우들의
관점에서 사건을 설명하려고 한다. 내가 한 친구의 특이한 행동을, 그가 인생
에서 원하는 것과 그가 그것을 얻을 수 없었던 이유에 대해 내가 생각하는 관
점에서 설명하려고 할 수 있다. 나의 설명은 그가 3년 전 아내와 겪었던 불만
으로 시간을 거슬러 올라갈 수 있다. 그를 이해하기 위해서는 내가 말하려 하
는 이야기를 당신이 알아야 한다고 나는 말하는 것이다. 마찬가지로 우리는
법을 준수하는 35세의 한 여성이 왜 버려진 예배당을 훼손하기 위해 2,000마

일을 운전했는지 이해하기 위해, 그녀의 고통스러운 어린 시절에 관한 이야기를 들어야 한다.

인간 경험은 우리 중 대부분이 그런 인간 행위들을 시간에 따라 정리되는 것으로 이해하는 방식 때문에 이야기화된다. 사실 우리의 시간에 대한 특징적 관점은 이야기들에 대한 우리의 매혹 그리고 소질에 가장 책임이 있을 수 있다. 철학자 폴 리쾨르(Paul Ricoeur)는 "시간은 이야기 방식을 따라 정리되는 정도까지 인간의 시간이 된다. 결국 이야기는 임시적 존재의 특색들을 묘사하는 정도까지 의미가 있다."라고 썼다.[15] 리쾨르가 의미하는 것은 사람들은 시간을 이야기의 관점에서 이해하는 경향이 있다는 것이다. 시간이 흐름에 따라 사건들이 발생한다. 하지만 사건들은 무작위로 일어나지 않는데, 작용은 반작용으로 이어지고, 시도는 결과로 이어진다. 우리 중 대부분에게 시간은 앞으로 나아가는 것으로 보이며, 그것이 나가는 궤도를 통해 사람은 변화하고, 성장하고, 출산하고, 죽고 한다. 발달과 성장뿐 아니라 죽음과 부패도 있다.

시간이 흐르면서 우리가 우리의 행위를 이해할 때, 우리는 이야기의 관점에서 우리의 행위를 이해한다. 우리는 직면한 장애물들 그리고 시간이 흐르며 깨달아지고 좌절되는 의도들을 알게 된다. 우리는 어제에서 오늘로, 내일로 나아감에 따라 절정을 만드는 갈등, 대단원에 길을 비춰 주는 절정, 그리고 우리가 계속해서 움직이고 변함에 따라 다시 커지는 갈등을 지나간다. 인간의 시간은 하나의 이야기로 구성된 사건이다.

치유하는 이야기들

우리는 많은 이유로 이야기에 끌린다. 이야기들은 우리를 즐겁게 하고, 우리를 웃기고 울리며, 일들이 어떻게 될 것인지 알게 될 때까지 우리를 초조하게 한다. 이야기들은 가르친다. 우리는 이야기를 통해 어떻게 행동하고 살아가는지를 배우고, 다양한 사람, 배경 그리고 사상에 대해 배운다.[16] 이솝의 우화들과 예수의 비유들은, 좋고 나쁜 행동에 대해, 삶을 수행하는 윤리적이고 비윤리적인 방식에 대해, 무엇이 옳고 그른지에 대한 딜레마에 대해 일부는 단순하고 일부는 심오한 교훈들을 제시한다. 이야기들은 우리의 생각을 정리하도록 돕고, 인간의 의도와 대인관계에 관련된 사건들을 위해 손쉽게 기억되고 들려지는 이야기를 제공한다. 어떤 경우에 이야기들은 또한 우리가 망가졌을 때 우리를 고치고, 우리가 아플 때 우리를 치유하고, 심지어 심리적 성취와 성숙을 향해 우리를 움직일 수도 있다.

정신분석가인 브루노 베텔하임(Bruno Bettelheim)은 어린이 동화의 심리적 능력에 대해 설득력 있게 썼다.[17] 베텔하임은 〈잭과 콩나무(*Jack and the Beanstalk*)〉와 〈신데렐라(*Ciderella*)〉 같은 이야기들이 아이들로 하여금 내적 갈등과 위기를 이겨 내게 해 준다고 믿었다. 네 살짜리 소녀가 신데렐라의 이야기를 들을 때, 베텔하임은 그 소녀는 무의식적으로 여주인공의 좌절, 슬픔, 궁극적 승리와 동일시할 수도 있다고 주장한다. 마찬가지로, 아이는 위협적인 거인을 상대하지만 결국 그를 속이고 도망쳐 더욱 부유하고 영리해진 잭과 같은 남성 영웅과 동일시할 수도 있다. 이 이야기의 주인공들은 청중과 같이, 순응적인 아이들이다. 그들의 깊은 두려움과 걱정은 아이들의 마음속에 도사리고 있는 무의식적인 두려움과 매우 일치한다.

베텔하임의 관점에서, 동화는 심리적 성장과 적응을 촉진하며, 아이에게 부드럽고 미묘하게 이야기한다. 동화는 아이가 자신감과 희망을 갖고 세상을 마주 보도록 격려한다. 신데렐라와 잭은 그 뒤로 쭉 행복하게 살았다. 못된 이복 자매와 괴물은 결국 벌을 받는다. 벌어지는 일들은 무섭게 보여도 결국 해결되는 방식을 갖고 있다.

성인으로서 우리는 이야기의 주인공과 강하게 동일시될 수 있고, 이야기와의 만남을 통해 더 행복하고, 더 잘 적응하고, 더 잘 배우거나, 어떤 방식으로든 개선된 상태로, 주인공이 겪은 사건들을 대신 경험해 보게 된다. 유대교 랍비인 해럴드 쿠슈너(Harold Kushner)는 자신의 베스트셀러 『착한 사람에게 나쁜 일들이 생길 때(*When Bad Things Happen to Good People*)』에서 자신이 목격했던 고통과 비통에 관한 많은 실제 이야기를 들려준다.[18] 그 책은 많은 사람에게 큰 위로가 되었다. 아기를 사산한 친구들은 나에게 쿠슈너의 책이 그들의 슬픔에 다루는 데 도움을 주었다고 이야기했다. 그들은 자신의 아들이 어린 나이에 죽은 후 책을 쓰려는 동기를 갖게 된 작가와 강하게 동일시했다. 쿠슈너는 이야기가 자신에게도 역시 도움을 주었다고 보고한다. 슬픔과 고통의 이야기를 수집하고 깊이 생각하면서 그는 랍비로서 자신의 삶을 마주보게 되었고, 그는 자신의 파편화된 삶을 다시 통합시킬 수 있었다.

단순하게 자신에 대한 이야기를 쓰고 실행해 보는 것이 치유와 성장의 경험이 될 수 있다. 좋은 자서전은 한 사람의 인생을 배경, 인물들, 되풀이되는 주제와 이미지, 이야기를 통한 인간 시간의 의식적인 재건을 완전히 갖춘 이야기의 형태로 표현한다. 서양 역사에서 최초로 볼 수 있는 유명한 자서전은 세인트 오거스틴(Saint Augustine: A.D. 354-430)에 의해 쓰였다. 그의 고백록은 그가 '깨진' 그리고 '혼란스러운'이라고 설명하는 정신 상태를 가다듬고 회복하기 위해 지난날을 돌아보며 써 내려간 자기분석이다. 이야기를 구성하면서, 오거스틴은 자신과 하나님의 창조물 속에서 자신의 위치에 대한 통일된 관점을 구축할 수 있었다. 자신에 대한 이 새로운 관점을 통해, 그는 방향과 목적을 갖고 자신의 삶으로 돌아갈 수 있었다.[19]

많은 남성과 여성은 오거스틴이 했던 것을, 다양한 성공률을 갖고 시도했다. 자서전을 쓰는 데는 많은 이유가 있지만, 한 가지 공통적으로 표현된 것은 어떤 종류의 의미 있는 개인적 통합을 이루고자 하는 욕구다. 흔히 생활환경이 이러한 종류의 통합적 과제를 촉구하기 때문에 작가는 시작한다. 아마마침내 삶을 되돌아볼 충분한 시간이 생겼거나, 오거스틴이 느꼈듯이, 이야기를 전하고 임박한 삶의 위기에 대한 어떤 구원과 해결책을 찾을 더욱 깊은 필요성이 있기 때문일 것이다.

그의 짧은 자서전 『사실들(*The Facts*)』에서 소설가 필립 로스(Philip Roth)는, 혼란과 고통의 시간이 몇 년 지난 후, 자신의 삶을 치유하려고 그 책을 썼다고 이야기했다.[20] 로스는 어떻게 작가가 되려고 했는가와 관련된 있는 그대로의 진실, 즉 '사실들'을 자신의 복잡한 과거에서 잘 찾아내 보려고 한다. 그는 이 과정을 자신이 믿을 하나의 단순한 이야기에 이르기 위해 그가 창조한 많은 허구적 이야기를 제거하는 과정으로 묘사한다. 로스의 소설에 나오는 허구적 영웅인 나단 주커만과의 상상적 대화에서 로스가 발견한 것처럼, 이 과제는 어렵고 어쩌면 무분별하다. 주커만은 로스가 자기 자신인 것보다 더 로스의 한 부분이라고 주장한다. "이것은 상상력을 가지지 않은 거의 모든 작가에게서 발견되는 것이에요."라고 주커만은 말한다. "당신의 정말 무자비한 자기 정제의 수단, 진정한 자기 직면을 위한 당신의 수단은 바로 저예요."[21]

어쩌면 로스는 '사실들'이 충분하지 않다고 주커만과 동의할지도 모른다. 그는 그의 책 속에 '조 대학' '내 꿈속의 여자' '가족의 모든 것'과 같은 제목들을 짓는다. 분명히 로스는 주커만과 같은 인물들에 투사한 자신을 분리하게 되면, 남게 되는 모든 것은 상투적인 내용뿐이라는 것을 알게 된다. 그의 허구적 이야기들을 제거하는 것은 그에게 사소한 틀에 박힌 방식들과 진부한 플롯만을 남겨 준다. 로스의 자서전은 화자가 자신이 들려주는 이야기의 타당성을 의심하게 됨에 따라 반어적이고 자조적으로 변한다. 하지만 전체 과정은 어느 정도 교훈적이며 재미 역시 주는 것으로 보인다. 우리는 로스에 대해 중요한 어떤 것을 알았고, 그 역시 자신에 대해 무엇인가를 발견했다고 느낀다. 그는 자신의 인생을 치유하는 목표에 약간의 진척을 이룬 것으로 보인다.

이야기의 치유하는 힘은 치료의 명시적 목표가 삶을 치유하는 것인, 심리치료의 특정 형태에서 주요한 주제로 떠오른다. 일관성 있는 삶의 이야기의 발달은 이런 치료에서 주요한 목표다. 상담자와 내담자는 자기에 관한 보다 적절하고 생명력을 주는 이야기들을 구성하고자 한다.[22] 한 학자는 "이상적으로 인간의 삶은, 설명적 위치에 세부 사항이 전부 있거나, 적절하게 일상적이거나 또는 다른 순서에서 설명되는 모든 것(또는 가능한 모든 것이 가까이에 있는)이 있는, 연결되어 있고 일관성이 있는 이야기다."라고 주장했다. 마찬가지로 "병은 적어도 부분적으로 일관성이 없는 이야기 또는 자신에 대한 부적절한 이야기 서술로 인한 고통의 결과다."[23]

일부 심리적 문제들과 상당수의 정서적 고통은 이야기를 통해 우리의 삶을 이해하는 데 실패함으로부터 나온다. 상담자는 우리로 하여금 자신의 이야기를 수정하고, 자신에 대해 치유하는 이야기를 생성하는 것을 돕는다. 이 과정은 세인트 오거스틴이 즐겼던 종류의 훌륭한 변형을 가져올 수 있다. 또는 이 과정이 로스가 자신을 치유하기 위해 시도에서 발견한 것과 같이 더 느리고 덜 분명할 수도 있다.

신화와 이야기

어떤 이야기는 삶에 대한 근본적 진실을 전할 수 있는 능력에 대해 널리 용인된다. 이러한 이야기는 특정한 사람의 집단으로 이루어진 문화에 융합된다. 그러한 이야기는 성스럽게 여겨질 수도 있으며, 우리는 그것들을 신화라는 용어를 위해 남겨 둔다. 종교적 사회에서 신화는 현실의 원시적 특징들을 구현하는 것으로 믿어졌으며, 따라서 전설이나 덜 성스러운 다른 형태의 이야기와 구별된다. 전통적인 신화들은 신, 혼령, 오이디푸스 같은 전설적인 영웅들과 같은 초월적인 존재를 다룬다.[24]

신화는, 우리의 기원과 운명에 대해 우리를 의식하게 하고, 궁금하게 만드는 데 충분할 정도로 우리의 상상력이 활발하다면, 오늘날 여전히 실행 가능하게 남아 있는, 원형적인 상징들을 포함한다.[25] 신화는 주어진 사회의 기본적인 심리학적 · 사회학적 · 우주적 · 형이상학적 진실들을 포착한다. 사회의 신화들은 사람들의 가장 중요한 관심사를 반영한다. 요소들의 다양한 집합에 이야기 형태를 주므로, 신화는 사회의 진실성을 보존하고 그것의 지속성과 건강을 확보하는 것을 돕는다.[26]

문화의 수준에서 신화들이 전통적으로 해 온 것을, 개인적 신화가 한 인간을 위해 성취할 수 있다.[27] 개인적 신화는 개인 삶의 가치들을 분명히 해 주고, 정체성을 서술해 준다. 개인적 신화는 전설이나 동화가 아니며, 개인적 진실을 구현하는 성스러운 이야기다.

개인적 신화가 '성스럽다'고 하는 것은 개인적 신화가 신학자와 철학자의 뇌리를 사로잡는 궁극적 질문들을 다룬다고 주장하는 것이다. 많은 사회비평가는 미국인과 유럽인이 탈신화적인 세계에서 살고 있다고 주장한다. 우리 중 다수는 공정한 신이 지배하는 질서 있는 우주를 더 이상 믿지 않는다. 이 실존적 공허의 한복판에서 우리는 자신의 의미를 창조하고, 자신의 진실을 발견하고, 우리의 삶을 신성하게 할 개인적 신화를 만들어 내도록 도전받는다.

마거릿 샌즈가 직면하는 탈신화적 세계에도 불구하고, 그녀는 자신의 삶에서 일치성과 목적을 찾기 위한 투쟁을 결코 포기하지 않는다. 그녀는 자신의 과거에서 어려웠던 많은 날과 미래에 대한 불확실한 전망에서 의미를 떼어 내야 한다. 격렬하게 모든 조직화된 종교를 거부하면서, 마거릿은 자신을 '분노하는 불가지론자'라고 부른다. 하지만 그녀는 자주 자신의 죽은 어머니와 외조모에게 기도한다. 그 두 사람은 마거릿의 개인적 신화 속에서의 중심인물들로서, 그녀의 삶에서 성스러운 공간을 차지한다. 캘리포니아 예배당으로의 서사적 순례는 그녀에게 성스러운 의식이 되었다. 그 교회를 욕함으로써 그녀는 자신의 선함과 삶의 존엄성을 확인할 수 있었다. 그녀는 행위와 말을 통해서 그녀가 진실하고 선하며 아름답다고 믿는 것들을 표현할 수 있게 되었고, 그녀에게 악하고 불경건한 것들을 비난할 수 있게 되었다.

개인적 신화를 만드는 것은 자기애적 망상의 활동 또는 스스로를 신으로 자리 잡게 하기 위한 편집증적 시도가 아니다. 그 대신, 신화를 통해 자기를 정의하는 것은 심리적이고 사회적인 책임의 계속적인 행위로 볼 수 있다. 우리의 세계가 우리가 누구인지 그리고 어떻게 살아야 하는지 더 이상 알려 줄 수 없기 때문에, 우리는 스스로 그것을 알아내야 한다. 개인적 신화를 만드는 것은 심리사회적 탐구다. 성숙한 성인으로서 우리는 모두 권력과 사랑을 위한 필요들을 구성하고, 윤리적·대인관계적으로 우리가 지켜보는 사회적이고 역사적인 맥락 안에서 신화를 만들 것을 요구받는다.

신화는 어떻게 발달하는가

심지어 유아일 때에도, 우리는 개인적 신화를 위한 자료들을 수집한다. 이런 수집은 온갖 종류의 영향이 삶과 신화에 대한 우리의 기대를 형성하게 하므로, 대부분 자발적이고 무의식적으로 일어난다. 아이들이 이야기가 무엇인지 심지어 알기도 전에, 아이들은 그들이 언젠가 마주치고 구성할 이야기에 영향을 미칠 경험에 참여한 자신들을 발견한다.

사랑과 신뢰의 초기 관계들에서, 영아는 희망과 절망에 대한 무의식적인 태도를 형성한다. 아기는 세상이 어떻게 돌아가는지 그리고 사람들이 어떻게 행동할 것을 기대받는지에 대해 처음으로 무의식적인 가르침을 얻는다. 어머니, 아버지와 영아의 관계는 신화의 이야기 톤의 장기적인 발달에 영향을 미치기가 쉽다. 각각의 개인적 신화는 절망적인 비관주의부터 끝이 없는 낙관주의까지에 이르는, 널리 퍼진 이야기 톤을 갖고 있다. 불안으로 표현되고, 비극적인 용어들의 틀로 구성한 이야기 속에서 의미와 목적을 추구하기에, 마거릿 샌즈의 전반적 어조는 비관적이다.

미취학 아동은 언젠가 자신의 개인적 신화에 생기를 불어넣어 줄 중심적 이미지들을 모은다. 이 나이의 아동에게는 시선을 사로잡는 이미지들이 이야기를 기억할 만하게 만든다. 많은 이야기의 플롯들은 완전히 이해하기가 어렵지만, 미취학 아동은 이미지들을 기억한다. 예를 들어, 네 살짜리들은 가정과 학교, 어머니와 아버지, 신과 악마, 백설공주와 서쪽의 사악한 마녀 등의 표상과 같은, 그들이 수집한 감정을 불러일으키는 상징들 그리고 이미지들의 측면에서 그들의 경험을 이해한다. 이러한 초기 형상의 많은 것은 아이들이 자랄수록 잊어버리게 되지만, 일부 중요한 이미지와 표상은 성인기까지 살아남으며 개인적 신화 속에 융합된다. 우리는 마거릿 샌즈의 예배당으로의 귀환에서 자신을 정의하는 이미지를 언뜻 본다. 어린 시절 그녀의 종교적 성상과 상징들은 깊은 증오와 후회의 감정을 부여받는다.

아이들이 학교 교육을 받게 되면서, 그들은 논리적·체계적인 사고를 점차 발달시키며, 이야기를 주제별로 구성된 전체로 이해하게 된다. 그들은 이야기의 등장인물들이 일정 기간 동안 어떤 목표를 이루기 위해 노력한다는 것을 인식한다. 이야기를 비롯한 다른 출처에서, 학령기의 아이들은 스스로 동기를 부여하는 방식을 형성하기 시작한다. 목표와 욕구는 권력과 사랑에 대한 필요에 중심을 둔 안정된 성향들에 합쳐진다. 이 같은 욕구의 형태는 주제별로 그들의 개인적 신화에 궁극적으로 반영될 것이다. 친밀함에 대한 강한 갈망이 동기가 되어, 마거릿은 돌봄과 다른 사람을 돕는 것을 강조하는 개인적 신화를 구성했다. 하지만 그녀는 친구나 연인과 장기적으로 친밀한 관계를 형성하는 것에 대해 여전히 상당한 양가감정을 갖고 있다.

우리는 인간의 삶에서 정체성의 문제에 정면으로 맞서는 청소년기 후반에 처음으로 의식적인 신화 제작자가 된다. 청소년은 특정한 윤리적·종교적 위치에 자리 잡는 근본적인 믿음의 배경인, 신화를 위한 사상적인 배경을 의식적·무의식적으로 다루는 것으로 이야기를 시작한다. 따라서 청소년기에서 청년기로의 전환은 인간의 정체성 발달에서 특히 중요한 단계다. 청소년기와 청년기에 신화 창작의 근본적 도전은, 개인의 정체성이 안정적인 토대 위에 지어질 수 있도록 사상적인 질문에 대해 개인적으로 의미 있는 답변을 만들어 내는 것이다. 사람들은 청소년기 후반과 청년기에 사상적 배경을 형성하는 경향이 있으며, 대부분에게 그 배경은 그들의 나머지 세월 동안 비교적 변함없는 상태로 남게 된다. 마거릿의 고집스러운 불가지론은 그녀의 개인적 신화를 위한 사상적 배경을 제공한다. 그것은 오늘날 그녀의 이야기의 플롯을 위한 명백한 배경으로 남게 되었다.

20대와 30대의 청년은 자신의 신화 창작 에너지를 주인공들의 창조와 개량에 집중시킨다. 우리의 신화와 삶은 일반적으로 너무나 복잡하여 하나의 주인공만 살 수가 없다. 신화들은 실제 혹은 상상된 페르소나들의 내재화된 콤플렉스인 개인의 이마고(imagoes, 심상)로부터 등장인물들을 끌어낸다. 자기 안의 중요한 주인공들이 상호작용하고 때때로 정체성을 만드는 것으로 갈등하므로, 많은 개인적 신화는 하나 이상의 지배적 이마고를 포함시킨다. 우리는 이것의 생생한 사례를 돌보는 사람으로서의 마거릿과 난리를 치는 반항아로서의 마거릿 사이의 이야기의 긴장 상태에서 볼 수 있다. 실제로, 가장 풍부하고 역동적인 개인적 신화에는 갈등을 불러일으키고 복잡한 이마고가 다수 거주한다. 한 개인의 개인적 신화에서 갈등을 일으키는 이마고들을 통합하고 화해시키는 것이 중년기의 성숙한 정체성의 특징이다.

좋은 이야기들은 모두 만족스러운 결말을 필요로 한다. 우리가 중년기로 접어들고 통과하면서, 우리는 더욱더 자신의 신화의 대단원에 골몰하게 된다. 하지만 우리는 모두 결말의 감각에 상당히 양면적이다. 우리 가운데 죽고 싶어 하는 사람은 거의 없다. 어떤 의미에서, 성숙한 정체성은 우리를 존속시킬 어떤 유산을 남길 것을 요구한다. 삶의 이 단계에서, 많은 개인은 개인적으로 중요한 무엇인가가 반드시 전해지도록 자신의 신화들을 개조한다. 우리가 마거릿의 이야기에서 보듯이, 자녀는 자기 속의 어떤 좋은 것을 다음 세대로 전달하는 것을 의미하게 될 수도 있다.

위대한 신화학자 조셉 캠벨(Joseph Campbell)이 주장하였듯이, "인간의 정신을 퇴보시키는 다른 고정된 인간의 환상들에 대한 반작용으로, 인간의 정신을 발달시키는 상징들을 제공하는 것이, 항상 신화와 의례의 주된 기능이었다."[28] 오랜 세월에 걸쳐 인류가 창조한 종교적이고 우주적인 신화들처럼, 개인적 신화는 보존하고 개선할 가치가 있는 인간에 관한 어떤 것을 발전시킬 수 있다. 우리가 창조하는 이야기들은 다른 사람의 이야기에 영향을 미치고, 그 이야기들은 또 다른 것들을 낳으며, 머지않아 우리는 이야기 만들기와 이야기 살기로 이루어진 관계 속에서 의미와 연계성을 찾는다. 우리의 개인적 신화들을 통해, 그 세계가 우리를 창조하는 동시에, 우리는 우리가 살고 있는 세계를 창조하는 것을 돕는다.

후 주

1) 마거릿 샌즈라는 이름은 가명이다. 연구에 참여한 모든 사람의 익명성을 확실히 하기 위해 이 책의 사용된 모든 이름을 따로 만들었다. 추가적으로 출생지와 다른 인적 사항과 같은 참여자들의 삶의 구체적인 내용들도 익명성이 확실하도록 경우에 따라서 어느 정도 고쳤다.

2) 사회과학자들은 연구 전략으로 일대일 면담의 강점과 약점에 대해 길게 썼다. 인터뷰는 연구자로 하여금 다른 방식으로는 얻을 수 없는 상당히 개방된 정보를 얻을 수 있도록 하지만, 그런 정보의 질은 연구자와 참여자가 형성한 인간의 관계방식의 기능이라는 것을 기억해야 한다. 개인적 정보는 인간의 복잡한 상호작용의 일부로서 밝히고 제공하게 된다. 인터뷰를 하는 사람은 객관적 실재에 대한 수동적인 녹음기로 결코 볼 수는 없다. 심지어 가장 표준화된 면담 조건 아래서도, 오히려 지식은 대인관계의 주관성의 맥락에서 수집된다. 이것을 알기에, 인터뷰하는 사람은 주어진 인터뷰 밖에서 그 사람이 어떤 사람인지에 대해 자신이 할 수 있는 만큼 알아내려고 여전히 노력한다. 인터뷰가 가진 주관적인 성격에도 불구하고, 인터뷰로부터 수집되는 유효하고 중요한 정보가 있다고 우리는 가정한다. 생애사 인터뷰에 대한 보다 덜 낙관적이고 보다 회의적인 관점은 다음의 책들에서 제시된다. Wiersma, J. (1988). The press release: Symbolic communication in life-history interviewing. In D. P. McAdams and R. L. Ochberg (Eds.), *Psychobiography and life narratives* (pp. 205-238). Durham, NC: Duke University Press.

3) 우리는 벰 성역할 검사(BSRI)라는 유명한 자기보고식의 측정을 사용했다. 이 검사는 60개의 형용사와 형용사구를 포함하는데, 각 참여자는 7점 척도로 문항들을 점수 매기도록 요청받는다. 1점 "전혀 또는 거의 전혀 사실이 아니다"부터 7점 "항상 또는 거의 항상 사실이다"까지다. 문항들의 1/3은 남성성과 흔히 연결되는 특성을 언급하고(예: '독립적인' '자기주장적인' '공격적인' '지배적인'), 다른 1/3은 여성성과 흔히 연결되는 특성을 언급하며(예: '애정적인' '양보하는' '따뜻한' '아이들을 사랑하는'), 마지막 1/3은 남성성 또는 여성성과 전형적으로 연결되지 않는 일반적으로 요구되는 특성을 가리킨다(예: '도움이 되는' '행복한' '적응인' '진실한'). 남자는 전형적으로 남성성에 더 높은 점수가 나오고, 여자는 여성성에 더 높은 점수가 나오지만, 많은 사람은 반대쪽 성의 형용사에 높은 등급을 준다. BSRI의 남성성과 여성성의 척도는 독립적이다. 그러므로 어떤 사람은 양쪽에 높은 점수가 나오기도 하는데, 이는 벰과 다른 사람들이 심리적 양성성이라고 부르는 것의 위치를 가리키는 것이다. 심리적으로 양성적이라고 자신을 보는 것이 어떤 상황들에서 적응적일 수 있고, 다른 사람과의 상호작용과 삶의 문제들을 해결하는 데 보다 융통성 있는 방식들을 만들 수 있다고 제시하는 연구 결과가 있다. Bem, S. L. (1974). The measurement of psychological androgyny. *Journal of Consulting and Clinical Psychology, 42,* 155-162. Bem, S. L. (1987). Gender schema theory and the romantic tradition. In P. Shaver and C. Hendrick (Eds.), *Sex and gender: Review of personality and social psychology* (Vol. 7, pp. 251-271). Beverly Hills, CA: Sage Publications. Cook, E. P. (1985). *Psychological androgyny.* New York: Pergamon Press.

4) 사용된 측정 방식은, 피검사자가 일련의 애매모호한 그림들의 각각에 대한 반응으로 짧은 상상적 이야기를 말하도록 요청받는 성격 연구에서 표준 과정인 주제통각검사(TAT)다. 측

정은 인간 동기의 개인적인 차이에 대한 많은 과학적 연구에서 사용되었다. '성취 동기' '친
밀감 동기' 그리고 '힘의 동기'와 같은 성격 구조에 점수를 내기 위해, 이야기들은 엄격한
내용분석 과정에 맡겨진다. 이 연구의 일부는 제3장과 부록 1에서 설명하고 있다.
Atkinson, J. W. (Ed.) (1958). *Motives in fantasy, action, and society*. Princeton, NJ: D.
Van Nostrand. McAdams, D. P. (1980). A thematic coding system for the intimacy
motive. *Journal of Research in Personality*, *14*, 413-432. McAdams, *Power, intimacy,
and the life story*. McAdams, *Intimacy: The need to be close*. McClelland, D. C. (1985).
Human motivation. Glenview, IL: Scott, Foresman. Murray, H. A. (1943). *The
Thematic Apperception Test: Manual*. Cambridge, MA: Harvard University Press.
Stewart, A. J. (Ed.) (1982). *Motivation and society: Essays in honor of David C.
McClelland*. San Francisco: Jossey-Bass. Winter, D. G. (1973). *The power motive*. New
York: The Free Press.

5) '이야기 문법'은 이야기가 무엇이고, 그것이 어떻게 작동하는지를 결정하는 내재적 규칙들
이다. '이야기 도식'은 이야기 문법이 무엇인지에 대한 특정한 인간의 내재적 이해다. 이야
기에 대한 아동의 이해에 관한 연구는 아이가 6세쯤까지 매우 잘 개발된 이야기 도식을 갖
게 된다고 주장한다. 따라서 어린 시절부터 우리는 이야기들이 어떤 관습적인 규칙들을 따
르기를 기대한다. 이야기가 이런 관습들을 어길 때, 그것은 이상하거나 혼란스럽게 보이거
나, 전혀 이야기가 아닌 것처럼 보일 수 있다. 많은 연구는, 성인과 아동이 어떤 구조가 없거
나 구조들이 뒤섞여 있는 이야기보다 규범적인 형태를 가진(즉, 올바른 순서 속에서 적절한
이야기 문법 구조를 가진) 이야기를 보다 쉽게 기억한다고 보여 준다. 기억하는 이야기가
원래 비규범적인 형태 속에서 주어졌을 때, 뒤섞인 요소를 다시 배열하거나 원래 이야기 속
에 없는 것을 위해 대체물로 새로운 요소를 고안하므로, 성인과 아동은 그것을 규범적인 형
태로 자주 바꾼다. Applebee, D. N. (1978). *The child's concept of story*. Chicago:
University of Chicago Press. Mandler, J. M. (1984). *Stories, scripts, and scenes: Aspects
of schema theory*. Hillsdale, NJ: Lawrence Erlbaum.

6) Mandler, Stories, scripts, and scenes. 또한 다음을 참조하라. Trabasso, T., Secco, T., &
Van Den Broek, P. (1984). Causal cohesion and story coherence. In H. Mandl, N. L.
Stein, and T. Trabasso (Eds.), *Learning and comprehension of text*. Hillsdale, NJ:
Lawrence Erlbaum.

7) 어떤 학자들은, 이야기의 핵심이 이야기의 문법이거나 내적 구조가 아니고, 이야기를 읽고
듣고 또는 보는 사람 속에 특정한 감정적 반응을 유발시킬 수 있는 정도라고 주장한다. 이야
기들에 의해 흔히 유발되는 세 가지 감정들은 긴장감, 경이감 그리고 호기심이다. Brewer,
W. F., & Lichtenstein, E. H. (1982). Stories are to entertain: A structural-affect theory of
stories. *Journal of Pragmatics*, *6*, 473-486.

8) Bird, S. E., & Dardenne, R. W. (1988). Myth, chronicle, and story: Exploring the
narrative qualities of news. In J. W. Carey (Ed.), *Media, myths, and narratives:
Television and the press* (pp. 67-86). Newbury Park, CA: Sage Publications.

9) 인간 경험에서 이야기의 탁월함에 대한 자료들은 다음과 같다. Howard, G. S. (1989). *A
tale of two stories: Excursions into a narrative psychology*. Notre Dame, IN: University
of Notre Dame Press. Landau, M. (1984). Human evolution as narrative. *American*

Scientist, 72, 262-268. Sarbin, T. R. (Ed.). (1986). *Narrative psychology: The storied nature of human conduct*. New York: Praeger.

10) Forster, E. M. (1954). *Aspects of the novel*. San Diego, CA: Harcourt Brace Jovanovich.

11) Rouse, J. (1978). *The completed gesture: Myth, character, and education*. New Jersey: Skyline Books.

12) Jerome Bruner (1990). *Acts of meaning*. Cambridge, MA: Harvard University Press.

13) Ibid.

14) Ibid.

15) Ricoeur, P. (1984). *Time and narrative* (Vol. 1). Chicago: University of Chicago Press, p. 3. (Translated by K. McLaughlin and D. Pellauer.)

16) 로버트 콜스(Robert Coles)는 대학 강의에서 이야기의 사용에 대해 웅변적으로 썼다. 콜스는 학생들이 이야기를 통해 그들이 교훈을 얻을 뿐 아니라 즐거움을 얻기 때문에 이야기에 끌린다고 주장한다. 이야기는 우리가 삶에서 중요한 교훈을 배우는 주된 도구다. 우리가 콜스의 수업 중 하나로부터 뛰어난 일부 내용을 들으면서, 형법이나 인간의 소화기관에 대한 교사의 강의가 결코 접근할 수 없는 방식들 속에서, 이야기는 우리 삶의 중심적 부분이 될 수 있다: "'슈테이허는 누구인가?' 하버드 대학교 경영대학원의 나의 학생 중 하나는 윌리엄 카를로스 윌리엄스의 삼부작에서 중심인물에 관해 질문했다. 결국 사회적·경제적으로 크게 성공하는 이민자에 관한 질문이었다. 수업에서 우리의 관심사에 대해 그 학생은 단지 지적인 요약에 관심을 두지 않았다. '내가 생각하기에 그는 우리가 소설책에서 읽는 상당한 어휘를 갖고 있다. 그러나 나에게 슈테이허는 지금 나의 일부다! 내가 의미하는 것은 무엇인가? 내가 의미하는 것은 그가 어떤 사람이고, 그가 내가 생각하는 어떤 사람이라는 것을 의미한다. 나는 그를 그릴 수 있고, 그가 말하는 것을 들을 수 있다. 그리고 그는 우리 각자에게 다르게 보인다. 그가 이야기하는 방식은 우리 각자와 다른데, 왜냐하면 우리 각자는 우리 자신의 억양을 갖고 있기 때문이다. 그는 우리 안에 있고, 그의 아내는 굴리다. 그의 아내가 그를 나가도록 밀고 사다리를 올라가듯이, 나는 그가 걷거나, 일하거나, 아파트 계단을 올라가거나, 또는 식사하거나, 그의 아내의 이야기를 듣거나 하는 것을 볼 수 있다. 윌리엄스가 쓰는 말들은 나의 이미지와 소리가 되었고, 나의 일부가 되었다. 당신은 어떤 이론을 갖고 그런 일을 하지는 않는다. 당신은 어떤 체계적인 생각을 갖고 그런 일을 하지는 않는다. 당신은 이야기를 갖고 그런 일을 하는데, 왜냐하면 이야기 속에서, 성경에서 말하는 것처럼, 이야기가 살아 있는 몸이 되기 때문이다." Coles, R. (1989). *The call of stories: Teaching and the moral imagination*. Boston: Houghton Mifflin, p. 128.

17) Bettelheim, B. (1976). *The uses of enchantment: The meaning and importance of fairy tales*. New York: Alfred A. Knopf.

18) Kushner, H. (1981). *When bad things happen to good people*. New York: Avon.

19) Jay, P. (1984). *Being in the text: Self-representation from Wordsworth to Barthes*. Ithaca, NY: Cornell University Press.

20) Roth, P. (1988). *The facts: A novelist's autobiography*. London: Penguin.

21) Ibid, pp. 184-185.

22) Shafer, R. (1981). Narration in the psychoanalytic dialogue. In W. J. T. Mitchell (Ed.), *On narrative* (pp. 25-49). Chicago: University of Chicago Press. Spence, D. P. (1982).

Narrative truth and historical truth: Meaning and interpretation in psychoanalysis. New York: W. W. Norton.

23) Marcus, S. (1974). Freud and Dora: Story, history, and case history. *Partisan Review*, *41*, 12-23, 89-108.

24) Bascom, W. (1984). The forms of folklore: Prose narratives. In A. Dundes (Ed.), *Sacred narrative: Readings in the theory of myth* (pp. 5-29). Berkeley, CA: University of California Press.

25) Simonson, H. P. (1971). *Strategies in criticism.* New York: Holt, Rinehart and Winston.

26) Levi-Strauss, C. (1969). *The raw and the cooked: Introduction to a science of mythology* (Vol. 1). New York: Harper & Row.

27) 이 논쟁은 데이비드 파인스타인(David Feinstein)에 의해 심리치료, 꿈 해석, 인간의 가능성에 대한 실현에서의 개인적 신화에 대한 그의 흥미로운 작품에서 만들어졌다. Feinstein, D. (1979). Personal mythology as a paradigm for a holistic public psychology. *American Journal of Orthopsychiatry, 49*, 198-217. Feinstein, D., & Krippner, S. (1988). *Personal mythology: The psychology of your evolving self.* Los Angeles, CA: Jeremy P. Tarcher.

28) Campbell, J. (1949). *The hero with a thousand faces* (p. 11). Princeton, NJ: Princeton University Press.

제2장 이야기의 분위기와 이미지

발달심리학 강의 첫 시간에, 나는 학생들에게 그들이 태어난 지 각기 하루 밖에 안 된 아기인데, 잡지사에서 와서 바깥세상으로 나온 첫날에 관한 이야기를 해 달라고 요청을 받았다고 상상해 볼 것을 부탁했다. 신생아의 경험이 어떠할지에 관해 재미있게 생각해 보도록 그들에게 이 연습을 권했다. 이것은 인간 발달에 관한 학생들의 내재된 가정들 가운데 어떤 부분을 드러내기 위해 고안된 것이다. 나는 꽤 놀랄 만한 보고서들을 받았다. 나는 아직도 탯줄로 연결된 신생아들에게 사람들이 붐비는 방에서 즉각 그들의 아버지, 어머니 그리고 먼 사촌들을 알아보게 했다(이 모든 사람이 분만실에서 하고 있는 것은 내 소관이 아니다). 나의 강의실의 다른 신생아들은 보다 원초적이다. 그들은 세상을 내다보지만, 소란과 혼란을 피우고 있는 것만 보일 뿐이다. 혹은 그들은 전혀 아무 것도 모를 테고, 환상과 수면이라는 자신만의 세계 속에 둘러싸여 있을 것이다.

물론, 과제를 통해 학생들에게 그 일을 서두를 것을 요청했다. 우리 모두는 신생아가 이야기를 말할 수 없다는 것을 알고 있다. 시간이 지나면서 인간은 이런 일을 할 준비가 되지만, 그들은 태어난 첫째 날이 어떠했는지 완전히 잊어버리고 만다. 사실상 인간은 발달적인 측면에서 모든 동물의 종류 중 가장 천천히 성장하는 것으로 보인다. 삶의 첫날 마지막에, 새로 태어난 병아리는 헛간 앞마당을 돌아다니는 어미 닭을 따라다닐 수 있다. 우리는 비교할 만한 동작 기술을 발달시키기까지 1년에서 2년이 걸린다. 그러나 우리는 병아리가 하는 것보다 우리의 발달에서 훨씬 더 많이 성장할 수 있다. 어른으로 성숙했다 할지라도, 병아리는 그의 인생에 관한 이야기를 해 달라고 잡지사의 인터뷰는 결코 요청받지 못할 것이다. 인간은 5~6세가 되어서야 비로소 이야기가 무엇인지를 비교적 분명하게 이해하게 된다. 인간은 청소년기 후기나 청년기가 되어서야, 일반적으로 자신의 삶에 관해서 이야기와 신화의 형태로 생각하기 시작한다. 청소년기 전에는 우리는 삶의 이야기를 갖고 있지 않다. 우리는 정체성을 갖고 있지 않다.

그러나 이것이 아무것도 없는 상태에서 청소년기에 우리의 정체성이 만들어진다는 뜻은 아니다. 영아기와 아동기의 시간은 우리에게 정체성을 위한 가장 중요한 원재료의 어떤 부분을 제공해 준다. 인생의 첫 2년은 특별히 우리 이야기의 분위기에 영향을 주는 무의식적인 유산을 우리에게 남긴다. 그것은 희망, 믿음, 그리고 세상이 어떻게 작동하고, 이야기가 결국 어떻게 될지에 관한 유산이다. 그리고 우리 인생의 다음 단계인 4년간에는, 무의식은 우리가 나중에 이야기의 형태를 구현하기 위해서 사용할 풍부한 이미지를 수집한다.

애 착

인생의 첫 해에서, 영아는 어머니 및 다른 양육자와 사랑의 유대를 발달시켜 나간다. 발달심리학자들은 이 유대를 애착이라고 부른다.[1] 아기는 태어나면서 의미 있게 애착되는 것이 아니다. 이것은 그 시점에서 아기는 엄마와 혹은 어떤 누구와 신뢰와 안전의 특별한 관계를 아직 발달시키지 못했다는 것을 의미한다. 더욱이 자궁 밖으로 나온 그 처음 몇 분 동안에 관한 마술적인 것은 아무것도 없다. 적어도 영아의 관점에서가 아니라면, 이 시간에 유대가 즉시 발생하는 것은 아니다.[2] 대신에 애착은 예견할 수 있는 단계들과 결과를 지나가면서, 처음 1년 동안 서서히 발달된다. 영아가 만 1세가 될 때쯤, 일반적으로 아기는 전형적으로 엄마와 또는 다른 주 양육자와 적어도 하나의 애착관계를 형성한다. 어떤 이론가들에 따르면, 이런 유대를 형성하는 것은 처음 1년의 한 가지 가장 큰 성취다.[3] 그것은 그 후 계속되는 모든 발달의 기초가 되는 심리사회적 이정표다.

생후 2개월 무렵부터 우리는 애착 유대를 발달시키는 신호를 보기 시작한다. 이 기간에, 영아는 다른 사람과 눈 맞춤을 하기 시작하고, 눈앞에 있는 다른 사람에게 애정을 나타내는 미소를 보여 준다. 처음에 그들은 사회적 관계에서 매우 무분별한 것 같이 보인다. 드와이트 삼촌이 처음으로 4개월 된 조카를 보기 위해 왔을 때, 아기는 따뜻한 미소와 함께 사랑스럽게 응시하면서 그를 반길 수도 있다. 5개월 후에 그가 다시 방문했을 때는 두려움으로 움찔거릴지도 모른다. 그것은 삼촌이 새로 기른 턱수염 때문도 아니고, 아기를 무섭게 했던 삼촌의 새 여자 친구 때문도 아니다. 그것은 오히려 짧은 기간 동안 아기가 많이 성장하였음을 의미한다. 9개월쯤 아기는 누가 웃는지, 누가 자기를 응시하는지, 누가 자기에게 정답게 속삭이는지를 매우 잘 분별해 낸다. 드와이트 삼촌은 그녀에게 낯선 사람이다. 대부분의 영아는 삶의 첫 해의 후반부에서 낯가림을 발달시킨다. 그것은 정상이므로, 드와이트 삼촌은 마음이 상해서는 안 될 것이다. 그의 조카는 선택된 소수—아기가 신뢰와 안전을 느끼는 친숙한 사람들—를 위한 애정의 증진을 모으고 있는 것이다.

아동심리학자 존 볼비(John Bowlby)는 '수정된 목적 시스템'으로 애착을 묘사한다.[4] 그 시스템은 수많은 애착 행동으로 구성된다. 이것들은 웃기, 눈 맞춤, 울기, 따라 하기, 매달리기, 젖 빨기를 포함한다. 이러한 각각의 행동은 인생의 처음 몇 달 동안 그것들 스스로의 스케줄에 따라 발달된다. 그러므로 아기는 태어난 첫날부터 울고 젖 빨기를 할 수 있지만, 2개월 후까지는 사회적인 미소를 보여 주지 않고, 첫해의 후반에 가서야 기거나, 사람을 따라 하기를 시작하기도 한다. 첫해의 후반기에서 이런 다양한 행동이 조직화된다. 그것은 모두 애착체계의 부분이 된다. 그 체계의 형성과 발달은 인간 본성의 본능적인 부분이다.

그 체계는 단기와 장기의 두 개의 목표들로 조직된다. 단기 목표는 아기와 보호자가 신체적인 근접성을 유지하고 있는 것을 확인하는 것이다. 그러므로 각 애착행동은 이런 목표에 따라 기능한다. 아기는 다른 사람과 따뜻한 상호교제를 하기 위하여 웃거나 눈 맞춤을 할 것이고, 사람들에게 더 가까이 오도록 신호를 보내기도 할 것이다. 그들은 보호자와 가까운 거리를 유지하기 위해 따라다니기도 할 것이다. 그들은 고통을 알리는 방식으로 울기도 하는데, 이것은 고통이 완화되도록 보호자를 다시 가까이 불러오도록 하기도 한다. 여러 가지 애착 행동은 함께 작용하는데, 복잡하고 역동적인 합성 안에서 서로 협력하거나 보완한다.

애착의 장기 목표는 영아의 생존이다. 만약 아기와 엄마가 애착하는 경향이 없다면, 아기는 살아남지 못할 것이다. 영아는 상당히 오랫동안 의존적이고 무력하기 때문에, 애착과 같은 어떤 종류의 체계가 인간 본성의 일부여야만 하고, 그렇지 않으면 우리는 모두 자녀를 생산할 수 있고 우리의 유전자를 다음 세대에 전달해 줄 수 있기 훨씬 이전에, 그러니까 아주 어린 시절에 죽고 말 것이다. 인간이 지상에서 거주하며 추구해 온 삶의 방식을 고려할 때 그 주장이 가장 설득력이 있다. 고생물학자들과 인류학자들은, 작은 집단들 속에서 초원 지대를 가로지르고 숲을 지나 이동하면서 인간이 사냥꾼과 수렵인으로 진화 역사의 95% 이상을 살아온 것에 대해 깊이 생각한다. 우리는 살아남았고, 개인적 숙달과 사회적 협동을 통해 번성했다. 그러므로 전통적으로 애착은 약탈자와 다른 위험으로부터 영아들을 보호하기 위해 기능했다.

첫 1년간 사실상 인간 사회의 모든 아기는 애착 형성이 된다. 그러나 그들은 모두 같은 방식으로 애착되지는 않는다. 증가하는 연구물들은 애착 유대의 질은 넓게 분포되어 있다고 제시한다.[5] 실험실 환경에서 아기들이 그들의

엄마로부터 잠깐 분리되었을 때 어떻게 행동하는지를 알아본, 심리학자들이
관찰한 연구에서 아기들은 종종 A, B, C와 D로 부르는 네 개의 다른 유형의
애착 유대로 확인되었다.

　가장 유리한 것은 안정적 애착이다. 그들의 엄마와 이런 애착의 유형을 보
여 주는 아기들은 때때로 'B형 아기'로 불린다. 안전하게 애착된 1세 정도의
영아는, 대부분의 1세 아기와 같이, 엄마로부터 분리될 때 격렬하게 저항한
다. 그러나 엄마가 3～4분의 분리 후에 돌아오면, 아기는 따뜻하고 열렬하게
엄마를 반긴다. 이런 영아는 자신의 엄마를 세상을 탐색하는 것으로부터 '안
전기지'로서 사용하는 것으로 보인다. 엄마가 아기와 함께 있을 때, 아기는 아
주 쉽게 그리고 자신감을 갖고 그들의 주변을 이리저리 움직이면서, 모든 것
이 여전히 안전하다는 것을 확인하기 위해서 한 번 흘낏 보거나 웃으면서 엄
마를 쳐다본다. B형 아기에게 엄마는 기본적인 신뢰감을 제공하는 것으로 보
인다. 엄마는 세상을 신뢰할 수 있게 만들어 준다.

　불안정한 애착은 세 가지 형태로 확인되었다. A형 아기는 회피적 애착 유
형을 보인다. 엄마가 안전기지로 옆에 없으면, 그들은 B형 아기처럼 힘 있게
그리고 자신감을 갖고 세상을 탐색하지 않는 경향이 있다. 만약 엄마가 짧은
시간 동안 떠났다가 다시 돌아온다면, A형 아기들은 엄마를 무시하거나 엄마
가 아기와 다시 재회하려고 할 때 엄마의 제안을 거절하기도 한다. 그것은 그
들이 마치 "당신이 나를 떠나면, 좋아, 나도 당신을 떠날 거야!"라고 말하고
있는 것과 같다. C형 아기는 저항하거나 이중적인 다른 형태의 불안감을 보
여 준다. 엄마가 잠깐 떨어졌다가 돌아왔을 때, C형 아기는 엄마에게 친근한
방식으로 접근할지 모르지만, 엄마가 안아 주려 할 때는 화를 내면서 저항할
수도 있다. C형 아기는 돌아온 엄마에게 화를 내는 반응을 보이지만, 그들은
또한 A형 아기를 생각나게 하는 수동적 반응을 보일 것이다. 마지막으로, D형
아기는 심각하게 불안을 보이고, 반복된 신체적 학대를 겪은 영아의 특징인
혼란스러운 애착의 형태를 나타낸다. 이 불행한 아기는 엄마 앞에서 혼란스
러워하고, 방향 감각을 잃은 것처럼 보인다. D형 아기의 엄마는 일반적으로

아기가 괴로워할 때 아기의 마음을 진정시키지 못한다. D형 아기는 엄마가 옆에 있어도 외부 세계를 거의 탐색하지 않는다.

연구에서는 한 살 된 영아들의 대부분이 안정된 애착을 보여 주었다고 보고했다. 중류층 가정 중 대략 2/3에 해당하는 아기들이 B형 아기로 분류되었다. A형과 C형 아기가 나머지의 대부분을 차지했고, 조사된 표본들로부터 대략 25~30%를 이루었다. D형 아기는 단지 몇 년 전 처음으로 조사에서 발견되었기 때문에 우리는 확인할 수 없지만, 감사하게도, D형은 상대적으로 드문 것으로 보인다.[6] 연구의 대부분은 처음 태어난 아기들과 그들의 어머니를 함께 연구하였다. 그렇지만 대부분의 아기는 첫 해에 한 가지 이상의 중요한 애착 유대를 발달시킨다. 영아의 초기 발달에서 아버지, 다른 가족들 그리고 베이비시터들과의 유대는 매우 중요하지만, 학문적 연구는 이런 관계를 아직 충분히 깊이 있게 다루지 않았다.

다른 형태의 애착이 생길 수도 있다는 요인들에 매우 큰 관심이 있다. 생후 처음 몇 개월간 아기와 양육자 사이의 상호작용의 질이 중요한 역할을 할 수 있다고 보고되었다. 이런 관점에서, 한 연구는 초기 영아기에 안정적으로 애착된 영아의 엄마는 불안정하게 애착된 영아의 엄마가 하는 것보다 아기를 보다 조심스럽고 부드럽게, 그리고 보다 긴 시간 동안 안아 주는 경향이 있다는 것을 보여 주었다.[7] 다른 연구들은 어머니의 감수성이 애착의 일관성 있는 예측 지표가 될 수 있다고 제시하고 있다.[8] 영아들의 처음 3개월 동안 집과 실험실에서 엄마와 아기에 대해 관찰한 결과, 나중에 불안정하게 애착된 것으로 여겨지는 엄마에 비해 안정적으로 애착된 것으로 나중에 분류되었던 영아의 엄마는 아기가 울 때 보다 자주 반응했고, 아기를 안아 줄 때 보다 애정을 보였으며, 아기가 있는 방에 들어갈 때 웃거나 대화를 하면서 아기에게 인사를 했고, 그리고 아기의 신호에 민감하여 아기에게 수유를 더 잘하였다고 제시했다.

심리학자들은 엄마와 아기의 애착관계의 차이가 성인기를 통해 성격의 형성에 어떻게 영향을 주는지 아직 알지 못한다. 지금까지 애착에 대한 연구는 단지 학령기의 아동에까지 진전되었다. 그러나 이 연구들은 1세 때의 안정적 애착이 나중에 오는 아동기에 수많은 긍정적 결과와 연결된다고 제시해 주었다. 예를 들면, 1세 때 안정적으로 애착된 아동은, 불안정하게 애착된 그들의 또래들보다 2세 때 보다 흉내 내는 놀이와 탐색적 행동을 잘 보여 주는 경향이 있다.[9] 어린이집과 유치원에서, 1세 때 안정적으로 애착된 아동은 그들의 교사들에 의해 보다 사회적으로 유능한 것으로, 또래 친구들에게는 보다 인기가 있는 것으로, 관찰자들에게는 보다 지배적이고 주도적인 면을 보이는 것으로 평가된다. 그러므로 삶의 첫 번째 관계에서 기본적 신뢰를 경험한 영아는 아동기에 보다 자율적이고 주도적인 방식 속에서 행동하는 것으로 보인다. 영아기의 안정적 애착은 자신 있고 결합시키는 아동기의 자기를 촉진시킬 수 있다.

자 기

청소년기의 오래 전부터 많은 역할 배후의 진정한 나에 대한 의심이 생기고, 우리 각자는 자신이 공간과 시간 속에 임시적이고 연속으로 그리고 독립적인 행위자로 존재하고 있다는 것을 확실히 알고 있다. 심지어 어린아이도 내가 무엇을 하고 있을 때 그것을 하고 있는 것이 나라는 것을, 내가 세상에 어떤 일을 발생하게 할 수 있다는 것을, 그리고 나는 자기에 대한 감각을 가진 다른 사람들로부터 분리되었다는 것을 알고 있다. 만약 이러한 일들을 자기 자신이 모른다면, 삶은 불가능에 가까울 것이다. 당신이 자전거를 타거나 자동차를 운전할 때 당신의 팔이나 다리를 움직이고 있는 것이 당신이 아니라 다른 누구라는 것을 느끼는 감정을 상상해 보라. 오늘 저녁 잠자리에 들 때, 아침에 일어날 당신이 당신일 것임을 확신하지 않는다고 상상해 보라. 사람은 어떤 변화된 상태의 의식 혹은 아마도 엄청난 스트레스나 특별한 환경에서, 때때로 이런 종류의 왜곡들을 자기 속에서 경험한다. 그것들은 또한 정신분열증과 같은 정신장애의 흔한 증상들이다. 그러나 우리 대부분에게는, 대부분의 시간 중에 의심하지 않고 가정하는 자기에 대한 기본적 감각이 존재한다.

청소년기와 성인기 동안에 삶의 일치와 목적을 위한 탐색—자신의 개인적 신화를 발달시키기 위한 의문들—은 이런 자기의 가장 기본적인 감각에 대한 질문을 불러오지 못한다. 실제로, 한 사람이 정체성을 발달시킬 수 있기 전에, 그 혹은 그녀는 함께 시작해야 하는 자기의 기본적 감각을 가져야 한다. 우리가 누구인지 결정하는 그 긴 과정을 시작할 수 있기 전에, 우리는 세상에서 어떤 통제와 자율성을 가진 인간으로서 존재하는 것을 확실히 알아야 한다.

자기의 기본적 감각은 인생의 맨 처음 2~3년에 공고해진다. 많은 학자는 자기의 이런 감각은 보호자와 영아 사이의 애착 유대를 발달시키는 맥락 속에서 특징적인 형태를 취한다고 말한다.[10] 정신과 의사인 대니얼 스턴(Daniel Stern)은 8~9개월에 영아는 '주관적 자기'를 발달시키기 시작한다고 주장했다. 이 시기에, 엄마와 영아 사이의 놀이의 질이 중요한 방식들로 변하기 쉽다. 영아는 자신의 주관적 감정 상태를 보호자와 나누기 시작한다. 그리고 영아는 보호자가 자신과 같은 것을 하기를 기대하는 것으로 보인다. 이것은 모두 말없이 된다. 예를 들면, 아기는 장난감을 잡았을 때 매우 흥분하였을 수 있고, 매우 생기 넘치게 이런 흥분을 표현하기도 한다. 그때 아기는 엄마가 어떻게 반응해 줄지를 알기 위해 엄마를 쳐다본다. 엄마는 자신의 어깨를 움츠리고 상체를 흔들어 아기에게 반응할지 모른다. 엄마의 그런 반응은 아기가 흥분해서 소리를 지르는 동안 계속되고, 아기와 같이 흥분하며, 기쁨이 넘치고 열정적이다. 엄마의 반응은 아기의 표현을 반영한다. 비록 엄마는 움직이고 아기는 소리를 내지만, 그 형태는 둘에게 똑같은 것이다.

엄마와 아기가 이와 같이 서로에게 응답할 때, 그들은 그 순간에 내면의 무언가를 나누고 있고, 서로 잘 어울리려고 하거나 그들의 감정적인 상태에 맞추려고 시도하고 있다. 민감한 기교로, 서로에게 그들의 반응을 맞추려 하고 서로의 경험을 확인해 주려고 한다. 아기가 아직 말을 못하는 상태에서, 그들은 "나는 네가 겪고 있는 것을 알아. 나는 똑같은 것을 경험하고 있어!"라고 서로에게 의사소통을 하고 있다. 스턴은 이것을 '정서적 조율(affective attunement)'이라고 부른다.[11] 정서적인 조율을 통해, 영아는 자신과 다른 사람의 내면의 상태를 보다 잘 이해하게 된다. 아기가 말을 못하는 단계에서, 아기는 사람들이 함께 나눌 수 있고, 그런 나눔에서 우리가 서로 알게 되고 돌보게 되는 분리된 경험들을 갖고 있다는 것을 이해한다.

정신분석 이론가 하인츠 코헛(Heinz Kohut)은 '반영하기(mirroring)'라는 용어를 사용하여, 자기의 발달에서 유사한 과정을 기술하였다.[12] 코헛은 인생의 첫 번째 시기에 자기의 응집력 있는 감각의 발달을 촉진시키는 어머니의 가장 중요한 역할은 아기의 '과대성(grandiosity)'의 거울이 되는 것이라고 주장했다. 이것은 엄마가 아기의 힘, 건강, 대단함 그리고 특별함을 확인하고 감탄해 주어야 함을 의미한다. 엄마는 싹트기 시작하는 아기의 기능과 능력을 반영하고 축하해 주어야 한다. 영아는 엄마에게 매우 소중한 존재로서 자신을 경험할 필요가 있다. 기본적인 무의식 상태에서, 아기는 엄마가 아기 자신의 주관적 경험의 좋고 온전함을 확인해 주는 것을 믿을 필요가 있다. 아기가 엄마 앞에서 안전하고 믿을 만한 세계로 느끼는 흥분과 기쁨을 함께 나누면서, 엄마는 거기에 있고 칭찬함으로써 신뢰를 받을 수 있다.

병적인 자기애 및 분열과 같은 자기에 관한 많은 정신장애는 삶의 처음 몇 년 동안의 잘못된 반영하기에서 그 원인적 배경을 찾을 수 있다. 이런 장애들은 극도로 심각할 수 있다. 이런 장애들 중 어떤 경우에는, 개인의 고유한 온전함, 선함, 또는 활기에서 내적 자신감이 결여되어 있기 때문에 개인이 다른 사람과 의미 있는 관계들을 발달시킬 수 없다. 그 밖의 보다 덜한 극적인 태도의 표명은 낮은 자존감을 되풀이해서 겪는 사람에게서 명백해진다.

정서적 조율과 반영하기를 통해 주관적 자기의 감각을 공고히 한다. 인생의 두 번째와 세 번째 해에, 아이의 자기의 감각은 더욱 확장된다. 아이는 거울 속의 자기의 모습을 인식할 수 있게 되고, 자신의 얼굴과 몸의 이미지를 발달시키기 시작한다.[13] 언어의 등장과 함께, '언어적 자기'를 발달시키면서, 자신과 다른 사람에게 언어의 호칭을 적용하기 시작한다. 언어적 자기는 주관적 자기 위에 세워지지만, 그것을 대신하지는 않는다. 2세 아이에게, 언어적 자기는 사람의 이름과 사람의 머리 색깔과 같은 단순한 표현들로 제한되어 있다. 아동기 동안에 아이가 점점 더 복잡한 방식들 속에서 자신을 설명하게 됨으로써 언어적 자기는 좀 더 세련되고 명확해진다. 자신에 대한 묘사에서, 세 살 아이는 자기 이름이 제이슨이고, 〈세서미 스트리트(*Sesame Street*)〉라는 영유아를 위한 TV 프로를 좋아한다고 말할지 모른다. 6세 아이는 자신을 '착한 소녀'라고 표현하고, '제니퍼의 가장 친한 친구'라고 묘사할 수 있다. 10세 아이는 '학교에서 공부를 잘하고' '훌륭한 2루수이지만 약한 타자'이고, '토요일 아침마다 방 청소를 누가 할 것인가를 놓고 동생과 다투는' 경향이 있다는 것을 알고 있다. 드디어 언어적 자기가 개인적 신화를 포함할 수 있게 된 것이다.

이야기의 분위기

영아기로서의 우리는 아직 이야기꾼이 아니다. 그러나 우리가 애착 안에서 우리의 첫 번째 인간관계를 경험하고 자기에 대한 기본 감각을 발달시키면서, 우리는 또한 이야기들에 관한 첫 번째 교훈을 배우기 시작한다. 인생의 처음 2년은 자기, 다른 사람, 세계, 그리고 이 세 가지가 어떻게 서로 관계를 가지는지에 대해 일련의 무의식적이고 비언어적인 태도들을 우리에게 남긴다. 우리가 이야기가 무엇인지 이해하기 전에, 우리는 어떻게 인간이 서로 상호작용을 하는지, 시간이 지나면서 그들이 일을 어떻게 하려고 하는지를 알게 된다. 우리는 자신의 의도를 경험해 보았다. 우리는 세상에서 무언가를 하려고 했고, 우리의 노력의 결과를 증명하였다.

우리가 성인기와 인생의 처음 2년 동안에 만드는 개인적 신화들 사이의 가장 근본적인 관계는 내가 이야기의 분위기라고 부르는 것에서 표현될 수 있다. 어떤 삶의 이야기들은 낙관주의와 희망을 발산시키는 반면, 다른 이야기들은 불신과 체념의 언어로 표현된다. 에릭 에릭슨은 영아기를 통해 지속되는 유산은 희망이라고 주장했다. 보호자와 안정적이고 신뢰적인 애착 유대를 경험하는 영아는 세상의 선함에 대한 믿음과 미래에 대한 희망을 갖고, 아동기와 그 이후를 통과한다. 희망은 '강렬한 염원으로 달성할 수 있다는 오래 지속되는 믿음'이다.[14] 영아는 소원, 의도, 욕구 그리고 꿈이 이루어질 수 있는 정도에 관해, 무의식적이고 확산적인 그리고 오래 지속되는 믿음을 가지며, 이는 처음 삶의 2년에서 나온다. 안정적 애착은 낙천적인 이야기 분위기를 강화시킨다. 그것은 사람들이 무언가를 하고자 할 때 궁극적으로 성공할 것이라는 무의식적 믿음을 강화시켜 준다. 그것은 세계는 믿을 만하고, 기대할 만하고, 알 수 있고, 좋은 것이라고 선언한다. 불안정 애착은 보다 덜 희망적인 분위기를 조성한다. 비관적인 이야기는 사람이 자신이 원하는 것을 얻지 못하고, 인간의 의도는 시간이 지나면서 반복적으로 좌절된다고 제시한다. 좀 더 비관적인 전망으로, 세계는 변덕스럽고 예측할 수 없으며, 이야기들은 예기치 않은 변화들이 생기고, 불행한 결말을 갖는 경향이 있다.

　이야기의 분위기는 아마도 성인기의 개인적 신화에서 가장 만연한 특징일 것이다. 그것은 내가 사람들을 인터뷰하면서, 그들에게 삶의 이야기들을 내게 들려 달라고 요청할 때, 아주 일찍 드러나는 신화의 한 가지 특징이다. 실제로, 우리는 마거릿 샌즈의 인터뷰의 바로 첫 문장에서 그것을 찾아내기 시작했다. 이야기의 분위기는 이야기의 내용과 말하는 방식 속에서 전달된다. 낙천적인 이야기는 좋은 일들이 발생하기 때문에, 또는 심지어 나쁜 일들이 발생했더라도, 일들이 해결될 것이라는 희망을 갖고 있기 때문에 낙천적이 될 수 있다. 비슷하게, 비관적인 이야기는 연속적인 불행한 일들과 나쁜 사건들 때문에, 또는 좋은 일들이 부정적인 배역에게 주어지기 때문에 비관적이 될 수 있다.

　이야기의 분위기는 인간의 의도와 행동의 가능성에 대해 작가의 기초를 이루는 믿음에 영향을 준다. 그것은 한 사람이 세상은 좋은 곳일 수 있고, 그곳에서 자신의 위치가 더 많이 혹은 더 적게 안전할 수 있는지에 관해 얼마나 믿으려 하는지를 반영한다. 이러한 믿음은 합리적이고 논리적인 것보다 앞선 것이다. 사람은 자신의 특징적인 세계관을 이루는 아동기의 시초에 대해 종종 의식적이지 않은데, 그것이 그들의 경험에서 너무나 친숙하지 않은 부분이기 때문이다. 이것이 믿음과 신뢰가 변화될 수 없다고 말하는 것은 아니다. 주된 삶의 사건들과 발달적 변화는 우리가 삶에 대해 상대적으로 희망적이거나 절망적인 관점을 채택하는 정도에 확실히 영향을 줄 수 있다. 그러나 우리 중 많은 사람에게, 이야기의 분위기에 대한 첫 번째 가장 큰 발달적 영향을 주는 것은 우리가 상대적으로 안정적이거나 불안정적인 애착관계를 형성하는 초기 발달 과정인 것으로 보인다.

심리학자들과 상식은 우리의 삶을 이해하는 이야기들을 창조하면서, 그리고 이야기의 부정적인 분위기보다 긍정적인 분위기를 채택하면서 우리가 일반적으로 더 좋아진다고 우리에게 알려 준다. 지난 30년 동안 '긍정적 사고의 위력'에 관한 많은 문헌이 집필되었다.[15] 그것은 흔히 긍정적 사고가 사람이 질병으로부터 회복되도록, 개인적 역경을 인내하도록, 그리고 다른 수많은 불행한 일을 이겨 내도록 도울 수 있다고 생각했다. 이런 주장의 많은 부분은 과장되었지만, 과학적 연구는 이런 대중적인 생각의 어떤 부분은 실제로 사실이라고 제시한다. 최근의 연구는 '기질적 낙천주의', 즉 '나쁜 것과 반대되는 좋은 결과들이 일반적으로 발생할 것이라는 일반화된 기대'가 질병을 극복하는 데 긍정적인 효과들을 주었다고 보고했다.[16] 낙천주의자는 비관주의자보다 자신의 생각과 행동에서 삶의 스트레스와 도전을 직면하는 데 있어, 긍정적인 자세를 취하기가 더욱 쉽다. 마지막에는 일들이 잘 될 것이라는 기대들이 힘든 시간을 이겨 내기 위한 긍정적이고 삶을 확신하는 전략들을 지지하는 것은 분명하다.

사회심리학자 셸리 테일러(Shelley Taylor)는 '긍정적 환상'이라고 표제를 단 자신의 저서에서, 객관적 평가가 보장될 것이라는 것보다 긍정적인 말에서 사람은 자신의 삶을 보기를 원하는 경향이 있다고 제안한 인상적인 연구물을 모았다.[17] 테일러는 우리 중 많은 사람은 우리의 실제 모습보다 우리가 더 좋다고 생각하도록 반복해서 자신을 속인다고 말한다. 우리는 긍정적 환상에 의해 살아가는 경향이 있다. 이런 환상들은 그것들이 너무 극단적이지 않은 이상, 우리에게 일을 잘하게 하는 경향이 있다. 우리는 삶이 비교적 좋고 우리의 운명을 통제할 수 있다고 믿을 때, 역경을 더 잘 극복하고 자신감과 희망을 갖고 도전하는 경향이 있다.

테일러는 유방암으로 외과 수술을 한 경험이 있는 여성들의 긍정적 환상에 대해 조사했다.[18] 여성들과 그 가족을 대상으로 한 집중적인 면담에 기초하여, 테일러는 암과 같이 삶을 위협하는 사건들에 대한 건강한 적응은 세 가지 서로 관련이 있는 주제들—의미에 대한 추구, 통제감의 획득 그리고 자기 향상—을 포함한다고 결론을 내렸다. 의미의 추구는 왜 위기가 발생했고, 그것의 영향이 어떠한지를 이해할 필요를 포함한다. 나쁜 사건으로부터 개인적 의미를 끌어내기 위해, 그 사건을 이해하는 개인적 이야기를 구성해야 한다. 유방암은 많은 가능성 있는 원인과 많은 부분이 알려지지 않은 채로 남아 있는 복잡한 질병이다. 의사들은 특정 개인의 암의 정확한 원인을 찾아내는 것은 사실상 불가능하다는 것을 발견했다. 테일러의 연구에서는 대개의 여성이 결국 자신의 질병의 원인에 관한 이야기를 발달시킨다는 것을 보여 준다. 많은 사람이 질병의 원인을 스트레스, 유전적 요소 혹은 빈약한 식생활에 돌린다. 어떤 사람은 자신이 노출되었던 특정한 발암물질을 지적한다. 어떤 사람은 특별한 사건 혹은 사고를 제시하는데, 테일러의 연구 참여자들 중 한 사람은 자신의 암이 날아오는 프리스비(가벼운 플라스틱 원반)를 맞은 결과라고 믿었다! 사실상 모든 경우에, 이들은 왜 암이 발생했는지를 아는 진정한 방법이 없다. 이는 경험적 사실보다 오히려 이야기를 통해 주관적 경험을 이해하려는 인간적 욕구를 단순히 반영한 것이다.

테일러에 따르면, 삶을 위협하는 사건에 대한 성공적인 적응은 그 사건을 관리하기 위해 그것에 대한 통제감을 얻는 것을 포함한다. 다시 말하지만, 낙천적 환상들은 지배적이다. 아무도 생활방식의 변화가 암을 막아 줄 것이라고 확인해 줄 수 없지만, 이런 변화는 가능성을 바꾸도록 도울지 모른다. 그러나 과거(병의 원인)와 미래(질병의 극복)에 관한 개인적 이야기를 구성함으로써 이 여성들은 자기 자신의 개인적 신화들 속으로 암을 동화시킬 수 있었다. 좀 더 나아가, 그들 중의 어떤 사람은 자존감을 지지할 수 있었고, 긍정적 이미지에 집중함으로써 질병을 이길 능력을 향상시켰다. 또한 이들 중 어떤 사람은 환상적 성격을 가졌다. 자기 향상을 성취하는 인기 있는 방법은 서툰 짓을 하는 것처럼 보이는 암 환자들과 자신을 비교하는 것이었다. 이와 같은 하향 비교를 통해, 환자는 비슷한 상황에 처한 대부분의 사람보다 실제로 자기가 더 잘하고 있다는 희망적인 믿음을 지탱할 수 있을 것이다.

그러므로 어떤 사람의 질병에 대한 이야기 설명부터, 일관성과 목적을 갖고 자신의 전체적 삶에 제공하기 위해 사람이 창조하는 더 큰 개인적 신화들까지, 이야기의 분위기가 삶의 많은 다른 종류의 이야기에 적용될 수 있다는 것을 우리는 안다. 어떤 심리학자는 사람이 자신에 관한 자신의 이야기들에 편견을 갖는데, 긍정적인 방향으로 그 편견이 유리하게 한다고 믿는다.[19] 이에 대한 증거는 테일러의 연구와 같은 연구에서 가장 설득력이 있는 것 같고, 거기서 사람들이 구성한 이야기들은 쉽게 객관적 실재와 비교될 수 있다. 그러나 개인적 신화에 관해서는, 객관적 실재를 결정하기가 조금 더 어렵다. 개인적 신화는 어떤 긍정적 편견에 실제로 영향을 받기 쉽다. 그럼에도 이야기의 분위기에서 거대한 차이가 관찰될 수 있다. 우리는 우리 자신의 삶을 이해하면서 희극과 비극의 이야기 가능성의 전체 영역을 끌어낸다.

신화적 형태들

우리 각자는 세상의 다른 이야기와 세부적으로 같지 않은 개인적 신화를 창조한다. 우리의 이야기가 취할 수 있는 다른 형태는 많이 있다. 그러나 그것들이 무제한적인 것은 아닐 수 있다. 그런 다양성에도 불구하고, 사람들이

개인적 신화를 만들면서 적용하는 경향이 있는 몇 가지 기본적인 이야기 형태
들이 있다. 문학을 전공한 학자들은 네 가지 일반적 형태들, 즉 희극(comedy),
로맨스(romance), 비극(tragedy), 풍자(irony) 사이의 구분이 유용하다는 것을
알았다.[20] 이러한 방식은 마찬가지로 개인적 신화에 접근하는 데도 유용한
도식을 제공한다. 그것들은 우리로 하여금 신화의 전반적인 이야기의 분위기
를 이해하도록 돕는다. 단순하게 말하면, 희극과 로맨스는 낙관적인 이야기
분위기를 제공하는 반면, 비극과 풍자는 비극적인 분위기를 제공한다.

희극은 일반적으로 봄의 계절을 연상시킨다. 봄과 같이 세계는 새롭게 시
작하고, 일이 다 잘될 것이라는 의미를 희극은 가져온다. 그것이 유쾌하든 그
렇지 않든, 희극의 플롯은 장애와 제약을 최소화하면서 사람들이 삶에서 행
복과 안정을 어떻게 찾는지에 관심을 갖는다. 영웅이나 여걸은 전형적으로
삶의 순수하고 단순한 쾌락을 좇는 평범한 사람이다. 그 또는 그녀는 따뜻하
고 사랑하는 관계들 속에서 다른 사람과 함께 지내며 갈등을 빚는다. 희극은
종종 가정적인 사랑을 축하해 주기도 한다. 희극적 이야기는 전형적으로 셰익
스피어의 코미디 혹은 〈신데렐라(*Cinderella*)〉〈잠자는 숲속의 공주(*Sleeping
Beauty*)〉와 같은 동화에서의 유명한 결혼과 같이 결합으로 끝이 난다. 희극의
중심적 메시지는 다음과 같이 여겨진다. 우리에게는 각기 인생에서 행복을
성취하고 고통과 죄를 피할 수 있는 기회가 주어진다. 우리 모두 우리가 살고
말하는 삶의 이야기를 위해 행복한 결말을 찾을 기회를 갖는다.

로맨스는 바로 그대로 낙천적이다. 그러나 희극은 가정적인 삶과 사랑의
기쁨을 확인해 주는 반면, 로맨스는 모험과 정복의 흥분을 축하해 준다. 계절
은 여름이고, 추구하는 것은 뜨겁고 열정적인 것이다. 호머의 『오디세이
(*Odyssey*)』부터 현대의 〈인디아나 존스(*Raiders of the Lost Ark*)〉의 모험 영화까
지, 영웅의 업적에 대한 이야기는 로맨스가 만들어지는 재료다. 이 종류의 이
야기에서 주인공은 모험적인 여행을 떠나 커다란 장애물을 극복하고, 종국에
는 승리한다. 이야기에서 다른 등장인물들은 영웅의 원정에 지지하든지 반대
한다. 로맨스 신화의 중심 과제는 새로운 승리와 교훈을 주는 궁극적인 목적

을 갖고, 하나의 모험담에서 다음으로 어떻게 전진하는지를 포함한다. 희극과 다르게 로맨스의 영웅은 대부분의 다른 어떤 사람보다 더 용감하고 더 지혜로우며, 또는 더 도덕적인 어떤 사람으로 찬양하는 말 속에서 묘사된다. 메시지는 다음과 같다. 우리는, 환경이 끊임없이 변하고 새로운 도전들이 계속 생기는, 인생의 길고 어려운 여행을 떠난다. 우리가 최종적으로 이기려고 한다면 계속 변화하고 이동해야 한다. 그러나 우리는 우리가 이길 것을 확신한다.

희극과 로맨스와는 크게 대조적으로, 비극은 비극적인 이야기의 분위기를 제시한다. 계절은 가을이고, 쇠퇴와 죽음을 향한 이동의 시간이다. 비극적 이야기는 신과 영웅의 죽음, 타락, 자신을 희생시키기, 고립을 받아들이기에 관한 것이다. 고전적 비극에서, 영웅은 사물의 자연 질서로부터 어떤 근본적인 방식으로 자신이 분리된 것을 알게 된다. 이 분리는 사실상 불균형을 만들기 위한 것인데, 오직 비극의 주인공의 파멸에 의해 바로잡아진다. 유명한 그리스 신화에 나오는 오이디푸스와 같이, 비극적 영웅은 자신감이 대단히 강하고, 열정적이며 원대한 기상을 가졌으나, 이런 평범하지 않은 특성은 틀림없이 불균형과 궁극적인 파멸을 만들어 내는 것이다. 개인적 신화에서, 비극의 중심 과제는 가장 위대한 인간조차 압도시킬 위협적인 인생의 불합리한 것을 피하거나 최소화하는 것이다. 로맨스에서처럼 영웅은 높이지만, 이 경우에는 평범하지 않은 피해자일 뿐 모험을 즐기는 영웅이 아니다. 그 메시지는, 우리가 피할 수 없는 부조리를 직면하게 되고, 거기서 우리는 고통, 기쁨, 슬픔, 행복이 항상 섞여 있다는 것을 발견한다는 것이다. 주의하라, 세상은 믿을 만한 것이 아니다. 가장 좋은 의도가 실패로 이끌어 갈 것이다.

마지막으로, 풍자가 있는데, 그 계절은 겨울이다. 이 영역에는 혼란의 승리 이야기들이 포함된다. 풍자적 신화는 인간 실존에서 변하는 모호한 것과 복잡한 것을 선별하는 시도를 한다. 풍자적 주인공은 많은 형태를 가정할 수 있다. 한 가지 잘 쓰는 방식은 사회적 관행에서의 부조리와 위선을 폭로하기 위해서 풍자를 사용하는 성공적인 '익살꾼' 혹은 '바보'다. 또 다른 방식은 어떤 현대 소설들의 '반영웅(antihero)'으로, 그 세계가 희극, 로맨스 또는 비극의 영웅주의를 위한 기회가 없는 것처럼 보이지만, 대신 해결책이 영원히 숨겨진 수수께끼처럼 보인다. 개인적 신화에서, 풍자적 기록은 삶의 미스터리를 해결하려는 시도에 실패했다. 그러므로 이야기의 분위기는 비관적이고, 환란과 슬픔과 같은 부정적 감정들이 주도적이다. 희극에서처럼 주인공은 다소 평범하고, 찬양되지 않는다. 그 메시지는, 우리는 우리보다 더 크고, 대부분 우리가 이해할 수 없는 삶의 모호함을 만난다는 것이다. 우리는 우리가 할 수 있는 최선을 다해야 한다.

우리 각자는 우리의 개인적 신화를 구성하는 모든 형태를 끌어낸다. 어떤 삶의 이야기도 순수한 비극이거나 순수한 희극은 아니다. 오히려 이야기의 혼합물이다. 각각의 혼합은 독특하다. 그럼에도 대개의 혼합은 하나 혹은 두 개의 형태를 강조하거나 다른 것들을 축소한다. 낙천적인 개인적 신화는 희극과 로맨스의 형식을 택하는 경향이 있다. 비관적인 이야기는 비극과 풍자의 분위기를 선호한다. 심리학자들은 왜 어떤 사람은 낙천적인 형태를 선택하고, 또 다른 사람은 비관적인 형태를 선택하는지에 관해 정확하게 알지 못한다. 물론 이야기의 분위기가 삶의 사건들에 의해 결정된다고 말하고 싶어지도록 유혹을 받게 된다. 만약, 일반적으로 좋은 일들이 우리에게 일어나면 우리의 신화는 희극이나 로맨스가 되고, 그렇지 않으면 비극이나 풍자가 될 것이다. 그러나 이야기의 분위기와 삶의 역사가 서로 단순하게 일치하는 것은 아니다. 개인적 신화는 마음에 그려진 미래에 비추어 과거에 대한 상상적 재구성을 포함한다. 그것들은 주관적인 창조물이고, 어떤 의미에서 그것들이 긍정적이든 부정적이든 환상들이다. 개인이 자신의 신화를 연구함으로써 끌어낼 수 있는 덕목들 중 하나는, 전에는 자기가 아니라 세상의 본성의 한 부분으로 여겼을 수 있는, 세상을 보는 개인적 예측을 의식할 수 있게 된 것이다.

유아기에 우리는 아직 세계를 이야기 안에서, 신화적 용어로 이해하지 못한다. 하지만 이야기의 본질에 관한 무의식적인 태도는 형식을 취하고 있다. 애착의 최초 경험과 자기의 분화 속에서, 우리는 세계가 어떻게 작동하고 있고, 시간이 지남에 따라 행해진 인간의 의도에서 무엇을 기대할 수 있는지에 기본적인 감각을 발달시켜 나간다. 안정적 애착은 희극과 로맨스의 방향으로 우리를 밀어 넣고, 불안정 애착은 비극과 풍자의 방향으로 나가게 한다. 이야기와 인간의 의도의 변화에 대한 우리의 태도는 폭넓은 경험을 통합하는 어린 시절을 통해 더욱 발달한다. 우리 각자가 청소년기와 성인기에 도달하는 그 시간까지, 우리는 특정한 질과 형태의 이야기를 창조할 준비가 된다. 그때까지 우리는 우리 자신의 삶의 의미에 관해 진지하게 생각하고, 비극, 희극, 풍자 또는 로맨스의 여과기를 통해 이미 의미를 창조하는 경향을 띠게 된다.

심상과 신화

나의 큰딸의 삶에서 전환점은 그녀가 〈백설공주와 일곱 난쟁이들(*White and the Seven Dwarfs*)〉이라는 영화를 본 날이었다. 그녀는 3세였다. 영화가 막 개봉되었고, 지역의 극장에서 상영되고 있었다. 나는 큰딸 루스와 함께 3세 어린이가 보기에는 다소 긴 영화를 보러 가는 것이 염려가 되었다. 아이가 끝까지 앉아 있을 수 있을까? 상영 시간이 적어도 한 시간에서 한 시간 반 정도로 예정되어서, 나는 그녀가 지루해할 것을 걱정했다. 만약 그녀가 화장실에 간다고 하면 어쩌지? 나는 여자 화장실에 그녀를 데리고 갈 수 없고, 그녀를 남자 화장실에 데리고 가고 싶지도 않았다. 아마도 우리는 집으로 되돌아와야만 할 것이다. 나는 차를 극장 출구에서 가장 가까운 곳에 주차했고, 우리가 빠르게 출구로 나갈 수 있도록 통로 쪽의 두 개의 좌석을 선택했다. 우리는 자리를 잡아 앉았고, 나는 초조하게 영화가 시작되기를 기다렸다.

약 두 시간 후에도, 루스는 여전히 스크린을 주목하고 있었다. 나는 비록 그녀가 글을 읽을 수 없다는 것을 알았지만, 그녀의 눈은 영화에 출연한 배우들과 제작진의 명단을 소개한 마지막 자막을 뚫어지게 응시하고 있었다. 그녀는 영화관의 스크린이 다 꺼질 때까지 미동도 하지 않았다. 나도 그 영화를 사랑했고, 음악과 눈부신 애니메이션이 황홀했다는 것은 인정한다. 그러나 루스는 마치 최면에 걸린 듯 매료되었다.

그 이후 2년 동안, 우리 가족은 백설공주와 일곱 난쟁이와 함께 살았다. 작은 일곱 사람 그럼피, 해피, 닥, 배시풀, 슬리피, 스니지 그리고 도피는 모두 유아원으로 가는 차 안에서 매일 우리와 함께 달렸다. 사악한 여왕, 행상인 여성(여왕이 변장한), 여왕의 사냥꾼, 멋진 왕자님은 저녁 식사 시간에 우리와 자주 함께했다. 루스가 윌리엄이라는 반 친구를 처음 만났을 때, 그녀는 멀리 떨어진 숲 속에 숨겨진 작은 오막살이에 산다고 그에게 말했다. 윌리엄은 그녀가 제정신이 아니라고 말했다. 그는 우리 집을 본 적이 있었고, 시카고에는 나무숲이 없다는 것을 알고 있었기 때문이다. 윌리엄은 이렇게 바보 같은 소녀와 함께 매일 학교에 가는 것을 원하지 않았다. 그는 미래 빨간 스포츠카를 타고 혼자 여행하는 것을 더 좋아한다고 공개적으로 말했다.

후에 윌리엄과 루스는 친구가 되었다. 윌리엄이 점심을 함께하려고 우리 집에 오고는 했는데, 그녀는 사악한 여왕, 윌리엄은 여왕의 사냥꾼인 것처럼 흉내 내기도 했다. 그들은 함께 그녀의 한 살짜리 어린 동생인 아만다에게 백설공주의 가련한 역할로 배역을 맡기고 위협했을 수도 있다. 그들은 아만다 장난감 동물들을 훔치고, 그녀를 가두겠다고 위협했다. 그들은 독이 든 사과를 아만다의 베개 밑에 숨겼다. 그렇지만 다른 날에는 그녀가 좋아하는 난쟁이 그럼피를 위한 생일 파티를 준비하고, 주방 전체를 핑크 리본 테이프로 장식하였으며, 설탕, 후추, 물, 과자로 생일 케이크를 만들면서 루스 자신이 백설공주가 되었는지도 모른다.

나의 딸은 백설공주 이야기에 사로잡혀 있었다. 하지만 그것이 그녀를 매혹시키기는 했지만, 시작부터 끝까지 충분한 길이의 이야기로 통합된 것은 아니었다. 오히려 그것은 그녀가 일상의 환상적인 삶 속으로 가져오도록, 이야기의 맥락에서 쉽게 분리된 이야기의 다양한 조각들이다. 하루는 그녀가 사악한 여왕이 되었을 수 있다. 다음 날 그녀는 배시풀이 되었는지도 모른다. 이런 각각의 인물과의 동일시는 임시적이고 독특한 것이다. 한 번은 그럼피의 역할 속에서 그녀는 절벽 근처에서 길을 잃은 조랑말들 세 마리를 구출했다. 백설공주의 영화 버전으로는 그럼피는 결코 어느 누구도 구출하지 못한다. 그리고 백설공주 이야기에는 조랑말이 등장하지 않지만, 루스는 그들을 인기 있는 텔레비전 쇼에서 찾아냈다.

학령 전 아동의 가공의 세계는 일관성이 없고, 마술적이며 유동적이다. 그 세계는 풍부하고 끊임없이 확장되는 이미지들의 레퍼토리로 채워진다. 아이들이 사용하는 이야기 자체가 아니라, 이야기 속에 이미지들이 있다. 루스는 백설공주의 전체 이야기를 알지만 그녀를 사로잡은 상상은 전체 이야기는 아니다. 전체 이야기가 너무 크고 복잡하며 체계적이고 진취적이기 때문에 어린아이의 나이에 그녀의 역할로 받아들여 사용할 수 없기 때문이다. 대신 루스는 난쟁이, 여왕 그리고 순수한 작은 소녀의 이미지들을 날마다 자신의 환상적인 플롯 속에 재가공하면서, 그런 이미지들 속에 머무른다.

이것이 학령 전 아동이 어떻게 놀고, 어떻게 생각하는지에 대해 어느 정도는 알려 준다. 그들은 자신들의 문화로부터 즉각적인 개인적 소원과 욕구에 적당하게 이미지를 충당한다. 어른들에게는 논리적으로 여겨지지 않는 이상한 방법일지라도, 그들은 그것이 무엇을 할지 원하는 대로 이미지를 만들어낸다. 백설공주는 1분 동안 죽을 수 있고, 그리고 다시 살아난다. 동화 속에서 그녀는 그녀의 본래적인 정체성과 전혀 관련되지 않은 일들을 할 수 있다. 그녀는 빗자루를 타고 공중을 날 수 있거나 유령처럼 보이지 않을 수도 있다. 그녀는 오즈, 천국 또는 서쪽에 사는 마녀의 머리에 눌러 짤 자몽을 사러 가까운 채소 가게로 가는 허수아비, 깡통 인간 그리고 겁쟁이 사자와 동행할 수도 있는데, 마녀가 영화에서 그랬던 것처럼 녹아 없어질 수 있게끔 하기 위해서 말이다.

성인이 구성한 개인적 신화는 동화가 아니다. 그러나 동화와 같이(그리고 사실상 상상할 수 있는 어떤 종류의 이야기와 같이) 모든 개인적 신화는 어떤 일련의 특징을 지닌 이미지들을 포함하고 표현한다. 어떤 주식중개인의 개인적 신화는 빠른 속도로 산을 오르는 심상으로 가득 차 있다. 즉, 삶은 매일 더욱 빨리 움직이고, 사람들은 정상에 도달하려고 경주를 하지만, 그들은 결코 그곳에 도달할 수 없다. 한 어머니는 비옥한 정원의 초목으로 뒤덮인 심상으로 가득 찬 삶의 이야기를 다음과 같이 말한다. 아이들은 꽃처럼 피어나고, 생활은 자연의 방식에 맞는 결실에 도달한다. 학령기 전 시기 동안, 우리는 무의식적으로 이미지를 수집하고 비축하기에 바쁘다. 청년기에 도달할 때까지 우리는 개인화된 상징들과 환상적인 대상들의 진정한 보물들을 축적해 간다. 성인으로서 우리는 개인적 신화를 만들어 가면서 심상 위에 창조적으로 그려 나간다. 나의 딸 루스와 같이, 어른은 이미지들이 무엇을 하기로 원하는 것을 하게끔 만든다. 그러므로 우리 자신의 신화를 이해하기 위해서는, 우리가 누구인지 알기 위한 심상을 어떤 독특한 방식으로 사용하는지를 탐색해야 한다.

형상이 시작되는 곳: 아이의 환상의 세계

3세 아이는 이미지를 통해 세상을 이해하며, 각각의 이미지는 그것만의 개인적으로 의미 있는 정의를 가진다. 루스 크라우스(Ruth Krauss)는 이 감각을 그녀의 유아 시 〈구덩이는 파기 위한 것: 초기 의미의 첫 번째 책〉에서 아름답게 담아냈다.[21]

> 으깬 감자는 모두에게 충분히 주기 위한 것
> 얼굴은 네가 갖가지 표정을 짓기 위한 것
>
> 얼굴은 네 머리의 앞에 두기 위한 어떤 것
> 개들은 사람들에게 뽀뽀하기 위한 것
> 손들은 잡기 위한 것
> 손은 네 차례를 원할 때 들기 위한 것
> 구덩이는 파기 위한 것

땅은 정원을 만들기 위한 것

잔디는 자르기 위한 것

잔디는 그 아래 흙을 두고 그 안에 클로버를 두기 위해 땅 위에 두는 것

아마 너는 구덩이에 물건들을 숨길 수 있을지도 몰라

파티는 안녕하세요? 인사하고 악수하기 위한 것

파티는 어린아이들을 행복하게 만들기 위한 것

팔은 포옹하기 위한 것

발가락은 꼼지락거리기 위한 것

귀는 꿈틀거리기 위한 것

진흙은 안에 뛰어들고 안으로 미끄러지며 소리 지르기 위한 것

성은 모래에 짓기 위한 것

구덩이는 안에 앉기 위한 것

꿈은 밤에 보고 무엇을 아는 것

눈은 굴리기 위한 것

단추는 사람들을 따뜻하게 하기 위한 것

세상은 네가 밟고 서 있을 것이 있도록 하는 것

태양은 매일 너에게 언제인지 알려 주기 위한 것

네가 침대를 정리하면 별을 얻게 된다.

작은 돌들은 어린아이들이 모아 작은 더미를 만들어 놓기 위한 것

우! 돌은 네가 걸려 넘어졌을 때 어디로 가는지 주의했어야 하는 것

아이들은 사랑하기 위한 것

형제는 너를 돕기 위한 것

교장은 조각들을 빼기 위한 것

산은 정상으로 가기 위한 것

산은 아래로 가기 위한 것

무릎은 부스러기를 바닥에 흘리지 않기 위한 것

수염은 할로윈에 달기 위한 것

모자는 기차에서 쓰기 위한 것

발가락은 춤추기 위한 것

눈썹은 눈 위를 건너기 위한 것

조개껍데기는 바다를 듣기 위한 것

손 흔들기는 잘 가라 흔들기 위한 것

큰 껍데기들은 안에 작은 껍데기들을 넣기 위한 것

구덩이는 안에 꽃을 심기 위한 것

시계는 째깍거리는 것을 듣기 위한 것

접시는 설거지하기 위한 것

고양이들은 새끼 고양이들을 가질 수 있기 위한 것

쥐들은 치즈를 먹기 위한 것

코는 문지르기 위한 것

코는 풀기 위한 것

성냥은 켜기 위한 것

호루라기는 사람들이 점프하게 만들기 위한 것

양탄자는 가시가 박히지 않게 하기 위한 것

웅! 양탄자는 개들이 냅킨을 갖기 위한 것

마루는 네가 집이 구덩이에 빠지지 않게 하기 위한 것

구멍은 안에 쥐가 살기 위한 것

문은 열기 위한 것

문은 닫기 위한 것

구멍은 들여다보기 위한 것

계단은 앉기 위한 것

구덩이는 네가 발을 들여놓을 때 아래로 가기 위한 것

손은 물건을 만들기 위한 것

손은 그것을 이용해 먹기 위한 것

스푼은 그것을 이용해 먹기 위한 것

소포는 안을 들여다보기 위한 것

태양은 좋은 날이 될 수 있도록 하는 것

책은 보기 위한 것

아이들은 세상이 할 수 있는 것과 그들에게 의미할 수 있는 것을 중심으로 세상을 바라본다. 얼굴은 표정을 짓기 위함이다. 교장은 조각들을 빼기 위함이다. 아이들이 스스로의 경험을 어떻게 이해하는지 연구하며 오랜 세월을 보낸 스위스의 심리학자 장 피아제(Jean Piaget)는 미취학 아동은 인지발달의 전조작기 내에서 기능한다고 결론지었다. 전조작기에서 사고는 본질상 흔히 그리고 두드러지게 자기중심적이다.[22] 자아 또는 자기는 모든 것의 중심에 놓인다. 현실에 대한 아이의 이해는 철저히 주관적이며, 스스로의 선호, 필요, 욕구, 순간적 기분에 이끌린다. 다른 사람의 관점에서 세상을 바라보기 위한 시도는 거의 없다.[23] "하늘은 왜 파란가?"라고 당신이 물을 수 있다. 세 살짜리는 "왜냐하면 파란색이 내가 제일 좋아하는 색이니까요."라고 대답할 수 있다.

3세의 관점에서, 시간을 두고 인과관계가 발견되는 복잡한 영역으로의 세상은 아직 체계적이고 논리적인 방식으로 이해되지 못한다. 3세는 공인된 규범이나 체계에 따라 경험을 범주화하고 분류하지 않는다. 그녀는 한 상황에서 다음 상황으로 생각을 일관성 있게 추구하지 않는다. 실제로, 사고의 원칙은 아이의 주관적 성향과 상태가 변함에 따라 각각의 새로운 상황에서 변하는 것으로 보인다. 이런 의미에서 전조작기 사고는 단편적이다. 사건들 사이의 연관은 자주 이성적 논리를 거스른다. 시에서 아이는 말한다. '태양은 매일 너에게 언제인지 알려 주기 위한 것' 바로 다음 행인 '네가 침대를 정리하면 별을 얻게 된다.'는 주제에서 벗어나는 것으로 보인다. 하지만 정의하는 것이라는 전반적 '원칙'과 두 번째 행이 아무런 관련이 없어 보여도, 두 행 사이에는 강한 연관성이 있다.

　시의 주요 이미지는 물론 구덩이다. 우리는 구덩이가 파기 위한 것이며, 정원에 꽃이나 나무를 심기 위해 구덩이를 팔 수 있음을, 구덩이 안에 물건들을 숨길 수 있음을, 구덩이는 안에 앉기 위한 것임을, 구덩이는 들여다보기 위한 것임을 알게 된다. 이것들은 한 어린아이의 구덩이의 이미지에 대한 이해다. 구덩이는 조각들처럼 아이들에게는 중대사다. 아이들은 이런 것들에 대해 강한 감정을 가진다. 형상은 사고와 감정을 개인적으로 의미 있는 방식들로 연결한다.

　공상과 현실 사이 대부분의 성인이 긋는 분명한 선은 세 살짜리의 생각에서 흐려진다. 시는 우리에게 '꿈은 밤에 보고 무엇을 아는 것'이라고 알려 준다. 이것은 깨어 있는 점성가와 잠자는 공상가가 같은 활동을 한다고 주장하기에, 성인에게는 거짓 정의다. 피아제가 오래 전부터 주장한 것처럼, 현실의 바로 그 본질이 어린아이에게 문제다. 하지만 우리 자신과 남들의 자녀에 대해 생각할 때, 아이의 현실과 상상 사이에서의 혼동은 보통 우리를 크게 괴롭히지 않는다. 그것은 아이의 상상의 세계 속에서 의미를 만드는 비옥한 영토를 발견한 피아제를 괴롭히지도 않았다. 우리는 이미지와 상상력을 통해 세상에 대한 아이의 자기중심적이고 특별한 참여를 격려할 가능성이 높다. 많은 부모는 그것들이 아이의 놀이를 풍부하게 하고, 심리적 성장과 발달을 촉진시킨다는 적절한 신념을 갖고, 환상과 공상을 고취한다.[24]

　미취학 시기의 놀이의 우세한 방식은 심리학자들이 상징 놀이라 부르는 것이다.[25] 상징 놀이는 환상의 사건 속 아이의 특유한 상징과 이미지의 사용에 의해 움직인다. 그와 같은 놀이는 '모방 행위의 방식'이라고 불려 왔다.[26] 그 행동은 현실의 사건을 모방하지만, 모방은 '그의 결과들로부터 보호된다.'[27] 아만다는 그녀의 언니가 베개 아래 숨긴 '독 사과'를 먹을 수 있지만, 놀이에서는 현실의 결과가 뒤따르지 않기 때문에, 죽지 않을 것이다. 놀이는 영원하지 않다. 놀이에서 나의 딸이 바로 다음 사건에서 백설공주가 응당 해야 하는 일이라 정했기 때문에, 백설공주는 독 사과를 먹을 수 있지만 죽거나 또는 마치 죽은 것처럼 기절하는 대신 적과 결투를 벌일 수 있다. 심지어 놀이 순서 안에서, 모방 행위로 완전히 작동하고 있어도, 백설공주는 자신의 행동의 결과들로부터 보호될 수 있다. 만약 나의 딸이 백설공주가 죽지 않을 것이라 정한다면, 아무리 많은 독 사과를 먹는다 해도 그녀는 죽지 않을 것이다. 이러한 종류의 놀이는 규칙들을 지키지 않는다.

놀이는 아이가 커 감에 따라 더욱 규칙의 지배를 받는다. 초등학교 후반의 게임은 어린아이의 환상의 세계보다 더욱 덜 단편적이고 자기중심적이다. 게임 역시 영원하지 않을 수 있다는 점에서 행동은 여전히 모방 방식으로 작동한다. 하지만 게임들은 규칙, 목표, 주제에 의해 구성된다. 선수들이 모든 움직임마다 규칙을 바꾼다면, 야구는 제대로 진행되지 않을 것이다. 스트라이크 아웃을 당하면, 자신이 백설공주나 웨이드 보그스라고 가장하고 있어도, 타석을 떠나야 한다. 게임은 선수들이 객관적이고 3인칭 관점을 취하며, 현실에 대한 공통적인 이해에 대해 의견을 같이할 것을 요구한다. 사건들은 의미 있고 목표 지향적인 순서에 따라 구성된다. 우리가 성장하면서, 놀이는 더욱 복잡하고 조직적이며 규칙적이 된다. 그것은 개인의 사적 상징주의와 분리된다. 순간의 사적 이미지들은 구조화된 사건들의 공적 순서로 대체된다.

형상의 유래: 문화의 역할

우리의 정체성처럼, 형상은 발견되고 만들어진다. 어느 정도까지 성인과 마찬가지로 아동도 스스로의 이미지를 만든다. 하지만 그것을 만드는 것의 본질은 사용 가능한 원자료에 강하게 의존하며, 원자료는 문화 안에서 그리고 문화를 통해 발견된다. 각각의 문화는 구성원들에게 방대하지만 유한한 이미지의 목록을 제공한다. 모든 사람은 독특한 방식으로 목록의 일부에 노출되고 그것을 이용한다. 따라서 한 문화의 모든 구성원은 적어도 자신의 개인적 형상에 관한 한, 어떤 점에서든 독특하다. 심지어 그런 독특성 속에서, 한 문화의 구성원들이 공통된 형상을 공유하지만 집단으로 다른 문화의 구성원으로부터 중요한 방식에서 다를 수 있기 때문에, 문화 간의 차이점들이 고려될 수 있다. 따라서 만약 나의 딸 루스가 서기 800년경 프랑스 농촌에서 태어났다면, 그녀는 놀이에 다르게 접근했을 것이다. 그녀의 행동은 그녀의 세계를 형성한 가족과 사회를 반영할 것이다. 그리고 아만다가 이스라엘 키부츠에서 길러졌다면 분명히 가정에 대한 다른 이미지를 형성했을 것이다.

사회과학자들은 자주 가족 단위를 어린 시절 문화적 전승의 주요 수단으로 가리킨다. 그런 과정은 때때로 사회화라고 불린다. 형상 역시 가족 내에서 전달된다. 그들의 행위와 말들을 통해 부모는 아이를 다양한 이미지와 상징들에 노출시킨다. 이러한 노출의 대부분은 무의식적으로 발생한다. 아이는 좋은 엄마, 좌절시키는 엄마, 유혹적인 엄마, 강한 아빠, 위협적인 아빠, 무능한 아빠, 마녀, 여신, 무서운 거인 등과 같은 부모 이미지들을 무의식적으로 포함하거나 자기 안으로 가져간다. 어린아이는 이런 이미지들을 공상과 놀이에 무의식적으로 충당할 수 있으며, 이미지들 역시 정신의 무의식적 영역에 박힐 수 있다.[28] 일부 심리학자들이 '내재화된 대상들'이라 부르는 것으로 기능하며, 이러한 감정적인 이미지들은 개인의 성인기 동안의 행동과 경험에 계속하여 무의식적인 영향을 행사하며, 자기의 일부가 될 수 있다.[29] 한 성인의 개인적 신화에는 대개 인생의 첫 3~4년 동안 복잡한 가족역동 속에서 형성된, 어린 시절 초기의 무의식적 형상들이 가득 차 있을 것이다.

가족이 강한 감정들이 가득한 지속적인 이미지들의 주요 원천임에도 불구하고, 문화 속 이미지의 다른 중요한 원천들 역시 인식되어야 한다. 많은 아동과 성인에게 더욱 중요한 원천들 중에는 종교도 있다. 최근 심리학자들은 아동과 성인의 신앙의 발달을 조사하기 시작했다. 심리학자 제임스 파울러는 신앙이 인간에게 보편적인 것이며 단계적으로 발달하는 것으로 이해할 수 있다고 주장한다.[30] 파울러는 아이 또는 가족의 종교적 배경에 상관없이, 사실상 모든 사람이 '궁극적 관심'과 관련하여 세상을 이해하게 되며, 궁극적으로 선하고 옳은 것 그리고 궁극적인 우주와 그것과의 관계가 무엇인지에 대한 내재적인 이해를 발달시키게 된다고 주장한다.

파울러의 연구에 따르면, 미취학 아동은 직관적-투사적 신앙의 단계를 드러낼 가능성이 높다. 직관적-투사적 단계의 아동은 "이야기의 조각들과 그들의 문화에 의해 주어진 이미지들을 신과 성스러움을 다루는 그들 자신의 중요한 연상물들의 집단 속에 합친다."[31] 파울러는 당시 여섯 살이었으며 가톨릭 가정에서 길러지고 있던 프레디와의 인터뷰로 이 단계를 분명히 보여 준다. 다음은 파울러의 인터뷰를 발췌한 것이다.[32]

인터뷰 진행자(I): 네가 죽으면 무슨 일이 일어나니?

프레디(F): 저는 몰라요. 한 번도 천국에 가 본 적이 없어요. 제가 아기였을 때 말고는요.

I: 네가 아기였을 때 천국에 있었니?

F: 네.

I: 그것을 네가 어떻게 아니?

F: 글쎄, 제가 추위를 느꼈기 때문이에요.

I: 천국은 춥니?

F: 네, 아니요, 따뜻해요, 정말 따뜻한 것 같아요.

I: 천국은 어디에 있니?

F: 음, 높이, 높이, 하늘 높이 있어요.

I: 어떻게 생겼니?

F: 음, 높은 산이요, 그래서 제가 천국을 아는 거예요.

I: 천국에는 누가 있니?

F: 하나님이요.

I: 하나님만? 그분께서는 혼자 계시니?

F: 아니요.

I: 또 누가 계시니?

F: 거기, 거기에는 양치기가 있어요. —그 양치기 사람—그러니까 죽은 지혜로운 사람들이요.

I: 천국에 다른 사람은 없니?

F: 아기, 아니, 아기 예수님이 아니에요.

I: 아니라고?

F: 네, 아기 예수님은 하나님이에요.

I: 그래?

F: 네.

I: 그래. 천국에 또 다른 사람은 없니?

F: 마리아가 있어요. 성 요셉—제가 아는 것은 그게 다예요.

I: 그러니까 천국은 사람들이 죽은 뒤에 가는 곳이니?

F: 영혼이 올라가요.

I: 아, 영혼. 영혼이 무엇이니?

F: 그것은 사람을 도와주는 것—도와주는 모든 것—을 하도록 도와줘요.

I: 그래, 그건 어디에 있니?

F: 몸속에 있어요.

I: 너의 안에?

F: 네.

I: 그리고 그건 네가 무엇을 하도록 돕니?

F: 많은 것을 하도록 돕죠.

I: 예를 들어 무엇?

F: 저도 몰라요. 아마—아마 걷는 것이요. 아마 주변을 둘러보고 그런 거요. 제가 아는 것은 그게 다예요.

I: 좋아. 나에게 하나님이 어떻게 생겼는지 말해 줄 수 있니?

F: 그분은 연한 셔츠를 입으시고, 갈색 머리를 가지셨고, 갈색 속눈썹을

가지셨어요.

I: 네가 나쁜 일을 하면, 하나님께서 아시니?

F: 네. 그분께서는 하루 안에 이 세상 전체에 임하세요.

I: 그러니? 어떻게 그렇게 하시니?

F: 똑똑하셔서 그래요.

I: 똑똑하셔서? 어떻게 하루 안에 온 세상을 다니시지?

F: 음—그분은 분리되시거나 신처럼 될 수 있어요.

I: 그분께서는 많은 것으로 분리될 수 있니?

F: 네.

I: 그분은 하고 싶은 것을 하실 수 있니?

F: 네.

I: 그분께서 할 수 없는 것은 없니?

F: 그분은 선한 일들, 나쁘지 않은 일들을 하실 수 있어요. 하나님은 일생 동안 한 번도 거짓말을 하지 않아요.

우리는 프레디가 궁극적 환경의 본질에 대한 자신의 이미지들을 형성할 수 있었던, 다수의 상징과 이야기에 노출되었음을 볼 수 있다. 그의 접근은 유쾌하게 다방면에 걸쳤으며 인상적이다. 나의 딸이 백설공주와 그랬던 것처럼, 프레디는 하나님이 그가 원하는 대로 하도록 만든다. 하나님은 주어진 시간 안에 여행해야 하는 정도에 따라, 부분으로 분리되거나 원래 형태로 머무를 수 있다. 그는 연한 셔츠를 입었으며, 갈색 속눈썹을 가졌다. 하나님과 천국에 대한 프레디의 이미지는 전조작기 사고의 마술적이고 유동적인 성질을 반영한다. 파울러는 비종교적인 가정의 많은 아이가 이미지와 상징의 원천이 더 제한적임에도, 궁극적 환경을 묘사하기 위한 형상을 충당하는 데 비슷한 양식을 보인다는 것을 지적한다. 그는 부모가 종교적인 상징에 노출되는 것을 피하기 위해 의도적인 노력을 한, 네 살 반 소녀 샐리를 인터뷰했다.[33]

샐리(S): 저는 가끔 하나님을 믿는데, 저희 엄마와 아빠는 한 번도 하나님
  을 믿지 않았어요.

인터뷰 진행자(I): 너는 왜 하나님을 믿니?

S: 왜냐하면 〈리브 잇 투 비버〉나 〈데이비〉[미국 루터교회의 만화 영화 시
  리즈] 같은 쇼에서 하나님을 믿으니까요, 알아요? 특히 〈데이비〉에 많
  아요. 토요일 아침 우리는 약간 일찍 일어나 〈데이비〉를 봐요. 그리고
  오늘 저는 〈비버〉와 〈파더 노즈 베스트〉를 봤는데, 그것들은 하나님과
  관련된 것이 별로 없었어요.

I: 너에게 하나님은 진짜로 있는 거니?

S: 음―네…. 가끔 저는 진짜라고 생각해요.

I: 하나님은 어떻게 생겼니?

S: 아무런 생김새도 없어요. 그분은 우리 주변 모든 곳에 있어요.

　　샐리는 그녀의 부모가 전통적인 종교적 관점을 거부했는데도 불구하고, 그
녀의 환경으로부터 종교적 이미지와 상징들을 얻게 되었다. 그런 이미지는
더 이상의 종교적 사회화 없이는 샐리의 삶에 많은 정서적 에너지를 불러일
으키지는 않을 것이다. 따라서 그녀가 현대 미국 사회 내 지배적 종교들―기
독교와 유대교―의 더 두드러진 이미지들과 친숙해진다 해도, 이러한 이미지
들은 아마 그녀가 성인으로서 자신을 정의하기 위해 발달시키는 형상의 중심
구성 요소가 되지는 않을 것이다. 물론 우리는 이 점과 관련하여 정확히 무슨
일이 일어날지 예측할 수 없다. 샐리가 그런 형상에 크게 의지하는 개인적 신
화를 전개할 수 있지만, 그러기 위해서는 특정 종교적 전통에 몰두해야 할 것
이다.

　　일부 성인에게 종교적 형상은 개인적 신화 창작의 강력한 힘으로 사용된
다. 기독교의 종교적 전통은 강한 정서적 연상물들을 갖고, 개인적 신화에 반
복적으로 개입하는 수많은 강렬한 이미지를 지닌다. 이러한 이미지들 중에는
정원, 금단의 열매, 교활한 뱀, 홍수, 바다의 갈라짐, 하늘로부터의 만나, 젖

과 꿀이 흐르는 땅, 불타는 덤불, 불의 구름, 광야, 목자, 사탄, 언약, 아기 예
수, 동방박사들, 어린 양, 빵과 포도주, 십자가, 부활, 제자, 순교자, 메시아,
육각형 별 등이 있다. 이러한 종류의 이미지를 어떤 사람에게는 강렬한 의미
를 지닌다. 그 이미지들은 또한 종교적 의식, 종교적 표현, 기도에서 강화되
고 분명하게 드러난다.

사실상 그녀가 노출된 종교적 형상의 전부는 텔레비전으로부터 오는 것이
기에, 샐리는 우리에게 문화 속 또 다른 형상의 심각한 원천에 대해 경고한
다. 미국 사회와 함께 다른 많은 사회의 형상의 원천으로, 특별히 텔레비전과
일반적으로 미디어의 힘을 과대평가하는 것은 어렵다. 여러모로 텔레비전은
이미지를 전달하는 데 이상적으로 적합하다. 많은 텔레비전 쇼는 빠른 장면
들을 설정하고 작은 그림들이 빠르게 전개되는, 단편적인 구성 방식을 따른
다. 이것은 전달될 수 있는 이미지의 수와 다양성을 극대화한다. 텔레비전 광
고들은 이 구성 방식에 숙달했다. 가장 성공적인 광고들의 대부분은 직접적
으로 제품 또는 서비스를 전혀 보여 주지 않는다. 오히려 그들은 시청자가 제
품을 연상시키기를 원하는 일련의 긍정적 이미지들을 몇 초 안에 창조해 낸
다. 맥도날드는 가족들이 대화하고 웃기 위해 가는 깨끗하고 행복한 곳이 된
다. 쿠어스 맥주는 바위투성이의 지형과 자연적 남성들과 관련된다. 사치스
러운 스포츠카들은 속도, 품위, 우아함의 이미지들과 함께 팔린다.

다수가 미국 문화에 만연한 텔레비전의 영향력을 한탄하지만, 어느 누군가
가 가까운 미래에 그 영향력을 감소시키기 위해 할 수 있는 것이 많다고 믿는
사람은 거의 없다. 사실상 미국 사회의 모두가 비디오 중심적이 되었다. 이
책을 쓰고 있는 나의 책상에는 부시 대통령과 영부인이 가장 좋아하는 텔레
비전 쇼들과 영화들을 밝히는 특집 기사가 담긴, 오늘 아침에 나온 『뉴욕타임
스(New York Times)』가 놓여 있다.

그것의 만연한 영향력을 고려해 볼 때, 특히 어린아이들 사이에서, 개인적
이미지를 만드는 것에 대한 텔레비전의 영향력의 가치와 관련된 간단한 결론
에 이르는 것은 어렵다. 텔레비전은 아이들이 어디에서든 발견할 수 있는 가

장 혐오스러운 이미지들 중 일부에 대한 책임이 분명히 있다. 물론, 아이들은 이미지들이 자신들이 원하는 대로 하도록 만들기 위해 노력할 것이다. 그러나 파괴적이고 폭력적인 이미지들 또는 욕심 많은 물질주의의 필사적인 이미지들은 때때로 네 살짜리의 생생한 상상력 속에서도 자애롭고 밝은 것으로 변형시키기가 어렵다.[34) 하지만 텔레비전은 우리에게 〈세서미 스트리트〉의 빅 버드와 사랑스러운 그로버 역시 데려다 준다. 〈미스터 로저의 이웃〉과 같은 쇼들은 성인을 위한 상당히 건설적인 역할들을 제안한다. 십대 닌자 거북이와 같은 캐릭터들마저 많은 부모의 눈에는 충분하지 않지만, 특정 결점을 보완하는 특징들이 주입되어 있다.

　장 폴 사르트르는 이미지를 시간 속 사건에 포착된 감정, 지식 그리고 내부 감각의 종합으로 정의했다.[35) 미취학 아동의 마음은 이러한 종류의 종합에 특히 열려 있는 것으로 보인다. 아이들은 그들이 노출된 형상의 질을 결정할 위치에 있지 않다. 하지만 형상의 질은 영아기에 받은 이야기의 분위기만큼 그들의 삶과 정체성의 질에 장기간 영향력을 갖는다. 우리는 어린 시절 초기부터 우리의 개인적 신화를 위한 이미지들을 생성하고 수집하기 시작한다. 그것들은 개인적 신화가 만들어지는 원자료들이다. 따라서 이야기의 분위기와 함께, 형상은 성인 정체성에 대한 어린 시절의 중요한 기여다. 이렇게 하여, 우리가 누구인지 그리고 성인 세계에 어떻게 적응하는지에 대한 이해를 형성하기 위해서, 우리의 합리적이기 이전의 과거는, 더 좋거나 더 나쁘거나, 필연적으로 돌아올 것이다.

후 주

1) Bowlby, J. (1969). *Attachment and loss*. Vol. 1. Attachment. New York: Basic Books.

2) Svejda, M. J., Pannabecker, B. J., & Emde, R. N. (1982). Parent-to-infant attachment: A critique of the early "bonding" model. In R. N. Emde and R. J. Harmon (Eds.), *The development of attachment and affiliative systems* (pp. 83–94). New York: Plenum Press.

3) 엄마와 아기의 애착에 대한 문헌은 매우 많다. 여기 몇 가지 더 주목할 만한 자료들이 있다. Ainsworth M. D. S., Blehar, M. C., Waters, E., & Wall, S. (1978). *Patterns of attachment*. Hillsdale, NJ: Lawrence Erlbaum. Bowlby, *Attachment*. Egeland, B., & Sroufe, L. A. (1981). Attachment and early maltreatment. *Child Development, 52*, 44–52. LaFraniere, P. J., & Sroufe, L. A. (1985). Profiles of peer competence in the preschool: Interrelations between measures, influence of social ecology, and relation to attachment history. *Developmental Psychology, 21*, 56–69. Mahler, M. S., Pine, F., & Bergman, A. (1975). *The psychological birth of the human infant*. New York: Basic Books. Slade, A. (1987). Quality of attachment and early symbolic play. *Developmental Psychology, 23*, 78–85. Spitz, R. (1965). *The first year of life*. New York: International Universities Press. Sroufe, L. A. (1979). The coherence of individual development: Early care, attachment, and subsequent developmental issues. *American psychologist, 34*, 834–841. 비전문가를 위해 아주 잘 쓴 애착이론 연구사의 개요가 있다. Karen, R. (1990). Becoming attached. *Atlantic Monthly*, February, 35–70.

4) Bowlby, *Attachment*.

5) Ainsworth et al., *Patterns of attachment*. Slade, "Quality of attachment and early symbolic play." Sroufe, "The coherence of individual development: Early care, attachment, and subsequent developmental issues."

6) Carlson, V., Cicchetti, D., Barnett, D., & Braunwald, K. (1989). Disorganized disoriented attachment behaviors in maltreated infants. *Developmental Psychology, 25*, 525–531.

7) Main, M. (1981). Avoidance in the service of attachment: A working paper. In K. Immelmann, G. Barlow, L. Petrinovich, and M. Main (Eds.), *Behavioral development: The Bielefeld interdisciplinary project*. New York: Cambridge University Press.

8) Ainsworth et al., *Patterns of attachment*. Egeland, B., & Farber, E. A. (1984). Infant-mother attachment: Factors related to its development and change over time. *Child Development, 55*, 753–771. Sroufe, L. A. (1985). Attachment classification from the perspective of infant–caregiver relationships and infant temperament. *Child Development, 58*, 1–14.

9) Matas, L., Arend, R., & Sroufe, L. A. (1978). Continuity of adaptation in the second year: The relationship between quality of attachment and later competence. *Child Development, 49*, 547–556.

10) Bowlby, *Attachment*. Erikson, *Childhood and society*. Mahler et al., *The*

psychological birth of the human infant.

11) Stern, D. N. (1985). *The interpersonal world of the infant: A view from psychoanalysis and developmental psychology.* New York: Basic Books.

12) Kohut, H. (1977). *The restoration of the self.* New York: International Universities Press.

13) Harter, S. (1983). Developmental perspectives on the self-system. In P. H. Mussen (Ed.), *Handbook of child psychology,* 4th edition. Vol. 4: *Socialization, personality, and social development* (pp. 275-386). New York: John Wiley & Sons.

14) Erikson, *Childhood and society* (p. 118).

15) Cousins, N. (1977, May 28). Anatomy of an illness (as perceived by the patient). *Saturday Review,* pp. 4-6, 48-51. Peale, N. V. (1956). *The power of positive thinking.* Englewood Cliffs, NJ: Prentice-Hall.

16) 관상동맥 우회시술을 받은 중년 남성들에 관한 연구에서, 연구자들은 수술 전에 높은 수준의 낙관주의를 표현한 남성들은 낮은 수준의 낙관주의에 있었던 남성들보다 수술 후에 보다 효과적인 대응 전략들을 보여 주었고, 신체적으로 보다 빨리 회복되었다는 것을 발견했다. Scheier, M. F., Magovern, G. J., Abbott, R. A., Matthews, K. A., Owens, J. F., Lefebvre, R. C., & Carver, C. S. (1989). Dispositional optimism and recovery from coronary artery bypass surgery: The beneficial effects on physical and psychological well-being. *Journal of Personality and Social Psychology,* 57, 1024-1040.

17) Taylor, S. E. (1989). *Positive illusions: Creative self-deception and the healthy mind.* New York: Basic Books.

18) Taylor, S. E. (1983). Adjusting to threatening events: A theory of cognitive adaptation. *American Psychologist, 38,* 1161-1173.

19) 또한 다음의 논문을 보라. Greenwald, A. G. (1980). The totalitarian ego: Fabrication and revision of personal history. *American Psychologist, 35,* 603-618.

20) 문학비평의 영역에서 신화적 형태들 또는 신화적 원형들에 대한 중요한 자료들은 다음과 같다. Frye, N. (1957). *Anatomy of criticism.* Princeton, NJ: Princeton University Press. 신화적 원형들에 대한 프라이드의 개념을 검토했던 심리학자는 케빈 머레이(Kevin Murray)다.: Murray, K. (1989). The construction of identity in the narratives of romance and comedy. In J. Shotter and K. J. Gergen (Eds.), *Texts of identity* (pp. 176-205). London: Sage Publications.

21) Krauss, R. (1952/1984). A hole is to dig: A first book of first definitions. In C. Fadiman (Ed.), *The world treasury of children's literature,* Book 1, pp. 123-128. Boston: Little, Brown.

22) Piaget, J. (1970). Piaget's theory. In P. H. Mussen (Ed.), *Carmichael's manual of child psychology,* Vol. 1. New York: John Wiley & Sons.

23) 유아기의 인지발달에 관한 연구 문헌은 아동의 자아중심성에 대한 피아제의 주장을 충분히 지지하지 않는다. 아이들이 그들의 사고방식에서 종종 자아중심적인 것이 사실인 것으로 보이지만, 그런 태도들은 종종 놀랍게도 수준 높은 역할을 받아들이는 능력을 보여 줄수도 있다. 어린아이는 다른 사람의 관점을 고려할 수 있고, 그에 따라 자신의 행동을 조정

할 수 있다. 여전히 전조작기 사고가 아이의 개인적 관점을 지배하는 경향이 있다. 따라서 피아제가 자아중심성에 관한 사례를 과장했을 수 있는데, 어린아이가 자신의 인지 과정에서 스스로 중심에서 벗어나는 것이 어렵다는 것을 알게 된다는 생각에 여전히 진리의 요소가 있는 것처럼 보인다. 세 가지 매우 흥미롭고 확실한 자료들이 있다. Gelman, R. (1981). Preschool thought. In E. M. Hetherington and R. D. Parke (Eds.), *Contemporary readings in child psychology* (2nd Ed.) (pp. 159-164). New York: McGraw-Hill. Kegan, *The evolving self*. Cambridge, MA: Harvard University Press. Miller, P. H. (1989). *Theories of developmental psychology* (2nd Ed.). San Francisco: Freeman.

24) Singer, J. (1973). *The child's world of make-believe*. New York: Academic Press.

25) Garvey, C. (1977). *Play*. Cambridge, MA: Harvard University Press.

26) Ibid, p. 5.

27) Ibid, p. 6.

28) 예를 들면, 다음의 책들을 보라. Kohut, *The restoration of the self*. Mahler, Pine, & Bergman, *The psychological birth of the human infant*.

29) 예를 들면, 다음의 책들을 보라. Fairbairn, W. R. D. (1952). *Psychoanalytic studies of the personality*. London: Routledge & Kegan Paul. Guntrip, H. (1973). *Psychoanalytic theory, therapy, and the self*.

30) Fowler, J. (1981). *Stages of faith: The psychology of human development and the quest for meaning*. New York: Harper & Row.

31) Ibid, p. 128.

32) Ibid, pp. 126-128.

33) Ibid, p. 129.

34) 여기서 많은 부모, 교육자 그리고 심리학자에게 가장 큰 관심은 TV에서의 폭력적 이미지에 대한 노출과 아동의 공격적 성향의 발달 사이의 관계다. 이 주제에 관한 많고 복잡한 경험적 문헌들이 있다. 많은 발견은 소년과 소녀 양쪽에서 TV 폭력의 과도한 시청과 공격적 행위의 참여 사이의 긍정적 관계를 제안한다. 실험실의 연구들은 폭력적인 영화들과 TV 드라마를 보고 나서 공격적 행위가 단기간 증가했음을 일관성 있게 보고했다. 한 가지 중요한 연구에서 아이들은 폭력물의 일부를 보고 났을 때 달리기 경주와 같은 중립적 내용을 보고 나서보다 다른 사람들을 해치려 하였다. 유사하게, 만화의 등장인물들이 얼마 동안 서로 때리고 다투는 비폭력적인 만화들을 보았던 아이들은 그들의 친구들보다 더 심한 공격적인 행위에 참가했다. 가학적이고 피학적이거나 성폭력과 같은 공격적인 이미지들이 포함된 에로틱한 영화를 보는 것은 특히 남성에게 공격성을 자극하고 여성을 향한 성폭력을 야기하기가 쉽다. 그러나 폭력을 묘사하지 않는 에로틱한 영화를 보는 것은 후속적인 폭력 행위에 영향을 주는 데 일관성이 있는 것으로 나타나지 않았다. 공격성과 TV 시청에 대한 가장 인상적인 종단 연구는 25년 이상의 발달 과정이었는데, 원래 일리노이 대학교의 레오나드 에론(Leonard D. Eron)과 그의 동료들에 의해 만들어졌다. 이 연구에서 어떤 청년이 19세에 얼마나 공격적일지 예측할 수 있는 가장 좋은 지표 중의 하나는 그가 8세 때 즐겨 시청했던 TV 프로의 폭력성이라고 했다. 또한 초등학교 3학년 때의 TV 시청 습관은 30세의 범죄 활동을 예측케 했다. 특히 8세 때 아동이 폭력적인 TV를 더 자주 볼수록, 30세 이르러 더욱 심하게 범죄를 저질렀다. TV 폭력물 시청과 범죄 사이의 관계는 남성

과 여성 양쪽 다 수용하지만, 대체로 남성이 더 높은 상태의 범죄 활동을 보여 주었다. 그러나 TV 시청이 실제로 공격적 행위를 유발하는가? 에론과 같은 경험적 연구의 결과들은 단순한 인과관계의 해석은 정당하게 만들어질 수 없다고 제안한다. 낮은 지능, 낮은 학교 성적, 부모의 가혹한 신체적 처벌, 부모의 반사회적 가치 그리고 TV에 비춰진 폭력물이 세계가 기능하는 방식에 대해 현실적 그림을 제공하는 믿음을 포함하여, 공격적 행위의 결정 변수나 상관관계가 있는 것으로 보이는, 이와 같은 다른 많은 요소를 포함하고 있는 것으로 나타난다. 더 나아가 연구들은 TV 폭력이 더 높은 수준의 공격성으로 이끌 수 있는 반면, 공격성의 더 높은 수준은 TV 폭력물의 증가된 시청으로 이끌 수도 있다고 제안한다. 보다 공격적인 사람들은 TV의 폭력적 이미지에 보다 자주 자신을 노출하는 경향이 있고, 이것은 그들의 성격적인 공격성을 증가시킬 수 있다. 환언하면, TV의 폭력적인 이미지와 공격성은 상호적이고 순환적인 방식 속에서 서로 관계가 있는 것으로 보인다. 각각 상대편에게 원인과 결과가 된다. 주요한 자료들은 다음과 같다. Eron, L. D. (1982). Parent-child interaction, television violence, and aggression in children. *American Psychologist, 37*, 197-211. Eron, L. D. (1987). The development of aggressive behavior from the perspective of a developing behaviorism. *American Psychologist, 42*, 435-442. Friedrich-Cofer, L., & Huston, A. C. (1986). Television violence and aggression: The debate continues. *Psychological Bulletin, 100*, 364-371.

35) 장 폴 사르트르는 이미지를 감정, 지식 그리고 내적 감각의 합성물로 정의했다. Charme, S. T. (1984). *Meaning and myth in the study of lives*. Philadelphia: University of Pennsylvania Press.

제3장 주제와 사상적 배경

　이야기들 안에서 분위기와 이미지로부터 주제와 사상으로 이동하면서, 우리는 영아기와 초기 아동기에서 아동 후기와 청소년기로 발달해 나간다. 이야기의 주제는 인간의 의도가 반복되는 패턴이다. 그것은 이야기 속의 등장인물들이 원하는 것과 그들이 시간을 두고 그들의 목표를 어떻게 추구하는지와 관련된 이야기의 수준이다. 그것은 초등학교 아동이 가장 명백하게 이야기의 의미를 이해하는 주제의 수준이다.

　이데올로기는 가치와 믿음의 체계적인 집합체다. 청소년기의 이데올로기는 전례 없는 중요성을 떠맡는다. 청소년기는 그 또는 그녀의 독특한 삶의 이야기의 플롯을 전개할 믿음과 가치의 배경막을 제공하는 사상적 배경을 형성한다.

아동기에 동기를 주는 주제의 출현

　초등학교 시기(6~12세)에, 시간이 지남에 따라 아이들은 인간의 행동—이야기와 삶 속에서―이 내적인 의도가 조종하는 대로 구성된다는 것을 뚜렷하게 알기 시작한다. 그들은 첫 번째로, 다른 사람과 다른 캐릭터는 생기를 주고, 행동을 지시하는 끊임없는 욕구를 갖고 있다는 것을 인정한다. 목표 지향적이고, 동기를 갖고 있으며, 의도적인, 이런 유사한 말 속에서, 초등학교 아이들은 자신의 행동을 이해하기 시작한다. 인간의 행위와 경험에 대한 그들의 통찰력이 증가함에 따라, 그들 자신의 내면적 소원과 욕구가 안정된 동기를 주는 성향으로 조직된다.

힘과 사랑은 신화와 이야기의 두 개의 커다란 주제다. 두 가지 기본적 방식들의 하나 또는 양쪽을 하기 위해, 한 가지 또는 다른 방식 속에서, 주인공들과 경쟁자들은 분투하고 있다. ① 강력한 방식으로 자신을 주장하는 것, 그리고 ② 사랑, 우정, 친밀감의 유대 속에서 다른 사람과 자신을 융합하는 것이다. 힘과 사랑에 대한 욕구는 신과 여신, 영웅과 여장부, 왕과 여왕, 에너지, 방향 그리고 목적이 같은 호기심 많은 작은 소년들과 용감한 작은 소녀들을 제공한다. 그들은 플롯을 따라 움직인다. 그들은 행동을 의미 있게 만든다. 만약 우리가 힘과 사랑의 인간 경험에 익숙하지 않다면, 우리는 우리가 듣고 보는 대부분의 이야기를 이해하지 못할 것이다. 우리는 등장인물이 하는 것을 왜 하는지 알 수 없을 것이다.

인간의 삶 속에서 두 개의 중심적인 심리적 동기와 일치하기 때문에 힘과 사랑은 이야기의 두 개의 커다란 주제다. 이야기 속의 등장인물은 우리 삶 속에서 우리가 성취하려는 것을 모두 성취하려고 애쓰고 있다. 그들은 우리가 하는 것처럼, 세계 속에서 강력하고 자율적인 중개자로서 자기를 확장하고, 보존하고, 향상시키기를 원하며, 사랑하는 친밀한 공동체 속에서 다른 사람에게 자신을 관계 맺고, 융합하고, 위탁하기를 원한다.

아이들이 초등학교를 다니면서, 구체적 조작이라고 불리는 인지발달 수준에 도달하면서, 그들의 사고는 체계적인 성향을 취한다.[1] 연령이 높은 아동은 세계 속에서 대상과 개념 사이의 일관성 있는 관계를 이해한다. 중력과 질량 보존과 같은 원리들 및 산술의 체계들과 같은 어떤 근본적인 원리와 체계에 따라, 아이들은 구체적인 현실이 기능한다는 것을 자각하게 된다. 만약 당신이 납추를 떨어뜨리고 그것이 위로 뜨기 시작한다면, 4세 아이는 재미있어 할 것이다. 그러나 10세 아이는 놀라거나 혼란스러워하거나 의심스러워할 것이다. 10세 아이는 세계가 어떻게 작용할 것이라는 것을 알고 있고, 이런 특별한 사건은 그가 진실이라고 알고 있는 가정을 위반하기 때문이다.

연령이 높은 아동은 학령 전 아동으로서 그가 혹은 그녀가 이해할 수 있었던 것보다 좀 더 풍부하고 복잡한 용어 속에서 등장인물의 행동에 대한 동기들을 이해할 수 있다. 등장인물은 이제 내적 욕구와 기대하는 목표에 의해 동기를 갖는 비교적 일관성을 지닌 배우로 보인다. 이야기 속에서 연령이 높은 아동은 등장인물이 원하는 것을 알기를 원한다. 그들 대부분은 등장인물이 결정하기를 원하는 것이 무엇인지, 그들이 무엇을 할 것인지를 깨닫는다. 서쪽의 사악한 마녀는, 날아다니는 위협적인 원숭이를 동반한 검은, 무시무시한, 날아다니는 등의 단순한 이미지 이상이 된다. 루비 슬리퍼가 필요하고, 글린다와 문크킨스와 맞서려 하며, 여주인공과 그녀의 친구들이 자신의 목적을 성취하고 오즈의 땅에 도착하는 것을 필사적으로 방해하기를 원하는 마녀는 또한 도로시의 강력한 적이다.

아동이 전조작기의 인지발달에서 구체적 조작기로 나아가면 사고는 규칙에 의해 지배를 받는다. 4세의 환상적인 공상들은, 더 나이를 먹어 논리와 현실에 의해 적용된 제한을 이해하게 됨으로써 다소 경감되고 제한된다. 4세 아이는 자신이 그들에게 하기를 원하는 것을 그들이 하게 만드는 적당한 이야기 이미지들을 자유롭게 사용한다. 만약 아이가 그것이 이 방식으로 존재하기를 원하면, 백설공주는 칼을 가진 적에게 도전하여 싸울 수 있고 이길 수 있다. 그러나 연령이 더 높은 아동은 여기서 불일치와 한계를 안다. 이것은 백설공주가 하기를 원하는 종류의 것이 아니다. 그녀의 동기는 용감한 참여보다는 부드러운 교제의 방향으로 보다 많이 나아가고자 하는 경향이 있기 때문에, 그녀의 캐릭터에 맞지 않는다. 이야기 활동은 주제와 일치해야 한다. 백설공주의 욕구들을 고려하면, 그녀가 하는 것들 중 이해되지 않는 어떤 것들이 있다.

우리는 무엇을 원하는가

인간의 심리에서 가장 오래된 질문 중 하나는 동기의 문제다. 동기를 부여하는 것은 어떤 것을 특정한 방향으로 이동시키기 위해 움직임을 정하는 것이다. 인간의 내면에서 행동을 일으키는 세력은 무엇인가? 무엇이 인간 행동의 내면적 원동력인가? 그것들은 대개 인간의 내면에서 시간을 두고 에너지를 주고 지시하며 행동을 선택하는 힘과 같이 보인다. 인간의 동기는 그 사람을 특징적인 방식들로 행동하도록 움직이는 내부의 엔진과 같다.

지난 3,000년 동안 철학자, 시인, 과학자, 심리학자 그리고 인간의 본성에 대한 그 밖의 관찰자들은 인간 동기의 많은 다른 이론을 제기했다.[2] 일부는 인간의 행동이 하나의 거대한 동기에 의해 에너지를 공급받고 지시받고 선택된다고 주장했다. 예를 들면, 아리스토텔레스는 모든 살아 있는 유기체는 자신의 고유한 운명을 실현하기 위해 동기를 부여받는다고 제안했다.[3] 2,000년 이상이 지난 후, 칼 로저스와 칼 융 같은 심리학자들은 건강한 인간 생활에 있어서 하나의 고유한 경향이 자아실현을 향해 가는 것임을 비슷하게 주장했다.[4] 그들이 비록 많은 세부 사항에 동의하지는 않겠지만, 아리스토텔레스, 로저스와 융은 왜 사람이 그런 방식으로 행동하는지를 설명하기 위해 인간의 행동에 대한 하나의 기본적 원동력을 끌어낼 수 있다는 데 일반적으로 동의한다.

스펙트럼의 다른 끝에, 우리는 수많은 다른 동기를 제안하는 관점들을 갖고 있고, 그것들 중에는 특징적인 에너지와 방향을 가진 인간 행동을 제공하는 데 있어 주된 역할을 하기도 한다. 이 견해에 따르면, 인간의 행동은 극도로 복잡하여 어떤 하나의 동기도 인간의 행동을 결코 다 설명할 수 없다. 비록 어떤 동기가 다른 것보다 더 낮거나 더 성숙할 수 있다고 해도, 오히려 다른 많은 동기가 존재한다. 국가론에서 플라톤은 각기 마음의 독특한 부분과 일치하는 인간의 세 가지 기본적 동기들을 주장했다. 이것들은 ① 신체적 욕구와 필요에 의해 결정되는 식욕, ② 사람들로 하여금 영웅적 행동들을 하도록 동기를 주는 용기와 불굴의 의지, 그리고 ③ 사람들에게 선을 위해 노력하도록 동기를 주는 이성이다.[5] 2,000년 후 1890년, 미국 심리학의 아버지라고 불리는 윌리엄 제임스(William James)는 세 가지는 결코 충분하지 않다고 주장했다. 그는 공포, 동정, 사회성, 놀이, 욕심, 겸손, 양육, 사랑의 동기들을 포함하여 인간의 본능들이나 충동들의 긴 목록을 제시했다.[6]

중간 입장을 취하는 것은 하나가 다른 것과 갈등이나 긴장 속에 있는 두 가지 근본적 동기들의 관점에서 인간의 동기를 이해하는 세 번째 집단의 이론가들이다. 고대 그리스의 철학자 엠페도클레스는 우주를 지배하는 '사랑'과 '갈등'이라는 두 가지 거대한 영향력을 주장했다. 사랑은 모든 것을 통합하고, 갈등은 분리시킨다. 하늘의 구름, 숲 속의 동물, 도시의 사람은 사랑과 분리를 통해, 때로는 격렬하게, 때로는 갈등을 통해, 함께 온다. 또한 역사도, 화합의 시대가 불화의 시대 다음에 뒤따르는 것과 같이, 두 주인에 의해 지배받는다. 사랑이 대상들을 함께 가져온 후, 갈등은 모든 것이 파괴되고 분리될 때까지 다시 대상들을 점진적으로 정리한다. 그 후 사랑은 다시 재결합시키고 치유하기 시작한다. 사람의 삶도 유사하게 지배받는다.[7]

인간의 동기에 관한 많은 현대 이론은 엠페도클레스의 변증법과 다른 각도에서 접근하는 것처럼 보인다. 예를 들어, 프로이트는 1920년에 인간의 생각과 행동이 두 가지 종류의 서로 충돌하는 본능적인 성향에 의해 지배된다는 것을 발표했다.[8] 프로이트의 관점에서, 삶의 본능은 서로 성적이고, 쾌락적이고 사랑하는 결합을 추구하도록 인간에게 동기를 준다. 죽음의 본능은, 개인적인 능력의 공격과 대담한 표현을 통해, 인간을 오만하고 파괴적인 행동 방식으로 나아가게 한다. 프로이트의 관점에서, 삶과 죽음의 본능은 무의식적으로 작동한다. 우리는 의식적으로 아주 약간 알고 있는 것에 관해 거의 통제력을 갖고 있지 않은 내부적 힘에 의해 사랑과 힘의 방식으로 행동하도록 이끌린다.

프로이트 이후, 심리학자들의 상당수는 인간의 동기 이론에 서로 대립되어 다투는 두 가지 일반적인 경향을 제시했다. 첫 번째 경향은 힘, 자율성, 독립, 지위 그리고 흥분감을 주는 경험들을 위한 중복된 노력을 포함하여 나타난다. 두 번째 경향은 사랑, 친밀감, 상호 의존, 수용 그리고 기쁨의 감정에 가득 찬 대인관계 경험을 위한 중복된 노력을 포함한다.[9] 인간 경험에서 이렇게 동기를 주는 이중성은 아마도 힘(agency)과 교제(communion)를 구별한 심리학자 데이비드 바칸(David Bakan)에 의해 가장 잘 설명되었다.[10] 바칸에 따르면, 힘과 교제는 인간의 욕구, 필요, 욕망 그리고 목적의 커다란 다양성을 구성하는 삶의 존재 방식에서 두 가지 근본적 양식이다.[11] 힘은 다른 사람들로부터 분리되려는, 환경을 지배하려는, 자신을 주장하고 보호하고 확장하려는 개인의 노력을 말한다. 그 목적은 힘으로 간주되는 강력하고 자율적인 행위자가 되는 것이다. 대조적으로, 교제는 다른 사람과 융합함으로써 따뜻하고, 가깝고, 친밀한 그리고 사랑하는 방식으로 다른 사람과 관계를 형성하면서 자기보다 큰 어떤 것에 참여하면서, 자신의 개성을 잃어버리는 개인의 노력을 의미한다. 바칸의 입장은 개인적 신화와 인간의 삶의 양쪽에 표현된 기본적으로 동기를 주는 주제를 이해하는 데 특별히 가치 있는 것임을 증명한다.

연구는 힘과 성취에 대한 욕구가 두 개의 높은 행위적 동기들을 구성한다고 알려 준다(부록 1 참조). 심리검사들은 다른 사람의 성격 프로파일에서 이런 동기들의 상대적 강도를 측정하기 위해 개발되었다. 힘의 동기가 높은 사람은 힘의 동기가 낮은 사람에 비해 강하다는 느낌을 주고, 환경에 영향을 주는 경험들에 대해 강하고 지속적인 선호도를 보여 준다. 그들은 삶의 특권과 지위를 매우 의식하는 경향이 있고, 대담하게 위험을 감수할 가능성이 있고, 높은 리더십과 영향력의 위치로 그려지고, 사회 집단들 속에서 상당히 지배적인 경향이 있고, 강력한 행위적 관점에서 그들의 우정을 인식하고, 그리고 남성들 사이에서, 이성교제와 결혼과 같은 낭만적인 사랑의 관계에서 어려움을 경험하는 경향이 있다. 성취 동기가 높은 사람은 성취 동기가 낮은 사람에 비해 유능하다는 느낌을 주고, 과제 수행을 더 잘할 수 있는 경험들에 대해 강하고 지속적인 선호도를 보여 준다. 그들은 자신의 경력을 추구함에 있어 매우 효율적이고 분별력이 있는 경향이 있고, 신중하고 적당한 위험을 감수할 가능성이 있고, 주의 깊게 미래를 계획하는 경향이 있고, 혁신적이고, 자기 일에서 큰 만족을 얻고, 일반적으로 여가보다 일을 좋아한다.

힘과 성취 동기는 인간 행위의 두 개의 얼굴들이다. 이 둘은 주변 환경에 대한 자기의 적극적 주장에 대한 강조를 공유한다. 인간은 영향을 갖거나 더 잘함으로써 세상에서 강력한 행위자로서 자신을 형성할 수 있다. 두 가지 경우에, 환경을 지배하고, 인간이 그것이 하기를 원하는 것을 하도록 만들면서, 주변 환경으로부터 자기를 분리하면서, 인간은 자신의 개성을 공고하게 하기 위해 행동한다.

힘과 성취에 대한 우리의 욕구는 우리의 환경을 통제하고 심지어 지배하도록 효과적이고 영향력 있는 방식으로 우리 자신을 주장하도록 동기를 줄 수 있는 반면, 다른 사람과의 가깝고 따뜻한 관계에 대한 우리의 욕구는 우리를 다른 방향에서 친밀한 대인관계의 교제의 개인적 삶으로 끌어당긴다. 사실, 우리 중 일부에게는 사랑과 친밀감에 대한 욕구는 성공을 위한 소원, 명성, 영향력보다 더 크고 강력한 것이다. 소설가 포스터(E. M. Foster)가 쓴 것처럼 "그것은 무한대 거울을 보유한 개인의 사생활이다. 개인적 교제는 홀로 우리의 일상적 시야를 넘어 인격을 암시한다."[12]

인간의 친교는 친밀감과 사랑을 향한 중복된 욕구를 포함한다고 연구에 나타난다(부록 1 참조). 사랑과 친밀감을 통해, 우리는 각자 따뜻하고, 가깝고, 지지하는 방식으로 다른 사람들과 관계를 형성할 수 있다. 어떤 사람은 다른 사람보다 자신의 삶의 동기에 있어 보다 친교적인 것으로 보인다. 그들은 자신을 알고 있는 다른 사람에 의해 어떻게 보이고 판단되는지, 그들이 보통 하루 일과에 대해 어떻게 생각하고 느끼는지, 그리고 그들의 삶에서 중요한 사람들과 관계를 어떻게 이해하는지, 친구들과 사회적 집단에서 행동하고 말하는 방식을 통해 상당히 높은 수준의 친밀성의 동기를 보여 준다. 친밀감과 사랑은 정확하게 똑같은 경험은 아니다. 그러나 둘 다 친교에서 태어나 인간 경험의 확대 가족의 일부로 남아 있고, 모두 인간적 유대감에 대한 그들의 강조에 함께 묶여 있다.

동기와 주제: 아동기 후기

동기는 우리가 하는 다양한 일에 대한 에너지와 방향을 제공하면서, 우리의 행동을 조직하는 것을 돕는다. 동기는 개인적 신화 속의 특정한 주제들을 강조함으로써 우리의 정체성을 형성하는 것을 돕는다. 그러나 동기가 주제와 같은 것은 아니다. 동기는 사람의 인격 안에 존재한다. 그것은 초등학교 시절에 형태를 취하기 시작한 내부 성향이다. 주제는 이야기 속에 존재한다. 그것은 이야기 안에서 등장인물이 반복적으로 원하거나 의도하는 것과 관련된 이야기 내용의 집합체다.

개인이 실제 생활 동기의 형태를 취하기 시작하는 것은 초등학교 시절이다. 힘과 성취와 같은 행위적 동기와 친밀감 동기와 같은 사회적 동기는 욕구, 목표 그리고 행동을 지배하기 시작한다. 아이가 인간의 행동들을 의도적이고 조직적으로 보게 되는 것에 상응하여 아이의 행동도 보다 의도적이고 조직적으로 되어 간다. 이 시점에서 행동에 대한 아이의 발달하는 해석은 인격 발달과 병행한다.

다른 10세 아이들은 그들의 다른 행위적 그리고 사회적 동기의 상대적 힘과 질의 관점에서 비교되고 대조될 수 있다. 이 아이들에 대해 이때 특별한 동기들을 갖는 것으로 말하는 것은 이치에 맞는데, 왜냐하면 우리는 그들의 행동이 욕구와 목표의 집합체로부터 반복적으로 에너지를 받고 지배받는 것을 볼 수 있기 때문이다. 대조적으로, 네 살 아이의 행동은 동기를 주는 면에서 잘 조직되지 않는다. 4세 아이는 확실히 욕구와 필요를 갖고 있지만, 그의 인격 안에서 안정된 동기를 주는 성향 속으로 이것들은 지금으로서는 아직 통합되지 않았다. 어떤 의미에서, 네 살 아이의 인격은 시간을 두고 장기적으로가 아니라 단기적으로 그것이 원하는 것을 알도록 구축된다. 더 연령이 높은 아이는 지속적인 선호와 인간 경험의 특별한 성향에 대한 욕구로 조직된 장기적 의도에 따라 행동한다.

　초등학교 아이들은 동기를 갖고 있지만, 아직 정체성은 갖고 있지 않다. 다시 말해, 그들의 반복적인 욕구와 필요는 안정된 동기를 형성하기 위해 통합되지만, 동기는 자신의 개인적 신화에서 중심 주제들 속으로 아직 바뀌지 않았다. 여전히 동기는 아이들이 무엇을 하고, 그것을 어떻게 할지를 결정하는 것을 돕는다. 예를 들어, 4학년과 6학년의 대인관계 행동은 친밀감 동기에 대한 그들의 상대적 입장과 강하게 관련된 것으로 나타난다. 마이클 로소프, 레베카 팔메이어 그리고 나는 4학년과 6학년들이 말하는 상상적 환상들로부터 친밀감 동기의 점수들을 결정하고, 그 후 이 점수들을 행동의 다양한 지표들과 연결시키는 연구를 실시했다.[13] 우리는 친밀감 동기가 강한 아이들은, 친밀감 동기가 더 적게 확인된 아이들과 비교하면, 그들의 가장 친한 친구들과 보다 안정적이고 지속적인 관계를 갖는 경향이 있다는 것을, 가장 친한 친구들의 개인적 삶에 대해 보다 많이 알고 있는 것을, 그들의 교사들에 의해 특별히 애정이 많고 진지하다고 평가되는 것을, 그들의 동급생들에게 거의 적을 만들지 않는 상대적으로 친근한 아이로 보인다는 것을 발견했다. 흥미롭고 중요한 것은 아이들의 친밀감 동기 점수는 지능 검사 점수와 학교 성적과 관련이 없다는 것이다. 다른 말로, 초등학교에서 따뜻하고 긴밀한 관계를 원하는 정도는 얼마나 똑똑한가와 아무런 관계가 없는 것으로 여겨진다.

　적어도 4학년쯤 되면, 특정한 사회적 동기들의 특성 수준이 아이들의 성격에서 평가될 수 있다. 그러나 일단 어린 시절에 형성된 인간의 동기는 돌에 새겨진 것이 아님에 주목하는 것이 중요하다. 동기는 변할 수 있고, 시간이 지남에 발달할 수 있다. 따라서 힘의 동기와 친밀감의 동기와 같은 성격 성향은 시간이 지남에 따라 적당히 상대적으로 안정된다. 이것은 그런 성향이 어느 날, 어느 주 또는 다음 주에 의미 있는 방식으로 바뀌지는 않을 수 있다는 것을 의미한다. 하지만 삶의 발달과정을 거쳐, 그것들은 실제로 생활 경험의 기능으로 변경될 수 있다. 따라서 힘의 동기가 높은 청소년은, 그가 서른의 나이에 도달할 때, 그의 힘의 욕구가 덜 강한 것을 발견할지 모른다. 친밀감에 매우 강한 필요를 가진 25세의 여자가 45세에 도달하면 그 필요가 현저히 감소할 수 있다.[14] 다양한 동기는 사람마다의 고유한 방식으로, 삶에서 밀물 및 썰물과 같을 수 있다. 성인기에 그런 밀물과 썰물이 발생할 때, 정체성은 상응하는 방식으로 변할 수 있다. 만약 인간의 힘의 동기가 청년기부터 중년기까지 현저하게 증가한다면, 우리는 그의 진화하는 개인적 신화가 변화를 반영할 것으로 기대할 것이다. 우리는 그에게 젊은 시절 우리가 본 것보다 중년기의 그의 신화에서 행위적 주제들의 더 큰 우세를 기대할 것이다.

우리가 좋아하는 이야기는 대개 아이들과 같이 대부분 강력하게 끌리는 동기와 주제를 포함하고 있다. 이것들은, 의식적이든 그렇지 않든, 우리의 가장 강한 동기인 그렇게 조직된 욕구를 종종 반영할 것이다. 동기 그 자체는 아마 인간의 삶에서 두 개의 큰 동기를 부여하는 범주, 즉 힘과 교제에 따라 조직될 것이다. 주제는 청소년기와 청년기의 정체성의 도전에 직면하는 때에 우리가 이미 친숙한 신화의 한 측면이다. 따라서 우리의 개인적인 신화를 구성하기 시작하는 때에, 우리는 어떤 주제를 따라 우리의 정체성을 만들어 내는 경향을 지니고 있다.

나는 내가 누구인지 더 이상 모른다: 청소년기

성인들 사이에는 청소년기를 우리에게 실제로 그랬던 것보다, 또는 오늘날의 청소년에게 실제로 그런 것보다, 더 훌륭하거나 더 무서운 것처럼 만들면서, 낭만적으로 보려는 큰 유혹이 있다. 어떤 심리학자들은 한편으로는 청소년기의 창조적 영민함과 성장과 성취를 위한 가능성, 다른 한편으로는 십대의 격동적 위기, 변덕스러운 기분 그리고 일반적인 광기를 지나치게 강조함으로써 이런 함정에 빠졌다. 사실 오늘날 심리학자들 사이에서 청소년기가 한편으로는 질풍노도의 시기이거나, 다른 한편으로는 다소 평화로운 연속성의 기간이라는 정도에 관한 격렬한 논쟁이 남아 있다.[15] 그러므로 우리는 청소년기와 정체성에 관해 청소년이 중요한 관심을 경험하는 정도를 고려함에 있어 다소 주의해야 한다. 나는 도달하기에 가장 민감한 결론이 이것이라고 믿는다. 즉, 청소년기에 생기는 것처럼 보이는 어떤 생물학적 · 인지적 · 사회적 변화 때문에, 이 발달단계는 심리사회적으로 이 시기의 삶의 새로운 문제로서 정체성의 출현을 위해 설정된다. 그 문제는 다른 청소년에게 다른 방식으로, 다른 속도와 강도로 나타나고, 모두가 정체성의 위기를 경험하지는 않는다. 그러나 한 가지 또는 다른 방식에서, 새로운 자기를 추구하기 시작하면서, 대부분이 도전을 받는다.

정체성은 인간이 과거의 자기 자신과 현재의 자기 자신 사이의 처음 불일치를 알아차릴 때, 삶의 문제가 되기 시작한다. 불일치는 신체 수준에서 경험될 수 있다. 유치원생은 나이를 먹음에 따라 자신이 더 커진다는 것을 알고 있다. 그들은 자신의 신체가 시간이 지나면서 천천히 변화된다는 것을 깨닫는다. 일반적으로 이런 자각이 그들을 많이 신경 쓰이게 하지는 않는데, 왜냐하면 변화는 기대되었고 양적이며, 대부분에게는 더 크면 더 좋은 것이기 때문이다. 그러나 사춘기는 청소년기의 소년과 소녀에게, 질적일 뿐만 아니라 양적으로 다소 갑작스러운 변화를 가져온다. 그 변화들은 기대되는 것일 수도 있고 또는 아닐 수도 있지만, 그럼에도 그것들은 삶의 과정에서 전례가 없는 것이다. 소녀는 가슴과 음모가 발달하고, 생리를 시작한다. 소년은 성기와 음낭이 자라고, 수염이 나기 시작하며, 목소리가 굵어진다. 우리는 모두 이런 변화들을 기억한다. 그것들은 무슨 일이 일어나고 있는지에 대해 우리의 궁금증을 자극하기 위해 충격적일 필요가 없다.

사춘기는 우리가 청소년기에 경험할 분명한 강렬함과 침투성이 없이, 전에는 의식적으로 알지 못한 성적 욕망과 갈망으로 안내한다. 이것도 인간의 삶의 주기에서 전례가 없는 것이다. 우리가 열세 살로 아무리 수준이 높다고 해도, 십대를 위해 아무리 준비했다고 하더라도, 성적인 관계들을 연기하면서 많은 텔레비전과 영화를 보았다고 해도, 감정은 우리에게 새로운 것이고, 그 것들은 중요한 변화가 일어났다는 사실을 강화한다. 사춘기의 영향의 결과로 친구와의 관계도 역시 변한다. 우리의 사회적 세계는 성적인 자극을 받게 된 다. 이제 어떤 사람들과의 관계들은 흥분과 기대로 새롭게 충전되는 것 같다.

제이슨, 아이네이아스, 부처와 같은 젊은 영웅이 위험하고 유혹적인 땅에 들어가기 위해 경계를 넘는 여행을 할 때, 세상의 신화들이 상징했던 것은 부 분적으로는 우리 자신의 청소년기의 성적 각성이다.[16] 일부 정신분석가들은 각성이 실제적으로는, 어린아이의 오이디푸스 콤플렉스의 해결 이후, 성의 오랜 수면으로부터 재각성이라고 주장한다. 실제로 일부 분석가들은 십대가 두 번째 오이디푸스 콤플렉스를 경험하면서, 청소년기의 새로 발견한 성적 감정은 부모에게서 방향을 바꿀 수 있다고 주장한다.[17] 세계 신화에서, 젊은 영웅은 때때로 여행의 초기 단계에서 '향수적 아름다움'의 감각을 경험한 다.[18] 이런 에피소드들은 어린아이로 그가 전에 무의식적으로 알았던 성적 갈망을 상징한다.

생물학적이고 성적인 변화는 그림의 유일한 부분이다. 사고에 있어서 어떤 변화는 동등하게 영향력이 있을 수 있다. 장 피아제는 청소년기에 많은 사람 이 형식적 조작기의 인지 단계로 들어간다고 주장했다.[19] 피아제에 따르면, 삶의 주기에서 이 시기에 우리는 매우 추상적 관점에서 세계와 자신에 대해 처음 생각할 수 있다. 형식적 조작기에 인간은 언어적으로 표현되고 논리적 으로 추론된 가설의 관점에서 무엇인지 그리고 무엇일 수 있는지에 관해 사 유할 수 있다. 피아제는 청소년기 이전에는 이것을 쉽게 할 수 없다고 주장했 다. 그러므로 여덟 살 아이는 놀라운 정확성과 침착성을 갖고 세계를 능숙하 게 분류하고 범주화시키지만, 인지적으로는 무엇일 수 있는 추상적 세계보다 는 무엇인 구체적 세계에 구속받는다.

만약 영민한 4학년 아이에게 50개 주의 수도를 외우도록 했을 때, 그 아이 가 백 퍼센트 정확하게 줄줄 말한다면 이는 놀라운 것이 아니다. 그러나 만약 당신이 같은 나이의 신동에게 오직 열 개의 주가 있는데 수도가 무엇이 될지 추측하게 한다면, 그 아이는 더 큰 고민에 빠질 것이다. 사실 미국은 50개의 주로 이루어져 있어, 그 아이는 그 제안이 본질적으로 터무니없는 것이라는 것을 알게 된다. 아이는 이 가상적 시나리오에서 수도의 기준을 무엇으로 해야 하는지 결정함에 있어서 체계적 계획을 고안하는 것이 극도로 어렵다는 것을 발견하게 될 것이다. 초등학교 아이들은 구체적 사실들의 노예다. 즉, 현실이 모든 것이다. 대조적으로, 청소년은 일단 형식적 조작기가 되면, 현실을 무엇일 수 있는 것의 부분 집합으로 이해한다. 현실은 가능하고, 실현될 수 있으며, 내부적으로 지속적이고 대안적인 실재들이 상상될 수 있는 것의 한 가지 표현이다.

인지발달의 형식적 조작기는 현실에 대한 심각한 질문을 촉진시킨다. 청소년은 현재와 과거의 진실을 볼 수도 있고, 과거에 할 수도 있었던 것과 미래에 할지도 모르는 것과 관련된 가설적 가능성을 그것과 대조시킬 수도 있다. 만약 내가 소년이 아니고 소녀로 태어났다면 어떻게 달라졌을까? 만약 현재가 아닌 남북전쟁 시기에 살았더라면 지금의 나와 어떻게 다를까? 만약 내가 힌두교도라면? 만약 하나님이 없다고 믿는다면 어떤 일이 발생할까? 만약 내가 군대에 간다면, 무슨 일이 생길까? 청소년은 다른 삶과 체계들의 가능성을 심각하게 받아들이기 시작한다. 어떤 경우에, 그들은 세계를 경험하는 데 있어 전에 생각해 보지 않은 새로운 방식들로 탐색하고, 지금은 오래된 것처럼 보이는 아동기에 배웠던 것들에 의문을 품는다. 이런 자기반성적이고 추상적인 경향은 결국 가설적 이상들―이상적 가족, 종교, 사회, 삶―의 공식화를 가져올 수 있다.[20] 청소년기의 이상주의는 형식적 조작의 사고의 출현에 의존한다.

새로운 정신기술은 한 인간의 삶과 행동에 엄격한 요구를 부과할 수 있다. 그 사람은 이제 자신의 삶에서의 불일치들을 생각할지 모르는데, 특히 일상적인 행동과 경험 속에서 채택된 다른 역할들과 자기들에 관해서 말이다. 청소년기 소년은 친구들과의 모임에서는 자만심과 허세로 과시하지만 소녀에게 이야기할 때는 온순하게 몸을 떤다는 것을 알고 있다. 청소년기 소녀는 교실에서는 순응적이고 차분하지만, 집에서는 반항적이라는 것을 알고 있다. 교회에서 그녀는 예의 바르고 공손하다. 그녀의 여자 친구들과는 자발적이고 따뜻하다. 그녀의 형제들과는 오만하고 건방지다. 청소년은 한 사람이 다른 많은 사람에게 다른 많은 것일 수 있다는 것을 이해하기 시작한다. 그리고 어떤 상황에서는 '참 자기'가 되지 않을 것을 제안하기 때문에 이 현실은 고민이다. 여덟 살 아이는 그녀의 행동이 진짜 그녀를 반영하는지 하지 않는지의 정도에 대해 걱정하지 않는다. 대조적으로, 청소년은 당신이 행하는 것이 당신이 누구인지를 반영하지 않는다는 것과, 당신이 보는 나와 내면의 진짜 나 사이에 매일의 삶에서 불일치가 있다는 것을 알고 있다. 이런 불일치는 너무 충격적이어서 전에 결코 질문하지 않았던 "진짜 나는 누구인가?" "나는 누구인가?"라는 질문을 끄집어내게 한다.

내가 누구인지 알기 위해서, 나는 또한 내가 아닌 것을 알아야 한다. 개인 신화 만들기에 있어서 출발점은 나는 과거의 내가 아니라는 사실을 알게 되는 것이다. 나는 더 이상 어린아이가 아니다. 나는 과거를 갖고 있기 때문에, 그것을 버려야 한다. 나는 나 자신의 진리를 발견하기 위해 정체성의 요청을 받아들여야 하고, 그 진리는 아이였을 때 알았던 것과 확실히 다른 것이다. 청소년은 틀에 박힌 일과 과거의 확신에 작별 인사를 하고, 삶에서 새로운 질문에 대한 새로운 대답을 찾는다. 특정 권위적 형상이 과거를 대표할지도 모르고, 과거와 같이 그것들은 거부될 수도 있다. 어떤 어머니는 시대감각이 매우 뒤진 것처럼 보일 수 있다. 어떤 아버지는 강하고, 책임감 있고, 남성적이거나 또는 충분한 사랑을 주는 데 실패하여 비난을 받을지도 모른다. 그런 비난은 어떤 경우에는 받을 만할 수도 있다. 다른 측면에서 비난은 필요한 것처럼 보이지만, 신화를 만드는 데 있어서는 임시적 단계다. 어떤 권위적 형상은 부정적 정체성 속에 만들어진다.[21] 정체성이 창조되는 시기에, 정체성은 개인이 되기를 원치 않는 것을 의인화한다. 그것들은 청소년의 새로운 이야기에서 첫 번째 악당과 바보다.

악당이 있는 반면, 왕과 여왕도 있다. 이들은 권위를 가진 인물, 심지어 부모일 수도 있다. 청소년은 정체성을 형성하는 과정을 시작하기 위해, 가족으로부터 '반역'할 필요는 없다. 과거로부터의 떠남은 더욱 미묘하고 복잡할 것이다. 부모, 교사, 성직자 그리고 친구는 삶의 어려운 길을 통해 청소년을 안내하도록 도울 것이다. 그들은 학교, 직장 그리고 사랑과 관련된 결정에 대해 매우 귀중한 충고를 제공할 수 있다. 세계의 신화에서 젊은 영웅은 지혜로운 은인—현인, 여신, 초자연적 개입—으로부터 중요한 도움을 자주 받는다. 그들의 도움 없이, 영웅의 여행은 비운이 될지도 모른다. 그러므로 우리는 신화를 만드는 것이 고독한 원정이라는 생각에 잘못 빠져서는 안 된다. 실제로 우리 모두가 수행해야만 하는 위험한 일들, 그리고 혼자서 직면해야 하는 위험한 일들이 있다. 그러나 청소년의 정체성에 대한 추구는 사회적 맥락 속에서 시작되고 끝이 난다. 우리는 관계를 통해서 그리고 사회적 환경 속에서 우리가 누구인지 알게 된다. 과거로부터의 출발은 세계를 등지고 떠나는 것은 아니다. 그것은 오히려 하나의 세계에서 다른 세계로 이동하는 것이다.

청소년기에 우리가 신화를 만들기 시작하면서, 우리의 동년배 역시 같은 종류의 질문을 한다는 것을 알게 된다. 그런 질문은 우리가 아는 사람들에 의해, 심지어 사회적 기관들에 의해 격려될 것이다. 미국 중산층 사회에서, 교장, 학교 상담자, 교사, 부모 모두 청소년이 자신의 정체성과 투쟁하는 것을 기대한다. 의무교육은 16세에 끝나고, 젊은 사람들은 대학을 가거나, 군에 입대하거나, 장사를 시작하거나, 결혼하여 가족을 만드는 등 성인의 세계에서 자기 자신에 대해 이야기해야 하는 어떤 역할의 선택에 직면한다. 최선의 환경에서, 사회는 환영하고 청소년의 출발을 위한 안내를 제공한다. 심리학적으로 집을 떠나는 것은 아동기를 떠나는 것이고, 성숙을 향한 여행의 시작이며 사회적 세계에서 책임감 있는 시민 생활의 시작이다. 그래서 사회의 최고 관심사들 속에서, 청소년기의 과거로부터의 분리는 필요하고 유익한 것으로 이해된다.

발달심리학자인 데이비드 엘킨드(David Elkind)는 신화 제작의 첫 시도 중 우리 삶의 이야기의 첫 번째 밑그림인 십대들이 쓴 일기와 편지의 연구에서 어떤 것을 발견했다.[22] 엘킨드는 청소년이 종종 자신의 환상에서 개인적 우화를 만들고, 일기와 편지로 다른 사람과 자신에게 전달한다고 주장한다. 이런 이야기들은 종종 십대의 인지된 독특성에서 확인된다. "아무도 이전에 내가 행한 일을 해 보지 않았다. 아무도 내가 본 것을 본 적이 없다. 어느 누구도 나를 제대로 이해할 수 없다. 나는 독특하고, 당신이 이해할 수 없다." 그들은 마치 젊은 사람이 세상에 잘 알려진 위대한 과학자가 되거나, 위대한 미국 소설을 쓰거나, 또는 영광스러운 압승으로 세상을 변화시키는 환상을 가질 때처럼 자기 자신의 위대함을 축하할지 모른다.

　개인적 우화는 과대망상으로 보일 수도 있지만, 그것은 적절한 발달적 자리에서 일반적이고 심지어 건강한 것이다. 젊은 사람이 가정적 제안들을 즐길 수 있다면, 가능한 삶의 과정들의 판도라 상자가 열린다. 현실과 거의 관계없는 각본들이 튀어나온다. 그것은 마치 청소년이 그가 가진 훌륭하고 새로운 정신력으로 무엇을 해야 할지 모르는 것과 같다. 개인적 우화는 인지적 사탕 가게에 있는 큰 아이의 풍부한 분출이다. 시간과 경험에 의해, 비현실적 개인 우화는 사라질 것이다. 그러나 그것들은 자기의 발달에서 중요한 이동을 보여 준다. 개인적 우화는 통합적이고 스스로 정의된 삶의 이야기의 거친 밑그림이다. 젊은이가 자신의 특정한 사회 속에서 자기를 정의하는 기회와 한계에 대해 더 많은 지식을 얻게 됨에 따라, 그것은 편집되고, 재저술·재작업되며, 더욱 현실적으로 만들어질 수 있다. 우리는 성인기에 보다 성숙한 삶의 이야기를 형성함으로써 우리의 정체성이 시작되어, 궁극적으로 역사적이고 사회적인 구조에 짜 맞춰져야 한다고 인식한다.

사상적 배경

사상은 청소년기의 인간의 삶에서 중요한 문제가 되는 정체성의 한 측면이다. 나는 내 인생에서 거의 동시에 자기를 위한 대안적 가능성을 제공하기 시작할 때, 나는 무엇이 옳고, 무엇이 진실인지에 대한 기본적인 질문을 이야기하기 시작한다. 에릭 에릭슨은 다음과 같이 썼다.[23]

> 우리는 10대나 20대 초반 젊은이들이 종교와 다른 교리적 체계에서 찾는 것을 사상이라고 부를 것이다. 대부분에서 그것은 제복을 입은 회원들과 똑같은 목표를 가진 군사적 체계다. 적어도 그것은 삶의 방식 또는 독일인이 세계관이라고 부른 것으로, 존재하는 이론, 지식, 상식 그리고 아직 상당히 더 많은 것과 일치하는 것이다. 유토피아적 견해, 우주적 분위기 또는 교리적 논리, 이 모두는 입증을 위한 어떤 필요를 초월하여 스스로 명백한 것으로 공유된다.

청소년의 정신은 사상의 정신이다. 에릭슨은 다음과 같이 썼다.[24] "그것은 그의 동년배에게 확인하고 싶어 하고, 의례, 신조 그리고 프로그램에 의해 확인될 준비가 된 청소년에게 매우 분명하게 말하는 사회의 사상적 전망이다." 형식적 조작기 사고의 출현은 청소년기의 철학적 사색을 위한 길을 포장하는 것이다. 물론 모든 청소년이 철학적 질문을 생각하며 상당한 시간을 보내는 것은 아니다. 그러나 나 자신과 다른 심리학자들에 의해 행해진 연구가 충분히 보여 주는 것처럼, 많은 청소년이 이것을 하면서 시간을 보낸다.[25] 보다 중요한 것은, 청소년기가 되어서야 비로소 정교한 수준에서 사상적 질문을 생각하는 정신적 기술을 갖추게 된다.

사상은 선과 진실의 질문과 관계가 있다. 내가 누구인지 알기 위해, 나는 처음으로 내가 살고 있는 세상에 대한 진실과 선, 거짓과 악이 무엇으로 내가 믿고 있는지를 결정해야 한다. 나를 충분히 이해하기 위해, 나는 우주가 어떤 방식으로 작동하는지 믿어야 하고, 세계에 대해, 사회에 대해, 하나님에 대해, 삶의 궁극적 진실에 대해 어떤 것이 진실인지 믿어야 한다. 정체성은 사상을 기반으로 형성된다.[26]

어떤 사람의 사상은 정체성을 위한 배경으로 기능한다. 그것은 특히 윤리적, 종교적, 인식론적 그리고 '시간과 장소' 안에 있는 개인적 신화에 위치한다. 그것은 이야기의 맥락을 제공한다. 만약 식민지 시대 미국의 청교도 마을의 문맥이 제거된다면, 너대니얼 호손의 소설 『주홍글씨(*The Scarlet Letter*)』에서의 행동은 거의 이해되지 않을 것이다. 간통에 대해 그녀의 동료들로부터 비난을 받은 호손의 젊은 여성에 대한 비극적 이야기는, 만약 그것이 오늘날 샌프란시스코로 옮겨졌다면 매우 다른 이야기가 되었을 것이다. 유사하게, 마거릿 샌즈의 공공물 파괴 행위는 그녀의 전투적인 불가지론과 그녀의 천주교에 대한 부정적 경험이라는 사상적 맥락의 밖에서는 의미 없게 보일 것이다.

우리의 사상적 배경 속에 포함된 것들은 종교와 영성, 도덕과 윤리, 정치 그리고 심지어 미적 감각에 관한 우리의 믿음일 것이다. 무엇이 선한가? 무엇이 진실한가? 무엇이 아름다운가? 세계는 어떻게 움직이는가? 삶은 무엇을 의미하는가? 인간은 서로 어떻게 관계를 갖는가? 인간은 서로 어떻게 관계를 가져야 하는가? 이것들은 모두 철학자, 신학자 그리고 시인이 수 세기 동안 궁금해했던 사상적 질문들이다. 이것들은 우리가 매일 그것들에 대해 많은 시간을 생각하며 시간을 보내지 않더라도, 우리를 서로 직면시키는 질문들이다.

실존철학자들은 우리 각자는 어떤 타고난 능력과 한계를 갖고 출생하면서 시간과 공간의 어떤 특정한 세상의 지점에 던져졌고, 우리의 개인적 도전은 우리의 삶에서 의미 있는 어떤 것을 만드는 것이라고 말한다. 우리의 '던져짐'의 상태는 우리 삶의 다양한 면을 결정한다. 만약 내가 1800년대 초 흑인 노예의 아들로 태어나 미국 남부라는 세계에 던져졌다면, 나는 노예가 되었을 가능성이 높다. 만약 내가 현대의 인도 농촌 마을에 여성으로 던져졌다면, 나는 적당한 나이에 결혼을 하고 평생 남편에게 종속된 채 여성 정체성에 대한 힌두교 규율들을 따랐을 것이다. 대조적으로, 만약 내가 1950년대 초 부유한 미국 백인 가정에 남성으로 던져졌다면, 나의 앞날은 매우 달라졌을 것이다. 던져짐은 '제비뽑기의 행운'인데, 완전히 자의적이고 누구도 통제할 수 없다.[27] 큰 부분에서 우리가 단지 어느 곳에 던져지느냐를 파악하려는 우리의 시도로부터, 우리의 개인적 사상이 추출된다.

정체성과 이데올로기의 문제는 현대의 문제이고, 산업사회에 살고 있는 서구 중산층의 가장 특징적인 문제다. 더 많은 농경과 전통 사회 그리고 역사의 더 이른 시점에서, 늦은 청소년기나 성인기에 자기를 찾거나 만드는 문제—자신이 알아낸 진리에 근거한 자기—는 그렇게 중요하지 않았을 것이다. 아들이 아버지가 한 것을 하며 크기를 바라고, 딸이 어머니의 발자취를 따르기를 기대하는 사회에서, 정체성은 사회 구조에 의해 젊은 사람에게 부여된다. 그런 맥락에서, 사상과 직업은 설립된 권위로부터 부여받게 되고, 대안의 탐색은 최소이며, 현재 상태에 대한 헌신은 기정사실이다.

심지어 서구 사회의 지식인 가운데, 어떤 사람이 독특한 자기를 찾거나 창조해야 한다는 개념은 비교적 최근의 생각일지 모른다. 사회심리학자 로이 바우마이스터(Roy Baumeister)는 자신의 책 『정체성: 문화적 변화와 자기를 위한 투쟁(Identity: Cultural Change and the Struggle for Self)』에서 서양인이 정체성의 위기를 겪고 있다고 보고하면서, 그들을 처음 이끈 세력을 조사하였다. 바우마이스터가 이 문제를 보는 것처럼, 정체성 탐색의 증거는 인간의 삶에서 두 가지 다른 종류의 문제들에 대한 보고들로부터 수집될 수 있다. 첫 번째는 시간의 경과에 따른 연속성의 문제다. 정체성은 사람이 궁금해하기 시작할 때 문제가 된다. "3년 전의 나와 오늘의 나는 똑같은 나일까?" "내가 10년 후 지금과 똑같은 나일까?" 두 번째는 차이의 문제다. 정체성은 적어도 표면적으로는 자기와 매우 유사한 다른 사람과 어떻게 다른지를 결정하는 일에 인간을 직면시킨다.

바우마이스터는 1800년 이전에 정체성은 서구 사회의 중요한 문제가 아니었다는 결론을 내렸다. 유럽의 중세 사회에서는 혈통, 성별, 가정, 사회계급에 기초하여 관리했다. 개인의 정체성은 외부 기준에 따라 개인에게 부여되었다. 개인적 판단과 교회 의식의 개인적 참여를 강조하는 기독교를 포함하여, 개인주의의 어떤 계통이 중세시대에 나타났다. 종교개혁은 유럽의 사상적 합의를 분열시켰고, 교육받은 많은 사람에게 종교적 믿음을 심각한 정체성 문제로 만들었다. 자본주의의 등장은 경제적 기회를 열어 주고, 중산층의 상향 이동을 만들었다. 17, 18세기에 많은 사람이 자신의 종교적 믿음의 중요한 선택에 직면했다. 예를 들면, 구교와 신교 중 어디를 따를 것인지, 그리고 시장에서 기업 활동을 통해 부의 강화를 추구하는 것을 즐길 것인지의 선택에 직면했다.

1700년대 후반 유럽은 낭만주의로 불리는 시대로 들어가면서, 기독교 교회의 힘은 급속하게 약해졌고, 많은 유럽인은 프랑스 혁명에서 발생했던 것처럼 오래된 정치 체제들의 적법성에 의문을 품었다. 낭만주의 시대의 남자와 여자는 정체성의 형성과 개인적 사상을 위한 모델로 창조성, 열정, 기독교를 위한 내면적 자기의 형성으로 대체하기 시작했다. 낭만주의는 또한 사회에 대한 개인의 관계에 불만이 커져 갔다. 이 불만은 개인의 자유에 대한 관심으로 표현되었고, 그것은 결국 19세기에 다양한 유토피아 운동을 탄생시켰다. 일반적으로 1800년대 이후 기본적 진리와 궁극적 가치에 관한 사회적 합의가 소실되었다. 인간은 이제 정체성의 기초로서 자신의 사상을 만들어야 했다.

20세기에 서양 사람들이 직업적이고 사상적인 선택의 확산에 직면하면서 정체성에 대한 관심이 급증하였다. 덧붙여, 많은 사회적 비평가는 이전보다 권위적 기관들에 대한 신앙을 잃어버린 20세기 성인들 사이의 증가하는 소외감을 한탄했다. 19세기 낭만주의 문학에서 개인적 영웅들은 사회적 제약에 용감하게 맞서 싸웠다. 20세기 문학의 대부분에서, 대조적으로 개인은 압도되거나, 심지어 무력하게 느끼고, 다른 사람과 차별화를 갖는 것에 더욱 관심이 많다.[28] 미국인과 산업화된 민주주의 사회의 다른 일원들은 포스트모던 세계에 살고 있고, 우리의 세계가 영원히 변화하고 있으며, 우리가 그것을 따라가기가 어렵다고 말하는 것은 거의 진부한 것이 되었다. 아직도 그런 진술은 교훈적인데, 왜냐하면 그것들은 한 학자가 '우리 시대의 영적 문제'라고 불렀던 정체성을 표현하기 위해 일하는 현대적 삶의 독특한 성격에 대해 우리에게 경각심을 일깨우기 때문이다.[29]

따라서 정체성의 한 측면으로 이데올로기는 오늘날 삶의 중심적 문제다. 스스로 정의하는 개인적 신화를 만들기 위해, 우리 각자는 또한 세계의 의미에 대한 어떤 내재적 결론에 도달해야 하고, 그래서 우리의 정체성은 사상적 진리들에 의해 고정될 것이다. 더욱이 정체성과 같은 이데올로기는 어떤 사회적 맥락에서 우리가 싸우는 어떤 것이다. 우리가 살고 성장해 가는 사회적 환경은 우리의 기본적 믿음과 가치의 발달을 형성한다. 우리는 진실, 아름다움, 선에 대해 교실, 운동장 그리고 일터에서 친구와 가족과 대화하면서 이해하게 된다. 스스로 그것을 모두 터득하기 위해 3년 동안 산에 가서 떨어져 있는 사람은 없다. 대신에 우리는 사람들 사이에서 그들과 함께 생활하는 활동을 통해 개인적 신화를 위한 사상적 배경을 공고하게 한다.

청소년기의 이데올로기의 출현은 자기를 건설하기 위한 이야기를 개인이 어떻게 사용하는지에 관해 인간의 삶의 주기에서 호기심이 강한 과도기를 표시할 수 있다. 이야기에 대한 아동의 진화하는 이해는 나중에 아이가 정체성을 만들기 위한 자료들을 어떻게 모으는지에 영향을 준다. 아이가 반복적으로 듣고, 보고, 만들고, 사랑하는 이야기들은 그들의 성인기의 개인적 신화를 창조하는 데 있어서 궁극적으로 통합할 주제, 이미지, 분위기의 종류에 영향을 준다. 그러나 우리가 청소년기였을 때 이야기의 역할은 다소 혼란스러운데, 왜냐하면 이야기들이 청소년의 마음에 사상적 요구들을 만족시키지 않기 때문이다. 동화, 전설, 신화 그리고 모든 종류의 다른 이야기에서 사람이 세상과 삶에 대해 올바르고 진실하기 위해 무엇을 믿어야 하는지에 관해 항상 분명하지는 않다.

신뢰하는 어떤 이데올로기를 찾는 청소년의 관점에서, 구체적 묘사, 충돌하는 동기, 복잡한 플롯, 모순된 메시지 등의 많은 것을 포함하고 있는 이야기들은 불필요하게 보일지 모른다. 이것은 유일한 믿음의 논리적이고 일관성 있는 체계를 원하는 사람의 눈에는 모두 부적절할 수 있다. 그리고 이야기들은 추상적인 방식에서, 삶의 모두에게, 구체적인 이야기와 확장된 이야기에서 쉽게 꺼낼 수 있는 매우 적은 것을 포함할지 모른다. 청소년은 이야기들이 무엇이 옳고 진실인지에 관해 다른, 심지어 갈등을 빚는 메시지들을 갖고 있다는 것을 보기 시작한다. 그리스도의 탕자의 비유가 심지어 매우 명백한 죄인을 인간에게 사랑으로 받아들이기를 촉구하는 반면, 노아와 홍수 이야기는 죄인은 멸망되어야 한다는 것을 보여 준다. 인간은 이런 불일치를 어떻게 화해시킬 것인가?

청소년의 마음에 이야기 이상 만족을 주는 것은 이론과 신조와 그 밖의 체계적 설명일 것이다. 예를 들어, 종교적 신조는, 모든 시간에, 모든 구체적인 상황에서, 무엇이 진실인지 신자에게 말한다. 그것들은 청소년이 자신의 사상적 권리를 주장할 수 있는 믿음과 가치의 일관성 있는 체계를 제공한다. 천주교회에서 그리고 많은 기독교 교단에서 청소년으로 그들이 입교할 때, 많은 기독교 신자에 의해 기억되고 있는 〈사도신경〉의 완전하고 명료한 언어를 들어 보라.[30]

전능하사 천지를 만드신 하나님 아버지를 내가 믿사오며,

그 외아들 우리 주 예수 그리스도를 믿사오니,

이는 성령으로 잉태하사 동정녀 마리아에게 나시고,

본디오 빌라도에게 고난을 받으사,

십자가에 못박혀 죽으시고,

장사한 지 사흘 만에 죽은 자 가운데서 다시 살아나시며,

하늘에 오르사,

전능하신 우편에 앉아 계시다가,

저리로서 산자와 죽은 자를 심판하러 오시리라.

성령을 믿사오며,

거룩한 공회와 성도가 서로 교통하는 것과,

죄를 사하여 주시는 것과,

몸이 다시 사는 것과,

영원히 사는 것을 믿습니다. 아멘.

〈사도신경〉은 이야기가 아니다. 오히려 이것은 이런 종교적 성향을 준수하는 모든 개인이 사실이라고 믿어야 하는 것들의 목록이다. 그 안에는 세계의 창조, 동정녀 탄생, 죄의 용서, 그리스도의 부활과 삼위일체 등의 기독교 교리가 간략하게 나열된다. 많은 기독교 교단은 십대에게 이 교리의 다양한 이론적 근거를 가르친다. 교리들은 때때로 증거 본문들이라고 불리는 성경 인용의 주의 깊은 분석을 통해 조목조목 설명된다. 고등학생이 기하학 시간에 배우는 증거들과 같이, 이런 교육적 훈련들은 추상적인 형식적 사고에 참여하는 청소년에게 새롭게 발견된 능력을 끌어낸다. 그것들은 또한 청소년의 마음이 특히 받아들일 수 있도록 준비시키는 것으로 보이는 근거인, 믿음과 가치를 위한 합리적인 근거를 제공한다.

개인의 삶의 이야기에 대한 사상적 배경은 성인기를 통해 더욱 발달할 수 있다. 어떤 심리학적 연구는 청소년기 후기와 청년기가 삶의 주기에서 특히 이데올로기를 위한 형성기라고 주장하는 반면,[31] 몇몇의 성인은 나중에 그들의 믿음의 체계들에서 중요한 변화를 만든다. 그럼에도 대부분은 아니지만, 많은 사람이 청소년기 후기 또는 청년기에 이데올로기에 관한 일종의 안정된 상태에 도달한다. 그러므로 사상적 배경의 통합으로, 우리는 인식된 진리의 기초에 우리의 정체성을 세울 수 있다.

무엇이 선인가, 무엇이 진실인가

개인적 신화와 같이 각각의 사상적 배경은 어떤 면에서 독특하지만, 어떤 공통 유형을 탐지하는 것도 가능하다. 사상적 배경을 이해하고 분류하는 데

두 가지 주된 방식이 나타난다. 첫 번째는 내용에 초점을 두는 것이고, 두 번째는 구조를 검토하는 것이다. 내용은 일반적으로 한 사람이 올바르고 진실하다고 믿는 것을 말하는 데 비해, 구조는 그런 믿음이 어떻게 조직되는지를 말한다. 비록 내용과 구조가 서로 영향을 주지만, 생각은 여전히 개인적 이데올로기의 복잡한 주제에 도달하는 데 유용한 시각을 제공한다.

힘과 친교는 이야기에서 두 가지 상위 내용의 주제들이다. 이와 같은 주제들은 사상적 배경에서 근본적인 믿음과 가치를 특징짓는 것으로 보인다.

잠시 동안 힘의 내용 주제를 중심으로 사상적 배경을 생각해 보라. 이런 신념 체계는 무엇보다 개인의 자율성과 복지를 중요시할 것이다. 개인적 권리는 사회적 책임을 능가하여 강조된다. 개인의 자유는 매우 존중되어야 한다. 인간은 세상에서 강력하고 자율적인 행위자로 보이며, 서로 필연적으로 충돌하거나 다른 사람의 개인적 공간을 침범한다. 그러므로 경쟁하는 개인적 관심사를 갖고 충돌하는 행위자를 공정하게 다루기 위해 법과 규범이 요구된다. 존 스튜어트 밀(John Stuart Mill)이 그의 유명한 에세이 『자유에 대해(*On Liberty*)』에서 썼듯이, 개인으로 한 사람의 권리는 다른 사람의 권리를 방해하지 않는 한도 내에서 확장할 수 있다.[32]

자율적 행위자들의 세계에서, 선한 행동은 모든 개인에게 도움이 된다. 그러나 그것이 개인으로 그들에게 도움이 될지 모르나, 전체의 일부로서는 반드시 그렇지는 않다. 선한 행동은 개인의 발달, 성장, 성취, 진보, 복지, 자유 등을 증진시킨다. 대조적으로, 나쁜 행동은 개인의 선을 위협하거나 훼손한다. 왜냐하면 각자 세계에 대한 자신의 주관적 관점을 갖고 있기 때문에, 사람은 개인적 충성과 편견을 초월하고 보편적인 선을 제공하는 정의의 일반적이고 추상적인 원리들을 준수할 필요가 있다. 이런 원리들이 없다면, 행위적 세계는 다른 모든 사람에게 손해를 끼치고, 개인의 이익을 극대화하는 데 몰두하면서 혼란 속에 빠진다. 그러므로 행위적 세계에서 적절한 사상은 십계명이나 황금률과 같은 윤리의 일반적 원리들을 강조하는 것이다.

높은 사회적 사상 배경은 뚜렷한 대조를 제공한다. 사회적 이데올로기는 집단과 대인관계를 가장 존중할 것이다. 사회적 책임은 개인의 자유와 권리보다 더욱 중요시된다. 사회적 맥락에서 공정함이 확실히 중요한 반면, 다른 사람들을 돌보고, 우정 또는 친족의 유대에서 다른 사람들과 연결되는 것을 더욱 중요하게 여긴다. 친교의 관점에서 사람은 특히 헌신과 책임을 통해 서로 연결된 상호 의존적 유기체처럼 보인다. 개인의 행동을 지배하는 법이 사회적 관점에서 무시될 수 없지만, 사회적 삶의 대부분은 경쟁하는 개인들의 사회적 영역 밖에서 발생한다. 그러므로 특정 사람들 사이에서 평화롭고 생산적인 삶의 복잡한 문제는 법과 도덕의 주안점이다.

　사회적 관점에서 특정 행동의 선함은 단지 사회적 맥락에서 그것의 파급효과를 고려함으로써 평가될 수 있다. 정의와 보편적 책무들의 추상적 원리들은, 그것들이 특별한 상황들에 대해 말하지 않기 때문에 매우 관련이 없을지 모른다. 무엇이 선한 것이고 무엇이 진실인지는 연관된 사람이 누구이고, 무엇에 성패가 달려 있는지에 의존한다.

　심리학자인 캐롤 길리건(Carol Gilligan)은, 그녀의 영향력 있는 책 『다른 목소리로(In a Different Voice)』에서, 행위적이고 친교적인 사상들 사이의 구분에 대해 웅변적으로 썼다.[33] 길리건은 그들의 삶에서 무엇이 옳고 진실인지에 관해 우리가 사람들이 이야기하는 것을 들을 때, 우리는 두 가지 상반된 목소리를 들을 수 있다고 주장한다. 길리건에 따르면, 남자는 도덕적 문제에 대한 그들의 이해를 개인적 권리, 공정성과 정의의 추상적 원리 그리고 자율적인 개인의 가치의 관점에서 구성하기가 보다 쉽다. 길리건은 이것은 인간의 성장과 성취가 시간을 두고 증가하는 개성과 자기충족을 의미한다고 보는 일반적인 남성적 관점과 일치한다고 말한다. 대조적으로, 여성은 사회적 돌봄과 책임에 관한 도덕적 주제의 토론에 초점을 맞추기가 보다 쉽다. 더 많은 여성의 관점에서, 인간의 성장과 성취는 다른 사람과 의미 있는 관계와 세상에 대한 헌신의 관점에서 표현된다. 길리건에 따르면, 여성의 다른 목소리는 전통적으로 남성 주도적인 세계에서 낮게 평가되어 왔다. 이데올로기에서 그리고 정체성에서도, 힘은 친교를 희생으로 하여 위에 놓였다.

길리건의 주장에 대해서는 논란이 있다. 지금까지 체계적인 심리학 연구는
이 두 가지 사상적 목소리에 관해서 남성과 여성이 상당히 다르다는 길리건
의 주장에 대한 결정적인 지원을 제공하지 못했다.[34] 그럼에도 남성과 여성
의 믿음과 가치를 검사하는 길리건의 구분을 사용하는 유용성에 대한 인식이
커지고 있다. 그것은 어떤 남자는 높은 힘의 관점을, 또 어떤 남자는 높은 사
회적인 사상적 관점을 갖고 있다는 것을 보여 주고, 그래서 똑같은 것이 여성
에게도 말해질 수 있다. 그러나 근본적인 가치와 믿음에 대해, 남자가 힘을
선택하는 경향이 있고, 여자가 친교를 선택하는 경향이 있는지의 여부는 여
전히 우리가 알지 못한다.

힘과 친교의 관점에서 사상적 배경의 내용을 이해하면서, 우리는 "인간의
신념 체계는 얼마나 복잡한가?"라는 질문을 함으로써 사상의 구조를 검토할
수 있다. 하나의 복잡한 체계는 상당히 분화되고 통합된다.[35] 이것은 복잡한
체계는 많은 부분 또는 분화된 구분을 가지고 있다는 것을 의미하고, 많은 부
분은 많은 방식으로 서로 연결되어 통합된다는 것을 의미한다. 간단한 체계
는 거의 구분이 만들어지지 않은 하나이고, 연결이 거의 분간되지 않는다.

발달심리학자들은 아동이 성숙하고 청소년기에 접어들며 어른이 될 때, 그
들의 신념 체계는 더욱 복잡해짐을 보여 준다. 도덕 행위,[36] 정의,[37] 대인관계
의 책임,[38] 정치[39] 그리고 종교적 신앙,[40] 아동의 단순하고 틀에 박힌 논리 형
태들은 나중에 보다 복잡하고 미묘한 형태들에게 대개 양보하고 만다. 초기에
아이들은 매우 구체적이고 자기중심적—좋은 것은 나만을 위해 좋은 것—이
라는 관점에서 도덕적, 법적, 대인관계적, 정치적 그리고 종교적 문제들을 본
다. 친구는 나에게 좋은 사람이고, 정치 지도자는 모두 좋거나 모두 나쁠 수
있다. 중간 단계에서 아동과 청소년은, 그들의 개인적 필요와 관점이 전체적
으로 집단과 사회의 필요 및 관점과 균형 잡혀야 한다고 깨닫게 되면서 더욱
복잡한 사회적 관점을 채택한다. 가장 높은 단계에서, 사람은 분석의 다른 수
준에서 경쟁하는 관점을 고려하는 내면화된 원리와 기준을 채택한다. 개인적
이데올로기의 측면에서, 가장 성숙한 관점은 가치와 신념이 반복적으로 도전

받고, 시험되고, 변형되는 사상적 투쟁과 긴 여정의 결과로 종종 어렵게 얻어지는 것이다.

한 사람이 청소년기를 통과하여 청년기로 접어들 때까지, 그 또는 그녀는 사상적 배경에 관해 많은 성장과 발달을 경험한다. 예전에 다소 단순하고 자기중심적이었던 믿음과 가치는, 무엇이 선이고 무엇이 진실인지를 결정하는 데에서, 회색과 미세한 명암을 아는 보다 세련된 사상적 틀 속에서, 보다 성숙한 방식들로 명료해진다. 그럼에도 사람은 사상적 배경이 청소년기 끝에 나타나면서 어떻게 복잡하고 성숙한지에 관해 극적으로 다르다. 발달심리학자들은 어린 시절을 연상시키는 관점에서부터(도덕 발달과 신앙 발달에서 특별히 낮은 단계로 설명되는), 심리학자들에 의해 특별히 성숙하고, 발전되고, 계발된 것으로 보이는 인상적으로 분화되고 통합되는 관점까지(더 높은 단계), 청소년과 청년이 도덕적 · 윤리적 · 종교적 · 정치적 문제를 어떻게 이해하는지 중요한 개인적 차이를 문서로 입증했다. 연구는 또한 이런 개인적 차이가 성인기를 통해 비교적 안정적으로 남아 있다고 제안한다.[41] 다시 말해, 우리가 청소년기에 형성하는 사상적 배경의 종류—그것의 구조와 내용—는 아마도 우리의 성인기를 통해, 대부분의 경우에 단지 작은 변화와 다양성을 갖고, 우리와 함께 머물 것이다.

때때로 청소년기 후기 또는 청년기 동안에, 우리 대부분은 우리가 옳고 진실하다고 믿는 것에 대해 상당한 자신감을 느끼는 지점에 도달한다. 청소년기에 우리는 더욱 추상적이고 논리적인 체계들을 향해 일시적으로 이야기들로부터 떠난다. 한동안 이야기들은 믿을 만하고 유효한 사상적 답변을 제공하는 데 실패한다. 그러나 청소년 후기와 청년기에 사상적 배경의 통합 후, 이때 우리는 자신의 개인적 신화를 저술하는 일을 맡은 성인인 이야기 제작자의 관점에서, 이야기로 돌아갈 준비가 된다.

후 주

1) Piaget, "Piaget's theory."
2) 인간의 동기에 대한 다양한 심리학적 접근의 개관은 다음의 책들에 나와 있다. McAdams, D. P. (1991). Motives. In V. J. Derlega, B. A. Winstead, and W. H. Jones (Eds.), *Personality: Contemporary theory and research* (pp. 175-204). Chicago: Nelson-Hall. 또한 다음의 책을 보라. Buck, R. (1988). *Human motivation and emotion* (2nd Ed.). New York: Wiley & Sons. McClelland, D. C. (1985). *Human motivation*. New York: Cambridge University Press. Mook, D. G. (1987). *Motivation: The organization of action*. New York: W. W. Norton.
3) Aristotle. (1942). *De anima*. (On the Soul). In R. McKeon (Ed.), *Introduction to Aristotle* (pp. 145-237). New York: Random House.
4) Jung, C. G. (1961). *Memories, dreams, reflections*. (New York: Random House). Rogers, C. R. (1951). *Client-centered therapy: Its current practice, implications, and theory*. Boston: Houghton Mifflin.
5) 더 나아가 플라톤은 세 가지 기본적 인간 동기의 각각은 그의 이상적 국가에서 특정한 시민에 의해 이상적으로 실현될 수 있다고 주장했다. 따라서 예술가는 기본 성향의 근원에서 주로 행동하도록 기대된다. 병사는 용기의 지시에 따라 행동하도록 기대된다. 그리고 철학자-왕은 이성에 의해 근본적으로 인도받고 선을 추구하는 동기를 받는 행위에 참여한다. 국가는 이처럼 특정한 계급의 사람들이 그에 상응하는 동기에 따라 살도록, 정해진 운명에 따라 살고 훈련받도록 조직되어야 한다. 따라서 예정된 철학자-왕은 그들의 아동기와 청소년기에 이성적 사고의 계발에 있어 집중적 훈련이 요구된다. 병사는 그들의 용기와 강인함을 계발하도록 훈련되어야 한다. 예술가를 위한 교육은 그들의 적성에 따른 활동들을 강조해야 한다. Plato. (1956). *Great dialogues of Plato: A modern translation*. Translated by W. H. D. Rouse. New York: New American Library.
6) James, W. (1890). *Principles of psychology*. New York: Holt, Rinehart & Winston.
7) Russell, B. (1945). *A history of Western philosophy*. New York: Simon & Schuster.
8) Freud, S. (1920/1955). *Beyond the pleasure principle*. In J. Strachey (Ed.), *The standard edition of the complete psychological works of Sigmund Freud* (Vol. 18). London: Hogarth. 그의 학문적 과정에서 프로이트는 세 번의 연속적인 이론들을 제기한다. 프로이트는 맨 처음 성적 본능에 대항해 자아 본능을 싸우게 한다. 자아 본능은 자기의 보존과 일상생활의 유지를 확보하기 위해 개인의 내면에 자리 잡고 있는 힘이다. 예를 들면, 굶주림은 개인에게 먹고 싶은 동기를 줌으로써 개인의 생존을 촉진시키도록 한다. 성적 본능은 세상에서 사랑의 대상을 찾도록 생물체에 동기를 주어 궁극적으로 성교에서 절정을 이루고 자손을 생산함으로써 종의 보존을 확보하려 한다. 프로이트의 동기에 관한 두 번째 이론은 본능의 이 두 가지 계층을 힘의 흔한 공급원의 파생물로 보았고, 그는 이것을 '기본적 자기애적 리비도'라고 불렀다. 이 관점에 따르면, 자기애적 리비도 또는 성적 에너지의 제한적 분량은 자기(자아 리비도) 또는 대상들(대상 리비도)의 두 가지 다른 방향으로 나갈 수 있다. 자아 리비도는 개인의 생존을 촉진시키는 반면, 대상 리비도는 종의 생존을 촉진시킨다.

그러므로 나르시시스트는 자기에 너무 많은 리비도를 투자하지만, 다른 사람에게는 충분하지 않은 리비도를 쓴다. 프로이트의 동기에 관한 세 번째이자 마지막 이론은 『쾌락 원리를 넘어서』라는 책의 출판과 함께 1920년에 발표됐다. 이렇게 급진적으로 변화된 관점에서, 프로이트는 하나는 생명을 촉진하고 다른 것은 죽음에 이바지하는 본능의 두 가지 분리된 계층의 존재를 주장했다. 이제 하나의 제목 아래서 함께 합쳐진 것은 자아 리비도(자기 사랑)와 대상 리비도(타자 사랑)다. 자아 리비도와 대상 리비도는 에로스 또는 일반적으로 성적 본능들의 두 가지 중심적 구성 요소들이다. 에너지의 두 번째 독립된 출처는 때때로 타나토스라 부르는 죽음 본능으로부터 온다. 죽음 본능이 자기를 향해 나갈 때, 우리는 내적 공격성 또는 마조히즘을 만나게 된다. 죽음 본능이 다른 사람을 향하게 될 때, 우리는 외적 공격성 또는 사디즘을 만나게 된다. 그들의 이론들에서 균형을 평가하는 사람들에게, 동기에 관한 프로이트의 마지막 관점은 역작이다. 에로스와 타나토스라는 두 가지 완벽하게 반대되는 본능들은 생명(연합)과 죽음(분리)의 서로 반대되는 목적을 가져오기 위해 일한다. 각각의 두 가지 계층 안에서, 내부(자기 사랑, 자기 증오) 또는 외부(대상 사랑, 대상 증오)로 향한 본능들의 에너지로서, 두 개의 상반된 성향들이 보일 수 있다. 양극 사이의 갈등은 시종일관 존재한다. 물론 본능의 양쪽 계층들은 인간 성격에서 영원한 무의식과 뛰어나게 변장한 궁극적 세력들로 배경 뒤편에서 일한다. 더 나아가 프로이트는 본능들의 양쪽 계층들은 궁극적으로 생물학과 진화론에 근거를 두고 있다고 믿었다. 그는 양쪽 본능들은 그것의 과거로 생명체를 돌리려고 일하는 진화론적 과거의 흔적들이라고 주장했다. 죽음 본능은 생명의 상태에 앞서는 죽음의 무기력한 상태로 생명체를 되돌리려고 일한다. 성적 본능은 진화에서 더 이른 상태로 생명체를 되돌리기 위해 일하는데, 프로이트가 숙고한 그것은 수백만 년 전 우리의 진화론적 선조들이었던 원시 종족의 존재적 특성인 일종의 남성과 여성의 원시적 혼합체 또는 단일체였다. 그러므로 본능의 양쪽 계층은 과거의 어떤 기본적인 면을 보존하려는 점에서 보수적이다. 동기에 관한 프로이트의 마지막 이론은, 특히 생물학과 진화에 관한 공상적인 주장들에 대해 강한 비난을 받았다. 그럼에도 어떤 사람은 여전히 이론의 일반적 개요가 상당히 설득력이 있다고 생각한다. 생명과 죽음의 본능들에 대한 프로이트 학설의 충분한 토론은 다음의 책에서 찾을 수 있다. Monte, C. F. (1987). *Beneath the mask: An introduction to theories of personality* (3rd Ed.) (pp. 95–105). New York: Holt, Rinehart, & Winston. 또한 다음의 책을 보라. Brown, N. O. (1959). *Life against death: The psychoanalytic meaning of history*. New York: Random House. Sulloway, F. J. (1979). *Freud: Biologist of the mind*. New York: Basic Books.

9) 이 이론들은 앤절(Angyal)의 자율성과 복종 사이의 차이, 랑크(Rank)의 생명의 공포(우리를 다른 사람들로부터 분리시키려 동기를 주는) 대 죽음의 공포(우리로 연합을 추구하도록 동기를 주는), 아들러(Adler)의 우월감의 추구 대 사회적 관심, 키건(Kegan)의 독립의 심리와 포함의 심리, 길리건(Gilligan)의 개인화(그리고 긍지)의 윤리 대 독립(그리고 돌봄)의 윤리, 호건(Hogan)의 소득 신분을 향해 진화적으로 적응하는 성향 대 사회적 집단들에서의 수용성 그리고 톰킨(Tomkin)의 흥분-관심의 심리적 확대 대 기쁨-즐거움, 그리고 힘과 친밀감 동기 사이에 관한 나 자신의 구별을 포함한다. Adler, A. (1927). *The practice and theory of individual psychology*. New York: Harcourt Brace. (Translated by P. Radin). Angyal, A. (1941). *Foundations for a science of personality*. New York: Commonwealth Fund. Gilligan, C. (1982). *In a different voice: Psychological theory

and women's development. Cambridge, MA: Harvard University Press. Hogan, R. (1982). A socioanalytic theory of personality. In M. Page (Ed.), *Nebraska symposium on motivation* (pp. 55–89). Lincoln: University of Nebraska Press. Kegan, *The evolving self.* McAdams, *Power, intimacy, and the life story.* Rank, O. (1936/1978). *Truth vs. reality.* New York: W. W. Norton. Tomkins, S. S. (1987). Script theory. In J. Aronoff, A. I. Rabin, and R. A. Zucker (Eds.), *The emergence of personality* (pp. 147–216). New York: Springer.

10) Bakan, D. (1966). *The duality of human existence: Isolation and communion in Western man.* Boston: Beacon Press.

11) 힘은 많은 다른 수준에서 많은 다른 종류의 성격 변인들을 가정한다. 그것은 어떤 특정한 성격, 동기, 기제, 가치 또는 능력과 동일시될 수 없다. 교제도 마찬가지다. 힘과 교제의 많은 단면에 대한 토론은 다음의 글에서 발견될 수 있다. McAdams, D. P. (1988). Personal needs and personal relationships. In S. W. Duck (Ed.), *Handbook of personal relationships* (pp. 7–22). New York: John Wiley & Sons.

12) Forster, E. M. (1910). *Howards end.* Hammondsworth. Middlesex: Penguin, p. 78.

13) McAdams, D. P., & Losoff, M. (1984). Friendship motivation in fourth and sixth graders: A thematic analysis. *Journal of Social and Personal Relationships, 1,* 11–27.

14) 미국 전역에 걸쳐 분야별 비교 연구에서 나온 자료들은 나이 든 여성이 젊은 여성보다 더 낮은 친밀감의 동기를 갖고 있는 경향이 약간 있다고 제시했다. 우리는 발달 또는 집단심리에 기인하는지는 모른다. McAdams, D. P., & Bryant, F. B. (1987). Intimacy motivation and subjective mental health in a nationwide sample. *Journal of Personality, 55,* 395–413.

15) 한쪽은 청소년기가 되살아나는 갈등과 '폭풍과 스트레스'로 가득 차 있다고 주장하는 보다 정신분석적 설득을 가진 심리학자들이다. 예를 들면, 다음의 책을 보라. Blos, P. (1979). *The adolescent passage.* New York: International Universities Press. 반대쪽은 대개 자기 보고와 설문조사에 기초하여 청소년기는 인간의 삶에서 특별히 갈등이 많거나 격정적인 시기가 아니라고 보고하는 것처럼 보이는 경험적 연구를 실행했던 심리학자들이다. 예를 들면, 다음의 책을 보라. Offer, D., Ostrov, E., & Howard, K. I. (1981). *The adolescent: A psychological self-portrait.* New York: Basic Books. 흥미로운 중간 입장이 다음의 연구지향적 책에서 주장되었다. Csikszentmihalyi, M., & Larson, R. (1984). *Being adolescent: Conflict and growth in the teenage years.* New York: Basic Books. 대단한 문학적 분석이 다음의 책에 포함되었다. Spacks, P. M. (1981). *The adolescent idea: Myths of youth and the adult imagination.* New York: Basic Books. 마지막으로 청소년기에 대한 연구와 이론의 탁월한 개관이 다음의 대학 교재에 수록되었다. Conger, J. J., & Petersen, A. C. (1984). *Adolescence and youth* (3rd Ed.). New York: Harper & Row.

16) Campbell, *The hero with a thousand faces.*

17) Blos, *The adolescent passage.*

18) Campbell, *The hero with a thousand faces,* p. 79.

19) Inhelder, B., & Piaget, J. (1958). *The growth of logical thinking from childhood to*

adolescence. New York: Basic Books.

20) Elkind, D. (1981). *Children and adolescents: Interpretive essays on Jean Piaget* (3rd Ed.). New York: Oxford University Press.

21) Erikson, E. H. (1958). *Young man Luther*. New York: Norton.

22) Elkind, *Children and adolescents*.

23) Erikson, *Young man Luther*, p. 41.

24) Erikson, *Childhood and society*, p. 263.

25) 예를 들면, 다음의 책을 보라. Adelson, J. (1975). The development of ideology in adolescence. In S. H. Oragastin and G. H. Elder (Eds.), *Adolescence in the life cycle: Psychological change and social context*. New York: John Wiley & Sons. Marcia, J. (1980). Identity in adolescence. In J. Adelson (Ed.), *Handbook of adolescent psychology* (pp. 159-187). New York: John Wiley & Sons.

26) 가장 일반적인 의미에서 사상 또는 이데올로기는 인간의 삶과 문화에 대한 체계적인 도식 또는 생각과 믿음의 조직체를 의미한다. 용어의 범위는 특정한 정치적 사상과 같은(예: 뉴딜 자유주의 또는 현대의 신보수주의 등) 상대적으로 제한된 영역으로부터 포괄적인 세계관까지 들어갈 수 있다. 생각들의 조직체인 사상은 세계와 그 속에서 인간의 위치에 대한 추상적이고 체계적인 개관을 의미한다. 따라서 사상의 형성은 추상적인 방식으로 생각할 수 있는 능력을 전제로 하고, 그래서 존재와 규범에 관한 가설적 체계들을 만들도록 한다. 나는 인류와 세계에 관한 생각들의 조직체로 가장 일반적인 의미에서, 에릭 에릭슨처럼 이데올로기라는 용어를 사용하고 있다. 더 나아가, 나는 에릭슨과 같이 집단에 지지받는 사상보다는 개인적 사상에 초점을 맞추고 있는데, 둘 사이의 관계는 어떤 경우 상당히 복잡하다고 느낀다. 개인적 사상에 관한 심리학적 연구는 대부분 종교와 정치에 가깝게 초점을 맞추는 경향이 있다. 다음의 글을 보라. Marcia, "Identity in adolescence."

27) Binswanger, L. (1963). *Being-in-the-world*. New York: Basic Books.

28) Baumeister, R. (1986). *Identity: Cultural change and the struggle for self*. New York: Oxford University Press. McAdams, D. P. (1990). *The person: An introduction to personality psychology*. San Diego: Harcourt Brace Jovanovich, Chpt. 11.

29) Langbaum, R. (1977). *The mysteries of identity: A theme in modern literature*. New York: Oxford University Press, p. 352.

30) *The Lutheran book of worship*. (1978). Minneapolis: Augsburg Publishing House, p. 65.

31) 어떤 경험적 연구는 청소년기 후기와 청년기는 믿음과 가치의 발달에 있어 특히 감수성이 예민한 시기라는 생각을 지지한다. 정치적 사상에 관한 한 연구에서 크로스닉과 알윈 (1989)은 사람의 정치적 성향이 청소년기 후기에 일단 형성되면 그 후 상대적으로 지속적으로 남아 있게 된다는 것을 발견했다. Krosnick, J. A., & Alwin, D. F. (1989). Aging and susceptibility to attitude change. *Journal of Personality and Social Psychology*, 57, 416-425.

32) Mill, J. S. (1859). *On liberty*. London: J. W. Parker.

33) Gilligan, *In a different voice*.

34) Brabek, M. (1983). Moral Judgment: Theory and research on differences between males

and females. *Developmental Review, 3*, 274-291. Ford, M. R. & Lowery, C. (1986). Gender differences in moral reasoning: A comparison of the use of justice and care orientations. *Journal of Personality and Social Psychology, 50*, 777-783.

35) McAdams, *Power, intimacy, and the life story*, Chpt. 4.

36) Kohlberg, L. (1981). *The philosophy of moral development: Moral stages and the idea of justice* (Vol. 1). *Essays on moral development*. New York: Harper & Row.

37) Damon, W. (1977). *The social world of the child*. San Francisco: Jossey-Bass.

38) Selman, R. (1980). *The growth of interpersonal understanding*. New York: Academic Press.

39) Adelson. "The development of ideology in adolescence."

40) Fowler, *Stages of faith*.

41) 예를 들면, 다음의 논문을 보라. Loevinger, J., Cohn, L. D., Bonneville, L. P., Redmore, C., Streich, D. D. & Sargent, M. (1985). Ego development in college. *Journal of Personality and Social Psychology, 48*, 947-962.

제4장 신화제작자가 되기

삶은 우리의 청소년기에 신화화된다. 그 후 정체성의 형성과 재형성은 성인기의 중심적인 심리사회적 과제로 남는다. 청소년기 이후로 우리가 누구인지 그리고 어떻게 성인의 세계에 맞출 것인지를 이해하게 됨으로써 우리는 통합적 삶의 이야기를 만드는 과제에 직면한다. 우리 자신과 세상에 대한 관점들이 시간이 지남에 따라 변하면서, 우리는 이야기를 수정한다. 신화에 생명을 만드는 것은 성인기에서 가장 중요한 것이다. 에릭 에릭슨은 다음과 같이 말한다.[1]

성인이 되는 것은 회고와 전망의 계속적 측면에서, 다른 것들 사이에서 자신의 삶을 보는 것을 의미한다. 보통 경제에서의 기능, 세대의 순서에서의 자리, 그리고 사회 구조에서의 신분의 기초 위에, 그가 누구인지에 대한 어떤 정의를 받아들임으로써, 성인은 그런 방식 속에서 그의 과거를 선택적으로 재구성할 수 있고, 단계적으로 그것은 그를 계획한 것 같으며, 보다 낫게는 그가 그것을 계획한 것 같다. 이런 의미에서 심리학적으로 우리는 우리의 부모, 가족사 그리고 우리의 왕, 영웅, 신의 역사를 선택한다. 그들을 우리

자신의 것으로 만듦으로써 우리는 창조자와 소유주의 내부 위치로 우리 자
신을 조종한다.

에릭슨은 선택적으로 우리의 과거를 재구성함으로써 우리는 '창조자'의
신분을 획득했다고 말한다. 자기는 일관성 있고, 의미 있는 이야기 속에 깊이
박혀 있기 때문에, 우리는 전체이고 목적이 있는 자기를 창조한다. 우리 중에
누구도 자신의 부모나 유아기, 어린 시절의 환경을 선택하는 위치에 있지 않
다. 그러나 성숙은 과거 사건의 수용과 의미 있는 조직화를 요구한다. 성인으
로서 우리는 전에 어떤 계획도 존재하지 않았던 우리의 삶에 신화적 계획을
부과한다. 우리가 신화를 창조함으로써 우리의 삶과 다른 사람의 삶은 의미
를 지니게 된다. 신화를 통해 우리는 우리가 누구인지, 우리가 누구였는지 그
리고 우리가 미래에 어떤 사람이 될지를 결정한다.

나이 든 청소년이나 청년이 개인적 신화를 만들기 시작하면서, 그 또는 그
녀는 심리사회적 유예 기간의 과정을 통과할지 모른다.[2] 유예 기간 속의 젊
은이들은 삶의 새로운 대안을 적극적으로 탐색한다. 그들은 하나님, 성, 정
치 그리고 삶의 방식에 대한 새롭고 다른 태도들을 실험한다. 그들은 새로운
역할과 관계를 시도한다. 그들은 자신과 세계를 이해하기 위한 새로운 틀을
건설함으로써 어린 시절의 관습에 저항한다. 그들은 자신의 어린 시절, 부모
와의 관계 그리고 심지어 자신의 인종적 · 종교적 · 계층적 뿌리를 이해하는
다른 방식들을 실험함으로써 창조적인 역사가가 된다.

탐색을 통해, 젊은 사람은 그 또는 그녀의 환경 속에 정체성을 세우기 위한
어떤 자원들이 존재하는지에 대해 더 나은 감각을 얻을 수 있다. 이런 자원들
은 그런 개인적 조사를 지원하는 사회적 연결망, 가능한 직업과 교육적 기회,
성숙한 사랑과 친밀감이 경험될 수 있는 관계, 여러 가지 문화적 체계, 삶의
방식 그리고 존재 방식을 포함한다. 현대 미국 사회는 중산층과 상류층 사람
에게 정체성을 만들기 위한 풍부하고 다양한 자원을 제공한다. 노동자 계급
과 가난한 사람은 더 적은 선택권을 받게 된다. 여자는 남자에 비해 다소 다

른 자원이 제공된다. 인간은 사용 가능한 무엇인가를 갖고 자신이 할 수 있는 최선을 다해야 한다. 순수하게 스스로 만들어진 남성이나 여성은 없는 것이다. 신화에서처럼 삶에서도 우리는 우리의 자원을 결코 초월할 수 없다.

정체성 형성에 관한 이상적 과정에서, 사회는 심리사회적 유예를 장려하고 실험을 위한 안전한 피난처와 환경을 젊은이들에게 제공한다. 우리가 그것을 진짜로 해 보지 않을 때, 유예가 가장 적합하다. 젊은 사람은 과도한 장기적 위험이 없이 새로운 역할들을 시도하는 것이 안전하다고 느껴야 한다. 만약 그가 이번 주에 불교 신자가 되고 싶다면, 그는 티베트에서 20년 동안을 지내기로 헌신하지 않고 그렇게 할 수 있어야 한다. 사회가 탐구의 모든 형태를 장려하기를 원하지 않는 한, 젊은이는 유예 기간 동안 성장하고 활동하려면 어느 정도 사회적 인내와 수용이 필요하다. 어떤 교육자들은 대학에서의 강력한 교양 교육 과정은 청년에게 삶에 대한 그들 자신의 가정들에 대해 비판적으로 생각하는 것을 격려하고, 행동하고, 느끼고, 믿는 것에 대한 대안적 방식들을 탐색하는 것을 촉진함으로써 정체성의 발달을 향상시킬 수 있다고 웅변적으로 주장한다.[3] 대학 생활은 심리사회적 유예 기간을 양육하기 위해 우리 사회가 발견한 가장 효과적인 환경들 중 하나를 제공한다.

개인적 신화의 연구로 인터뷰한 성인의 절반 이상이 대학에 다녔고, 그들의 대략 2/3는 그들의 대학 경험이 그들이 앞서 질문에서 생각해 보지 못한 삶의 어떤 측면들에 대한 질문을 그들에게 하도록 격려했다고 보고했다. 어떤 청년들은 종교적 믿음에서의 탐색들을 이야기했다. 보수적인 가톨릭 가정에서 양육된 젊은이는 대학에서 다른 종교적 전통을 가진 학생을 만나고, 자기 신앙의 '보편적 진리'에 의심을 갖는다. 종교적 전통이 발견되지 않는 가정에서 성장한 어떤 여성은 신학 과목에서 제기된 흥미로운 문제를 발견하고, 대학 교회에 출석하여 자신의 영성을 깊이 탐색하게 되었다. 또 다른 사람은 직업적 목표와 관심을 재검토한다고 말한다. 의학에서 경력을 추구하는 어떤 2학년생은 그가 소설을 쓰는 데 재능이 있음을 발견하고, 예술에서의 경력을 추구하도록 교수의 격려를 받는다. 부모가 간호사가 되기를 요구하는 어떤 여성은 화학 수업에서 가장 높은 점수를 받고, 화학을 전공할 대학원을 고려하기 시작한다. 많은 사람은 또한 삶의 방식에서의 실험에 대한 이야기를 한다. 어떤 청년은 그가 자신의 동성애에 솔직하게 직면했을 때, 여성과의 데이트를 그만두고 대학의 동성애 집단에 참여하게 된다. 어떤 젊은 여성은 1년 전에는 생각할 수 없는 행동이었지만, 그녀의 남자 친구와 살기 위해 기숙사를 나온다. 부유한 백인 교외 거주자는 개발도상국에서 온 외국인 학생들과 가까운 친구가 된다. 그는 부모의 집을 떠나 친구들과 허름한 아파트로 이사를 한다. 그는 물질주의적 삶의 방식의 가치에 의문을 갖기 시작하고, 부유한 미국인으로서 부여받은 특권적 신분이 다른 사회의 착취에 간접적으로 기여하는 것은 아닌지 궁금해한다.

이상적으로 유예 기간의 탐험은 성인의 헌신으로 이끈다. 가장 중요한 헌신은 이데올로기, 직업 그리고 대인관계에 관한 것이다. 믿음과 가치의 대안적 체계들을 탐색한 후, 청년은 개인화된 종교적 · 윤리적 · 정치적 관점들과 함께 개인적 사상의 보다 분명한 감각을 가진다. 그 또는 그녀는 일의 세계에서의 어떤 장소를 가정하고, 우정과 사랑의 장기적 헌신을 할 준비가 되었다.

현대 미국 사회에서, 심리사회적 유예는 반드시 보편적 진리로 인도하지는 않는다. 청소년이나 청년이 어떤 삶을 이끌기 위한 단 하나의 적절한 방식이 있다고 배울 가능성은 없다. 대신에 젊은 사람은 많은 가능한 종교적 관점이 존재할 수 있음을 발견한다. 성공과 성취로 이끄는 많은 다른 종류의 직업이 있을 것이다. 심지어 결혼에서 행복하게 삶을 함께 나누는 몇 명의 사람들이 세상에 있을 것이다. 현대 미국에서 성인의 삶에 만연한 상대주의는 사려 깊은 사람들이 정체성에 관한 질문들을 포함하여 삶의 어려운 질문들의 대부분을 위해 유일한 정답과 오답이 있다고 믿는 것을 어렵게 만든다. 그러나 젊은이들은 여전히 상대주의 속에서 행동해야 한다. 그 또는 그녀는 특정 시간 동안 올바른 진리에 헌신하여야 한다. 확실히 어떤 개인의 선택은 측정되고 알려져야 하지만, 그 또는 그녀는 신앙에 대한 유예밖으로 도약할 준비를 하여야 한다. 우리는 어떤 것들이 장기적으로 어떻게 일어날지 확실히 알 수 없다. 그러나 우리는 그것들을 만들기 위해 최선을 다하는 것에 헌신해야 한다.

정체성의 헌신에는 긴장이 있다. 개인의 필요 및 성향과 사회의 요구들 사이에 긴장이 있다. 건강한 정체성 발달에서 개인은 과격한 반항과 눈먼 순응 사이에서 능숙하게 협상해야 한다. 헌신은 어떤 개인이 사회 안에 하나 이외의 개인화된 적합한 장소를 창조할 수 있도록 하여야 한다. 만약 사회가 제공해야 하는 모든 것을 거절한다면, 사람은 건전한 헌신을 할 수 없다. 소외와 무질서는 건강한 정체성 발달에 어긋난다. 유사하게 사람이 현재의 상황과 내통하여 배반하고, 사회가 나누어 주는 것이 무엇이든 수동적으로 수용하면 건전한 헌신을 할 수 없다. 사람은 단지 자기 정의에서 가장 관습적인 진부한 표현들로 만족하려고 정체성을 진지하게 탐색하지 말아야 한다. 오히려 사람은 복잡한 사회적 세계에서 어떤 장소를 찾아야 한다. 정체성은 사람과 사회적 세계 사이의 협력의 어떤 것이다. 이 두 가지는 삶의 이야기에 대한 책임이 있다.

정체성 헌신은 미래와 과거에 관해 만들어진다. 유예 기간에 우리가 수행하는 탐구의 부분은 예전에 우리가 누구였는지를 탐색하는 것을 포함한다. 세계의 신화에서, 젊은 영웅은 여행을 하면서 이상한 힘과 특이한 사람들을 발견하게 되고, 새로운 모험은 마치 그 영웅이 전부터 알고 있었던 것처럼 이상하게 친근하고 익숙한 것처럼 보인다. 그래서 그것은 정체성의 발달 속에 있다. 유예 안에서 모든 것은 완전히 새로운 것이 아니다. 우리가 접하는 어떤 것은 비록 그것이 새롭고 기대되지 않는 모습으로 자신을 보여 줄지라도 실제로 꽤 오래된 것일 수 있다. 그러므로 우리가 삶에서 사상, 직업 그리고 대인관계에 헌신할 때, 우리는 과거의 중요한 측면을 되찾고 재구성한다. 건강한 정체성은 변화와 연속성의 양쪽을 확인한다.

모든 정체성 헌신이 영원한 것은 아니다. 일단 사람이 유예의 단계를 완성하고, 가치, 직장과 가족에 대한 헌신을 했다면, 탐사는 종료되지 않는다. 정체성은 청년기에 충분히 성취되지는 않는다.[4] 유입과 변화는 특히 일과 관계의 영역에서 다시 발생하기 쉽다. 성인의 발달주기는 부드럽고 지속적인 과정을 취하지 않는다. 또는 일련의 계속 반복되는 주기, 단계, 상태 또는 시기를 통해 성인기가 발달하는 것은 아니다.[5] 대신 헌신을 수행하는 상대적으로 안정된 기간이 있을 것 같고, 인간은 또 다른 유예 기간을 통과하는 상대적 변화의 시기로 흩어져 있을 것 같다. 우리는 독특한 과정을 따라 진행되는 각각의 삶과 함께, 탐험과 헌신의 교차적이고 불규칙한 시기를 기대해야 한다. 탐구의 기간 동안, 사람은 중요한 방식으로 자신을 정의하는 신화를 수정하기 쉽다. 헌신의 기간 동안, 신화는 비교적 안정적으로 유지된다.

성인 삶의 포물선

에릭 에릭슨에 의해 정체성의 잘 알려진 이론이 제시된 것과 달리, 나는 정체성 형성이 청소년 후기와 청년기에 국한된 것으로 보지 않는다. 나는 에릭슨이 다음 발달 단계들로 보는 것— '친밀감'과 '생산성'—이 정체성의 관심사로 가장 잘 이해된다고 믿는다. 개인이 자신을 정의할 책임이 있다는 것을 깨닫게 되면, 자기 정의의 문제는 성인기의 대부분을 통해 먼저 해야 할 일로 남게 된다. 정체성은 결국 중심 문제로 약해질 수 있고, 그러나 단지 노년기 또는 에릭슨이 심리사회적 발달의 마지막 단계로 구분한 시기, 즉 자아통합 대 절망과 관련된 단계에 감소될 수 있다.

에릭슨[6]과 그 전의 프로이트(초기 어린 시절의 경험이 성인의 인격을 강하게 결정한다고 주장한 인물)와는 반대로, 오늘날 심리학자 및 사회학자의 상당수는 성인의 삶이 상대적으로 적응력이 있고, 심리적 기능에서의 중요한 변화가 21세 생일 후에 관찰될 수도 있다고 믿는다. 어느 정도까지 이 신념은 자율적 개인에 대한 서양의 가정에 기초하고 있다. 동일한 사회적·역사적 환경의 구성원들로, 서구 심리학자들은 대체로 중간층과 중상층 서구 사회에 의해 소중하게 여겨지는 동일한 가치들의 많은 것을 지지하는 경향이 있다.

우리는 우리 각자가 성숙한 시기에, 개인적으로 의미 있는 방식으로, 우리 자신의 삶을 통제하고 창조할 수 있다고 믿고 싶다. 우리는 각각의 개인이 자신의 독특한 길을 따르기를 바란다.

지난 20년 동안 대니얼 레빈슨(Daniel Levinson),[7] 조지 베일런트(George Vaillant),[8] 로저 굴드(Roger Gould)[9] 그리고 데이비드 구트만(David Gutmann)[10]과 같은 심리학자들과 정신의학자들은 삶에서 도전과 시절의 예측할 수 있는 연속물의 측면에서 성인 발달에 대해 이론화하였다. 그들 전에 칼 융(Carl Jung),[11] 엘세 프랭클-브런스윅(Else Frenkl-Brunswik),[12] 로버트 하빅허스트(Robert Havighurst),[13] 로버트 화이트(Robert White)[14] 그리고 버니스 뉴가튼(Bernice Neugarten)[15]은 성인기에 개인의 발달하는 정체성을 기록하기 위한 영향력 있는 틀을 제공했다. 이들은 모든 점에 동의하지 않으며, 그들의 입장의 모든 것에 대한 강한 논쟁이 형성될 수 있다.[16] 이런 접근의 대부분에서 나타나는 한 가지 중요한 한계는 그들이 제2차 세계 대전 이후 미국에서 상대적으로 부유하게 성장한 백인 전문직 남성들이 제공하는 이야기에 지나치게 의존하는 경향이 있다는 것이다. 몇 가지 최근 연구는 여성에게 초점을 맞추지만,[17] 소수민족 성인과 사회경제적 연속체의 하부에 위치한 성인은 많은 관심을 받지 못했다. 비교문화적 연구는 거의 수행되지 않았다. 그리고 우리는 미국 역사의 초기 시점에서부터 성인 발달의 윤곽에 대해 거의 알지 못한다.

그러므로 성인 발달의 어떤 심리학적 연구는 몇 가지 중요한 자질을 갖고 시작해야 한다. '성숙'과 '건강한 발달'과 같은 개념들은 우리가 거의 질문하지 않는 문화적 가설들에 의해 형성된다. 서구 민주주의 사회의 중산층 시민들로서 우리 대부분의 성숙한 성인은 자신의 삶, 일뿐만 아니라 놀이의 책임을 짊어져야 하고, 사회에서 생산적 역할을 맡고, 심리적 자율성과 경제적 독립을 위해 애쓰고, 현대 삶의 도전에 대해 자녀들을 준비시켜야 한다고 믿는 경향이 있다. 성인들 사이에서 우리는 자유, 자율성, 숙달 그리고 책임 있는 헌신에 가치를 두는 경향이 있다. 사람들이 20대와 30대에 어떻게 자신의 삶을 형성해야 하고 또한 형성하고 있는지에 관한 우리의 믿음은 이런 가치들에 의해 안내받는다. 그러나 성인 발달에 대한 견해들은 다른 사회들에서 매우 다를 가능성이 높다. 건강한 성인 발달의 서구 모형들은 아프가니스탄의 농촌에서 살고 있는 근본주의 이슬람 여성 또는 남성의 발달을 설명하는 데 아주 잘 적용될 것 같지 않다. 만약 있다손 치더라도, 거의 어떤 심리학적 이론들도, 신념을 갖고 비교문화적 주장들을 내놓지 못했다.[18]

이런 중요한 한계를 염두에 두고, 우리는 성인 초기 발달의 주제에 대한 여러 글에서 등장하는 일반화된 밑그림을 인식할지 모른다. 밑그림은 특정 성인 생활의 각론에 적용되지 않을 수 있는 이상화된 혼합물이다. 모든 일반화에는 많은 예외가 있고, 각각의 개인적 삶은 밑그림이 제안하는 것처럼 질서 있고 잘 정리되지 않을 가능성이 있다. 여전히 밑그림은 우리 삶의 30년 그리고 40년 동안 우리가 직면할 것으로 우리 중 많은 사람이 기대하게 될 것의 지도로서 유용하다.

우리는 20대에 성인기로 들어간다. 대니얼 레빈슨에 따르면, 우리의 노력이 성인의 세계에 들어가는 과제에 초점이 맞춰진 것이 20대다. 로버트 하빅허스트의 관점에서, 20대의 남성이나 여성은 가족, 직장 및 시민 책임의 영역에서 최초의 성인 역할을 가정해야 한다. 대부분의 남성과 여성은 이 시기에 정규 고용 직업의 세계로 들어간다. 더욱 운이 좋고 일반적으로 더 많은 교육을 받은 청년은, 다가올 몇 년 안에 더 높은 단계로 올라가기를 기대하면서, 다양한 직업의 단계에서 첫 번째 지위로 들어가는 단계에 있다. 그들이 30번째 생일에 도달하기까지, 성인의 대부분은 부모의 거주지를 떠나 상대적 독립의 생활을 이룩하거나, 종종 결혼하고 자신의 가족을 꾸리기 시작한다.

대부분의 기준으로 20대의 사람들은 아직 '젊다.' 우리가 대부분의 프로 스포츠에서 보듯이, 신체적 능력의 절정에 있는 스타들은 전형적으로 20대 중후반이다. 약간 무서운 것으로 증명할 수도 있겠지만, 성인의 세계는 많은 20대에게 새로우며 흥분시키는 세계다. 20대는 임시적 헌신을 위한 폭넓은 기회의 다양성을 제공하는 세계다. 20대의 청년은 직업과 가정을 시작하면서, 사회에

서 처음 자리를 개척한다. 이런 헌신 중 일부는 평생 지속될 수 있지만, 많은
것은 그렇지 않다. 미국 남성과 여성의 삶에서 주된 경력의 변화는 예외적이
기보다는 규범적이고,[19] 많은 가족이 이혼에 의해 변화된다. 그러므로 20대의
첫 헌신은 임시적 특징을 갖게 된다. 우리 대부분은 앞으로 미래의 주변 상황
이 상당한 방식으로 변화할 수 있는 것을 인식한다. 우리 중 많은 사람은 우리
가 아직 정말로 안정되지 않았음을 느낀다.

　20대에 임시적 헌신을 하는 개인은 미래를 위한 '꿈'의 렌즈를 통해 후일
을 기대한다. 레빈슨에 따르면, 꿈은 성인이 미래에 경험하고 성취하고 싶은
것에 관한 전반적인 대본 또는 계획이다. 그 꿈은 직업적 성공과 향상된 명
성, 만족한 가정생활의 발달, 재정적 안정 또는 매력적인 삶의 방식 달성, 친
구 및 동료와의 어떤 유형의 관계 형성, 그리고 자기 자신 및 가족과 중요한
다른 사람들을 위한 많은 다른 희망과 목표에 대한 비전을 포함할지 모른다.
몇몇의 연구는 남자의 꿈은 직업의 성취에 의해 지배되는 경향이 있는 반면,
여자는 직업과 대인관계 목표 사이에서 꿈이 분열되는 경향이 있다고 제안한
다.[20] 꿈은 시간이 지남에 따라 발달한다. 삶에서 중요한 전환점은 꿈에서의
중요한 변화에 의해 발생한다.

　레빈슨에 따르면, 20대 발달의 또 다른 중요한 측면은 멘토와의 관계 성립
이다. 멘토는 보통 청년보다 다소 나이가 많고 경험이 많은 남자나 여자로,
청년이 20대의 어렵고 도전적인 시기를 통과하도록 목자의 위치에 있는 사람
이다. 멘토는 전문적인 일터에서 가장 가치 있고, 가장 흔한 것으로 나타난
다. 대학에서 경력을 추구하는 대학원생이나 신임 교수는 자신의 지도교수에
게서 멘토를 찾을 것이다. 행동과 충고를 통해 지도교수는 젊은 사람에게 고
등교육의 세계에서 인정받는 방법, 효과적인 강의, 창의적 연구, 연구지원금
의 수주, 동료와 잘 지내는 방법 등을 가르칠 수 있다.

　그러나 좋은 멘토를 찾기란 어렵고, 20대의 대부분은 아니더라도 일하는
성인은 많은 만족스러운 멘토 관계를 결코 발달시키지 못함을 두렵게 생각
한다. 문제는 대부분의 청년은 같은 성의 멘토를 선호한다는 것인데, 특히 남

성 주도적인 직업의 여성에게 이런 현상이 두드러지게 나타난다. 전형적으로 30대와 40대인 멘토 자신은 그들과 같은 성의 청년을 위해 개인적 스승과 역할 모델로 섬기는 데 익숙한 것으로 나타난다. 그러나 만약 우리가 개인적 멘토를 결코 찾지 못한다면, 우리는 우리 일과 가정생활에서 다양한 종류의 역할 모델을 만나기 쉽다. 20대의 많은 발달은 우리가 만나고 알고 있는 다른 사람들에 의해 재현되어 보이는 성인 역할들에 따라 우리 삶의 형태화를 포함할 수 있다.

레빈슨은 20대 뒤에 따라오는 기간을 '30세의 전환' 이라고 불렀다. 청년기는 이 시기에 임시적 헌신에 초점을 맞춘 사회 구조에서 장기적 우선순위와 목표들에 관한 어려운 선택을 포함한 구조로 이동한다. 우리는 20대에 한 결정을 재점검할 필요를 발견하고, 중요한 변화를 시작할지 모른다. 어떤 연구는 '30세의 전환' 은 남성보다 여성에게, 특히 가족 수립이 지연된 전문직 여성에게 더욱 중요한 발달 이정표가 될지 모른다고 말한다. 39세의 전문직 여성들의 삶의 이야기에 대한 생애사 연구에서 프리실라 로버츠(Priscilla Roberts)와 피터 뉴턴(Peter Newton)은 "놀라운 발견은 30세 전환기의 명백한 편재성이고, 그 기간에 인격 변화가 두드러지게 가속화된다는 주장이다."라는 결론을 내렸다.[21] 로버츠와 뉴턴은 30세 전환이 다음과 같다는 것을 발견했다.[22]

이 기간에 20대 동안 정한 우선순위는 바뀐다. 여성에게 있어 이 전환적 기간의 중요한 과업은 일과 가족의 상대적 중요성의 재평가다. 20대에 결혼과 어머니가 되는 것에 스트레스를 받아 온 여성은 30대를 위해 더욱 개인적 목표들을 발달시키는 경향이 있는 반면, 직업에 초점을 맞추었던 사람들은 갑자기 서른 살 즈음에 결혼과 가족에 관심을 갖게 된다.

레빈슨은 30대 초를 정착하기의 시기로 설명한다. 상대적 안정기의 기간인 이때 성인은 삶의 보금자리를 짓기 위해 열심히 일하고, 뿌리를 내리며,

이제 장기적인 헌신의 감각을 느끼는 중복되는 사회적 공동체들—직장, 가정, 이웃, 교회—안에서 자신을 세운다. 시간의 다른 도전 사이에서 30대 남성과 여성은 전형적으로 자녀와 다음 세대의 다른 구성원들의 발달을 촉진시키고, 만족스러운 직업적 업무 능력을 성취하고, 확장된 사회적 · 시민적 책임에 적응하고, 보람 있는 여가활동을 발달시키고, 그리고 연로한 부모에게 적응하기 시작하는 과제들에 직면한다.[23] 특히 전문직 남성에게 30대는 그의 경력에 있어 성취해 내기를 시작하는 시기다. 30대 후반까지 대부분의 전문가—변호사, 의사, 교수, 작가, 과학자, 관리자, 예술가, 사업가, 사회복지사, 교사, 상담사, 자문—는 자신의 역할에서 얻은 발전에 대해 상당한 인정을 얻기를 원한다.

전문직 남성에 관한 연구에서, 레빈슨은 30대 초의 안정기는 자기 자신이 되는 것이라는 특징을 지니는 30대 후반의 보다 격정적인 시기에 양보하기 쉽다는 것을 발견했다. 이 기간은 청년 발달의 정점으로 표현된다. 30대 후반기에 많은 성인은 삶의 다양한 영역에서 상당한 영향력을 행사한다. 이 시기쯤에 우리 사회에서 많은 전문직이 상당한 월급을 받기 시작하고, 일에서 또는 삶의 공동체에서 어떤 지도자적 위치를 획득한다. 하지만 커지는 탁월함과 함께, 아직 충분히 성취하지 못했고, 아직 충분히 자율적이 되지 않았다는 악화되는 좌절감도 온다. 우리 사회의 전문직 여성은, 짐작건대, 이 나이에 증가된 자율성과 성취에 대한 똑같은 갈망을 갖고 있다. 레빈슨은 이 시기가 그가 연구한 전문직 남성 사이에서 분명해진다고 묘사했다.[24]

> 그것은 초기 성인기의 높은 지점과 저 너머에 있는 것의 시작으로 표현된다. 이 시기에서 중요한 요소는 데이트를 성취한다고 하더라도 충분히 자기 자신이 아니라는 감정이다. 그는 몹시 의존적으로 느끼고, 그에게 권위를 갖는 개인 또는 집단에 의해, 또는 다양한 이유로 그에게 큰 영향력을 행사하며 지배하는 사람이나 집단에 의해 제한된다. 작가는 그가 출판사에 의해 지나치게 겁을 먹는다는 것과 비평가의 평가에 매우 취약하다는 것을 알게 된다.

상관의 지지와 격려를 통해 관리직으로 성공적으로 승진한 남자는 상관이 너무 통제하고, 너무 적게 위임한다는 것을 이제 알게 되고, 그는 조급한 마음으로 그가 결정하고 사업을 진정으로 이끌 수 있는 권위를 가질 때를 기다린다. 정년 보장을 받지 못한 교수는, 그가 정년 보장을 받게 되면, 대학원 시절 이후 묵인하고 있던 모든 제약과 요구에서 자유롭게 될 것을 상상한다(환상은 여간해서 사라지지 않는다).

그들의 30대에서, 많은 성인은 삶에서 비타협적인 제한을 인식하기 시작하고, 타협이 요구된다는 것을 인식하기 시작한다. 미래를 향한 한 사람의 꿈은 더욱 조절되기 쉽고, 덜 확장되기 쉽다. 20대에 예상한 무한한 가능성은 삶의 전망에 대한 보다 현실적인 평가로 가려진다. 그것은 레빈슨의 전문직 남성이 30대 후반 직업적 성공, 권력이나 해방을 위한 길의 수많은 장애물에 대항하여 성장하는 것에 나타날 것이다.

전문직 남성과 여성의 삶의 궤도는 30대에 현저하게 달라진다. 육아의 형태가 최근 더욱 평등주의가 되는 것으로 나타난 반면, 둘 다 전문직을 가진 커플이라 할지라도, 여성은 여전히 자녀 양육의 가장 큰 몫을 짊어진다. 데이비드 구트만이 '양육 비상사태'라고 일컫는 것은 대부분 가정에서 30대 남성과 여성이 만약 자녀를 양육한다면, 여성은 돌보는 사람이고 남성은 가족의 생계 수단으로, 상대적으로 판에 박힌 성역할을 채택하기 쉽다는 것을 말한다. 그러므로 30대에 여성의 전문성 개발은 남성보다 덜 연속적이기 쉽다. 많은 경우, 여성은 아기를 갖고 자녀를 키우기 위해 휴직을 한다. 풀타임 또는 심지어 파트타임의 돌봄에 참여하기 위해 직장에서 휴가를 받는 남성은 거의 없는데, 심지어 그런 휴가를 위한 기회가 가능하더라도 그렇다.[25] 비전문직이나 더욱 전통적인 미국 가정들 사이에서의 성역할 차이는 더욱 일찍 시작될 수 있다.

우리가 초기 성인기의 끝에 도달했을 때, 우리는 앞에 놓인 어려움을 예상하게 된다. 우리는 장기적 헌신, 어려운 선택 그리고 고통스러운 타협을 해

왔다. 우리는 장애물과 제한에 마주쳐 왔다. 30대 후반기에, 우리의 부모가 삶의 후반기로 이동하는 것을 보면서, 우리는 자신의 나이가 드는 것에 더욱 관심을 갖게 될 수 있다. 우리는 더 이상 젊지 않다. 로저 굴드는 대부분의 남자와 여자는 30대에 자신의 삶이 단순하지 않고 자신이 충분히 조종할 수 없다는 것을 깨닫게 된다고 주장했다. 이런 자각은 중년기로의 전환의 단계일지도 모르는 많은 발달 중의 하나다.

우리가 40세에 도달할 때까지, 우리는 우리가 누구인지, 세상에서 성숙한 성인으로 스스로를 세우는 방법이 무엇인지에 관해 보다 명백하고 현실적인 이해를 발달시키기 쉽다. 심리적 건강과 성숙의 의미를 정의하도록 질문을 받았을 때, 프로이트는 '사랑하는 것과 일하는 것'이라는 간단한 독일어 문구로 응답했다는 전설이 있다. 사회학적으로, 현대의 삶은 가정과 일의 대조적인 영역으로 구성된다. 심리적으로 현대 성인은 교제와 힘을 위한 두 가지의 욕구를 따라 자신의 삶을 구성한다. 그들이 40세 생일이 되었을 때, 대부분의 남성과 여성은 가족과 일의 영역에서 자신이 누구인지에 대해 상당히 좋은 감각을 갖게 된다.

자기의 역사

개인적 신화를 창조하는 것은 자기의 역사를 만드는 것이다. 역사는 사건들이 실제로 그랬던 것처럼 어떻게 그리고 왜 발생했는지를 설명하려는 과거에 대한 설명이다. 역사는 이름, 날짜 그리고 장소의 연대기적 목록 이상의 것이다. 역사는 과거가 어떻게 현재가 되고, 궁극적으로 어떻게 현재의 원인이 되는지에 관한 이야기다. 현재에 대한 역사가의 이해가 그 또는 그녀가 과거에 대해 말할 이야기를 채색한다는 것은 자명한 이치다. 현재가 변할 때, 좋은 역사가는 과거를 다시 쓸 수도 있는데, 진리를 왜곡시키거나 숨기지 않기 위해서가 아니라, 현재에 알려진 것과 미래에 관해 합리적으로 예상될 수 있는 것에 비추어서 과거를 더 잘 반영하는 것을 찾기 위해서다.

청소년 후기와 청년기에 우리는 우리 자신의 삶에 역사적 관점을 채택하기 시작한다. 거대한 개인적 우화들은 사료 편찬에 대한 첫 번째 시도다. 청소년이 자신의 독특한 기원, 발달 및 운명을 축하하며 만드는 공상적인 이야기들은, 청년기에 정체성을 이해하려는 보다 진지한 이야기 시도에 양보한다. 좀 더 현실적인 이런 신화들은 과거를 재배열하여, 과거가 현재를 낳는 것으로 보일 수 있다. 이 서사적 과제를 성취하기 위해, 우리 중 많은 사람은 우리의 과거와 현재에 대한 판단을 무시하는 것이 필요하다는 것을 알게 된다. 우리는 매우 일반적 의미에서 우리의 과거와 현재를 좋거나 나쁜 정도로 결정하려고 한다.

헝가리 사회학자 아그네스 한키스(Agnes Hankiss)의 도발적이지만 잘 알려지지 않은 글에서 '자기의 존재론'을 위한 네 가지 가능성이 떠오른다. 존재론은 존재에 대한 연구다. 그러므로 자기의 존재론은 어떻게 그 또는 그녀가 되었는지에 대한 자신의 설명이다. 한키스는 자기의 존재론을 건설하기 위해서 청년은 네 가지 다른 전략을 사용하는 경향이 있다는 것을 발견했다. 즉, 왕조(좋은 과거는 좋은 현재를 낳는다), 대조(나쁜 과거는 좋은 현재를 낳는다), 보상(좋은 과거는 나쁜 현재를 낳는다) 그리고 자기사면(나쁜 과거는 나쁜 현재를 낳는다)이다.[26]

신화를 만드는 왕조 전략에서, 어린 시절의 선함은 성인기에 계승되는 것으로 나타난다. 도나 킨세이는 청소년 후기에 시작해서 왕조 전략에 따라 개인적 신화를 발달시켰다. 오늘날 그녀는 33세의 변호사이고, 유행에 뒤진 도시의 오래된 집에서 남편, 아이들과 함께 살고 있는 두 아이의 어머니다. 도나는 부드럽게 말하고, 겸손하며, 다소 전통적인 여성인데, 표준적인 심리측정에서 특히 '부드럽고' '인정 많은'으로 자신을 표현했고, 친밀감에 대한 필요를 측정하면서 높은 점수를 기록했다. 그녀는 루터파 교회의 주일학교에서 가르쳤고, 교회 위원회에서 봉사했다. 그녀는 그녀의 아이들에게 전념한다. 그러나 다른 측면에서 그녀는 결코 전통적이지 않다. 그녀는 여전히 남성에 의해 지배되는 일에서 탁월하다. 변호사로서 그녀는 주거의 공정성을 위해 열심히 일했다. 그녀는 많은 법정 사례에서 집주인에 대항하여 세입자를 변호했고, 부동산과 주택 문제에 관한 지역의 권위자로 자신을 확립했다.

　대부분의 경우, 도나의 개인적 신화는 연속성의 이야기다. 그녀는 책과 친구로 가득 채워진 행복한 어린 시절을 묘사한다. 그녀의 아버지는 언론인이었고, 어머니는 작가였다. 그녀의 양친은 그녀의 말로는 '사회적으로 의식적인' 분들이었고, 정치에 관심이 있었다. 부모는 그녀에게 자신들의 상대적인 부와 안락함으로 다른 사람을 도울 책임을 가져야 할 특권층의 한 구성원이라는 믿음을 주입시켰다. 도나는 그녀의 부모가 일찍 영향을 준 사회적 평등과 정의에 관한 강한 관심을 추적했다. 그녀가 기억할 수 있는 기간 동안, 그녀는 다른 사람을 돕기를 원했다. 이 동기는 집에서나 직장에서 그녀를 활기 있게 하고 많은 행동을 지시하는 '억압된 필요'로서 특징짓는다. 그녀의 삶의 이야기에서, 그 필요는 널리 퍼져 있고, 억누를 수 없는 것이며, 그녀 신화의 지배적인 주제를 만들어 낸다. 그녀의 행위가 그 필요와 일치할 때, 그녀는 행복감을 느끼고 만족해한다. 도나의 견해로는, 한 사람에게 남을 도울 수 있는 특권이 충분히 주어지지 않으면 남을 결코 충분히 도울 수 없다. 어린 시절 유래된 그녀의 종교적 신앙은 기독교적 방식으로 돕는 그녀의 필요를 제공한다. 그녀의 모델인 예수는 성숙하고 충실한 성인의 행동을 위해 가난한 자들 및 병든 자들과 함께하셨다. 그 모델은 그녀의 가장 어린 시절부터 부모에 의해 그녀에게 인격화되었다.

　신화 만들기의 두 번째 접근은 대조적인 전략이다. 여기 현재는 좋게 보이지만, 과거는 나쁜 것으로 여겨지는 경우가 있다. 둘 사이에 대조는 특징적인 긴장과 이동을 가진 이야기를 제공할 수 있다. 한 남자 혹은 여자가 어린 시절 가난하게 시작해서 위대한 리더, 과학자, 의사, 기업가 혹은 대단한 무엇인가가 될 수 있다는 믿음을 축하하는, 가난뱅이에서 부자가 된 속담 형태의 이야기는 미국의 민속 문화에서 인기 있는 것이다. 나의 어린 시절, 내 생각으로 초등학교 2학년 때 불렀던 노래는 신화의 이런 형태를 기억나게 한다.

젊은 링컨은 가난뱅이의 아들이었고,

그의 일이 언제 끝날지 결코 알 수 없었고,

정직한 수고로 그는 길을 만들었고,

태양과 모래 속에서 크게 성장했고,

젊은 링컨은 그의 이름이지만

진실과 명예는 그의 명성이 되었다.

링컨은 켄터키의 허름한 통나무 오두막집에서 자라 미국의 가장 위대한 대통령이 되었다. 우리는 에이브러햄 링컨이 자신을 위해서 발달시킨 개인적 신화를 모른다. 그러나 미국인이 그의 삶에 자신들의 이해를 구성하고 축하하는 데 대조 전략을 사용했음은 꽤 명백하다.

대조 전략은, 우리에게 어떤 나쁜 일들이 일어나더라도 그것들은 항상 좋아질 수 있다는 믿음을 주기 때문에, 특별하게 낙관적인 것이다. 이 전략은 개인적 신화를 만드는 데 큰 이점으로 사용될 수 있다. 어떤 사람은 자신의 젊은 시기의 결핍과 가난을 소중히 여길 수 있다. 한 사람의 삶은 그가 실제로 얼마나 멀리 갔는지를 보여 주기 위해 신화적으로 재배열됨으로써 불행했던 과거는 명예의 배지가 될 수도 있다. 현재의 장점은 과거와 대조적으로 확대된다. 벤저민 프랭클린(Benjamin Franklin)은 자신의 유명한 자서전에서 훌륭하게 대조 전략을 사용했다.[27] 1723년 가을, 17세 소년은 더럽고 해진 옷을 입고, 필라델피아의 거리에서 물건을 운반하여 1달러 미만의 돈을 받았다. 몇 년 후에 그는 성공적인 출판업자가 되었다. 중년기에 그는 과학연구소를 설립하고, 도서관을 건립하였으며, 개인적이고 시민적인 운동을 촉진시켰다. 그 후에 그는 프랑스의 대사가 되었고, 국제적으로 유명 인사가 되었다. 프랭클린의 개인적 신화는 초기 미국의 무한한 낙관주의를 사로잡고, 수많은 삶의 모델이었다. 그의 자서전 및 인간행동과 정부에 대한 다른 많은 저술은 여러 세대의 미국인에게 건강하고 유익한 행동에 대한 교훈을 제공하려는 목적을 갖고 있었다. 1771년 그의 아들이 말했듯이, 다음에서 프랭클린이 그의 저

서에서 의도했던 것이 무엇인지 정확하게 확인할 수 있다.[28]

> 가난과 무명으로부터 태어났고, 그렇게 어린 시절을 보냈지만, 나는 세상에서 부유하고 어느 정도 유명한 사람으로 성장했다. 계속해서 좋은 행운이 삶의 기간 동안 동반되었기 때문에, 나의 후손들은 아마도 내가 채택한, 그리고 신의 섭리 덕택에 그렇게 성공할 수 있었던 그 수단들을 배우기를 갈망할 것이다. 그들은 또한 그것들을 모방하기에 적당하다고 생각할 수 있고, 유사한 환경 속에 있는 그들 자신을 발견해야 한다.

세 번째 전략은 두 번째와 반대다. 보상 전략에서, 좋고 긍정적인 과거는 나쁘고 부정적인 현재에 양보한다. 어떤 사람의 개인적 신화는 가장 좋은 것은 끝났고, 여기서부터는 전부 내리막길이라고 제안할 수 있다. 이런 종류의 설명에서, 그 사람은 삶이 예전에는 좋았지만, 어떤 것이 도중에 잘못되었다고 확인한다. 사람들은 이것에 관해서 '신의 은총을 잃은' '나쁜 것으로 변한' 또는 '순수함의 상실'이라고 말한다.

상대적으로 가난한 노동자 계급 지역인 인디애나 주 개리에서 성장하면서, 나는 어릴 때 들었던 젊은이와 어른에 대한 많은 이야기를 기억한다. 나는 "이 시기가 너의 삶의 최고의 시기다."라고 들었고, 나는 성인이 되었을 때 삶이 더욱 거칠어지기 때문에 젊었을 때 즐겨야만 한다고 들었다. 나의 아버지는 이것을 강하게 믿었다. 내가 모든 것을 지금 재구성하기 때문에, 나는 내 친구 부모들의 대부분이 실제로 그들의 삶에 불만족했다고 생각한다. 대부분의 경우, 그들은 제철소에서 일하거나 또는 주부였다. 성장하는 것은 고된 노동과 낮은 임금을 의미한다. 많은 사람이 좋은 교육이 탈출구라고 믿었지만, 그런 이야기들을 들은 부모들 중 거의 어느 누구도 젊은 시절 좋은 교육을 받을 수 없었다. 나는 성장하기를 원하지 않거나, 적어도 그들처럼 성장하기를 원하지 않았던 것을 기억한다. 그들 자신의 삶을 이해하려는 그들의 보상 전략들은 나와 잘 맞지 않았다. 나는 황금기에 살고 있는 어린아이로서,

내가 그 당시를 살고 있다는 것을 느낄 수 없었다. 나는 비교적 행복했지만, 이 시기가 사람들이 알고 있는 것처럼 좋다는 생각을 즐길 수 없었다. 나는 보상 전략의 비극적 성격에 의해 기회를 놓친 것에 대해 후회하며 고민했다. 그러나 이런 전략은 여전히 삶에 의미와 목적을 제공할지 모른다. 그리고 그 것은 긍정적인 과거를 잃어버렸다고 믿는 사람이, 건설적인 방법으로, 미래 에서 과거의 어떤 요소들을 되찾거나 재구성하려고 할 때처럼, 심지어 삶에 서 영감의 자원을 증명할 수 있다.

필 맥그래스는 보상 전략에 따라 개인적 신화를 만들었다. 비록 그는 자신의 가족을 매우 가난하다고 묘사했지만, 그의 어린 시절은 동네에서 뛰어놀 던 근심 없던 시절, 전쟁놀이와 야구 게임을 하면서의 즐거움과 자유로 채워 져 있고, 한두 번 법적으로 다른 소년들과 사소한 곤경에 빠졌지만, 항상 경 쟁에서 이겼다. 고등학교에서 필은 스타 선수였다. 그는 중요한 선수권 야구 시합에서 무안타 경기를 했다. 그는 축구와 육상 경기에서도 역시 잘했다. 성 적인 정복이 경기장에서 그의 상당한 성취와 경쟁이 되듯이, 젊은 여성들은 그가 엄청나게 매력이 있음을 알아본다. 좋은 시간이 계속되고, 한국에서 작 은 전투를 보았을 때, 심지어 그는 해군에서 복무하고 있었다.

20대 초반 미국으로 돌아온 그는 자신의 주식이 갑자기 떨어진 것을 알기 시작했다. 그가 군대에 있는 동안 경제는 가볍게 침체되었고, 이제 그는 특히 고소득 직업에 정착하는 것이 어렵다는 것을 알게 된다. 그는 대학에 가는 것 에 관심이 없고, 보수가 높은 공장 일을 하는 것을 거부했는데, 그런 일을 비 하하는 것을 알았기 때문이다. 그의 여자 친구는 임신을 했고, 서둘러서 결혼 을 한 후 저임금의 영업직 일을 하게 되었다. 비록 그는 일에서 큰 성공을 거 두기도 했지만, 꾸준한 경제력으로 가족을 부양할 훈련을 끌어낼 수는 없었 다. 근심 없던 젊은 시절로 되돌아가서, 그는 술과 도박에 많은 돈을 썼다. 결 혼 생활은 끝났지만, 네 명의 아이가 태어났기 때문에 상당한 자녀 양육비를 부담해야 할 처지가 되었다.

많은 직업과 두 번의 결혼 후에, 필은 지금 55세다. 그는 자신의 삶을 두 개의 기념비적인 전환점으로 구성하면서 묘사했다. 첫 번째는 한국에 다녀온 이후의 결혼과 부모로의 전환이다. 그가 삶이 예전처럼 재미있는 것이 아니라는 것을 깨닫기 시작했을 때, 아이인 것이 성인의 부담을 지는 것보다 훨씬 좋다는 것도 깨달았다. 두 번째는 40대 초반에 그가 내린 운명적인 결정이다. 최고의 세일즈맨으로 존경받는 지위를 얻었을 때, 사업체를 인수하고 다른 지역으로 옮길 수 있는 기회가 있었다. 필에 따르면, 사업체를 인수하는 것은 상당한 위험을 수반한다. 그의 두 번째 부인은 그 당시 강력하게 위험을 감수하라고 말했지만, 11시간의 협상에서 그는 믿음을 잃은 것 같았고, 결국 협상은 결렬되었다. 얼마 후, 그의 두 번째 아내는 그를 떠났다. 그는 상당히 살이 쪘고, 고혈압으로 진단되었다. 그의 최근 결혼은 시작부터 재앙인 것으로 보인다. 그의 친구들은 19세인 그의 새 아내가 단지 그의 돈을 원한다고 주장한다. 그녀의 전남편의 최근 결혼에 너무 수치스러워, 그의 첫 번째 아내는 그에게 더 이상 말을 하지 않았다. 그의 아이들과의 관계 또한 뒤틀어졌다.

삶에 대한 설명에서 필은 기회를 놓치고 시간이 지나간 것에 대한 후회로 가득 차 있었다. 전환점은 좋은 것에서 나쁜 것으로 간다. 상황은 결코 더 좋아지지 않는다. 오래전 시절은 항상 뒤따르는 시절보다 선호된다. 청년기는 매우 나쁜데, 부분적으로 아동기가 너무 좋았기 때문이다. 그리고 그의 현재 상태는 첫 번째 결혼에서 경험한 것보다 상당히 더 나쁘게 보이고, 돌이켜 보면 이제 첫 번째 결혼은 그 당시 그랬던 것처럼 그렇게 나쁘게 보이지 않는다. 보상 전략에서 어제는 항상 오늘보다 더 밝다. 그리고 내일은 밤의 어둠을 예고한다.

마지막으로 자기사면 전략에서, 부정적 과거는 부정적 현재를 생산하는 것으로 보인다. 이런 종류의 설명에서, 인간은 과거의 실수에 대해 대가를 치르는 것을 종종 제안한다. 다른 설명은, 심각한 손실은 시간이 지나도 거의 초월하지 못한다는 생각을 지지한다. 가난은 더 많은 가난으로 이끈다. 어린 시절의 불행은 성인기의 불행을 만들어 낸다. 인간은 카드들이 나를 상대로 첫날부터 계속해서 쌓여 있고, 자신은 결코 기회가 없다고 제안할 수 있다. 그래서 삶은 지각될 수 있게 만들어지지만, 그 이야기는 비극적인 것이다.

43세인 사라 레빈은 회계담당자이며 세 아이의 어머니이고, 아주 이른 나이부터 삶은 공평하지 않고 좋은 것들은 나쁘게 바뀌기 쉽다고 반복적으로 되새기고 살았다. 그녀는 보수적인 유대인 가정에서 자랐고, 거기서 그녀는 자기성찰, 독서 그리고 조용한 것을 존중하도록 강하게 요구받았다. 사라는 항상 그녀의 어머니와 오래된 세대에 의해 전해진 유대교 전통과 동일시하였다. 그녀의 신상 파악은 그녀가 어머니의 생일날 태어났고, 또한 그녀의 출생연도에 중요한 유대교 명절이 있었다는 사실에 의해, 그녀의 이야기에서 상징화된다. 그러나 신상은 매우 이중적이다. 사라는 자기 인생의 수많은 불행에 대한 책임을 그녀의 전통적인 종교적 교육에 돌린다. 심지어 아이로서, 그녀는 그녀의 가족이 소중하게 지켰던 어떤 믿음과 관습은 어리석고 시간 낭비였다고 느낀다. 가정과 가족은 아이로서의 그녀를 질식시키는 것 같았고, 지금 성인으로서 그녀는 여전히 가족 유산의 어떤 측면에 질식감을 느낀다. 그녀는 과거에서 벗어날 수 없는데, 그녀의 어머니와 어떤 행동방식들을 그녀의 삶에서 떨쳐버리는 것이 불가능하다는 것을 발견했기 때문이다. 그녀의 어머니는 시간이 지날수록 더욱 지배적이 되어 그녀를 불쾌하게 했는데, 사라는 그녀 자신이 그런 식으로 되어 가고 있다고 느꼈다. 그녀는 나이가 더 들면서, 자신이 비이기적으로 주는 것에 대해 더욱 더 죄를 짓고 있다고 믿었다. 사라의 관점에서 그녀는 너무 많은 사람을 자주 도왔다. 그녀는 너무 많이 주었고, 답례로 너무 적게 받았다.

사라는 그녀가 현재 그녀의 삶에서 가장 고통스러운 기간을 경험하고 있다고 느끼면서, 중년의 위기가 매우 오랫동안 진행되고 있다고 믿고 있다. 그녀는 가족에서 자기 어린 시절의 뿌리를 추적하는 데 빠르다. 현재 그녀가 자녀들을 위해 행한 모든 일에도 불구하고, 아이들은 학교 성적이 매우 형편없고, 그녀의 친구들은 반복적으로 그녀를 실망시키며, 그녀의 어머니는 부담이 되고 있다. 비록 그녀는 다양한 집단과 목적을 위한 자원봉사를 계속하고 있지만, 지역 봉사는 거의 보상을 주지 못한다. 사라의 후회와 좌절감 밑에 놓여

있는 것은 인간 삶에 대한 깊은 냉소다. 사라가 결혼한 다음날, 그녀의 12살
짜리 조카 수전은 자신의 목에 있는 덩어리를 발견했다. 그녀는 몇 개월 만에
죽었다. 그날 이후 사라는 하나님이 있다고 믿는 것을 거부했다. "나는 나의
아이들에게 하나님이 세상을 7일 동안에 창조했다는 것을 말하고 싶지 않은
데, 왜냐하면 하나님은 그것을 할 수 없고, 수전을 죽였기 때문이다."라고 그
녀는 말했다. "나는 하나님이 듣지 않기 때문에 기도를 하고 싶지 않다." 베
트남 전쟁 이후 그녀는 미국에 대한 충성 맹세를 암송하는 것을 거부했다. 그
녀는 대신 그녀가 말하는 '잔인한 정직'을 믿는다. 삶은 불공정하고 무작위
적인 운명이다. 사람들은 불공정하고 일반적으로 이기적이다. 만약 더 많은
사람이 자신에게 정직하다면, 그들은 그녀가 믿는 것을 믿을 것이라고 그녀
는 주장한다. 또한 그녀의 개인적 신화는, 만약 더 많은 사람이 과거에 그녀
와 함께 정직했다면, 그녀는 자신의 현재 삶이 환상을 버리게 하는 것을 알지
못했을 것이라고 제안한다.

좋은 신화

우리는 의식적이든 무의식적이든, 성인기의 대부분을 통해 우리의 이야기
를 만든다. 중요한 정체성의 변화들은 결혼을 하거나 이혼을 하고, 첫 번째 아
이를 갖고, 직업을 바꾸고, 거주지를 바꾸고, 부모나 배우자를 잃고, 폐경이나
퇴직과 같은 삶의 중요한 변화들에 뒤따를 수 있다. 그것들은 또한 삶의 과정
에서 마흔 번째 생일을 맞이하거나, 첫 번째 흰머리를 발견하는 것과 같은 상
징적 분수령에 해당할지도 모른다. 이 기간 동안 우리는 우리의 삶과 신화의
가설에 대해 어떤 질문을 할지 모른다. 우리는 새로운 플롯과 인물을 구체화
시키고, 과거로부터 다른 장면과 미래를 위한 다른 기대를 강조할 신화를 재
구성할지 모른다. 우리는 새로운 목표를 세울 수 있다. 결말의 의미는 상당히
바뀔 수 있고, 계획된 결말이 바뀌면서, 전체 이야기가 새로운 방향으로 나갈

수 있다. 그러나 다른 시간에 우리는 정체성에 있어서 비교적 안정감을 경험한다. 더욱 조용한 기간 동안, 신화는 천천히 그리고 미묘하게 진화한다.

우리의 개인적 신화는 나머지 성인 삶의 상대적 균형 상태를 중단시키는 주기적인 사건들 안에서 발달한다. 극적인 변화는 아주 작은 신화 만들기가 일어나는 것처럼 보이는 오랜 기간이 지나 뒤따를 수 있다. 모든 삶이 이런 관점에서 다르고, 그래서 모든 개인적 신화는 발달의 독특한 과정을 갖고 있다.

신화가 발달한다고 말하는 것은 정체성이 점진적이라는 것을 제안하는데, 우리는 시간을 두고 청소년기로부터 성인기를 통과해 이동하면서, 통합과 목적을 추구하고 진전시킨다. 우리는 청소년기 초기의 환상적인 개인적 우화들로부터 청년이 형성한 보다 현실적이고 정교한 개인적 신화들로의 전환기에서 이런 진보를 이미 증명했다. 청년기와 중년기를 통해, 개인적 신화는 확장되고 더욱 성숙해진다. 또한 신화가 발달한다고 말하는 것은 시간 속의 주어진 때에 어떤 신화는 보다 발달된다는 것을 의미하는데, 다른 것보다 어떤 것이 보다 성숙하고, 보다 적절하며, 보다 적응할 수 있게 된다는 것이다. 이제 우리는 무엇이 좋은 개인적 신화인지 우리 자신에게 질문해야 한다.

이것은 까다로운 질문이다. 신화와 신화제작자가 뿌리박혀 있는 특별한 발달적이고 환경적인 상황을 고려할 때, 그것은 의미 있는 방식으로 질문할 수 있다. 환상적이고 미숙하게 보일지 모르지만, 프로 농구 선수로서의 영광스러운 직업과 관련된 14세 소년의 개인적 우화는 그의 삶에서 그 시기 정체성의 전적으로 적절한 측면일 것이다. 그러므로 그가 자신을 위해서 만드는 근원적 이야기에, 우리는 너무 걱정해서는 안 된다. 만약 그가 30세에 같은 이야기를 갖고 그의 점프슛이 나의 것처럼 보인다면, 우리는 그의 정체성 발달에 대한 심각한 유보를 기록해야 할 것이다. 삶의 이야기는 발달의 주어진 수준과 특정한 삶의 환경에 적절할 필요가 있다. 우리는 21세 여자와 중년의 남자에게서 같은 일을 기대하지 않는다. 더욱이 우리는 네 아이를 가진, 남편은 없고 중학교까지 교육받은 35세 여자와 두 군데 명문대 학위를 갖고 있고, 남편이 변호사인 35세 전문직 여자에게서 같은 것을 기대해서는 안 된다. 기회와 정체성 자원은, 삶의 주기를 거치고 사회경제적·문화적인 범위를 가로질러, 똑같이 배분되지는 않는다. 나는 삶과 신화에서 우리의 자원들을 초월할 수는 없다고 반복적으로 말한다.

만약 우리가 시간이 지남에 따른 발달로 개인적 신화를 생각한다면, 우리는 삶의 이야기들에서 성숙의 기준을 잘 찾을 수 있을 것이다. 여섯 개의 발달적 경향이 확인될 수 있다. 각각의 경향은 주어진 시점에 특정한 개인적 신화를 비교할 수 있는 표준이나 기준을 제공한다. 청소년기의 과정을 지나 중년기를 지나면서, 우리의 개인적 신화는 ① 일관성, ② 개방성, ③ 신뢰성, ④ 분화, ⑤ 화해 그리고 ⑥ 생산적 통합이 증가하는 방향에서 이상적으로 발달해야 한다. 인간의 정체성에서 '좋은 이야기'의 원형은 여섯 가지 이야기 표준에서 높은 점수들을 받은 것이다.

다른 모든 것이 동일하다면, 더 일관된 개인적 신화가 덜 일관된 것보다 우월하다. 인물은 이야기의 맥락에서 의미를 만드는 일들을 하는가? 어떻게 인간이 일반적으로 행동하는지에 관해 우리가 아는 것의 관점에서 그들의 동기들은 의미가 있는가? 사건은 인과관계의 방식 속에서 사건을 따라가는가? 이야기의 부분은 다른 부분과 모순되는가? 일관성이 부족한 이야기는 왜 상황이 설명할 수 없고, 당혹스러운 방식으로 밝혀지는지, 독자를 궁금하게 한다. 우리의 삶의 이야기가 우리에게 이해되지 않을 때, 우리는 새로운 신화를 만들기 위해 정체성에서 대안을 모색할 필요가 있다.

그러나 일관성이 전부는 아니다. 어떤 이야기는 너무 일관적이어서 진실이 아닌 것 같다. 우리는 삶에서 일관성과 목적을 찾기 위해 완벽한 일치를 필요로 하지 않는다. 사실, 좋은 삶의 이야기는 모호성을 견디는 것이다. 이런 이야기는 미래의 행동과 생각에 대한 많은 다른 대안을 열어 둠으로써 개인을 미래로 이끈다. 우리의 이야기는 유연하고 탄력적일 필요가 있다. 그것들은 우리가 변하는 것처럼 변화하고, 성장하며, 발달할 필요가 있다. 개방성은 헌신과 의지의 부족을 반영하면서, 항상 너무 많은 개방성의 위험이 있기 때문에, 개인적 신화에서 판단하기가 어려운 기준이다. 여전히 변화와 성장을 환영하는 개인적 신화가 덜 환영하는 것보다 우수하다. 개방성이 없다면, 우리의 개인적 신화는 경직되고 침체되며 부서지기 쉬운 위험을 무릅쓰게 된다.

세 번째 기준은 신뢰성이다. 우리의 삶의 이야기는 우리의 삶에 관한 것이다. 역사는 단순히 연대기가 아니고, 현재 우리가 알고 있는 것에 기초해서, 과거에 발생했다고 우리가 믿는 것에 대한 이야기 해석이다. 역사는 사실을 형성할 수 있지만, 그럼에도 여전히 일반적으로 진실이라고 믿어지는 사실에 기반을 두고 있다. 나폴레옹은 정말로 워털루에서 패배했다. 우리가 이것에 대해 어떤 해석을 하든지, 이 사건은 정말로 일어났다. 그래서 그것은 우리의 개인적 신화와 함께 존재해야 한다.

우리는 우리 삶의 이야기에서 신뢰성을 찾아야 한다. 선하고, 성숙하고, 적응력 있는 신화는 심한 왜곡에 기반을 둘 수 없다. 정체성은 환상이 아니다. 이것은 청소년의 개인적 우화가 궁극적으로 실패할 이유다. 분명히 우리는 우리의 정체성을 창조한다. 그러나 우리는 시나 소설같이 어디서인지도 모르게 그것들을 창조하지는 않는다. 정체성에서 좋은 이야기는 신뢰성의 단순한 외양 이상을 나타낸다. 그것은 알려질 수 있거나 발견될 수 있는 사실에 책임이 있고, 정말로 믿을 수 있어야 한다. 정체성은 상상의 창조적인 작품이지만, 이것은 여전히 기능하는 현실세계에 기반을 둔다.

좋은 이야기는 성격 묘사, 플롯 그리고 주제에 있어 풍부하다. 독자는 등장인물이 시간을 두고 흥미로운 방식으로 발달시키는 풍부한 질감을 지닌 세계로 들어가게 된다. 그들의 행동은 긴장이 절정에 이르고 뒤따라 해결되는 강력한 플롯으로 정의된다. 이 점에서 우리는 좋은 이야기가 풍부하게 분화되는 경향이 있다고 말할 수 있다. 유사하게, 개인적 신화는 증가하는 분화의 방향에서 발달해야 한다. 성인이 성숙해지고 새로운 경험을 해 감에 따라, 그또는 그녀의 개인적 신화는 더 많은 측면과 성격 묘사를 나타내야 한다. 그것은 더욱 풍부하고, 깊어지고, 복잡해져야 한다. 뒤에 나올 장에서 보겠지만, 이것은 청년기와 중년기에 이마고의 발달과 개선에 있어 특히 분명하다. 우리 자신의 의인화된 이미지들은 더욱 풍부하게 묘사되고 다듬어진다. 우리의 이야기들이 보다 분화되면서, 우리는 더 많은 요인, 문제 그리고 갈등을 이야기 속으로 가져온다. 우리는 많은 것으로 이루어졌다는 것을 알게 되고, 이런 것들 중 일부는 서로 모순될지 모른다.

분화가 증가하면서, 우리는 이야기 속에서 충돌하는 세력 간의 화해를 추구할 수 있다. 조화와 해결은 자기의 다중성 속에서 만연해져야 한다. 좋은 이야기는 어려운 문제와 역동적인 모순을 제기한다. 그리고 좋은 이야기는 자기의 조화와 진실성을 확인하는 이야기 해결을 제공한다. 화해는 개인적 신화를 만드는 데 있어서 가장 도전받는 과제들 중의 하나다. 심리적으로 우리는 중년기에 도달할 때까지 이 도전에 직면할 준비가 되어 있지 않다.[29]

정체성의 좋은 이야기에 대한 여섯 번째 기준은 생산적 통합이라고 부르는 것이다. 삶의 이야기는 단순히 허구인 아주 좋은 이야기일지 모르는 그 이상의 것을, 더 크게는 일관성, 신뢰성 그리고 화해를 찾는다. 그러나 삶의 이야기는 잡지에서 읽을 수 있는 단순한 어떤 이야기가 아니다. 그것은 특정한 사람의 삶의 신화적 표현이다. 인간의 삶은 다른 종류의 이야기들에 일반적으로 적용되지 않거나, 같은 방식으로 적용되지 않는 사회적이고 윤리적인 맥락에서 존재한다.[30] 성숙한 정체성에서, 성인은 사회의 생산적이고 공헌하는 구성원으로서의 기능을 할 수 있다. 그 또는 그녀는 직장과 가정의 영역에서 성인의 역할을 수행할 수 있다. 그 또는 그녀는 인간적 사업의 생존, 향상 또는 진보적 발달을 통해 다음 세대를 촉지하고, 양육하고, 안내할 것이다. 좋은 신화는 생산적인 방식으로 신화제작자를 사회 속에 통합시킨다.

우리의 개인적인 신화는 우리의 삶에 일치와 목적의 감각을 제공한다. 그러나 우리 자신의 삶은 다른 사람의 삶과 연결되어 있고, 우리의 신화도 다른 사람의 신화와 연결되어 있다. 가장 성숙한 개인적 신화는 다른 사람의 신화제작을 향상시키는 것들이다. 성인기에 성숙한 정체성은 자기보다 더 크고 더 오래 지속되는 사회적 세계에서 창조적인 참여를 요구한다. 신화는 자기뿐만 아니라 세계에도 적응시켜야 한다. 우리는 우리 자신에게 진실해야 한다. 그리고 우리는 우리의 시간과 장소에도 진실해야 한다. 만약 우리의 신화들이 우리를 사회적 세계와 일련의 세대들 속으로 통합해 주지 않는다면, 정체성의 발달은 전적인 자기도취로 퇴보할 위험을 무릅쓰게 된다. 이상적으로, 신화제작자의 기술은 신화를 만드는 사람과 그것을 장식하는 사회에 도움이 되어야 한다.

 후 주

1) Erikson, *Young man Luther*, pp. 111-112.
2) 심리적 유예 기간이라는 용어는 정체성에 관한 에릭슨의 방대한 저작물로부터, 특히 그의 1968년 저서인 『정체성: 청년과 위기(*Identity: Youth and crisis*)』에서 나온다. 또한 이 용어는 정체성의 상태를 조사하는 야심 찬 연구 프로그램에서 유용하게 사용되었다. 이 연구에서 유예 기간이라는 용어는 사상과 직업에 관한 과거의 믿음과 가치에 의문을 표현하면서, 아직 확실한 정체성 헌신을 해야 하는 정체성의 탐색을 시작한 청소년이나 청년을 가리킨다. 이 연구에서 유예기에 있는 청년은 결국 헌신을 하고, 그에 따라 성취한 정체성의 신분으로 들어간다고 일반적으로 믿는다. 이런 관점은 이 책에서 사용된 것과 갈등을 일으키는데, 왜냐하면 정체성은 아마 노년기까지 결코 한 번에 전부 성취되지 않는다는 것이 나의 주장이다. Marcia, "Identity in adolescence." McAdams, *Power, intimacy, and the life story*, chapt. 2.
3) 예를 들면, 다음을 보라. Coles, *The call of stories*. Kohlberg, L., & Gilligan, C. (1971). The adolescent as moral philosopher: The discovery of self in a post-conventional world. *Daedalus*, Fall, 1051-1086. Perry, W. G. (1968). *Forms of intellectual and ethical development in the college years: A scheme*. New York: Holt, Rinehart & Winston. Winter, D. G., McClelland, D. C., & Stewart, A. J. (1981). *A new case for the liberal arts: Assessing institutional goals and student development*. San francisco: Jossey-Bass. 확고한 원리와 양도할 수 없는 진실에서 청년의 정체성을 확립하는 데 실패한 것에 대해 미국 대학의 교양과정을 혹평한 알란 블룸에 의해 채택된 현대적 입장은 다음과 같다. Bloom, A. (1987). *The closing of the American mind: How education has failed democracy and impoverished the souls of today's students*. New York: Simon & Schuster.
4) 정체성의 신분에 관한 그의 작품에서 마르시아에 의해 채택된 현대적 입장은 다음과 같다. Marcia, "Identity in adolescence."
5) 성인기에서 반복된 단계와 주기를 통과한다는 관점은 많은 책에서 대중적으로 알려졌다. 가장 잘 알려진 것들은 다음과 같다. Levinson, D. J. (1978). *The seasons of a man's life*.

New York: Ballantine. Sheehy, G. (1976). *Passages: Predictable crises in adult life*. New York: E. P. Dutton. 그러나 경험적 연구는 성인 발달에서 보다 연속성과 불규칙한 변화를 제시한다. Wrightsman, L. S. (1988). *Personality development in adulthood*. Newbury Park, CA: Sage Publications.

6) 에릭슨은 인간 성격의 발달적 단계를 이해하기 위한 틀을 제공하지만, 정체성을 청소년기로 제한하지 않았다. Erikson, *Childhood and society*.

7) Levinson, *Seasons of a man' s life*.

8) Vaillant, G. E. (1977). *Adaptation to life*. Boston: Little, Brown.

9) Gould, R. L. (1980). Transformation during early and middle adult years. In N. J. Smelser and E. H. Erikson (Eds.), *Themes of work and love in adulthood* (pp. 213-237). Cambridge, MA: Harvard University Press.

10) Gutmann, D. (1987). *Reclaimed power: Toward a new psychology of men and women in later life*. New York: Basic Books.

11) Jung, C. G. (1936/1969). *The archetypes and the collective unconscious*. In Vol. 9 of *The collected works of C. G. Jung*. Princeton, NJ: Princeton University Press. Jung, *Memories, dreams, reflections*.

12) Frenkel, E. (1936). Studies in biographical psychology. *Character and personality*, *5*, 1-35.

13) Havighurst, R. J. (1973). *Developmental tasks and education* (3rd Ed.). New York: David McKay.

14) White, R. W. (1975). *Lives in progress* (3rd Ed.). New York: Holt, Rinehart & Winston.

15) Neugarten, B. L. (1964). *Personality in middle and late life*. New York: Atherton Press.

16) 예를 들면, 다음의 책을 보라. McCrae, R. R., & Costa, P. T. (1990). *Personality in adulthood*. New York: Guilford Press.

17) Roberts, P., & Newton, P. M. (1987). Levinsonian studies of women' s adult development. *Psychology and Aging*, *2*, 154-163. Stewart, A. J., Franz, C., & Layton, L. (1988). The changing self: Using personal documents to study lives. In D. P. McAdams and R. L. Ochberg (Eds.), *Psychobiography and life narratives* (pp. 41-74). Durham, NC: Duke University Press.

18) Shweder, R. A., & Levine, R. A. (Eds.). (1984). *Culture theory: Essays on mind, self, and emotion*. Cambridge: Cambridge University Press.

19) 수많은 사회학적 연구로부터의 자료들은, 일하는 사람들의 대부분은 적어도 한 번 직업을 바꾸며, 중년기의 직업적 변화는 드문 일이 아니고, 그들이 일하는 삶의 모든 기간 동안 한 직업에 머무르는 사람은 거의 없다고 알려 준다. 여성의 직업 경력은 남성보다 불규칙한 경향이 있기 때문에, 성인기 여성 가운데 직업 변화는 보다 더한 것이 아니더라도 적어도 흔한 것이다. 다음의 책을 보라. Kimmel, D. C. (1990). *Adulthood and aging* (3rd. Ed.). New York: John Wiley & Sons.

20) Roberts & Newton, "Levonsonian studies of women' s adult development."

21) Ibid, p. 154.

22) Ibid, p. 159.

23) Havighurst, *Developmental tasks and education.*

24) Levinson, D. J., Darrow, C. M., Klein, E. B., Levinson, M. H., & McKee, B. (1974). The psychosocial development of men in early adulthood and the mid-life transition. In D. Ricks, A. Thomas, and M. Roff (Eds.), *Life history research in psychopathology* (Vol. 3) (pp. 250–271). Minneapolis: University of Minnesota Press.

25) Hayslip, B., Jr., & Panek, P. E. (1989). *Adult development and aging.* New York: Harper & Row.

26) Hankiss, A. (1981). Ontologies of the self: On the mythological rearranging of one's life history. In D. Bertaux (Ed.), *Biography and society: The life history approach in the social sciences* (pp. 203–209). Beverly Hills, CA: Sage Publications.

27) Franklin, B. (1961). *Benjamin Franklin: The autobiography and other writings.* New York: Penguin. (Written in 1771.)

28) Ibid, p. 16.

29) 수많은 심리학자는 중년기와 그 이후에 나타나는 성숙의 한 가지 특징은 성인의 성격에 있어 상반된 것들의 화해라고 주장한다. 예를 들면, 칼 융은 중년기에 충분히 개성화된 남성이나 여성은 심리적으로 남성성과 여성성 사이의 창조적 균형을 찾아야 한다고 주장했다. 로버트 키건은 성숙은 자율성과 상호의존의 심리 사이의 화해를 포함한다고 주장했다. 오토 랑크와 어네스트 벡커는 다른 사람들과 융합하려는 욕구와 그들로부터 분리되려는 욕구 사이의 균형에 대해 썼다. Becker, E. (1973). *The denial of death.* New York: The Free Press. Jung, *Memories, dreams, reflections.* Kegan, R. *The evolving self: Problem and process in human development.* Rank, *Truth and reality.*

30) 이야기가 기능하는 윤리적 영역에 대한 고려가 다음의 새롭고 매력적인 연구에서 제시되었다. Booth W. C. (1988). *The company we keep: An ethics of fiction.* Berkeley, CA: University of California Press.

제2부 이야기의 등장인물들

　적절히 말하면, 인간은 그들의 마음에 자신에 대한 이미지를 지닌 자신을 인식하는 개인들이 있는 만큼 많은 사회적 자기를 갖고 있다. 그의 이미지들 중의 어느 하나에게 상처를 주는 것은 그에게 상처를 주는 것이다. 그러나 이미지들을 지닌 개인이 자연스럽게 어떤 계층으로 떨어지듯이, 그가 관심을 갖는 의견들을 가진 독특한 집단의 사람들이 있는 것만큼, 그가 많은 다른 사회적 자기를 갖고 있다고 우리는 실제적으로 말할지 모른다. 부모나 교사들 앞에서 충분히 점잔을 빼는 많은 청소년이 그의 거친 친구들 사이에서는 해적과 같이 욕설을 퍼붓고 허풍을 떤다. 우리는 자녀에게 우리의 친한 친구나 놀이 친구에게처럼, 우리의 고용주나 고객에게처럼, 우리 자신을 보여 주지 않는다. 이런 결과들로부터 실제적인 것은, 인간은 여러 자기로 분리된다는 것이다. 그리고 이것은 아는 사람들이 그를 다른 어떤 사람으로 알까 봐 두려워하는 것처럼, 조화를 이루지 못한 분열인 듯하다. 또는 아이들에게 부드러운 사람이 그의 통제 아래 있는 군인이나 재소자에게는 엄격한 것처럼, 일에서 완벽하게 조화로운 분리인 듯하다.

- 윌리엄 제임스(William James)

　등장 배역들은 도덕적 철학으로 입은 가면들이다.

- 알래스데어 매킨타이어(Alasdair MacIntyre)

제5장 인물과 이마고

샌디는 결혼하여 초등학교를 다니는 두 자녀를 두었으며, 큰 회계법인에서 중간 관리자로 근무하고 있다. 그녀는 자녀들과 되도록 많은 시간을 보내고자 하며, 변함없는 보살핌과 훈육을 제공하고자 한다. 그녀는 남편에게는 좋은 친구이고 열정적인 연인이 되려고 한다. 직장에서 그녀의 동료들에게는, 자신의 행동을 정당화하기 위해 뚜렷한 목표와 합리적인 계획의 관점에서 자신 있게 자기주장을 펼치며, 개인적인 감정이 견고한 경영 업무에 결코 방해가 되지 않도록 할 필요를 느낀다. 대조적으로, 그녀가 여름에 부모님을 뵈러 갔을 때, 그녀는 장난스럽고 어린애 같다. 논쟁을 벌일 때는 아버지의 권위를 존중하고, 자매들과 함께 뜨개질과 단어 맞추기 게임을 한다. 그녀는 손익 계산서, 성행위 혹은 아이들이 잠드는 시간 등에 대해서는 일절 생각하지 않는다. 다양한 다른 것 중에서도 그녀는 딸이고, 근로자이며, 아내 그리고 어머니다. 이와 같은 역할들은 서로 이질적이다. 하지만 샌디의 인생에 이와 같은 역할들을 하나로 묶어 주는 무언가가 있을까? 그녀의 서로 다른 사회적 자아들을 일관되고 역동적인 전체로 통합해 주는 어떤 것이 있을까?

만약 답이 '예'라면, 그 무엇인가는 바로 정체성이다. 그리고 만약 정체성이 이야기의 형태를 취한다면, 샌디가 일상에서 취하는 다양한 역할에 구현된 그녀의 서로 다른 자기들은 이야기의 잠재적인 등장인물들로 볼 수 있을 것이다. 다른 것들 속에서 이야기는 행동하고, 상호작용하고, 바라고, 생각하고, 느끼는 등장인물들에 대한 것이다. 우리가 청년기와 중년기를 지나가며, 정체성은 충분한 수의 서로 다른 등장인물들이 출현하고, 발달하고, 성장하는 개인적 신화를 구성하도록 우리에게 도전한다. 따라서 많은 역할과 하나의 정체성이라는 문제는 등장인물과 이야기 간의 구분을 통해 해결된다. 많은 것은 주요 등장인물들이고, 하나인 것은 이야기인데, 그 내부에서 등장인물들은 형태, 기능, 목소리가 주어지게 된다.

> 나는 나 자신과 모순되는가?
> 그렇다면 아주 잘되었다. 나는 나 자신과 모순이다.
> (나는 크다. 나는 많은 것을 품고 있다.)

월트 휘트먼(Walt Whitman)이 자신 안에 많은 것이 들어 있다고 선언했을 때, 그는 모험적인 미국적 자기의 무한한 가능성을 찬양하는 것이었다.[1] "나는 많은 것일 수 있다."라고 휘트먼은 말했다. 나는 연인과 증오하는 사람, 전사와 평화주의자, 부모와 아이일 수 있다. 신처럼 나는 생명을 주기도 하고, 빼앗아 갈 수도 있다. 휘트먼의 '나 자신의 노래'는 어떤 이들에게는 자기 과시로 느껴질 수도 있지만, 그의 낭만적인 시들은 우리 사회에서 성인이라는 것은 전형적으로 많은 것임을 의미한다고 상기시켜 준다. 현대의 삶은 우리 각자가 서로 다른 많은 것 속에서 어떤 때는 모순되는 방식들로 행동하고 생각하기를 요구한다.

가정과 직장의 분리

성인은 심리사회적으로 첫 번째 임시적인 헌신을 하고, 사회적 역할을 공고히 하면서, 20대와 30대를 지나간다. 가정과 직장이라는 두 개의 매우 다른 사회적 영역 속에서 헌신이 만들어지고, 역할이 공고해진다. 1990년 미국 성인의 평균 초혼 나이는 남성의 경우 26.1세, 여성의 경우 23.9세였다.[2] 과거와 비교해 미국인은 더 적은 수의 자녀를 낳고, 더 늦은 나이에 가정을 꾸리고 있지만, 대부분의 부부는 여성이 서른이라는 나이에 다다랐을 때 이미 자녀를 키우고 있다. 여성이 마흔에 다다랐을 때 적어도 한 자녀는 아마도 초등학교에 입학했거나 고등학교를 다닐 나이이며, 가족 체계는 청소년기 자녀의 성장하는 독립성을 수용하기 위해 조정 중이거나 곧 조정될 것이다. 일의 영역에서 20~30대의 남성은 흔히 상류층으로의 이동과 가속적 상승의 가치 체계에 따라 움직인다. 직업적 발달에서 남성의 이상은 빠르게 승진하는 것이다.[3] 그러나 업무 영역에서의 지속적 상승의 심상은 만족스러운 가정생활을 갖고자 하는 많은 30대의 여성에게(그리고 어떤 남성에게도) 특히 문제로 드러난다. 직장에서의 공적 세계와 가정생활의 사적 세계는 매우 다른 도전을 제시한다는 것이 성년기 초기의 중요한 가르침 중 하나로 보인다. 만약 성인이 두 세계 사이에서 적절한 타협점을 찾고자 한다면, 그 또는 그녀는 적어도 두 개의 매우 다른 존재 방식을 개발해야 한다.

사회 역사학자들은 이것이 항상 그 경우는 아니었다고 말한다. 전통적인 식민지 시대 미국의 소도시에서 대부분의 성인은 집에서 일했으며, 가정생활은 공적인 고려 사항이었다.[4] 농부, 장인, 교육자, 목사, 의사 그리고 그 외 18세기 미국 시민은 같은 장소, 즉 집에서 그들의 가족을 양육하고 그들의 직업을 유지해 나갔다. 가정은 대체로 사회의 축소판이었으며, 독립 한 세기 반 이전 미국적 삶의 청교도적이고 가부장적인 가치를 반영하고 확인했다. 식민지 시대의 가정은 가게, 학교, 직업교육 기관, 교회, 복지시설이었다. 개인의 역할과 확인된 단 하나의 속성 사이의 구분이 명확하지 않았던 사회적 맥락에서 개인은 일꾼, 부모, 연인, 교사, 이웃 그리고 신앙인으로서 기능했다. 공적 생활과 사적 생활은 거의 하나이거나 동일한 것이었고, 그래서 개인의 부정행위가 공개적인 비난의 대상이 되는 경우가 많았다. 『주홍글씨』의 여주인공인 헤스터 프린을 기억해 보라. 지역 공동체는 혼외 성관계에 대한 처벌로 공개적 망신을 주는 것을 시행했다. 오늘날이라면 아마 우리가 개인적인 윤리 문제로 생각할 일이 300년 전 청교도적 뉴잉글랜드 소도시에서는 공개적인 모욕으로 인식된 것이다.

부분적으로 19세기의 산업혁명과 미국 도시화의 결과로 성인기의 공적 세계와 사적 세계는 분리되기 시작했다. 남성(그리고 어떤 여성)이 매일 집을 떠나 공장이나 다른 먼 곳으로 일을 하러 나가기 시작하면서, 가정은 사적인 가정생활의 독점적 영역으로 진화했다. 한 역사학자에 따르면, 직업세계는 효율성, 자동화, 공격적인 이익 추구의 남성적 윤리에 의해 지배받게 되었다.[5] 노동은 가정 밖에서 남성이 하는 일이 되었다. 그와 대조적으로, 가정의 영역은 친밀한 관계로 이루어진 이상적이고 여성화된 세계로서 낭만적으로 묘사되었다. 남성에게 집이란 직장 근무를 하는 동안 주로 여성과 자녀가 차지하는 공간으로, 노동으로부터의 정기적인 피난처가 되었다. 개별 남성과 여성에게 직장과 가정, 공적 영역과 사적 영역의 분리는 개인적 의식에 큰 확장을 불러왔다. 통합된 식민지 공동체는 더 이상 존재하지 않게 되었다. 사생활은 더 이상 공적 감시의 대상이 아니었다. 성인은 분리된 영역을 위한 분리된 자기들을 만들도록 도전을 받았다. 현대의 남성과 여성이, 자신들이 운영하는 많은 다른 삶의 영역을 수용하기 위해서, 자신들의 정체성을 많은 다른 역할로 분할하는 것이 점점 더 필요하다는 것을 발견하면서, 오늘날 도전은 아마도 전보다 더 커지고 말았다.

19세기에 나타난 공적 영역과 사적 영역의 분리는 교육받은 많은 성인에게 거의 강박에 가까운 것이 되었다. 인간 경험의 내부와 외부 세계들 사이의 갈등은, 인간의 마음 속 대부분은 무의식적인 것이고, 공적 관찰의 외부 세계로부터 분리되어 있다는 프로이트의 역사적인 주장에서 정점을 찍었다.[6] 프로이트에 이르기까지, 쇼펜하우어와 니체의 19세기 철학 사상은, 전형적으로 내부로부터의 감정적이고 비이성적인 충동들인, 의식의 밖에 있는 인간적 기능의 어떤 측면들을 찬양했다. 이 충동들은 인간의 이성에 대해 적대적이라고 생각되어 왔다. 19세기 낭만파 시인들은 인간의 영웅적이고 창조적인 능력들을 무의식적인 내면의 영역에 두었다. 1784년부터 무의식에 접근하기 위한 방도로 최면술이 쓰였으며, 프로이트의 스승 중 한 명인 장 마르탱 샤르코(Jean-Martin Charcot)는 전설적인 효과를 가진 방법을 사용했다. 일상적 의식으로부터 분리된 생각과 느낌의 개인적인 세계에 호소함으로써 샤르코는 성인으로 하여금 의식적으로 이해할 수 없는 기괴한 방식으로 대중 앞에서 행동하도록 강요할 수 있었다.

　19세기 유럽의 중산층 성인은 의식으로 알 수 없는 내부 세계의 존재를 믿었다.[7] 19세기 유명 인사들의 전기에서 볼 수 있듯이, 빅토리아 시대의 많은 남성과 여성은 다른 사람에게 이와 같은 내적 자기의 본의 아닌 폭로에 사로잡혀 있었다. 자신의 마음 속 깊은 비밀을 들여다볼 의식적 통찰력을 얻을 수 없을지라도, 빅토리아 시대 사람들은 객관적 관찰자가 당신이 당신 자신을 아는 것보다 당신을 더 잘 알게 되는 것처럼, 의도하지 않게 자신의 숨겨진 자기가 다른 사람에게 공개될 위험이 항상 존재한다고 믿었다. 사회적 메시지는 자아의 다중성에 대해 경고했다. 조심하라! 숨겨진 자기는, 심지어 가장 올바른 공적인 페르소나 이면의 짐승 같은 실체를 폭로하면서, 언제든 폭발할지 모른다. 『지킬 박사와 하이드씨(*Dr. Jekyll and Mr. Hyde*)』의 이야기가 당시에 엄청난 대중적 성공작이었던 것은 결코 우연이 아니다. 정직과 책임을 강조하는 빅토리아 시대의 삶은 내부의 악마가 격렬하게 혹은 음탕하게 공적 장면에 분출되지 않도록 주의를 필요로 했다.

　19세기 후반 세 명의 가장 영향력 있는 지성인들이었던 프로이트, 마르크스 그리고 다윈은 각각 인간의 삶, 인간 사회, 생물학적 유기체는 통제를 벗어난 심오하고 숨겨진 힘들에 의해 지배된다고 주장했다. 그것이 무의식(프로이트), 역사의 변증법(마르크스) 또는 자연적 선택(다윈) 중 어느 것이든지, 세상에서 발생하는 것들에 궁극적으로 책임이 있는 삶의 세력들은 오히려 비밀스럽고, 미묘하고, 분리되어 있다. 대중적이고 일반적으로 알 수 있는, 분명한 수준의 경험이 있다. 그리고 은밀하거나 숨겨진 채로 있는 수준이 있다. 하나의 수준에서 당신이 보는 것은 다른 수준에서 당신이 보는 것과 같은 것이 아니다.

미국 중산층의 현대 생활은 19세기의 이러한 유산으로부터 비롯되었다. 성인기의 공적 영역과 사적 영역은 분리된 채로 남아 있으며, 성인은 자신에게 여러 자기가 존재함을 인식한다. 자기의 다중성은 지난 200년간 세상에 일어난 경제적 · 기술적 · 사회적 · 철학적 변화의 결과다. 현대 생활의 많은 측면이 그러하듯이, 자기의 다중성은 고르지 못한 특혜다. 한편으로 현대의 남성과 여성은 200년 전에 살았던 성인과 비교했을 때, 생산적이고 행복하며 풍부한 삶을 살기 위한 훨씬 더 많은 기회를 가진 것으로 보일 수 있다. 중산층 미국인에게 20세기 후반은 대안적 · 직업적 역할들과 생활방식에 대한 폭넓은 선택권을 제공한다. 또 다른 한편으로, 폭넓은 선택권은 때때로 두려운 것이며, 성인은 전형적으로 그들의 30대에, 선택은 궁극적인 한계와 피할 수 없는 희생을 수반한다는 것을 인식하도록 구속받는다. 더 나아가, 우리가 많은 다른 것이 되려고 하면서, 우리는 하나가 되려고 반대 방향으로도 끌어당겨지는 것으로 보이는데, 윌리엄 제임스가 예전에 말한 것처럼 "우리는 우리의 구원을 걸 수 있다."[8]

현대 생활은 우리에게 많은 것이기를 초청한다. 우리의 삶의 이야기들은 폭넓은 배역의 등장과 발달을 환영한다. 하지만 궁극적으로 우리는 다양성만큼이나 일치성을 추구한다. 우리는 이야기를 위해 하나의 존재가 되고자 하며, 아무리 복잡해도 하나의 인생을 위한 여전히 하나의 이야기여야 한다. 현대의 성인으로서 개인은 가정, 직장 그리고 그 밖의 인생의 모든 영역에서 의미를 찾아야 한다. 한 개인이 모든 장소와 시간에서 모든 사람에게 모든 것이 될 수 없고, 그렇게 되어서는 안 된다. 하지만 개인은 특정한 시간과 특정한 장소에서 중요한 사람을 위한 중요한 것들이 될 수 있다. 더 나아가, 그 또는 그녀는 어떤 면에서 독특하고, 자기모순이 없고, 일관성이 있고, 의미 있고, 목적 있고, 만족스러운 것들이 될 수 있다. 이마고들의 적절한 배역과 성격 묘사의 풍부하지만 유한한 자료를 포함한 개인적 신화를 창조하는 것은 개인으로 하여금 동시에 많은 것이면서 하나인 문제를 해결할 수 있게 해 준다.

주인공들을 창조하기

나는 우리 삶의 이야기를 지배하는 등장인물을 이마고라고 부른다.[9] 이마고는 현대 생활의 다양성을 수용하기 위한 이야기 기제를 제공한다. 정체성을 위한 양식과 구조를 추구하면서, 젊은 성인은 심리적으로 통합적인 이마고를 형성하기 위해 사회적 역할들과 자기의 다양한 면을 끌어모은다. 개인의 인생에서 주요 갈등 또는 역동은, 갈등을 일으키고 상호작용하는 이마고들로, 어떤 이야기의 막간에서 플롯을 진행시키기 위한 주인공들로 보여 주고 연기될지 모른다. 휘트먼이 말하는 혼란스러운 다수는 관리 가능한 등장인물들의 배역으로 축소되는 것이다.

이마고는 자기가 의인화되고 이상화된 개념이다. 우리 각자는 의식적 그리고 무의식적으로 우리 삶의 이야기들을 위한 주인공들을 만들어 낸다. 이런 등장인물들은 우리의 신화 속에서 마치 사람들처럼 기능한다. 즉, 그들은 의인화된 것이다. 그리고 각자는 다소 과장되고 일차원적인 형태를 갖고 있다. 즉, 그들은 이상화된 것이다. 우리 삶의 이야기들은 하나의 지배적인 이마고 또는 많은 이마고를 가질 수 있다. 삶의 신화에서 두 개의 중심적이고 갈등하는 이마고들의 출현은 비교적 흔한 것처럼 보인다.

청년기와 중년기 동안, 우리가 자신의 정체성을 창조하는 데 쓰는 심리적 에너지의 대부분은 우리의 이마고들의 발달, 묘사 그리고 개선에 들어간다.

각각의 이마고는 우리 이야기 속 고정인물과 같다. 각자는 우리가 일상생활에서 행하는 구체적인 역할들보다 크고 포괄적이다. 실제로 각 이마고는 다양한 역할을 하나의 이야기 범주 아래 묶는 데 쓰일 수 있다. 이마고들은 특정한 정체성 이야기에 맞추어 의인화되어 있어 어떤 점에서는 각기 독특하다. 내가 연구를 하면서 알게 된 다양한 이마고로는 지적인 교수, 낙후 지역의 난폭한 소년, 지속적으로 돌보는 사람, 기업 간부, 세계 여행자, 운동선수, 현자, 군인, 교사, 광대, 평화주의자 그리고 순교자 등이 있다.

이마고들은 자기가 세심하게 공을 들인 상태로 존재하며, 인생 이야기의 어떤 장에서는 영웅이나 악당으로 등장할 수 있다. 그들은 성인의 삶에서 흔히 외부의 역할 모델과 다른 중요한 사람들 속에 구현된다. 우리의 개인적 신화가 성숙해 감에 따라, 우리는 중심적인 이마고들을 더욱 구체적이고 확장된 역할에 캐스팅하고 배역을 바꾸어 나간다. 우리는 이야기의 플롯을 지배하는 주인공들을 포괄적으로 이해함으로써 우리 자신을 더욱 잘 이해하게 되고, 그에 따라 이야기를 진행시켜 나간다. 성숙함과 함께, 우리는 우리의 신화 속에서 자주 갈등을 일으키는 이마고들 사이에 조화, 균형 그리고 화해를 만들어 내기 위해 노력한다.

[그림 5-1]은 삶의 이야기에서 이마고들을 분류하는 나만의 방법을 보여 주고 있다. 해당 분류 체계는 대략 30~50세의 남성과 여성의 정체성 배열에 대한 연구로부터 주로 비롯되었다. 나는 이야기들의 두 가지 중심적 주제로 간주하는 힘과 교제의 특성에 따라 이마고의 유형을 구조화한다.[10] 어떤 이마고 유형은 매우 강력한데, 이는 자기를 적극적·지배적·개성적인 매개체로 의인화하여 이상화했음을 암시한다. 다른 유형은 공동체 안에서의 보살핌, 동정심, 우정의 제공자로서, 자기의 매우 자애롭고 의인화된 이상화다. 어떤 이마고 유형들은 힘과 사랑을 혼합하고, 다른 유형들은 둘 중 어느 것도 강조하지 않는 것으로 보인다.

이와 같은 이마고 유형들의 사례들은 고대 그리스의 잘 알려진 신화들을 포함하여 세계의 신화들 속에서 발견될 수 있다. 이상화된 위업과 모험들에서, 고대 그리스 신전의 신과 여신은, 개인적 신화와 인간의 삶 속에서, 오늘 날도 여전히 예중되고 연기되는 기본적인 인간의 필요와 성향을 의인화한 다. 다른 세계의 신화들도 따라 할 만한 동일하게 유용한 분류 체계를 제공한 다. 비록 심리학 연구자들에 의해 그리스 신화가 상습적으로 이용된다 하더 라도, 그것들이 특별하거나 보편적인 것은 아니다. 내가 인터뷰했던 어떤 사 람들은 주인공들이 [그림 5-1]에 나와 있는 분류 방법에 들어맞지 않는 개인 적 신화를 제시하기도 했다. 해당 분류 방법은 대략적인 안내에 불과하다. 나 는 단지 많은 독자에게 그리스 이름들이 익숙하기 때문에 사용하는 것이다.

이마고들에 대해서는 네 가지 사항이 강조될 필요가 있다.

이마고들은 사람이 아니다. 이마고들은 개인적 신화 속에서 이상화된 의인화 를 구성한, 인간 사고와 행동을 위한 원형적 형태들이다. 이마고들은 현실세 계 속 실제 사람들로서가 아닌 삶의 이야기 속 등장인물들로서 존재한다. 당 신은 당신의 이마고들이 아니다. 오히려 당신의 정체성은 어떤 이마고들에 관한 이야기다.

이마고들은 전체 이야기가 아니다. 주인공들이 개인적 신화의 전부가 아니다. 이 책의 중심적 메시지는 개인적 신화가 다른 수준과 다른 관점에서 이해될 수 있다는 것이다. 예를 들어, 이야기는 등장인물뿐 아니라 주제, 배경, 이미 지, 분위기 그리고 플롯의 관점에서 볼 수 있다.

이마고는 긍정적이거나 부정적일 수 있다. [그림 5-1]의 분류 체계는 단지 긍정 적인 이마고들을 다루고 있다. 이들은 좋고 바람직한 자질들을 많이 가진, 자 기의 의인화된 이상들이다. 그러나 많은 성인은 부정적인 의인화 역시 발달 시킨다. 때때로 이런 부정적인 이마고들은 내가 열거한 긍정적 이마고들의 정반대이거나 거울 이미지들이고, 또 다른 많은 경우에는 그렇지 않다.

이마고들은 개인적 신화들과 같이, 흔하기도 하고 독특하기도 하다. [그림 5-1]은 어떤 흔한 이마고들을 탐색하기 위한 안내에 불과하다. 이 체계 속에는 상당 한 정도의 개성이 존재한다. 한 사람의 전사 이마고는 다른 사람의 그것과 매 우 다를 수 있다. 어떤 이마고 유형들은 [그림 5-1]의 분류 방법과 맞지 않는

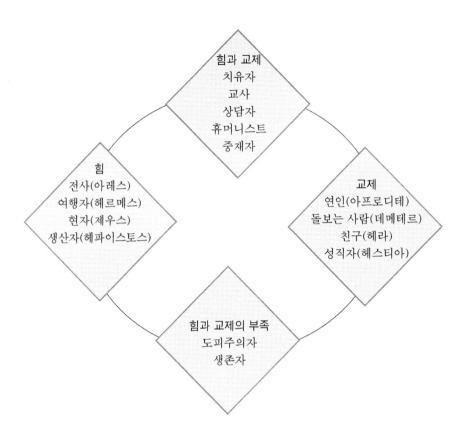

[그림 5-1] 이마고 유형들: 개인적 신화 속의 흔한 등장인물들

다. 더욱 일반적으로, 개인적 신화들처럼 이마고들은 서로 다른 다양한 형태로 존재한다.

이마고의 본질

최근 『코스모폴리탄』 잡지 광고는 그것을 오늘날 던지기 곡예사(juggler)를 위한 완벽한 여성 잡지로 묘사한다. 내가 보기에 던지기 곡예사는 자녀를 키우고, 보수가 좋은 직업을 갖고 있으며, 남편 혹은 연인과 행복한 관계를 유지하고 있다. 또한 세상의 최신 정황을 잘 알고 있는 동시에 아름다움을 유지하는 20대 혹은 30대의 미국 중산층 여성을 가리킨다고 생각한다. 그녀는 다양하고 겉보기에 모순되는 역할들을 동시에 저글링한다. 그녀는 자신의 역할들을 공중에서 움직이는 채로 유지하며, 그중 어느 하나도 땅에 닿지 않도록 치열하게 노력한다.

저글링하는 사람들은 어빙 고프먼(Erving Goffman)이 '일상생활에서 자기의 발표'라고 부른 것을 특히 잘한다.[11] 고프먼에 따르면, 현대의 남성 혹은 여성은 다른 사람의 인상을 교묘하게 조종하기 위해 연기하는 연기자와도 같다. 그는 우리가 각각의 사회적 상황에 대해 만들어진 각본대로 연극을 한다고 믿었다. 자연스럽고 자발적으로 보이는 사회적 상황들마저, 우리가 마주하는 다양한 관객에게 요구된 효과를 내도록 고안된 전형적으로 의례화된 연기인 것이다. 고프먼의 관점에서, 가장 성공적이고 잘 적응된 사람은 주어진 상황에서 매우 능숙하게 적절한 연기를 선택하고 연기하는 사람이다. 고프먼에게 우리는 우리가 저글링하는 역할들이며, 그 이상은 아니다.

정신과 의사 로버트 제이 리프턴(Robert Jay Lifton)은 본질적으로 동일한 사회적 현상에 대해 매우 다른 은유를 사용했다.[12] 리프턴에게 저글링하는 사람은 마치 자유자재로 변장이 가능했던 그리스 신 프로테우스와 같다. 그는 개가 되어야 할 때는 개가 될 수 있었다. 만약 의사를 불러야 하는 상황에서 그는 의사가 될 수 있었다. 프로테우스와 같은 남성 혹은 여성은 모든 사람에게 모든 것이 되려고 하는 현대의 성인이다. 그런 사람은 겉으로 보기에 성격이 원만하고 순응적으로 보일 수 있다. 그 또는 그녀는 다양한 관심사와 여가활동에 활발하게 참여할 수도 있다. 하지만 프로테우스 같은 사람은 내면의 깊은 공허함으로부터 고통받는다. 그 또는 그녀의 삶에는 일관성이 없다. 그 또는 그녀의 이질적인 관심사들과 활동들을 하나로 묶어 주는 이야기가 존재하지 않는다. 자기는 분열되며, 각 부분은 다른 부분들로부터 고립된다.

우리가 연기하는 수많은 역할 배후의 통합적인 자기의 감각인 정체성을 인식하는 데 실패하여, 고프먼은 사회생활에 대해 상당히 불만족스러운 견해를 가진다. 고프먼에게 우리가 연기하는 특정한 행동을 초월하는 것은 없다. 우리는 우리의 역할을 연기하기 위해 여기 있는 것이며, 그것이 전부다. 우리 각자가 연기하는 역할에 대해 생각하고 느끼는 것은 부적절하게 보일 것이다. 그에 비해서 리프턴은 현대 성인생활에서의 끊임없는 역할 연기에 의해 깊이 고통을 겪는다. 저글링하는 사람은 사회적으로 능률적이고 존경받을 수 있지만, 의미 있는 인생을 만들고자 할 때 우리는 저글링 이상의 것을 해야만 한다. 리프턴은 우리의 역할들을 더욱 크고 의미 있게 형성된 자기 속에 포함시킬 방법을 찾아야 한다고 주장한다. 우리는 우리의 역할들을 조직적인 정체성의 부분적인 통제 아래에 놓을 방법을 찾아야 한다.

우리의 20대와 30대의 신화적 도전은 역할들을 저글링하는 데서 벗어나, 이마고들을 창조하고 개선하는 것으로 나아가는 것이다. 이마고들은 사회적 역할들보다 더욱 크고 내면화되어 있다. 주어진 역할의 일반적 특징들은 그것이 기능하는 사회 내에서, 사회에 의해 정의된다. 사회적 역할의 측면에서 보면, 어머니는 아이를 낳고 키우며, 보살핌과 충고를 제공하고, 자신의 가치관과 사회의 요구에 일치하는 자녀의 발달을 촉진시키기 위해 힘쓰는 여성이다. 연방법원 판사는 법정 재판을 주재하고, 법정 논쟁에 관한 공판을 하며, 법에 따라 판결을 내리는 등의 역할을 하는 남성 혹은 여성이다. 이러한 역할들은 사회적 규범과 기대에 의해 정교하게 각본이 쓰였고, 우리 모두는 그것에 매우 익숙하다.

그러나 역할이 이마고가 되기 위해서는, 다양한 범위의 활동에 적용 가능한 자기의 상태로 기능하기 위해, 역할의 범위가 더욱 넓어져야 한다. 인생 이야기 속에서 어머니의 강한 이마고를 지닌 사람은 생물학적 자녀 또는 입양 자녀를 돌보는 것 이상으로 잘하려는 다양한 방식들 속에서 어머니가 하는 대로 행동하고 생각하며 느낀다. 그 또는 그녀는 사회적 역할을 확대시키고 개인화하여 자기 정의적 삶의 이야기 속에 놓는다. 마찬가지로 판사의 이마고를 개발한 사람은, 판사가 그렇듯이, 인생의 다양한 영역에서 정의와 공정성의 문제들에 대해 관심을 갖는다. 그 사람은 가족과 친구와 함께 있을 때와 같이, 진짜 판사가 아닌 상황에서도 마치 판사인 것처럼 행동하고 생각한다.

이마고들은 현재의 나, 과거의 나, 미래의 나일 것으로 예상되는 나, 과거에 어떤 존재가 되었으면 했던 나, 미래에 어떤 존재가 될까 봐 두려워하는 나의 측면들을 의인화할 수 있다. 이와 같은 자기의 상태들 중 어떤 것 또는 전부―인식된 자기, 과거의 자기, 미래의 자기, 바람직한 자기, 바람직하지 않은 자기―는 개인적 신화들의 주인공들로 편입될 수 있다.[13] 그것들 중의 어떤 것 또는 모든 것은 특정한 장을 지배하거나, 이야기 속의 특정한 주제나 생각을 의인화하는 이마고가 될 수 있다.

다음 장에서 나는 동료들과 함께 진행한 많은 인생 이야기 면담으로부터 추려 낸 사례들을 묘사하며 서로 다른 종류의 이마고들을 보여 줄 것이다. 당신은 이러한 묘사들에서, 친구, 배우자, 자녀, 부모 그리고 당신이 아는 다른 사람의 삶의 이야기들에서 중요한 역할들을 하는 것처럼 보이는 특정한 인물들뿐 아니라, 아마도 자신의 부분들을 인식할 수 있을 것이다. 다음 제6장의 목표는 이마고 유형들의 초기 분류인 현대의 정체성 생성을 위한 등장인물들의 표준 배역을 구체화하는 것이다. 그와 같은 묘사를 위한 추가적인 배경을 제공하기 위해, 이마고들의 여섯 가지 기본 원칙을 제시하며 이 장을 마무리하고자 한다. 각각의 원칙은 어떤 이마고가 개인적 신화 속에서 주요 등장인물로서 자신을 나타낼 수 있도록 특정한 방식과 관계된다.

이마고는 우리가 가장 소중히 여기는 욕구와 목표를 표현한다. 우리가 인생에서 가장 원하는 것은 자아의 이상화된 의인화로 우리의 정체성 속에 자주 표현된다. 우리가 바라는 것을 분명하게 의인화시킨 우리의 이야기 속에서 등장인물을 그려 내는 것을 통해, 우리는 우리의 기본 욕구를 표현할 수 있다. 이국적인 장소로 여행을 떠나기를 원하고, 새로운 사람을 만나 새로운 삶의 방식을 경험하는 것을 좋아하며, 다양한 종류의 치료를 수행하고 정기적으로 인간 성장에 대한 세미나에 참석하는 것을 통해 그녀 자신의 잠재력을 탐구하기 위해 애쓰는, 강한 힘의 동기를 가진 35세의 간호사를 생각해 보라. 그녀는 진부해지거나 지루해지는 것을 두려워한다. 신체적으로나 심리적으로 그녀는 계속 움직이고 싶어 한다. 그녀의 개인적 신화 속 주인공은 언제나 동분서주하는 메신저 신인 그리스의 신 헤르메스를 본떠 만들어진 여행자다. 하지만 그녀의 모험과 탐험을 향한 애정은 타인을 도우며, 그들의 건강과 복지를 증진시키려는 경쟁적인 욕구와 상충된다. 이와 같이 또 다른, 동등하게 강력한 일련의 욕구들은 치유자로 불리는 두 번째 주인공으로 의인화된다. 이 여성의 개인적 신화는 여행자와 치유자에 관한 이야기다. 두 가지의 이마고들은 20대 후반과 30대 초반에 그녀의 정체성 속의 중심적 인물들로 정해졌으며, 번갈아 가며 등장하는 그들의 갈등, 지배, 화합은 그녀의 인생의 도처에서 그녀의 행동들을 결정했다.

사회심리학자 헤이즐 마커스(Hazel Markus)는 우리의 구체적인 욕구와 두려움은 전형적으로 그녀가 명한 '가능한 자기들' 안에 갇혀 있다고 주장한다.[14] 마커스에 따르면, 가능한 자기는 개인이 될 수 있거나, 되고 싶어 하거나, 되기를 두려워하는 것에 대해 갖고 있는, 분명하게 표현된 이미지다. 그녀의 상상 속에서, 갈등하는 26세의 작가는 퓰리처상을 수상한 소설가로서, 뉴욕의 지식인들 사이에 살고 있고, 뉴욕 잡지 서평에 정기적으로 학식 있는 기사를 제공하며, 출판인들로부터 높은 선금을 받고, 책의 소재를 구하기 위해 유럽으로 여행가는 등의 가능한 자기를 그렸을 수도 있다. 또한 그녀는 결코 성공하지 못한 작가로서 가능한 자기를 그렸을 수도 있다. 이 반대되는 시나리오에서 그녀는 기사, 단편 또는 책을 결코 출판하지 못하게 된다. 그녀는 자신의 재능에 대한 인정을 받지 못한다. 장래성이 없는 직업의 연속에서 빚은 늘어만 가고, 마침내 영원한 좌절감과 평범함에 빠지게 된다. 마커스의 가능한 자기들은 잠재적 이마고들로 보인다. 그들은 인생이 전개되고, 이야기가 전해지는 방식에 따라 무대에 오를 수도, 오르지 못할 수도 있는 등장인물들이다.

이야기 속 등장인물들처럼, 이마고들은 특정한 서막에서 신화에 입장한다. 이야기 속에서 인물은 태어나고 살아가며 어떨 때는 죽기도 한다. 그들은 서서히 나타나거나 없어지지 않는다. 탄생은 죽음만큼이나 불연속적인 경험이다. 사람은 장면으로 튀어나온다. 유사하게, 등장인물은 예컨대 셰익스피어의 연극 1막 2장의 햄릿 왕자나 출애굽기 2장 2절의 모세처럼 갑자기 이야기에 등장한다. 그것은 개인적 신화에서도 그렇다. 우리에게 의미가 통하는 이야기를 창조하기 위해 과거를 재건하면서, 우리는 자기의 중요한 면들을 의인화하는 등장인물들을 만들어 낸다. 그렇게 해서 우리는 자주 인물들이 태어나거나 무대 위로 올라오는 이야기 속 특정 장면들을 상세히 이야기한다. 이마고는 보통 높거나 낮거나, 전환적인 시기에 나타나기 위한 이야기 기제를 찾게 된다(부록 2 참조).

이마고들은 우리의 특성과 반복되는 행동을 의인화한다. 특성은 사람이 다르게 말해질 수 있는 행동의 선형 차원이다.[15] 예를 들어, 사람은 '친근함'이라는 특성에서 현저하게 다르다. 어떤 사람은 다른 사람보다 지속적으로 더 친근하다. 우리 각자는 어떤 상황에서는 친근하고 어떤 상황에서는 친근하지 않은 경향이 있음에도 불구하고, 사람이 이 차원에서 매우 친근해 보이는 사람부터 매우 친근하지 않아 보이는 사람까지 평가되고 순위 매겨질 수 있음에 동의한다. 많은 연구는 사람이 여러 단순한 특성의 차원에서 신뢰할 수 있게 평가될 수 있고, 이 같은 평가는 시간이 흘러도 비교적 안정적이라는 것을 보여 준다. 사람은 자신에 대해서도 신뢰할 수 있게 평가하며, 한 사람의 자기 평가는 다른 사람이 그 사람에게 주는 평가와 연관되는 경향이 있다. 사람은 일반적으로 자신의 특성을 알고 있다.

한 사람의 동기 또는 욕구는 그 사람이 삶에서 원하는 것을 제안하는 반면, 특성은 행동의 지속적인 방식과 더욱 관련이 있다. 우리 각자는 우리 자신의 행동을 관찰하고 암암리에 다른 사람의 행동과 비교하면서 일생을 보낸다. 따라서 우리 중 대부분은 '친근함' '우월함' '충동성' '성실성' 등과 같은 특성 차원에서 우리가 남과 얼마나 겨룰 수 있는지에 대해 상당히 좋은 감각을 갖고 있다.[16] 우리가 스스로 부여한 특성은 우리의 개인적 신화로까지 진출할 가능성이 높다. 자신을 매우 '자발적'이라 보는 남성은 재미를 추구하고, 충동적이며, 장난기 많은 이마고를 창조함으로써 이러한 특성을 이야기 인물로 바꾸어 놓을 것이다. 이마고들은 개인이 스스로 부여한 특성을 구현할 수 있는 이야기 매개체를 제공한다.

이마고들은 개인적이고 문화적인 가치들을 표현한다. 모든 사회는 대체로 그 사회가 가장 큰 존경심을 갖는 신념과 규범을 의인화하는 고정인물을 만들어 낸다. 그 인물은 사회적 실존의 특정 형식을 합법화하면서, 사람에게 주어진 시간과 장소에서 문화적이고 윤리적인 이상을 제공한다. 예를 들어, 로버트 벨라(Robert Bellah)는 '독립적 시민'은 19세기 초반 미국인에게 대표적인 도덕적 인물 유형의 역할을 했다고 말한다.[17] 에이브러햄 링컨의 생애에 최고조에 달한 독립적 시민은 성경의 가르침을 신봉하고 자유와 자주적 가치를 헌신적으로 따르는, 자수성가하여 자급자족하는 농부 또는 소도시의 기술자였다. 독립적 시민은 당대의 사상적 정신을 포착했다. 그는 젊고 이상적인 국가의 도덕적 모범이었다.

벨라가 말하는 도덕적 인물 유형들은, 성인이 자기 자신의 삶을 이루고, 자기의 더욱 개인화된 인물 묘사를 분명히 표현하는 일반적 모델이다. 사회적 수준에서의 도덕적 인물 유형들처럼, 이마고들은 자주 개인적 가치와 믿음을 반영한다. 성인의 이상적 배경의 중요한 측면은 이마고들 속에서 분명하게 표현될 수 있다. 기독교 근본주의자는 기독교 복음을 받아들여야 할 모든 사람에게 그것을 전하는 일에 헌신한 인물인 전도자의 이마고를 개발할 것이다. 약간 다른 관점을 가진 기독교인은 바울의 사랑과 자선에 대한 가르침으로부터 자신의 삶을 위한 이상적인 영감을 얻어 '충성스러운 친구'의 이마고를 창조할 수도 있다. 종교의 영역 밖에서, 이마고들은 윤리적·정치적·심미적 가치들을 의인화할 수 있다. 어떤 개인적 신화에서 이마고들의 주된 기능은 개인이 옳고, 진실이고, 아름답다고 여기는 것에 대한 대변자 혹은 모범이 되는 것이다.

이마고들은 자주 중요한 다른 사람들 주변에 만들어진다. 일반적으로 사회로부터 제공된 인물 유형들을 넘어, 성인은 부모, 교사, 형제, 친구 그리고 그들이 만난 다른 많은 중요한 사람이 제공한 모델들로부터 이마고들을 만들어 낸다. 궁극적으로 이마고들은 대인관계로부터 만들어진 것이다. 개인의 삶에서 중요한 사람은 특정한 이마고가 나타내는 것의 살아 있는 화신으로 사용될 수 있다. 자신의 어머니가 돌보는 사람이라는 이마고의 모델로 사용될 수 있다. 학문적이고 개인적인 혼란을 해결하는 것에 도움을 주는 사랑받는 스승은 치유자의 이마고를 위한 원형이 된다는 것을 증명할지 모른다.

오늘날 임상심리학과 심리치료에서는, 우리 인생에서 중요한 사람들을 내면화하고 이러한 내면화를 중심으로 우리의 성격들을 구조화시킨다고 주장하는 강한 움직임이 있다. 성격에 대한 대상관계 접근에 따르면, 우리가 강한 감정을 느끼는 사람은 궁극적으로 우리의 무의식 속에서 의인화된 구조로 나타나게 된다.[18] 유아는 초기 경험의 결과로 어머니에 대한 무의식적 표상을 만들게 되고, 이와 같은 지속적인 표상은 이후 여러 해 동안 대인관계에서 상당한 영향력을 행사하게 될 것이다. 시간이 흐르며 다양한 대상(사람의 표상들)은 무의식 속에서 각자의 영역을 차지하며 내부에 형성된다. 신경증은 다른 내재화된 대상들 간의 과도한 갈등 또는 어떤 대상들이 자기의 연합을 떠나 내부의 이간질하는 자가 되는 분열의 결과로 생겨날 수 있다. 건강한 발달은 서로 다른 대상들의 통합 그리고 사랑과 돌봄의 관계를 통한 분열의 치유를 포함한다.

이마고는 초기 대상관계의 인생 이야기의 파생물로 나타난다. 다시 말해, 개인적 신화의 어떤 주인공은 내재화된 대상들의 정신 내부의 자원들로부터 나올 수 있다. 어떤 경우에, 우리는 우리가 의식하지 않는 가이드라인에 의해 우리의 주인공을 집필한다. 이런 가이드라인은 일생 동안의 사랑, 증오, 다른 사람과 함께 있음의 결과로 누적된 무의식적 표상들 속에 포함되어 있다.

심리치료사인 메리 왓킨스(Mary Watkins)는 내면화된 대상들을 대화에 참여한 내면의 목소리들로 비유했다.[19] 왓킨스의 관점에서, 건강한 심리 발달의 특징은 내면의 서로 다른 인물들의 점진적인 정교화 그리고 그 인물들 간의 상상적 대화의 지속적인 향상이다. 치료 중에 왓킨스는 그녀의 환자들에게 그들의 마음속에 다양하게 의인화된 '존재들'―연인, 전사, 현자, 아이, 교사, 친구, 정신 속에서 사는 다른 사람―을 탐색하기를 장려한다. 각자의 존재가 알려짐에 따라, 그 목소리는 점점 더 분명하고 뚜렷해지며, 다른 내부의 존재들을 의미 있는 대화에 참여시킬 수 있게 된다.

왓킨스는 정신 내부 구조 안에서 개방성과 다양성을 매우 중요하게 여긴다. 그녀는 여러 다른 존재가 되는 것은 대체로 좋은 것이라 믿기 때문에, 성인 자기의 다중성이라는 현대의 문제를 경시한다. 그녀의 접근은 내가 주장했던 관점보다도 통일성 및 목적과의 관련이 더 적어 보인다. 그래도 여전히 왓킨스의 상상의 대화에 대한 사고방식은 이마고들에 적용할 때 유용하다. 개인적 신화는 이야기 시간 내내 발달하는 다양한 이마고들을 포함한 일련의 복잡한 상상의 대화들로 볼 수 있다.

이마고는 근본적인 삶의 갈등을 의미할 수 있다. 대부분의 좋은 이야기는 경쟁하는 관심사, 목표, 인물들 간의 갈등에 근거를 두고 있다. 이야기의 후반부에 갈등은 해결된다. 개인적 신화에서도 마찬가지다. 갈등을 빚는 이마고들은 정체성 속에서 예외적인 것만큼 일반적인 것이며, 많은 삶의 이야기는 완전히 양극화된 인물들 주변에 구성된다. 20대와 30대의 어떤 성인에게는 직장에서의 자기와 가정에서의 자기의 분리는 그들이 힘과 교제라는 대립되는 목표를 만족시키고자 할 때, 그들의 개인적 신화들 속에서 평행한 대립을 불러일으킨다. 성공적이며 공격적인 변호사의 힘의 이마고와 보살피며 돌보는 사람이 무대에 함께 올라야 하는 인생 이야기를 구성하는 30세의 여성 변호사를 상상해 보라. 둘을 위한 자리는 없어 보인다. 힘과 사랑이라는 일반적 주제의 영역 내에서 갈등이 발생할 수도 있다. 돌보는 사람이 친구와 갈등을 일으킬 수 있다. 현자와 전사는 목적이 어긋날 수도 있다. 개인적 신화가 언제나 마음이 통하는 상상의 대화를 만들어 내지는 않는다.

개인적 신화는 자주 이마고가 연기하고, 상호작용하고, 대화하고, 성장하고, 싸우고, 화해하는 주요 갈등들에 의해 지배된다. 하나의 이야기의 맥락 안에서, 다양한 인물은 많은 것을 원한다. 많은 목소리가 들어 주기를 원한

다. 대략 20~40세에, 성인은 다양한 인물이 역할을 수립하고 목소리를 찾는
것을 허락하는 개인적 신화를 만드는 것에 심리적으로 참여하는 것으로 나타
난다. 결국 역할들은 충돌하고, 목소리들은 부딪힐 가능성이 높다. 이야기 혼
란이 어느 정도는 발생할 것이고, 이것은 좋게 나타날 것이다. 우리는 성인으
로서 30대 또는 40대에 화해하고, 정체성의 주요 갈등을 충분히 해결할 것이
라 기대해서는 안 된다. 이 시간 동안 인물들은 여전히 자기를 정의하는 이야
기 내에서 그들의 독특한 역할을 찾고 있다. 그리고 그 이야기는 다른 인물들
과 그들의 다른 발달적 단계를 모두 충실하게 수용하기 위해 여전히 그 이야
기만의 독특한 형식을 찾고 있다.

 후 주

1) Whitman, W. (1959). Song of myself, lines 1314-1316. In Francis Murphy (Ed.),
   Whitman: The Complete Poems (p. 737). Hammondsworth, Middlesex: Penguin, 1977.
   New York: Viking Press.
2) 1990년 3월 미국 인구조사국의 보고에 기초한 다음 자료를 참조하라. "New Look to U.S.
   Households." *Chicago Tribune*, June 7, 1991.
3) 리처드 오크버그는 남성의 직업적 삶에서 가속화의 형상에 대한 재미있는 분석을 다음의
   글에서 제공한다. Ochberg, R. L. (1988). Life stories and the psychosocial construction of
   careers. In D. P. McAdams and R. L. Ochberg (Eds.), *Psychobiography and life
   narratives* (pp. 173-204). Durham, NC: Duke University Press.
4) Gadlin, H. (1977). Private lives and public order: A critical review of the history of
   intimate relations in the United States. In G. Levinger and H. L. Rausch (Eds.), *Close
   relationships: Perspectives on the meaning of intimacy* (pp. 33-72). Amherst, MA:
   University of Massachusetts Press.
5) Ibid.
6) Gay, P. (1986). *The tender passion*. New York: Oxford University Press.
7) Baumeister, *Identity: Cultural change and the struggle for self.*
8) James, W. *Psychology: A briefer course.* New York: Fawcett World Library, p. 174.
9) 이마고의 개념은 정신분석학적 임상심리학과 인지사회적 심리학에서의 관련된 수많은 개
   념과 어떤 유사점을 지니고 있다. 이것들은 융의 '원형', 설리번의 '의인화', 페어베언, 건
   트립 및 클라인의 '내면화된 대상들', 번의 '에고 상태와 각본들', 제이콥슨의 '바라던 자

기 이미지들', 마커스의 '자기 도식과 가능한 자기들', 칸토와 미셸의 '최초 형태들', 마틴 데일의 '하위 자기들'과 같은 개념들을 포함한다. 이런 개념적 연결들은 다음의 글에 자세히 나온다. McAdams, "The 'imago': A key narrative component of identity." 추가적으로 위의 논문들은 이마고의 여덟 가지 원리를 설명한다. ① 자기는 감정을 실은 의인화된 그리고 이상화된 내면적 이미지들로 구성된다. ② 특정한 이마고의 기원은 개인의 세계에서 사랑했던(그리고 미워했던) 대상들의 내면화에 놓여 있다. ③ 개인의 가장 중요한 대인관계들은 그의 또는 그녀의 이마고들에 의해 깊이 영향을 받는다. ④ 이마고들은 변증법적 대극으로서의 자기 속에서 종종 자리 잡기도 한다. ⑤ 반대되는 이마고들의 통합이 성숙한 자기의 한 가지 특징이기도 하다. ⑥ 이마고들은 자기에 관한 조직적이고 평가적인 지식을 위한 상위 도식들이다. ⑦ 이마고들은 반복적인 행동계획들을 구체화한다. 그리고 ⑧ 이마고들은 개인적 목표, 두려움, 욕구에 대한 인지적 틀을 제공한다. 또한 이마고의 개념들이 경험적 연구에서 어떻게 작동될 수 있는지에 대한 확대된 토론은 다음의 글을 보라. McAdams, *Power, intimacy, and the life story,* chpt. 6. Other sources for background concepts: Berne, E. (1972). *What do you say after you say hello?* New York: Grove Press. Cantor, N., & Mischel, W. (1979). Prototypes in person perception. In L. Berkowitz (Ed.), *Advances in experimental social psychology* (Vol. 12, pp. 3-52). New York: Academic Press. Fairbairn, *Psychoanalytic studies of the personality.* Guntrip, *Psychoanalytic theory, therapy, and the self.* Jacobson, E. (1964). *The self and the object world.* New York: International Universities Press. Jung, C. G. (1957). *Psychology of the unconscious.* New York: Dodd, Mead. Klein, M. (1948). *Contributions to psychoanalysis: 1921-1945.* London: Hogarth. Markus, H., & Nurius, P. (1986). Possible selves. *American Psychologist, 41,* 954-969. Martindale, C. (1980). Subselves: The internal representation of situational and personal dispositions. In L. Wheeler (Ed.), *Review of personality and social psychology* (Vol. 1, pp. 193-218). Beverly Hills, CA: Sage Publications. Steiner, C. M. (1974). *Scripts people live.* New York: Grove Press. Sullivan, H. S. (1953). *The interpersonal theory of psychiatry.* New York: W. W. Norton.

10) 이 책의 제3장과 부록 1에서는 삶의 이야기들의 두 가지 중심적인 주제들로서 사랑과 힘 또는 보다 일반적으로 힘과 교제를 검토한다. 제6장에서는 힘과 사랑의 줄기를 따라 조직된 다양한 이마고 형태를 자세히 살펴본다.

11) Goffman, E. (1959). *The presentation of self in everyday life.* Garden City, NY: Doubleday.

12) Lifton, R. J. (1979). *The broken connection.* New York: Simon & Schuster.

13) 토리 히긴스는 '실제적 자기' '이상적 자기' 그리고 '당위적 자기'를 구별한다. 실제적 자기는 어떤 사람이 실제로 소유했다고 믿는 속성들을 대표하는 것으로 구성된다. 이상적 자기는 어떤 사람이 이상적으로 소유하고 싶은 속성들, 즉 희망, 포부, 소원을 대표하는 것으로 구성된다. 당위적 자기는 어떤 사람이 소유해야 한다고 믿는 속성들, 즉 의무 또는 책임을 대표하는 것으로 구성된다. 히긴스의 자기 불일치 이론에 따르면, 삶에서 문제들은 다른 영역들에 있는 다양한 자기가 서로 불일치할 때 생긴다. 실제적 자기와 이상적 자기 사이의 불일치는 슬픔과 다른 우울한 감정의 경험들로 종종 이끈다. 실제적 자기와 당위적

자기 사이의 불일치는 공포, 죄책감 또는 다른 불안과 관련된 감정의 경험들로 종종 이끈다. 다니엘 오길비는 인간이 두려워하고, 미워하고, 경험으로부터 적극적으로 제외시키려고 하는 속성들로 구성된 '원하지 않는 자기'에 초점을 맞춘다. 원하지 않는 자기와 실제적 자기 사이의 불일치는 전반적인 삶의 만족의 강한 예측 요소다. 다른 말로 하면, 그들의 삶에 대해 높은 수준의 만족을 보고하는 사람들은 그들의 원하지 않는 자기와 실제적 자기가 크게 다르다고 보고한다. Higgins, E. T. (1987). Self-discrepancy: A theory relating self and affect. *Psychological Review*, *94*, 319-340. Ogilvie, D. M. (1987). The undesired self: A neglected variable in personality research. *Journal of Personality and Social Psychology*, *52*, 379-385.

14) Markus & Nurius, "Possible selves."

15) McAdams, *The person*, chpt. 6.

16) 수많은 특성 심리학자는 성격 특성의 전 분야는 다섯 가지 일반적인 영역에 따라 조직될 수 있다고 최근 결론을 내렸다: ① 외향-내향, ② 신경증성-안정성, ③ 개방성-폐쇄성, ④ 수용성-적대성, 그리고 ⑤ 의식성-무의식성이다. McCrae & Costa, *Personality in adulthood*. 이런 관점에 대한 비판은 다음의 논문을 보라. McAdams, D. P. (1992). The five-factor model in personality: A critical appraisal. *Journal of Personality*, *60*, 329-361.

17) Bellah, R., Madsen, R., Sullivan, W. M., Swidler, A., & Tipton, S. M. (1985). *Habits of the heart: Individualism and commitment in American life*. Berkeley: University of California Press.

18) Guntrip, *Psychoanalytic theory, therapy, and the self*.

19) Watkins, M. (1986). *Invisible guests: The development of imaginal dialogues*. Hillsdale, NJ: The Analytic Press.

제6장 힘과 교제의 인물들

   적어도 19세기부터 서구 민주주의의 성인 시민은 현대 생활의 이원성을 수용하기 위해 자신의 정체성을 만들어 왔다. 직장에서는 영향력 있고 가정에서는 애정이 넘치는 것은 이루기가 매우 어려운 것임에도 불구하고, 이상적으로는 우리 모두가 원하는 것이다. 하지만 우리 모두가 같은 정도로 또는 같은 방식으로 힘과 사랑을 원하지는 않는다. 어떤 개인적 신화는 강력한 노력으로 줄거리를 진행시키는 힘의 이마고들에 의해 지배당한다. 또 다른 인생 이야기는 일차적으로 사랑과 친밀감에 따라 행동하는 더욱 사회적인 배역을 제시한다. 또 어떤 인물은 힘과 사랑을 동시에 추구한다. 여전히 다른 사람들은 힘과 사랑을 전부 피하는 것처럼 보인다.

   각각의 인물은 성인이 되는 특정한 방식의 의인화된 표상이다. 따라서 각 인생 이야기에는 독특한 주인공이 들어 있다. 하지만 다른 개인적 신화들 사이에서 어떤 공통적인 인물 형태를 발견할 수 있다. 힘의 제목 밑에는 무엇보다도 전사, 여행자, 현자 그리고 제작자의 기준 인물들이 있다. 교제의 이마고들은 다른 것들과 함께 연인, 돌보는 자, 친구 그리고 종교적 의식주의자를 포함한다. 각각의 이마고 유형은 인간의 삶에서 인식 가능한 사회적 형태를 나타낸다.

이마고의 유형들에 관해서 신비롭거나 신비하게 생물학적인 것은 없다. 융의 분석에 반대하지는 않지만, 나는 이마고가 깊게 자리 잡은 집단 무의식으로부터 비롯되었다는 융의 생각은 부적절하다고 본다. 때때로 이마고라 일컬어지는 융의 원형적 개념은 인간 마음에 대해 너무 많은 것을 추정한다고 나는 생각한다. 그것은 각 개인이 생물학적으로 전해진 인간 삶에 대한 정보의 보편적인 창고에 접근 가능하다고 주장한다. 나는 이러한 정보의 대부분은 생물학적으로 그것을 받아들일 준비가 되어 있는 유기체에게 문화적으로 전해졌다고 추정하는 것이 더 합리적이라고 본다. 또한 이마고를 우리의 유전자에 암호화되어 있는 인간 본성의 사례들로 보아서도 안 된다.[1] 다양한 종류의 사회 속에서 살아가는 성인 인간에게 주어지는 정상적이고 예상할 수 있는 요구들에 의해 이마고들이 생겨난다. 우리 마음의 본성에 의해 우리는 성인으로서 이야기의 측면에서 우리 인생을 이해하도록 강요받는다. 이 장에서 설명하는 힘과 교제의 유형들은 현대 서구 생활의 이야기에 잘 적용되는 것으로 보인다. 그것들은 또한 결코 모든 사람은 아니지만, 일부에게 보일 수 있는, 과거 시대뿐 아니라 오늘날 다른 문화권에도 적용될 수 있는 정체성 형성을 위한 일반적인 모형을 제공하는 것으로 보일 수 있다.

힘의 인물들

문학, 연극, 노래, 운문에는 힘의 방식 속에서 행동하고, 생각하고, 느끼는 다양한 종류의 인물들이 많이 있다. 이들은 정복하고, 숙달하고, 지배하고, 극복하고, 창조하고, 생산하고, 탐험하고, 설득하고, 지지하고, 분석하고, 이해하고, 승리하기 위해 애쓰는 인물들이다. 그들은 다른 많은 것 중에서도 공격적, 의욕적, 모험적, 적극적, 자주적, 영리한, 용감한, 대담한, 지배적, 진취적, 단호한, 독립적, 지략 있는, 활동적, 세련된, 고집스러운, 현명한 등의 형용사로 묘사된다.[2] 이러한 인물들은 전형적으로 남성의 역할과 연관된 특징들을 의인화한다 하여 '남성적'이라 여겨진다. 하지만 이것들이 남성일 필요는 없다. 이것들이 여성으로 의인화되든 남성으로 의인화되든, 이러한 인물들은 힘차게 세상을 살아 나가는 경향이 있다. 다른 사람과 강력하게 교전하는 전사, 신속하게 지역을 지나가는 여행자, 세상을 이해하기 위해 노력하는 현자, 그리고 창조하기 위해 몸과 영혼을 움직이는 제작자는 힘의 인물의 네 가지 흔한 유형이다.

전 사

1991년 6월 24일, 『뉴스위크』는 미국에 중산층 남성의 전사로서의 유산의 회복을 목표로 한 남성 운동이 도래했음을 공표했다.[3] 시인 로버트 블라이(Robert Bly),[4] 인기 작가 샘 킨(Sam Keen)[5]과 같은 이 운동의 영향력 있는 대변인들은 많은 남성이 그들의 아버지 그리고 고대 신화와 민속신앙에서 찬양하는 원형적 남성성으로부터 단절된, 약하고 외로운 삶을 산다고 주장한다. 회계사, 기업 간부, 변호사 그리고 교수는 자신의 남성적 본성이 그렇게 되도록 준비한 자발적이고 용감한 전사로서의 삶을 경험하지 못한다. 블라이는 남성이 자신의 신화시적 근원에 접근할 것을 권한다. 킨은 자신의 남성적 목소리를 찾기 위해 여성의 세계로부터 자신을 분리할 것을 권고한다. 오늘날 단체들은 남성이 춤추고, 노래하고, 대화하고, 드럼을 치며, 숲이나 사막, 산에서 함께 고대 남성 의식을 재현할 수 있는 주말 수양회를 후원한다.

초기의 남성 운동에서 나타나는 것처럼 보이는 것은 전사로 의인화된 남성성의 이상화된 성격 묘사다. 용감하게 싸울 운명을 타고난 그들의 전사는 또한 자발적이고, 감정적이며, 다른 남성과 우정 어린 유대를 형성할 수 있다. 그 이미지는 복잡하며, 많은 중산층 미국 남성의 삶에서 결여되어 있고 개인적인 대인관계의 많은 자질을 혼합한다. 이미지의 중심에는 위협적이고 도전적으로 경험하는 자연적인 세계 속에서 힘차고, 공격적이며, 자신을 의식하지 않은 채 움직이는 적극적인 남성이 있다. 전투를 하기 위해서 전사는 위협을 인식해야 하며, 용기를 갖고 전진하기 위해서 도전과 장애물을 감당할 수 있는 것들로 경험해야 한다.

이 장에서 간략히 설명할 전사의 이마고는 현재 남성 운동에서 묘사된 것보다 더욱 제한적이며 일반적인 것이다. 그것은 전쟁을 하는 전사를 정의하는 측면에 초점을 맞추고, 블라이, 킨과 그 밖의 사람들은 그것들 때문이라고 보는 자발성, 형제애 등의 많은 다른 특성을 배제시킨다. 전사가 등장하는 이야기를 가진 어떤 사람들은 이런 특징들을 이 이마고에 돌리지만, 많은 다른 사람은 그렇지 않다고 나는 믿는다. 또한 그들의 개념과 달리, 남성과 여성 모두 신체적이든, 언어적이든, 정신적이든, 영적이든 용감하게 싸움에 임할 수 있으므로, 전사 이마고에 대한 나의 일반적 개념은 남성과 여성에게 동등하게 적용할 수 있는 것이다.

아레스는 고대 그리스 신화에서 전쟁의 신이며, 로마 신전에서의 이름은 마르스다. 아레스는 충동적이고 용감한 전사, 맹목적이고 잔혹한 용기, 피투성이의 분노와 대학살을 의인화한다. 아레스처럼 매우 힘 있는 이야기 인물인, 전사 이마고는 이런저런 전쟁들을 일으키기 위해 존재한다.

전사는 톰 하비스터의 개인적 신화에서 주인공이다.[6] 인터뷰 당시 톰은 경찰서에 고용된 43세의 통신기술자였다. 제2차 세계 대전 중 시카고 남동부에서 자란 톰은 아주 어린 시절의 전쟁, 죽음, 권력과 관련된 많은 중요한 사건을 기억한다. 그의 가장 어릴 적 기억들은 공습 사이렌 그리고 시카고 지역에서 실시한 정기적인 공습 훈련으로 생긴 '임박한 침공'의 공포에 관한 것들이다. 과속 차량에 치인 외조모와 애완견의 예상치 못한 죽음은 자신보다 크고 강력하고 권한을 가진 사람들에 대한 분노와 관련된 두 개의 초기 사건들이었다. 1943년에 톰의 가족은 시카고 밖의 농촌 지역으로 이사를 갔다. 이것은 그에게 상당한 스트레스를 주었다. 새로운 지역사회에서 그의 주된 갈등은 '농촌 아이들'과 갈 곳을 잃은 '도시 아이들' 사이에서 생겨났다. 그는 그런 갈등 속 자신의 역할을 교전 중인 파벌 사이에서 깨지기 쉬운 평화 협약을 타결시키는 외교관이라고 설명한다. "나는 마치 왕복 외교를 하는 헨리 키신저와 같았다." 톰은 가족 다툼의 결과로 유사한 역할을 떠맡는 자신을 발견했다.

톰의 어린 시절 영웅은 모두 군인이었다. 그는 재빨리 자신의 인생사를 한국 전쟁의 시작, 베를린 장벽의 건설, 케네디 대통령 암살 등과 같은 폭력적인 세계 사건들과 연결시켰다. 톰은 자신의 전성기인, 군사학교를 다니던 고등학생 시절과 바로 다음 그에게 '첫 번째 큰 실패'를 안겨 준 노트르담 대학교를 다니던 시절을 대조시킨다. 그곳에서 그는 여러 차례 다수의 권위적 인물들에 대항하며, 지금은 그가 '반항아'라고 부르는 역할을 자신도 모르는 사이에 일구어 냈다. 대학 중퇴 후 곧 톰은 공군에 입대하고 또 다른 전성기를 맞는다. 그 이후 그의 인생 이야기는 고귀한 전사(선량한 시민, 헌신적인 남편, 용감한 정치인으로 변장하고)로서 세상을 힘차고 성공적으로 살아가는 전성기, 그리고 지나친 음주와 대체로 무책임한 행동들에 빠지는 타락과 수치의 시기들이 번갈아 생겨난다. 그의 전사는 노트르담 대학교에서의 실패와 음주 문제의 재발, 이혼, 실직 기간과 관련된 인생의 장들에서는 전투에 진 것으로 보인다.

톰의 개인적 신화는 전투에 관한 이야기이고, 언제나 싸워야 할 어떤 전투가 있다. 전쟁을 준비하고 교전 중인 파벌 사이에서 조약을 협상하고, 평화를 지키기 위한 전쟁을 일으키는 기술 속에 잘 훈련된 공격적 에너지를 쏟을 수 있을 때, 전사는 승리를 거둘 수 있다. 톰의 독특한 신화에서, 전사 이마고는 힘을 통해 평화와 안정을 고취하는 일을 하고 삶을 살아가는, 자제심을 가진 집안 평화의 선봉이다. 하지만 그가 전사의 내재적 규칙인 순응의 통치, 충동 억제, 스파르타식 엄격함에 따라 살지 못하면, 이야기는 태만과 패배에 빠지게 된다.

톰에게 전사는 다른 사람을 지배하고 자신을 다스리는 그의 힘의 목적을 구현하기 위해 사용된다. 전사의 출현에 대한 단서들은 전쟁 준비와 폭력에 대한 어린 시절의 장면들에서 나타난다. 톰은 자신을 지배적이고 공격적인 개인으로 여기며, 용기와 규율을 자신의 개인적인 전사 규칙의 중심 신조들로 소중하게 생각한다. 그의 역할 모델들은 존 케네디, 헨리 키신저 그리고 그의 어린 시절 전쟁 영웅들과 같이 강하고 규율적인 남성들을 포함한다. 그의 전사 이마고와 일치하여, 톰은 새로운 사람과 관계를 맺을 때 다소 전투적이고 경계하는 경향이 있다. 친구와 지인은 '협력자들'이다. 특히 권위를 가진 사람을 포함한 다른 많은 사람은 적이다. 톰은 싸워야만 한다. 관계는 영웅적인 행동을 위한 기회를 마련한다. 관계는 톰으로 하여금 좋은 싸움을 하고 마침내 전투에서 승리하며, 강하고 진실된 태도를 유지할 것을 도전한다. 전사는 개인적 신화 속에서 중심 갈등인 절제와 자제력을 잃는 것 사이의 갈등을 나타낸다.

여행자

마거릿 미드(Margaret Mead, 1901~1978)는 원시 문화를 연구하기 위해 23세에 남태평양으로 떠났다. 수년 후 그녀는 『사모아에서 성년이 되기(Coming of Age in Samoa)』라는 첫 번째 책을 집필하여 돌아왔다. 청소년의 성과 명백히 죄책감이 없는 사랑에 대한 그녀의 묘사는 많은 독자에게 충격을 주었으며, 그녀에게 유명세를 안겨 주어 그녀의 이름을 영구적으로 성, 자유와 연결시키게 했다. 이후 50년 동안 미드는 20세기의 저명한 사회과학자 중 한 사람이자, 영어권에서 인류학을 가장 크게 대중화시킨 사람으로 자리 잡았다. 그녀의 인생 이야기는 그 안에 다수의 중요한 인물이 등장하는 것으로 보이는 풍부하고 복잡한 이야기다. 그들 중에서도 일인자는 여행자였다.[7]

그녀의 자서전에서 마거릿 미드는 첫째로서 '환영받고 사랑받았다'고 밝힌다.[8] 대학에서 일하는 아버지의 직업은 '마치 피난민 가족처럼' 그의 아내와 자녀들을 자주 이사하게 만들었지만, 마거릿은 근본적으로 행복한 어린 시절의 기억을 지녔다. 그녀는 친척, 친구 및 지인들에게 인기 있는 사람인 것에서 즐거움을 느꼈다. 그녀의 부모는 자주 "마거릿 같은 사람이 없다."라고 말하곤 했다. 어릴 때 그녀는 이렇게 인지된 특별한 본성을 더욱 발전시키고, 대부분의 미국 아이, 특히 20세기 초에 자라나던 어린 소녀들보다 자기 자신과 주변 환경을 탐구하도록 격려받았다. 각각의 새로운 주거지에서 마거릿은 새로운 사람을 만나고 새로운 지역을 탐험했다. 그녀의 어린 시절 자주 등장하던 주제들은 탐험을 통한 학습과 끊임없는 이동이었으며, 많은 경우에 이 같은 주제들은 융합되었다.[9]

> 과거를 되돌아보면, 정확한 기술들을 익히고, 긴 시들을 외우고, 과제물을 처리하던 기억들은 바람 속에서 목초지를 가로지르며 시골길을 따라 달리던 기억 그리고 꽃을 따고 견과를 찾으러 다니며 옛이야기들과 새로운 사건들을 엮어 나무와 돌에 대한 신화를 만들어 내던 기억들과 뒤섞여 있다.

마거릿은 인디애나 주의 드포 대학교에 신입생으로 등록했다. 이곳은 그녀의 특별한 본성을 용납하지 않는 최초의 환경이었으며, 그녀는 이동과 탐험을 억제해야 했다. 그녀의 마음속에서 드포는 자신 같은 자유로운 영혼에게는 편협하고, 억압적이며, 지나치게 전통적이었다. 그녀는 남학생과 여학생의 사교 클럽이 지배하는 사회생활을 지루하고 배타적이라 생각했다. 동급생들과의 강의도 지루하게 느껴졌다. 그리하여 그녀는 1년 후 그곳을 떠나, 수용과 흥분이 있고, 한 무리의 여대생들과 친밀한 관계를 형성하게 된, 뉴욕시의 버나드 대학교에 등록했다.

버나드에서 미드는 과거의 자신이 어떤 사람이었고 어떤 사람이 될 수 있는지에 대한 깨달음을 얻었으며, 이것을 과거의 자신에 대한 스스로의 인식과 매우 만족스러운 방식으로 결부할 수 있었다. 버나드에서 졸업할 때 그녀는 세상 사람이 살아가는 다양한 가정에 대해 알기 위해 인류 문화를 연구하는 데 일생을 바치기로 결심하였다. 미드가 새롭게 만들어 낸, 한 가정에서 다른 가정으로 계속 이동하는 인류학자로서의 정체성은 여행과 가정 사이의 인식된 특별한 관계에 따라 형성되었다.[10]

많은 사람에게 이사와 여행은 매우 다른 것들이다. 여행은 집을 떠나 집이 아닌 곳에서 머무르는 것을 의미하고, 단조로운 일상의 해독제이며, 몇 달간의 지루함 끝에 개인이 마땅히 즐겨야 할 휴가의 서곡이다. 이사는 집과 이별하고 슬프게 또는 즐겁게, 즐거운 모험 혹은 고난 그리고 기꺼이 또는 마지못해 인내해야 하는 것인 과거와 이별하는 것을 의미한다. 나에게 이사하는 것과 집에 머무르는 것, 여행하고 귀가하는 것은 모두 동일하다. 세상은 내가 하루, 한 달 또는 더 오래 살았던 가정들로 가득하다. 내가 얼마나 한 가정에 관심을 갖는지는 그곳에서 살았던 시간에 의해 측정되지는 않는다. 뜨겁게 타오르는 벽난로가 있는 방에서의 하룻밤은 덜 흥미롭게 시간이 지나가던, 벽난로가 없는 방에서의 몇 달보다 나에게는 더욱 소중할 수 있다.

일생 동안 미드는 계속 이동 중인 여성이었다. 그녀의 인류학 연구는 현장 데이터를 수집하기 위해 떠난 남태평양부터 그녀의 발견을 보고했던 런던, 박물관 큐레이터로 일했던 뉴욕시에 이르기까지 전 세계를 돌아다니도록 했다. 한 전기 작가는 미드가 "장벽을 쓰러뜨리고 경계를 다시 정의하며, 바다, 대륙, 시간대, 통신망, 학문 분야를 종횡무진하였다."라고 적었다.[11] 그레고리 베이트슨은 미드와의 결혼생활에 대해 "거의 순수 에너지의 법칙. … 나는 그녀를 따라잡을 수 없었고, 그녀는 멈추지 않았다. 그녀는 예인선과 같았다. 그녀는 자리에 앉아 오전 11시까지 3,000자를 쓰고, 나머지 시간은 박물관에서 일하는 데 쓸 수 있었다."라고 설명한다.[12] 대학 시절 미드의 좌우명 중 하나는 "게으른 존재는 미칠 것이다."였다.

학구적인 연구와 저술 활동을 하는 교수로서의 미드는 몹시 사려 깊지 못했다. 그녀는 주로 앉아 있는 철학자보다는 항상 움직이는 관찰자였다. 그녀는 자기 자신까지 포함한 그 어느 것에 대해서든 여유로운 사색을 견딜 수 없었다. 그녀는 자신의 인생을 깊이 들여다보기 위한 정신분석을 받기를 단호하게 거절했다. 그런 자기 성찰의 모험은 현실성과 구체성을 추구하는 여행자에게 지나치게 많은 시간이 걸리고 막연한 일이었을 것이다. 1932년 7월에 현장 연구를 마친 미드는 자유 시간이 너무 길어 "나는 생각할 시간이 너무 많았고, 공백이 너무 많았다."라고 불평했다. 한 전기 작가는 다음과 같이 적었다.[13] "남은 일생 동안의 계획 없는 시간은 미드를 두려움에 사로잡히게 만드는 전망이었다."

　　고대 그리스 신 헤르메스처럼 미드는 언제나 탐험하고 그녀보다 뒤떨어지는 청중에게 그 자신이 배운 것을 전하는 전달자였다. 여행하는 인류학자의 주인공을 중심으로 개인적 신화를 만드는 것을 통해 미드는 어머니의 사회적 행동주의의 가치관과 아버지의 지식인이 되는 것에 대한 강조를 실천할 수 있었다. 또한 그녀의 외조모처럼 그녀는 어린아이들과 일상생활의 가정의례들로부터 즐거움을 느끼며, 그녀가 연구하는 다양한 문화 속에서 이와 같은 의례들을 관찰하고 때로는 직접 참여하기도 했다. 그리고 목초지를 가로질러 달리던 아이처럼, 어른이 된 미드는 끊임없이 활동적일 수 있었다. 그녀가 첫 번째 인류학적 원정을 위해 사모아로 떠나기 직전, 미드는 자신에 대해 지은 시 〈너무 큰 기쁨에 대해〉에서 그녀의 새로운 성인 이마고의 개시를 자축했다.[14]

　　　　드레스가 전부 누더기가 될 때까지
　　　　그녀는 어릴 때 줄을 넘곤 했다,
　　　　그러나 자신이 산산조각 낸 접시들을
　　　　어머니는 다정하게 주우셨다.

　　　　그녀의 줄넘기 줄은 나무에 걸려
　　　　그들의 꽃을 흔들어 떨어뜨렸다,
　　　　그러나 그녀의 걸음은 너무 명랑하여
　　　　나무의 요정들은 눈살을 찌푸릴 수 없었다.

　　　　그리고 마침내 별이 수놓아진 하늘에서

그녀가 별을 뜯었을 때,

줄을 그렇게 높이 던질 수 있었던 자의 기쁨에

신은 그저 미소 지었다.

현 자

나는 절친한 친구이자 동료 학생이 성인기의 원숙함에 대한 토론을 이끌던 대학원 강의를 기억한다. 그는 수업을 듣던 모두에게 인생의 궁극적 목적을 설명할 것을 요구했다. 나의 대답은 기억이 나지 않지만, 친구의 대답은 매우 분명하게 기억한다. 그는 자신의 목표는 '계몽되는 것'이며, 이것은 그가 기억하는 한 언제나 그의 목표였다고 말했다. 그는 강의를 듣는 모두가 같은 목표를 가지지 않은 것을 믿기 힘들어했다. 나의 친구는 자기와 세상에 대한 깊은 지식의 획득을 거론하는 것이었다. 그만의 계몽 종류는 힌두교 철학과 명상에 대한 그의 탐구에 의해 그 특색을 부여받았다. 그러나 어떤 다른 성인도 비슷한 인생 목표를 갖고, 진실, 이해, 지식, 지혜, 현명함, 통찰력, 전문 지식이나 기술을 얻기 위해 오랫동안 열심히 노력한다. 사실상 인생의 모든 것을 넘어 일부 성인은 배우고 싶어 하며, 이러한 욕구가 현자를 움직이게 한다.

모든 문화는 지식의 획득을 장려하지만, 각각의 문화는 지식을 자신들만의 방식으로 정의한다. 미국인은 특히 과학적이고 기술적인 지식에 흥미를 느끼지만, 종교, 문학, 인간관계에서 발견되는 이해의 형식 역시 가치 있게 여긴다. 미국인은 실용적 지식을 현실 세계의 적용이 결여된 지식보다 가치 있게 여기는 경향이 있지만, 여전히 둘 다 좋은 것으로 받아들인다. 우리는 인생 경험을 통해 얻은 지식인 지혜를 마찬가지로 가치 있게 여기지만, 우리 사회보다 덜 기술 지향적인 전통 사회에서 그것을 더 가치 있게 여기는 것은 아마 사실일 것이다. 사실상 모든 사회에서는 지식 또는 지혜의 추구를 찬양하는, 성인기의 모델들을 제공한다. 배움은 경험과 함께 오고, 경험은 시간이 걸리므로, 특히 지혜로운 남성과 여성은 일반적으로 다른 많은 사람보다 나이가 어느 정도 많을 것이라고 여긴다.

현자는 남다른 힘의 이마고다. 지식을 통해 권력과 장악력이 생기며, 세계 또는 자기를 아는 것은 자신의 외부적 또는 내부적 환경을 정복하는 것에 비유될 수 있다. 지식과 권력 사이의 관련성은 고대 그리스 신화에 분명하게 드러나 있다. 위대한 제우스는 신들 중에서 가장 지혜롭다. 그러나 제우스는 다수의 다른 힘의 특성들 역시 의인화한다. 그는 재판관, 통치자, 유혹하는 사람, 족장 그리고 유명인사다. 호메로스 찬가는 제우스를 "최고이자 가장 위대한 신. … 당신은 모든 것 중 가장 유명합니다."라고 찬양한다.[15] 깊이 숨겨진 오이디푸스 혈통의 비밀을 아는 시각장애 예언자 티레시아스처럼 그리스 신화의 다른 인물들 역시 지혜를 의인화한다. 여신 아테나는 대인 갈등을 중재하고 판결을 내리는 데 특히 효과적인, 매우 실용적인 지혜를 묘사한다.

대학 캠퍼스는 현자 이마고가 환영받는 거주지를 찾을 수 있는 한 장소다. 크리스티나 윌킨스는 개인적 신화가 현자의 특징을 지닌 50세의 대학교수다. 자신의 학문 분야에서 명성을 얻은 최초의 아프리카계 미국 여성 중 한 명인 크리스티나는 매우 어릴 때부터 지적이고 예술적인 재능을 인정받았으며, 그것을 충분히 성장시키도록 격려받았다. 어머니는 풀타임으로 일하고, 아버지는 군복무로 오랫동안 가정을 떠나 있어 증조모의 손에 길러진 크리스티나는 '주요 일과가 학교를 매일 나가는 것'이고 배우는 것이었던 '다소 외롭지만 비교적 행복한' 아이였다. 그녀는 다음과 같이 말한다.

불길한 시작에도 불구하고 나는 우리 가족에게 가장 소중한 존재였다. 나는 그들이 가르치는 사람이었다. 나의 고조모께서는 시계 보는 법을 가르쳐주셨다. 그리고 내가 철자를 쓸 줄 알았던 긴 단어들을 손님에게 자랑하던 것을 기억한다. 아버지께서는 군대에서 집으로 돌아와 버스를 타고 나를 어디론가 데려가실 때, 마치 내가 어른인 것처럼 나와 대화하셨다고 전하셨다. 버스에서 아버지가 머리가 보이지도 않는 사람과 매우 어른스러운 대화를 하자 우리 뒷줄에 앉아 있던 한 여자는 아버지가 정신이 나간 것인지 아닌지 확인하기 위해 자리에서 일어난 적도 있었다고 말씀하셨다. 나는 아주 작았었다.

크리스티나는 그녀의 가족 중에서 처음으로 대학을 갔다. 첫날 대학 도서관을 방문하여 "저는 키 큰 남자들, 안경 쓴 키 큰 백인 남자들이 엄청 학구적이고 질서 있는 것을 보고 말했어요. 와! 이것은 정말 나를 위한 것이야!"라고 했다. 1960년대 시민 평등권 운동 기간에 대학원을 다니던 크리스티나는 캠퍼스 정치에 적극적인 한 젊은 흑인 남성과 사랑에 빠졌다. 그녀가 그에게 가장 끌렸던 점은 연사와 사상가로서의 그의 능력이었다. 크리스티나에게 그는 자신이 열망하던 세상의 세련된 지혜를 의인화했다.

> 저는 그가 무언가에 관한 연설을 하는 것을 들었는데, 그는 대단한 웅변가여서, 저는 이 남자가 제대로 된 비전이 있다고 생각했어요. 우리는 우리만의 아프리카계 미국인 단체를 설립하려고 노력해야 했어요. 그러니까 그러려고 노력해야 했어요. 그의 에너지, 외모, 생각, 공격성은 저를 깜짝 놀라게 했고, 내가 해야 할 것은 이것이다 생각했어요. 그러니까 해야 하는데, 어떻게 해내죠? 제가 여러 면에서 열등하고 부족하다고 느껴졌지만, 분명 저는 남들 못지않게 똑똑했어요. 하지만 저는 그가 가진 사회적 요령을 갖고 있지 못했고, 지금은 갖고 있다고 느끼지만요. 그리고 저는 그를 둘러싼 동료들 중 몇몇 여자애들보다 훨씬 정치적으로 기민하지 못했어요. 다시 말해, 저는 정치에 대해 아는 것이 없어 그와 정치에 대한 대화를 나누고 저에게 그 어떤 관심도 갖게 할 수 없었어요. 그리고 그것이 제가 흑인과 지역 사회 그리고 더 넓은 세계의 여러 가지 현상에 대해 그가 하던 말들에 매료된 까닭이에요. 그리고 저는 읽고 또 읽었어요. 그리고 더 많이 알기 위해 공부했어요.

그 젊은 남자와 크리스티나의 관계는 더 진전되지 못했지만, 그녀는 박사학위를 취득하고 학계에 인상적인 경력을 수립했다. 그녀의 가족 및 친구들과의 친밀한 관계에도 불구하고, 크리스티나의 정체성은 현자가 지식, 영향력, 독립성 속에서 강하게 성장해 가는 힘의 이야기다. 학문을 향한 상당한 투자 결과의 일부분으로, 크리스티나는 그녀의 아버지가 죽은 직후인 40대 후반까지 결혼을 하지 못했다. 흥미롭게도, 그녀는 자신보다 스무 살이 어리고, 사실상 어떤 정규 교육도 받은 적이 없는, 다른 문화권의 남성과 결혼했다. 그는 조용한 장인이며, 현자라기보다는 제작자다. 그녀의 주요 업무는 여전히 '매일 학교를 가는 것'이지만, 이제는 남편이 근본적으로 다른 문화에 적응하고, 직업을 찾는 일을 돕고, 관습을 익히고, 미국 대학가의 풍토에 익숙해지도록 돕는 추가적인 업무를 떠맡게 되었다. 어린 남자에게 현명한 충고와 상담을 제공하는 나이 많고 지혜로운 여성의 역할로 자신을 간주하는 과정에서 그녀의 현자 이마고는 확대된 것으로 보인다. 그리고 그녀는 이 대담하고 새로운 관계를 통해 역시 계속해서 그에게도 배움을 얻어 자기와 세계에 대한 이해를 넓힌다.

크리스티나가 가치 있게 여기는 지식의 유형은 과학적·예술적·신비적인 것들의 혼합이다. 과학적 지식은 그녀의 정규 교육과 직업을 통해 발달했다. 그녀의 예술적이고 신비적인 특성은 가족에 의해 육성되었으며, 아프리카계 미국인 여성으로서의 문화적 유산과 연결되었다. 이러한 흥미로운 혼합은 그녀의 종교적 믿음에 대한 설명에서 발견할 수 있다. 그녀는 전통적 종교는 자신의 과학적 탐구에 대한 헌신과 잘 맞지 않아 그것에 대해 다소 회의적이라고 말한다. 그런데도 그녀는 천주교에 대한 관심이 증가하고 있음을 밝히며, 영적 경험을 통해 미묘하지만 강력한 방식으로 자신의 돌아가신 조상과 소통할 수 있다고 믿는다.

크리스티나는 현자는 연구와 학문만큼이나 개인적 경험과 정서 표현을 통해서도 지식을 얻을 수 있다고 본다. 그녀는 지식의 추구를 특히 중요하게 여긴다. 그녀의 추구는 억센 것과 부드러운 것의 자연스러운 혼합이다. 그녀는 주인공이 깨닫고 배우기 위해 노력하며, 그 과정에서 더욱 강하고 발전적이며 자기 확신적이 되는, 자신에 대한 힘의 이야기를 통해 자신을 정의했다.

제작자

고대 그리스 신화에서 헤파이스토스는 신성한 기능공이다. 불과 금속을 이용하는 숙련된 장인인 헤파이스토스는 훌륭하고 신기한 것들을 만든다. 그는 절름발이이지만 신체적 결함을 가진 사람이라도 물건을 제작하는 손을 움직임으로써 강력한 방식으로 사회에 공헌할 수 있음을 증명한다. 그보다는 덜 분명한 방식으로, 제우스와 헤르메스도 물건을 만드는 일에 관여한다. 제우스는 삶에 있어 필수적인 많은 것을 제공하는 데 궁극적으로 책임이 있는 창조자 신이다. 헤르메스는 자궁에서 나온 첫날에 리라를 발명한 발명가이며, 이윤을 내기 위해 재화와 용역의 경제 세계를 주무르는 자본가다.[16]

대부분의 성인은 무엇인가를 만드는 일에 관여한다. 저녁 식사 준비하기, 차고 건축하기, 사업 계획서 작성하기, 연구 과정 설계하기, 옷 만들기, 초상화 그리기 등 우리가 만드는 것들의 목록과 그것들을 만드는 우리의 방법은 거의 끝이 없다. 만드는 것은 상당히 만연한 인간 활동이라는 점에서, 쉽게 알아볼 수 있는 등장인물들을 통해 인간의 정체성 속에 사용될 능력이 있어 보인다. 우리 중 어떤 사람에게 제작자는 개인적 신화들의 핵심 측면이다. 창조자, 생산자, 발명가, 사업가, 예술가 또는 다른 종류의 것들로서 어떤 성인은 제작자라는 등장인물을 중심으로 자신의 정체성을 저술한다.

제작자는 대부분의 다른 이마고보다 덜 대인관계적일 수 있는 이마고 유형을 제시한다. 만드는 일은 자주 홀로 행해진다. 우리가 만드는 것들은 전형적으로 우리처럼 살아 있는 존재들에 의해 어떻게든 사용되기 위한 무생물의 대상들이다. 물론 우리는 '사랑' 또는 '결정'을 만들어 낼 수도 있지만, 제작자의 이마고는 보통 만져서 알 수 있는 물건을 제작하거나, 수리·개선·보급하는 것에 주력한다. 따라서 물품의 매매는 구매자와 판매자가 직접 물품을 만들지 않는다 해도 여기에 들어간다. 만약 전사가 전쟁터에서 자신의 자리를 찾고, 현자가 대학에서 주거를 정한다면, 제작자는 결국 장터에 자리를 잡을 것이다. 제작자가 가장 강력한 이미지, 용어, 표준, 체계의 많은 것을 찾는 곳은 바로 비즈니스 세계의 화술에서다. 제작자는 생산적·효율적이고, 이윤을 최대화하고 비용을 최소화하며, 수익성이 있는 방식으로 시간과 자원을 투자하려고 한다. 또한 잘 작동하면서 잘 팔리는 물건을 만들려고 노력한다. 만드는 것은 권력보다는 성취의 힘의 동기에 주제적으로 연결된다. 성취를 향한 강한 욕구를 가진 사람은 세상에 큰 영향을 끼치는 것에 관심을 가질 필요가 없다. 대신에 그 또는 그녀는 일을 잘 해내며, 성공적이고, 효율적이고, 생산적이고 싶어 한다.

그가 기억할 수 있는 한 돌이켜 보면, 커트 로시는 자신의 손으로 아름다운 것들을 만들고 싶어 했다. 그는 오하이오 남서쪽에서 매우 종교적인 집안의 두 아들 중 막내로 자랐다. 커트의 형은 스타 운동선수이고 고등학교 졸업생 대표였다. 커트 역시 좋은 학생이었지만 수학과 과학에서 형의 기량을 따라잡을 수 없었다. 그리고 운동에는 전혀 관심이 없었다. 오늘날 커트는 미국의 그 어떤 중년 남성보다 스포츠에 대해 아는 것이 적다고 주장한다. 커트는 물건들을 만드는 것에 관심을 돌렸고, 일찍부터 그의 가족 중에서 그림과 조각뿐만 아니라 음악, 문학, 시에서 재능이 가장 뛰어남을 알게 되었다. 커트의 양쪽 부모 모두 이 점에 있어서 그에게 모델들이었다. 그의 아버지는 교사였으나, 주말에는 대부분의 시간을 차고에서 다양한 종류의 목공예를 하며 보냈다. 형이 지역 야구 경기를 준비할 때, 커트는 작업장에서 아버지의 작업들을 도왔다. 그는 또한 부엌에서 어머니와 함께 많은 시간을 보냈다. 대학에 입학할 때가 되었을 때, 커트는 탁월한 요리사였다.

제작자는 특히 비사교적인 이마고일 수 있다. 커트는 결코 외톨이는 아니지만, 대부분의 다른 사람과 자신 사이에 일정한 거리를 확보하며 그에게 상당한 시간의 고독을 허락하는 삶의 방식을 개발했다. 현재 44세인 그는 많은 여성과 교제한 적은 있어도 결혼한 적은 없다. 대화자로서 그의 매력과 열정에 많은 사람이 커트에게 끌리지만, 그의 가장 가까운 친구들마저 그가 세우는 개인적 장벽을 뚫을 수 없다고 밝힌다. 그의 인생 이야기 인터뷰에서 커트는 사람들이 너무 가까이 다가오지 못하게 한다는 것을 인정했다.

제가 마음을 여는 것을 두려워하는 것은 아니에요. 그냥 그런 대화들은 너무 빨리 지나치게 감상적이 되는 것 같아요. 저는 그것의 감상적인 넋두리, 우리가 얼마나 불행한지에 대한 감상적인 순간들 모두를 피하려고 노력해요. 사람의 인생은 대부분 엉망이에요. 제 삶도 그렇다고 생각해요. 그런데 왜 그것에 대해 매우 진지하게 이야기해야 하죠? 저 같은 경우에는 분명하고 깔끔한 일종의 거리를 유지하는 것이 더 나아요.

커트가 하는 일과 만드는 것들에는 명확함과 깔끔함이 있다. 교과서 출판회사의 편집자로서 커트는 엉성한 원고를 짜임새를 갖추고 일관성 있는 교재로 바꾸어 놓기 위해 열심히 일한다. 그가 말하기를, 이러한 작업의 일부는 '가지치기'와 '단단하게 조이기'를 포함한다. 그는 또한 프로젝트의 초기 단계에서 작가들과 긴밀하게 협력하여, 그들의 막연한 초기 생각들을 잘 집필된 교육학적 생산물로 만드는 것을 돕기도 한다. 그는 편집자로서의 자신의 일에서 큰 만족감을 느끼지만, 커트의 삶에서 절정 경험은 그가 여가 시간에 무엇인가를 만들 때 찾아온다. 그가 만드는 가구, 그가 짜는 융단, 그가 디자인하는 크리스마스 카드, 그가 준비하는 고급 요리 등 커트의 창작물들은 언제나 우아하고 독특하다. 그의 스타일은 깔끔하며, 단순한 선, 간결한 표현, 질서정연한 우주 속에서 무언의 관능미를 추구한다. 단순한 진실의 정화 능력을 신뢰하며, 자신의 변함없는 종교적 신앙과 주류 개신교에 대한 일생 동안의 참여에 따른 자연스러운 결과로서의 스타일이었다. 커트에게 제작을 위한 가장 큰 영감은 그의 종교적 신앙이다. 이것이 그가 만들어 내는 미의 근원이다. 그가 말하기를, "세상에는 많은 대단한 이야기가 있지만, 가장 아름다운 것은 기독교 이야기예요. 제가 하는 많은 일은 어렸을 때부터 교회를 다녔던 것과 그곳에서 그런 이야기들을 알게 됐던 것 그리고 음악과 아름다움을 느끼던 것에 한 가지 또는 다른 방식들로 연결됩니다."

이마고의 주요 기능은 자기의 다양한 양상을 하나의 인물이라는 우산 아래 모으는 것이다. 커트의 개인적 신화에서 제작자는 커트 인생의 갖가지 다양한 예술적·종교적 요소 그리고 생활 방식 요소들을 통합한다. 제작자 이마고는 다음과 같다.

1. 창조적, 상상적, 다소 보헤미안적이지만 언제나 세련된 방식으로 행동한다.
2. 가구를 제작하고, 폭넓은 다양성을 가진 예술과 공예에 참여한다.
3. 클래식 음악을 즐기고, 정기적으로 미술관을 방문하며 교회 성가대에서 노래를 부른다.
4. 호화로운 식사를 준비하고, 새로운 요리법을 시도하는 것을 즐긴다.
5. 학교와 교회에서 예술과 공예를 가르친다.
6. 토속적인 예술과 요리를 맛보기 위해 여행하는 것을 매우 즐긴다.
7. 매우 고상한 스타일로 아파트를 꾸민다.
8. 웅장한 예배의식과 장엄한 찬송가들에서 영감을 받는다.
9. 혼자 작업한다.

커트의 인생 이야기에서, 제작자의 가장 두드러진 결점은 많은 돈을 벌어들일 기회를 그에게 주지 못한다는 것이다. 이것이 그의 인생 이야기에 가장 큰 좌절감과 불안을 주는 원천이다. 커트에 따르면, 최근 몇 년 사이 그의 정체성 속에는 그가 '성공적이고 세속적인 돈벌이꾼'이라 부르는 새롭고 골치 아픈 인물이 등장했다. "주변을 둘러보면 저의 친구들 중 대부분은 저보다 훨씬 많은 것을 가졌어요. 그들은 집과 보수가 많은 직업을 가졌어요. 저는 제가 하는 일을 좋아하지만, 아무것도 살 수 없어요." 커트는 집을 소유하기보다 아파트에 세 들어 사는 것, 자신의 차가 이번 겨울을 넘기기 힘들지도 모른다는 것, 그의 형마저 주식 시장에서 엄청난 돈을 벌어들이고 큰 성공을 누리는 것에 분개한다. 어떻게 하면 자신의 삶을 아름다움에 바치고 동시에 부자가 될 수 있을까? 커트는 이를 이루어 낸 소수의 사람들을 짚어 낸다. 한 명은 종교적인 주제를 전달하는 아동문학을 써서 크게 성공한 나이 많은 친구다. 커트는 이 친구를 매우 존경한다. 그는 직접 아동문학을 집필해 단순한 이야기들로 아름다움을 창조해 낸다고 넌지시 언급한다. 하지만 그것들이 팔릴까? 커트는 의문과 기대가 뒤섞인 채, ① 제작자와 인생 이야기 속에서 다른 대립되는 성향들을 통합하기 위해 노력하는, ② 작업장, 사무실, 부엌에서 그를 피해 갔던 만족감의 일부를 그에게 가져다줄 수 있는 방식 속에서 제작자를 확장시키기 위해 애쓰는, 인생에서 다가올 10년을 기대한다.

교제의 인물들

사회적 방식들로 행동하고, 생각하며, 느끼는 수많은 인물이 있다. 애정과 친밀함을 지향하는 이러한 인물들은 열정적 포옹으로 타인과 결합하고, 다른 사람을 사랑하고 돌본다. 또한 다른 사람을 양육하고 협력하고 격려하며, 소통하고 공유하고자 한다. 그들은 애정과 친밀함을 위한 환경을 마련하고, 인간관계에서 최선을 일구어 내기 위해 노력한다. 그들은 다른 많은 것 가운데 다정한, 매력적인, 이타적인, 매혹적인, 온화한, 친절한, 충실한, 세심한, 사교적인, 동정적인, 따뜻한과 같은 형용사들로 묘사된다.[17] 전형적인 여성의 성 역할을 의인화하는 인물로서, 그들은 여성적이라 여겨질 수 있지만, 여성일 필요는 없다. 남성으로 의인화되든 여성으로 의인화되든, 이러한 인물들은 서로에게 만족스러운 방법으로 다른 사람들과 함께하려고 한다. 사회적 인물의 네 가지 일반적인 유형은 연인, 돌보는 자, 친구 그리고 의식주의자다.

연 인

가장 아름답고 고혹적인 고대 그리스의 여신은 로마인이 비너스로 이름을 다시 지은 아프로디테다. 그녀는 가장 고귀하고 가장 타락한 형태를 함께 지닌, 열정적인 사랑의 여신이다. 그녀는 신과 인간을 막론하고 정사(情事)의 영감이다. 그녀는 헤파이스토스와 결혼했으며, 헤르메스, 아레스와 동침했다. 그러나 그녀가 가장 사랑하는 대상은 아마도 아이네이아스의 아버지, 인간 안키세스일 것이다. 루크레티우스는 천상계는 아프로디테의 아름다움에 압도되었으며, 바다는 그녀를 향해 미소 지었다고 적었다. 그녀는 장난스럽고 유혹적인 재담, 달콤한 속임수와 사랑의 즐거움의 정부(情婦)다.

"저는 사랑을 위해 살아요." 두 아이의 엄마이면서 작고 매우 성공적인 사업의 경영자인 32세의 미셸 브래들리가 말한다. "저는 일에서 많은 것을 성취했고, 학교에서는 똑똑했지만, 아버지가 돌아가신 후에는 사랑하는 것과 사랑받는 것에만 신경 쓰고 있어요. 그리고 저는 이를 위해 큰 대가를 치렀어요." 큰 대가란 두 번의 이혼을 포함한 일련의 실패한 관계들을 말한다. 미셸은 고등학교 시절 동안 꾸준히 한 남자아이를 만났지만, 졸업반 무도회 밤에 그는 미셸에게 그녀의 가장 친한 친구를 임신시켰다고 말했다. 그들은 헤어졌고, 그는 동네를 떠났으며, 여자 친구는 낙태를 했다. 곧 미셸은 어린 시절부터 알아 온 한 젊은 남자와 결혼을 했다. 그들은 두 명의 아이를 가졌다. 그러나 그녀의 남편은 극심하게 변덕스럽고 폭력적으로 변했으며, 결국 정신분열증 판정을 받았다. 약물 치료와 반복된 입원은 그의 문제를 덜어 주는 것으로 보이지 않았으며, 작은아들의 두 번째 생일날 그들의 이혼은 확정되었다. "그 직후 저는 함께 일하는 남자와 속수무책으로 사랑에 빠지고 말았어요." 그리고 그들은 1년도 안 돼서 결혼했다. 작은아들의 네 번째 생일 전에 두 번째 결혼 생활 역시 난장판이 되고 말았다.

미셸은 두 번째 이혼 이후 적어도 두 명의 남성과 진지한 관계를 가졌으며, 둘 다 급작스럽게 끝이 났다. 인터뷰 당시 그녀는 '꿈에 그리던 남자'라 묘사한 남성과 약혼한 상태였다. 지난 15년간 남자에 대한 중요한 교훈을 얻었다고 주장하는 미셸은 다른 관계들은 전부 실패했으나, 이번 관계는 성공할 것이라 믿는다. 미셸이 고등학교 신입생이었을 때, 그녀의 아버지는 47세의 나이에 심장마비로 급사하였다. 돌이켜 생각해 본 그녀는 아버지의 예기치 않은 죽음이 그의 대체물을 찾기 위한 롤러코스터 같은 여정에 자신을 출발시켰음을 알게 되었다. 2년간의 심리치료의 긍정적인 영향으로, 미셸은 이제 더 이상 필사적으로 아버지의 형상을 가진 남자를 찾고 있지 않다고 믿는다. 그녀는 근래에 전보다 다가올 연인에 대해 더욱 분별 있는 평가를 내릴 수 있다고 느낀다. 치료사의 도움으로 합리적·분석적 기술들을 직장 생활에서 대인관계의 영역으로 이전시키는 방법을 습득하는 성취를 이루어 냈음을 그녀는 나에게 알려 주었다. 그녀는 이번에는 자기가 하고 있는 일을 잘 알고 있다고 말한다.

미셸의 개인적 신화는 학교와 직장에서의 성공에 대한 왕조 플롯(좋은 과거는 좋은 미래를 낳는다)과 남성과의 관계에서의 실패에 대해 자기 사면을 하는 줄거리(나쁜 먼 과거는 나쁜 가까운 과거를 낳는다)로 뚜렷하게 갈라져 있다. 미셸은 그녀의 지배적이나 실패한 이마고인 연인 이마고를 자신이 누구인지와 무엇을 원하는지에 대한 더 좋은 이해에 기초한 새로운 결혼 생활을 통해 회복시키고 싶어 한다. 그녀가 이것을 할 수 있을지 없을지에 대한 결정을 내리기란 힘들다. 미셸은 자신이 지난 관계들에서 어떻게 희생되었는지, 그리고 자신의 어떤 행동 양식이 자신을 희생양으로 몰고 갔는지에 대해 잘 이해하고 있는 것으로 보인다. 그녀는 고등학교 시절 이후 상당히 성숙해진 것으로 보인다. 하지만 아프로디테처럼 연인 이마고는 변덕스럽고 격렬할 수 있다. 그것이 무엇을 하고, 어떤 일들이 그것에게 일어날지 예측하기는 어렵다. 32세의 나이에 미셸은 또다시 "속수무책으로 사랑에 빠졌다."

사라 노윈스키는 이전에 가톨릭 수녀였던 43세의 고등학교 상담사다. 그녀의 개인적 신화는 하느님을 열정적으로 사랑하는 여성의 삶을 축하한다. 이야기의 주인공은 연인 이마고의 흥미로운 변형이다. 강한 친밀감의 동기를 보이는 심리학적 상태를 지닌 여성인 사라에게 하나님의 여자가 된다는 것은 삶에 대한 열정적인 지향성을 배양하는 것을 수반한다. 그녀의 이야기 속 형상화는 종교적이며 동시에 에로틱하다. 하나의 핵심적인 에피소드는 그녀가 대학생일 때 발렌타인데이에 이루어진 가톨릭 교회의 세례식이다.[18]

　연인 이마고는 사라의 어린 시절 할머니와의 관계에 뿌리를 두고 있다. 둘 다 개신교 근본주의자였던 부모와 결코 가까운 관계를 가지지 못했던 사라는 자신의 할머니를 그녀의 최초의 영웅으로 여겼다. 사라가 말하기를, 그녀는 '완벽한 인간'이었고 "다정하고, 독립적이고, 적극적이고, 하나님과 다른 사람들에게 헌신적이었다." 수도회에 입회한 후 사라는 하나님에 대한 믿음과 사람들에 대한 사랑을 통합하기 위해 노력했다. 그녀는 수녀들 사이에서 관념과 교회의 교리보다 세속과 인간에 빠진 '저속한 자'라는 평판을 얻게 되었다.

　그녀의 인생 이야기의 전체에 걸쳐 사라는 많은 가까운 관계를 부끄러워하지 않고 감각적인 용어를 이용해, 그것들이 자신의 인생에 만족감을 주는 최대의 근원임을 설명한다. 가톨릭교와의 이른 만남부터 30대에 교회를 떠나 학교 상담사가 되기로 한 결정에 이르기까지, 사실상 그녀 인생의 주요 변화들은 모두 그녀가 사랑하는 사람들로부터의 어떤 중요한 영향을 포함한다. 그녀는 또한 젊을 때 최소 두 명의 남성과 사랑에 빠져 낭만적인 관계를 가졌다. 풍자와 놓친 기회가 가미된 한 에피소드에서 그녀는 종교적인 삶을 떠나기로 결정하는 순간의 사제와 사랑에 빠졌다. 그녀가 종교적인 삶으로 들어가기로 결심한 큰 이유는 그가 보인 모범적 태도 때문이다. 그녀는 그의 청혼을 거절하고 수녀가 되었다.

　먼 미래에 사라의 꿈은 와이오밍에 사람들이 서로 그리고 하나님과 함께 평화롭게 살아갈 수 있게 종교적인 공동체를 세우는 것이다. 그녀는 학교 상담사로서의 일뿐만 아니라 자신의 연극에서도 다른 사람들에게 사역하는 것에 대해 이야기한다. 이야기를 마무리하며 그녀는 말한다. "사람들이 성장하고 자신이 될 수 있게 하도록, 저의 일에서 그리고 친구들과 함께 사역을 위한 공간이 되어 줄 수 있는 것으로, 저의 인생은 점점 더 통합되고 있다는 것을 저는 알아요." 그녀의 인생 주제는 그녀의 언어로, "살고, 죽고, 사랑을 많이 하는 것이다."

돌보는 자

아이들은 그녀를 '티셔츠 여인'이라고 부른다. 베티 스완슨은 그녀의 열두 살 아들이 다니는 학교의 학생들에게 체육 시간을 위한 적합한 옷이 필요하다고 생각했다. 그녀는 우아한 학교 로고를 디자인해서 티셔츠와 체육복 바지 제작을 준비하고 분배와 결제 계획을 세웠다. 이제는 학교 트레이닝복 상의와 재킷 역시 구입할 수 있게 되었다. 몇 년 전 그녀의 아들이 입학했을 때, 학교 식당은 메뉴를 제공하지 않았다. 아이들은 매일 구내식당에 도착해서 자신들이 무엇을 먹을 것인지 알게 되었다. 베티는 부모들이 언제 학교에 도시락을 가져가고 언제 급식을 사 먹을 것인지에 대한 결정을 내릴 수 있도록, 사전에 점심 메뉴가 무엇인지 알아야 한다고 느꼈다. 구내식당 직원들과 학교 당국의 극심한 반대에 맞서, 베티는 프로그램을 확립하였고, 이제 매달 초에 그녀는 각 부모에게 메뉴를 보낸다. 1989년에 학부모회에서는 베티를 '올해의 어머니'로 선정했다.

베티의 업적은 인상적이지만, 어쩌면 그녀의 현재 상황에 대해 더 알기 전까지는 특별히 극적이지 않다. 48세의 나이에 베티는 이미 치명적인 뇌졸중과 두 차례의 심각한 심장마비를 겪었다. 게다가 그녀는 창문 밖으로 떨어지며 머리를 땅에 부딪쳐 머리 부상과 뇌 손상을 입었다. 한때 높은 보수를 받는 회계사였던 그녀는 더 이상 덧셈과 뺄셈을 할 수 없게 되었다. 그녀는 남들의 도움이 있어야만 걸을 수 있다. 사람들과 말할 때는 쉽게 피곤해지므로, 매우 느리고 조용하게 말한다. 교회를 가거나, 티셔츠 주문을 받거나, 지역 푸드뱅크 직원으로 자원하는 등 활동적인 날을 보내면, 그 후 이틀은 침대에서 쉬어야만 한다. 그녀는 최대한 신체적 장애를 감추고, 밖에서 비교적 정상으로 보이기 위해 상당한 양의 에너지를 소비한다. "학대당하고 저처럼 신체가 아프다면, 그저 사는 것도 힘이 들기 때문에 건강해야 하고 아픈 것에도 강해야 해요."라고 베티가 말한다.

베티의 개인적 신화는 그녀 자신을 전혀 알지 못했던 어머니의 이야기다. 그녀의 부모는 그녀가 태어난 지 얼마 되지 않아 이혼했다. 부양에는 명백히 전혀 관여하지 않았던 그녀의 아버지는 그 후 곧 재혼했으며, 베티는 계모와 아버지의 부모님에 의해 키워졌다. 그녀는 자신의 생모를 기억하지 못한다. 하지만 성인이 되어 그녀는 자신을 낳았던 여성 역시 회계사로 일했으며 횡령으로 실형을 받았다는 것을 알게 되었다. 그녀의 어머니는 40대 초반에 세상을 떠났다. 베티는 자신의 어머니의 생애에 대한 일부 사실들을 찾아냈으며, 결국 근처 묘지에서 그녀의 무덤을 찾았다.

> 저는 한 번도 그녀를 보거나, 그녀가 어떻게 생겼는지, 그녀가 누구인지 알지 못했어요. 나쁜 엄마—저의 어머니는 회계사였고, 돈을 횡령했고, 이 중 아무 것도 저에게 알려지지 않았어요.—를 가졌을 때 더 젊었을 때 그녀는 나빴어요. 그녀는 교도소에 갔고, 40대의 여자가 수감되려면 꽤 나빴어야 하죠. 나쁜 엄마를 가졌을 때 그것에 대해서는 절대 말하지 않고, 저는 그녀에 대해, 제가 생각하기로는 매우 똑똑하고 창의적이고 남들이 필요로 하는 굉장한 사람이었을 것이라는 것 외에는 여전히 아는 것이 별로 없어요. 하지만 저의 아버지는 어떤 감정도 드러내지 않는 얼간이, 전형적인 스웨덴 사람이었으므로 저의 아버지를 남편이자 짝으로 선택한 것은 완전히 잘못된 것이었다고 생각해요. 저는 저의 인생에서 중요한 것들에 대해 아버지와 그 어떤 의논도 한 기억이 없어요. 그는 절대 말을 하지 않았어요. 그는 눈으로 우리를 훈계하고는 했어요. 그는 얼굴로 말하고는 했어요. 하지만 저의 어머니는, 글쎄, 어떤 면에서 제가 그녀와 비슷하다고 생각해요. 저는 말을 하고 물건들을 공유하는데, 저의 가족들은 아무도 그러지 않아요. 어머니로부터 물려받은 것 같아요. 어머니가 교도소에 가기 전 몇 번의 대단한 도피

를 했다고 알아내기는 했는데, 그러니까—글쎄, 그녀가 한 일은 끔찍하고 자녀들을 희생하면서 하기는 했지만—그것은 저를 그녀에게 연결시켜 주었어요. 그녀는 제가 잃어버린 제 자신의 일부분인데, 그녀의 무덤을 찾았을 때 그것을 되찾은 것 같아요.

베티는 학교에서 좋은 학생이었다. 그녀는 1960년대 초반에 대학에 갔으며, 수학을 공부했다. 20대에 그녀는 매우 큰 회사의 유일한 여성 회계사로 유급으로 고용되었다. 그녀는 2년 동안 한 사업가를 사귀었으며, 27세에 그와 결혼했다. 그는 35세였다. 그들의 결혼 생활 초반은 매우 행복했다.

저는 그것이 완벽한 실존이라고 생각했어요. 다시 말하지만, 저는 훌륭한 교육을 받았어요. 저는 좋은 집안에서 태어났어요. 저의 부모님은 저에게 지원을 아끼지 않았어요. 재정적 부담을 겪은 적이 없었어요. 저의 부모님은 그러니까 사람이 젊을 때 미치게 만드는 알코올 중독자 같은 것이 아니었어요. 저는 그런 것을 전혀 경험하지 않았어요. 저는 매우 건강했어요. 저는 매우 활동적이었어요. 저는 제가 매우 많은 관심을 가진 남자와 결혼했어요. 그래서 우리는—저는—매우 특별한 삶을 계속해서 즐길 수 있었어요. 매우 열심히 일했지만 그것은 저의 선택이었어요. 하지만 인생을 즐길 시간도 있었고, 가끔 여행도 했어요. 많은 기쁨과 즐거움이 있었어요.

오늘날의 많은 직업 여성처럼, 베티는 30대 초반에 아이를 가져야 할 필요성을 강하게 느끼기 시작했다. 인터뷰에서는 분명하지 않은 이유로 베티의 남편은 아이를 갖는 것에 단호하게 반대했다. 35세에 그녀가 임신했을 때, 그는 낙태를 하지 않는다면 이혼할 것이라 협박했다. 그녀는 중절 수술을 거부했고, 그는 떠났다. 베티의 아들이 태어났다. 그녀는 전업주부가 되기 위해 직장을 그만두었다. 그녀는 매우 보수적으로 살았으며, 자녀 양육비와 다른 비용들을 가족들로부터 받아 생계를 연명했다. 이 기간 동안 과거 직장 동료들은 그녀에게 다양한 시간제 근무 기회를 제안했다. 그녀는 반복해서 그들을 거절했지만, 집에서 아들과 3년을 보낸 후 시간제 근무가 가능할 수도 있다고 생각하기 시작했다. 그녀는 변호사를 위해 일할 수 있는 좋은 제안을 받았다. 그녀는 집에서 일할 수 있을 것이다. 그녀는 후한 보수를 받을 수 있었다. 그녀는 또한 계속해서 자신의 어머니가 되지 못했던 좋은 어머니가 될 수 있을 것이다. 그리하여 그녀는 준비를 하기 시작했다. 집은 바닥부터 천장까지 청소해야 했으며, 위층에 사무실을 마련해야 했다.

　　저는 저만의 우선순위 목록이 있고, 그중 하나는 아들과 놀 수 있다면 절대 옷장 정리를 하지 않는다는 것이에요. 그것들은 항상—제가 그것들을 무시했던 것은 아니지만—그러나 저는 저에게 중요한 것을 매우 분명히 파악하고 있었어요. 매일 공원에 가는 것은 매우 중요했어요. 그리고 이런 중요한 일들을 하면 옷장을 정리하고 벽과 창문을 닦을 시간이 없어요. 그래서 저는 앞으로 어쩌면 10년 동안 생각할 필요가 없을 것이라 생각해서 다음 주에 정말 이 일들을 해치워야겠다고 생각했어요. 그래서 저는 창문을 닦기로 결정했고, 창문 밖으로 머리로 떨어졌으며, 그것은 정말이지 끔찍했어요. 너무도 많은 점에서 끔찍했기 때문에 설명을 시작할 수도 없어요. 왜냐하면 그것은 저의 삶을 모든 면에서, 신체적으로도 정신적으로도 바꾸어 놓았어요. 저는 머리에 심각한 부상을 입었고 결국 어떤 부분에서의 영구적인 뇌기능 장애로 인한 신체마비로 이어졌어요. 너무 끔찍했어요. 유일하게 좋은 것은 제가 살아남았다는 것, 제가 여전히 살아 있다는 것, 그것은 여전히 희망이 있음을 의미했고 저는 단지 살아남는 것만이 아닌, 엄청난 싸움을 시작했어요. 저는 재활기관에 들어갔고, 그들은 제가 절대 다시는 걸을 수 없을 것이라 말했어요. 저는 그렇게 사는 것은 상상할 수 없었고, 저는 제가 할 수 없으리라는 것을 이해할 수 없었어요. 저는 걸어서 그곳을 떠났고, 그것은 쉽지 않았어요.

베티는 강하지만 느리게 회복했다. 상당한 진척을 보이기 시작했을 때 그녀는 또다시 심각한 심장마비와 뇌졸중으로 쓰러졌다.

> 그들은 이것을 고칠 수 없었어요. 저는 40대 초반이었어요. … 저의 동맥과 심장이 심각하게 병들어 저는 혈관 우회 수술의 후보가 아니라는 말을 들었어요. … 그들은 그러니까 저에게 행운을 빌어 주었고 다음 순간에는 나가서 인생을 정리하라고 말했으며, 저는 그게 무슨 말이냐고 했어요. … 글쎄, 그것은 나가서 공동묘지 자리를 사라는 뜻이었어요.

몇 년 후에도 베티는 버티고 있다. 내가 아는 한 그녀는 아직 공동묘지 자리를 사지 않았다. 몇몇 헌신적인 친구들과 교회 목사의 상당한 도움으로, 베티는 계속해서 아들을 기르고 있으며, 아들의 학교와 지역사회에 기여하고 있다. 그녀는 더 이상 주일 학교에서 가르칠 수 없지만, 교회 청소년부를 위해 현장 학습을 준비했다. 내가 이 글을 쓰고 있는 지금, 그녀는 첫 심장마비로부터 8년 후이고, 추락사고로부터 10년 후이며, 세 번째 심근경색으로부터 회복하는 중이다. 베티는 어떤 의미에서는 자신이 이미 죽음을 경험했다고 전한다. 그녀는 더 이상 죽음에 대한 두려움을 갖고 있지 않지만, '아들을 위해 곁에 있을 것'이 가능하도록 '살아남으려는 의지'를 통해 살아 있을 욕구를 느낀다.

고대 그리스의 신화에서, 데메테르는 죽음이 무엇을 의미하는지 아는 모신이다. 비옥하고 경작되는 토양의 여신―농업적인 의미에서, 대지를 돌보는 자―데메테르는 그녀의 외동딸 페르세포네가 하데스에게 납치되어 그의 여왕이 되기 위해 저승으로 끌려갔음을 알게 될 때 비탄에 빠지게 된다. 비탄에 잠기고 복수심에 불타는 데메테르는 땅과 그것의 과일들을 저주한다. 제우스가 어머니에게 딸의 귀환을 마련해 주기 전까지 끔찍한 기근이 계속된다. 그들의 재회는 완전한 기쁨이었지만, 후에 페르세포네가 금지된 과일을 먹었기 때문에 매년 한 계절은 저승으로 돌아가야만 한다는 것을 둘 다 알게 된다.

겨울 동안 대지는 황량함을 유지하지만, 사랑하는 딸이 매년 봄 돌아오면, 데메테르는 들판에 꽃을 피우고 꽃들이 개화하도록 한다.

데메테르는 자식을 구하기 위해 자신과 자신의 영토를 희생할 준비가 되어 있는, 헌신적으로 돌보는 자다. 그녀는 향상(재회, 기쁨, 봄)되기 위해 먼저 결핍(헤어짐, 비탄, 겨울)을 경험해야 하는, 모든 것을 바치는 순교자다. 돌보는 자의 모델로서 데메테르는 우리에게, 남들을 보살피는 것은 큰 희생을 요구할 수도 있고, 개인이 자신의 보살핌의 노력이 결실을 맺는 것을 보기 위해서는 지대한 인내심을 가져야 한다는 것을 상기시킨다. 베티의 개인적 신화에서 그녀는 좋은 돌보는 자가 되기 위해서 자신의 결혼 생활과 자신의 건강을 희생해야 한다. 그녀가 자신의 아들을 부양하기 위해 다시 일할 필요가 없었다면, 창문 밖으로 결코 떨어지지 않았을 것이다. 새로운 직업을 위한 준비로 청소를 하면서, 베티는 은연중에 자신만의 행동강령—아이와 놀 수 있을 때 절대 집을 청소하지 않는다—을 어겼기에, 여기에는 쓰라린 역설이 있다. 물론, 그녀에게는 선택의 여지가 없었다. 그녀는 창문을 닦은 것에 대해서 자신을 탓하지 않는다. 하지만 역설이 그녀에게 없어진 것은 아니다.

성인 인생의 수많은 다양한 측면에 주제로 연결될 수 있기 때문에, 돌보는 자는 성인 인생 이야기들에서 가장 풍부한 이마고들 중 하나다. 베티는 '다른 사람들을 돌보는 것'을 자기 인생의 가장 중요한 가치로 확인한다. 하나님에 대한 그녀의 이미지는 곧 자애로운 부모다. 그녀는 하나님에게 인생에서 일어나는 안 좋은 일들에 대한 책임을 지우지 않는다. 하나님은 '좋은 부모가 되어야 하는 그 어떤 것'이다. 하나님은 "작은 아기들이 죽게 내버려 두지 않는다. 하나님은 그런 일들을 하지 않는다. 그런 일들은 그저 우연일 뿐이다." 학교, 교회, 지역 푸드뱅크에서의 자원봉사 활동 속에서, 베티는 언제나 돌보는 자의 역할을 한다. 그녀는 그녀가 부패하고 거만하다고 여기는 지역 학교 체제에 맞선, 동네 학부모들의 소리 높여 항의하는 대변자다. "저는 한 번도 자신의 아이에게 진짜로 신경을 쓰지 않는 부모를 만난 적이 없어요. 제가 알아낸 것은 학교가 그 부모로 하여금 그 학교에 헌신하기 어렵게 만든다는 것이에요."

몇 년 전, 베티는 그녀가 학교 메뉴를 정리하는 것을 도울 다른 어머니들을 모집하고 있었다. 그녀는 학교에 세 명의 자녀를 보내는 한 흑인 여성에게 전화를 걸었다. 그 여성은 교육을 못 받았고, 매우 가난했으며, 아이들과 황폐한 저소득층 주택 단지에서 살았다. 그녀는 메뉴 일을 도울 수 없다고 말했지만, 베티는 '그녀가 아주 배려심이 많은 부인 같아 보여서' 그녀의 이름과 번호를 간직하고 이따금씩 그녀에게 전화를 걸었다.

그녀는 항상 그녀가 무엇인가를 하고 싶어 하는 느낌을 저에게 남겼어요. 그래서 하루는 제가 무엇을 부탁하려고 그녀에게 다시 전화를 걸었고, 갑자기 그녀가 전화에 대고 흐느끼기 시작했어요. 그리고 그녀가 말했어요. "그러니까 학교에 정말 제가 설 자리가 없는 것 같아요." 그녀는 읽거나 쓰지 못해요. 저는 그녀가 할 수 있는 일을 찾을 것이라 다짐했고, 자, 보세요, 저는 그렇게 했어요. 그녀는 이제 공식적인—이제는 몇 년이 되었어요.— 그녀는, 어떻게 말해야 할까요, 모든 컵케이크, 쿠키, 케이크를 담당하고 있어요. 그녀는 조직화해요. 이 부인은, 제가 가난하다고 말할 때는 그저 돈으로 따지는 것은 아니지만 정말 어려운 형편이에요.—그녀는 사용할 수 있는 자원이 매우 적어요.—그녀는 이제 모든 교사의 아침식사 코디네이터예요. 그녀는 이 단어를 알지도 못하는 것 같아요. 그녀는 메뉴를 작성해요. 그녀는 많은 음식을 요리해요. 그녀는 생일인 아이들을 위해 컵케이크를 다 만들어요. 그녀는 그 학교에 자랑스럽게 들어와요. 그리고 그건 아마도 저에게 가장 대단한 이야기들 중 하나예요.

베티에게 최고의 여자 영웅과 남자 영웅은 자신과 같은 돌보는 자들이다. 이제는 컵케이크를 책임지는 이 여성에게, 그리고 학교의 아이들에게 베티는 티셔츠 여자 이상이다. 그녀가 힘들던 시절을 지켜보며, 그녀를 교회에 데려가고 그녀가 걷는 것을 돕는 친구들과 가족 구성원에게, 그녀는 그들의 관대함과 사랑에 감사하는 대상 이상이다. 그녀의 보살핌과 그녀를 보살피는 노력 두 가지로부터 이득을 얻는 세계에서, 베티 자신은 궁극적인 돌보는 자다.

친구

정신과 의사 해리 스택 설리번(Harry Stack Sullivan)은 세상에 긴밀한 우정보다 놀라운 것은 없다고 믿었다.[19] 두 친구에 의해 경험되는 친밀함은 인간 경험의 정점을 나타낸다. 그러나 그런 친밀함을 우리 인생에서 한두 번 이상, 특히 어른으로서 경험할 수 있다면, 우리는 운이 매우 좋은 것이라고 설리번은 한탄했다. 설리번은 사람이 강한 우정의 아름다움을 성욕이 아직 깨워지지 않은 사춘기 이전의 아이로서, 사춘기 직전에 경험할 가능성이 가장 높다고 믿었다. 많은 이유로 인생은 이후 더욱 복잡해진다고 설리번은 주장하며, 청소년기와 성인기에 진정한 우정을 찾기란 매우 어렵다고 했다. 우리 성인은 다른 사람과의 연결을 찾느라 더듬거리며, 인간 교제의 한계를 언제나 열망하고, 그럼으로써 언제나 좌절감을 느끼게 되었다.

그러나 우리 사이에는 차이점들이 있다. 일부 사람은 성인기 동안 친구들과의 친밀하고 만족스러운 관계를 많이 전하며, 우정에 대해 훨씬 더 긍정적인 것으로 보인다. 그들도 때때로 외로움과 소외감을 느끼기는 하지만, 이들은 인간 삶에서 긴밀한 우정의 가능성 또한 찬양한다. 이들은 심지어 자신들의 개인적 신화를 주로 우정에 관한 이야기로 이해할 수도 있다. 고대 그리스의 신화에서 친구의 원형은 헤라다. 제우스의 아내와 협력자이자 올림푸스의 여왕으로서, 헤라는 계속해서 충성스럽고, 협조적이며 친절함을 드러낸다. 그녀의 착실함과 제우스에 대한 의리는 그리스 신전의 모든 다른 신과 그녀를 구별시켜 준다.

결혼한 지 20년이 된 수전 대니얼스는 시간제 언어치료사이며 두 청소년의 어머니다. 그녀의 삶의 이야기 인터뷰에서 그녀는 자신의 서술을 10개의 장으로 나눈다. '영아기'로 시작하여 그녀가 '중년기 위기'라 제목을 붙인 현재로 끝난다. 각각의 장은 가족 구성원이든 친구든, 그 시기에 그녀의 인생에서 중요한 사람에 대한 그녀의 묘사에 초점을 맞춘다. 1장은 그녀의 아버지가 아기로서의 그녀를 얼마나 애지중지했는지를 강조한다. 그녀는 여전히 자신의 인생의 첫 해에 아버지가 그녀에게 오전 2시와 6시 수유를 제공하기 위해 규칙적으로 침대에서 나온 것을 놀랍다고 생각한다. 2장은 가정의 질서를 유지하는 엄격한 감독의 기질을 가진 어머니에 대한 그녀의 묘사에 초점을 맞춘다. 수전이 이 장에서 가장 놀랍다고 보는 것은 어머니의 냉담함에도 불구하고, 어린 수전이 유치원생으로서 많은 좋은 친구를 만들 수 있었다는 것이다. 3장은 즐거움과 우정으로 가득한 그녀의 매우 행복했던 초등학교 시절을 포함한다. 4장은 4학년 때의 사건과 함께 시작한다. 수업 첫날, 그녀는 새로운 소녀를 만났고, 그들은 가장 친한 친구가 되었다. 수년간 그녀가 만든 많은 친구처럼, 그녀의 4학년 친구는 평생의 친구로 남았다.

"당신에게 한 명의 가장 친한 친구가 있으면, 당신은 다른 모든 것을 견뎌낼 수 있어요."라고 수전은 말한다. 그녀의 현재 직업 위기에서 해당 명제는 시험에 놓일지 모른다. 아이들이 대학에 가면서, 수전은 어머니로서의 주된 역할을 벗고, 그녀의 시간제 일을 그만두고 새롭게 시작하기를 바란다. 그녀는 자신만의 사업을 시작하고, 그녀가 가장 친한 친구들 중 하나로 간주하는 자신의 남편과 더 많은 여행을 하기를 바란다. 하지만 그녀의 미래를 둘러싼 불확실함 때문에, 수전은 현재를 힘든 시기라고 느낀다. 집에 아이들이 없는데, 그녀는 자신의 인생에서 앞으로의 30년을 어떻게 보낼 것인가? 수전의 아이들과 비슷한 나이대의 자녀들을 가진 수전의 친구들 중 몇몇 역시 이 같은 도전에 직면해 있다. 수전은 이러한 문제들에 대해 자신의 친구들과 이야기하며, 자신의 문제들에 대한 해답을 그들의 인생에서 찾는다. 대체로, 충성스럽고 장기적인 우정은 수전의 개인적 신화의 주요 주제다. 자녀들이 떠나고, 직업이 바뀌고, 사람들은 나이가 들지만, 수전의 우정은 인생의 많은 변수 사이에서 단 하나의 일정한 것으로 유지된다.

의식주의자(Ritualist)

우리가 이 장에서 마지막으로 견본을 뽑을 이마고는 화로의 신, 그리스 여신 헤스티아에 의해 구현된다. 고대인에게 그녀는 집, 사원, 도시의 중심에 있는 살아 있는 불꽃에 존재하는 것으로 느껴졌다. 빛, 온기, 음식을 요리하기 위한 열기를 제공하는 그녀의 불은 신성했다. 헤스티아는 사람들이 가족으로 결합되는 성소를 제공했다. 그녀는 가정과 가정 평화의 수호자를 상징했다. 보다 일반적으로, 헤스티아는 가정과 지역 사회 속에서 사람들을 화합시키는 가정 전통을 보존하는 의식주의자다.

테리 반스는 인생은 천천히 한 번에 한 걸음씩 내딛는 것 그리고 도중에 작은 기쁨들을 음미하는 것이라는 가치를 배우며 위스콘신의 작은 마을에서 자랐다. 낚시, 항해, 수영, 배낭여행, 다른 아이들과 들판에서 놀던 어린 시절 기억들은 그녀의 개인적 신화 중 서막의 하이라이트다. 오늘날 테리는 시카고 지역의 큰 대학 병원에서 의료 기사로 일한다. 그녀의 두 살짜리 아들 그리고 남편 마이클과 사는 새로운 집이 있는, 멀리 떨어진 교외로부터 자신의 직장으로 운전하기 위해 매일 교통 체증에 시달린다. 마이클 역시 위스콘신 출신이며, 두 사람은 매디슨에 위치한 위스콘신 대학교의 학생들로 만났다. 20대 후반인 테리와 마이클은 둘 다 가족의 세계와 직장의 세계에서 성인의 위치를 찾느라 바쁘다. 그들이 밝히기를, 전반적으로 그들은 일에서의 성공으로 행복하고, 자신들의 결혼 생활에 아주 만족하며, 새로운 부모가 되는 것에 대해 무척 흥분되어 있다.

테리는 강한 직업 의욕을 갖고 있다. 그녀는 의료 분야에서 더 큰 책임을 요하는 자리를 차지하고 더 많은 돈을 벌 수 있게 해 줄 두 번째 학위를 받기 위해 가까운 미래에 학교로 돌아가기를 바란다. 그녀가 아이였을 때, 테리의 어머니와 삼촌은 강한 직업적 역할 모델들이 되어 주었다. 테리는 자신의 어머니를 '모든 것을 가진 것'으로 묘사한다. 아름답고, 교양 있고, 매력 있던 테리의 어머니는 성공적인 여성 사업가다. 테리는 그녀 또한 최고의 어머니이자 아내라고 믿는다. 그녀의 삼촌은 갤러리에 그림이 전시되었던 예술가이며 사업가다. 그녀는 그를 매우 재능 있고 '이국적인 일들'을 했던 모험적인 남자로 묘사한다.

테리는 자신의 어머니와 삼촌을 존경하지만, 그들의 길을 따라가는 것으로 자신을 보지는 않는다. 테리에게 그들의 성취에는 반감을 갖게 하는 면이 있다. 자신의 인생에서 남성 영웅이나 여성 영웅을 묘사하는 요구를 받을 때, 테리는 대신 어릴 때 텔레비전 쇼에서 본 여자를 기억해 낸다. 기억이 흐릿함에도 불구하고 그녀는 그 여성이 샌디에이고 동물원에서 동물들과 어떻게 일하는지 보여 주기 위해 텔레비전 쇼에 출연했다고 생각한다. "저는 항상 그 여성을 중요한 것을 하고 있던 사람으로 기억해요."라고 언급한다. 동물에 대한 헌신과 자연계에 대한 관심 속에서, 그 여성은 테리가 언제나 자신을 위해 갈망하던 단순한 삶의 생활을 하고 있었다.

테리의 개인적 신화는 낙원을 떠나고 애타게 돌아가고 싶어 하는 것에 대한 이야기다. 어린 시절의 단순함과 즐거움은 시카고 교외에서 되찾기 힘들다고 테리는 주장한다. 미래에 대한 그녀의 꿈은 더 느리고, 덜 물질적이며, 더 자연스러운 생활 방식을 즐길 수 있도록 위스콘신으로 돌아가는 것이다. 그러나 그녀는 의학에서의 자신의 일을 계속할 수 있도록 도심지에서 가까이 살고 싶어 할 것이다. 테리의 이야기에서 단순하고 순수한 것은 자연으로부터 나온다. 숲에서 하이킹하는 것은 자연스럽고 좋다. 가구를 직접 제작하고, 정원을 만들며, 캠프파이어를 둘러싸고 노래를 부르는 것은, 모두 좋은 사람들이 함께하는 건전한 것이다. 반면에 박물관에 가는 것, 놀이공원을 방문하는 것, 백화점에서 쇼핑하는 것 등은 전부 너무 많은 사람이 인공적인 장소에 쑤셔 넣어져, 어떤 면에서 자연스럽지 않은 일들을 하는 것을 포함한다. 그것은 또한 줄을 기다리는 것을 의미하며, 줄은 테리가 좋게 말할 것이 없는 현대 도시 생활의 많은 소외의 상징 중 하나다.

테리의 관점은 매우 낭만적이지만, 그녀는 자신의 어린 시절의 단순한 삶을 충분히 되찾을 수 있을 것이라 생각할 만큼 순진하지는 않다. 그녀가 말하기를, 그녀가 대신 해야 하는 일은 그러한 단순한 삶의 가장 좋은 전통들을 이어 나가고, 자신의 아이들에게 전하는 것이다. 기회가 생길 때마다 그녀와 남편은 차에 짐을 꾸려 주립 공원이나 미국 중서부의 작은 마을과 야영지를 향해 떠난다. 테리는 직접 채소를 재배한다. 그녀는 자신의 일부 옷을 직접 만든다. 그녀는 누비이불 만들기를 한다. 그녀는 위스콘신에 있는 자매 및 친구들과 긴밀하게 연락을 유지한다. 그녀는 벌써 아들에게 자신의 어린 시절에 대한 이야기들을 들려주기 시작했다.

　순수한 과거를 보존하고, 소도시적 미국의 가장 좋은 의식과 전통을 이어 나가려는 강한 욕구 속에서 테리는 마치 의식주의자 헤스티아 같다. 자신과 가족을 위해 단순한 삶을 재창조하고 단순한 삶을 가능하게 하는 기술과 태도를 전하는 것은 현대 세계의 젊은 여성으로서 그녀가 설정한 주요 인생 목표들이다. 그녀가 어머니와 삼촌에게서 인식한 야망과 물질주의를 거부하며, 그녀는 더 겸손하지만 궁극적으로 더 만족스러운 존재 방식이라 여기는 것을 선택한다. 그녀는 삶을 단순하게 만드는 것 자체가 매우 복잡해질 수 있으며, '좋았던 옛 시절'에 하던 것들을 단순히 반복하는 것 이상을 해야 한다는 것을 인정한다. 창조적인 의식주의자는 현재에서 실행 가능한 수단을 통해 과거로부터 가장 좋았던 것들을 만들어 내기 위해서, 가치 있는 옛 전통들을 새로운 상황에 적용시킬 필요가 있다. 테리는 사람들이 자연적 체계의 일부로서로 긴밀하게 묶인, 단순하고 애정 어린 가정을 원한다. 그녀의 자기 정의적인 삶의 이야기에서 주인공은 자신의 집을 인간 교제를 위한 최대한 좋은 배경으로 활용하는 의식주의자다.

　성인이 된다는 것은 다양한 인물 혹은 자기의 화신들이 시간이 흐름에 따라 의도적인 방식 속에서 상호작용하는 자기의 진화하는 이야기로서, 자신의 인생을 신화적 방식으로 이해하는 것을 의미한다. 인물들은 인간 삶에서 일반적인 힘과 교제의 경향을 의인화하는 이상화된 이마고들이다. 그들은 우리 각자가 우리의 시간과 장소에서 성인으로서 어떻게 살아갈 것인지 선택하기를 바라는 이야기의 대표들—힘과 사랑의 내면화된 화신들—이다.

후 주

1) 한 논쟁이 그 반대 입장을 제시한다. Wilson, E. O. (1978). *On human nature*. Cambridge, MA: Harvard University Press.

2) 이 형용사들은 다음에서 인용되었다. Gough, H. G. (1952). *The adjective checklist*. Palo Alto, CA: Consulting Psychologists Press.

3) Adler, J., Springen, K., Glick, D., & Gordon, J. (1991). Drums, sweat, and tears: What do men really want? *Newsweek*, June 24, pp. 46–51.

4) Bly, R. (1990). *Iron John: A book about men*. Reading, MA: Addison-Wesley.

5) Keen, S. (1991). *Fire in the belly: On being a man*. New York: Bantam.

6) 톰 하비스터에 대한 내용은 다음의 책에 처음 나온 사례를 토대로 만들어졌다. McAdams, *Power, intimacy, and the life story*, pp. 195–196.

7) 마거릿 미드에 관한 내용은 다음의 책에 처음 나온 그녀의 삶에 대한 보다 확대된 분석을 토대로 만들어졌다. McAdams, *The person*, pp. 8–19.

8) Mead, M. (1972). *Blackberry winter: My earlier years*. New York: Washington Square Press, p. 17.

9) Ibid, p. 74.

10) Ibid, p. 7.

11) Howard, J. (1984). *Margaret Mead: A life*. New York: Simon & Schuster, p. 13.

12) Ibid, p. 253.

13) Ibid, p. 145.

14) Mead, *Blackberry winter*, p. 143.

15) Homer. *The Homeric hymns*. Translated by C. Boer (1970). Dallas: Spring Publications, p. 89.

16) 헤르메스에 관한 매력적인 연구를 위해 다음의 글을 보라. Brown, N. O. (1947). *Hermes the thief*. 또한 다음을 참조하라. McClelland, D. C. (1961). *The achieving society*. Chapter 8, entitled "The spirit of Hermes."

17) Gough, *The adjective checklist*.

18) 연인에 대한 내용은 다음의 책에 처음 나온 한 사례를 토대로 만들어졌다. McAdams, *Power, intimacy, and the life story*, pp. 199–200. 사라의 사례에 대한 보다 확대된 토론은 다음의 책에 나온다. McAdams, *Intimacy: The need to be close*, pp. 3–8.

19) Sullivan, *The interpersonal theory of psychiatry*. '친구'로 이름 붙인 내용의 처음 절반은 다음 책의 비슷한 내용을 모델로 했다. McAdams, *Intimacy: The need to be close*, pp. 87–89.

제3부 성인기의 신화적 도전

개인은 세상의 껄끄러움을 어떻게 삶의 우화로 변형시키는가? 심미적 뒷생각과는 거리가 멀게, 형태의 창조는 삶과 예술 둘 다의 중심에 있다. 형태를 이루려는 욕구는 삶 자체와 같이 넓다. 질그릇들이 아니라, 바로 우리의 정체성이 만들어져야 한다. 그리고 그러한 노력에는 상당한 드라마가 있다.

　　　　　　　　　　　　　　　　－아서 웨인스타인(Arthur Weinstein)

인간이 되는 방식은 사람 얼굴의 놀라운 변화의 모든 것에서 신의 특징들을 알아보는 것을 배우는 것이다.

　　　　　　　　　　　　　　　　－조지프 캠벨(Joseph Campbell)

제7장 정체성, 불안 그리고 신앙

신이 죽었다면, 우리는 "자유롭도록 선고받았다."라고 실존주의 철학자 장 폴 사르트르(Jean-Paul Sartre)는 말했다. 우리 각자는 자신의 자유에 창조적으로 반응하는 벅찬 과제를 갖고 세상에 던져졌다. 우리는 우리가 누구인지 모르며, 우리가 왜 여기에 있는지도 모른다. 우리는 우리 자신을 마음대로 정의할 수 있다. 우리가 개인적 신화를 수립하는 데 겪는 불안감 때문에 우리의 자유는 유죄 선고다.

불안감은 우리의 삶이 아무런 의미도 가지지 않을 수 있는 가능성에 기인한다. 사르트르와 다른 실존주의자들은 이 느낌을 '고뇌'라 지칭한다. 의미를 찾기 위해서 우리는 고뇌와 씨름해야 한다. 우리는 아무것도 의미 있지 않으며, 삶의 모든 것은 무작위적이고 목적이 없을 가능성을 의식적이고 진지하게 고려해야 한다. 위선적으로 그리고 '나쁜 신앙' 속에서 살아가는 우리 자신을 발견하지 않으려면, 우리는 의미를 묻는 질문에 대한 사회의 적절한 대답들을 거부해야 한다. 의미는 우리 안에서부터 그리고 우리 자신의 행동을 통해 나와야 한다. 각각의 생각, 말과 행위를 통해 우리는 자기를 정의한다. 우리는 모든 행동과 생각 뒤에 숨어 있는 공허와 무의미함의 가능성을 절

대 잊어서는 안 된다. 우리의 인생이 무의미할 가능성을 잊는다면, 인생은 참
으로 무의미해질 것이다. 하지만 우리가 자신과 우리의 세계를 창조하고, 보
완하고, 신성화하는 것을 우리 인생의 '근본적인 프로젝트'로 삼는다면, 우
리는 의미를 찾고, 신과 같이 될 것이다.

사르트르의 말에서 설득력을 찾기 위해, 그가 말한 것처럼, 사람은 신이 죽
었다고 믿을 필요는 없다. 그 의견은 맹목적 신앙으로 관습적인 의미를 받아
들이는 것을 꺼리는 대부분의 현대 서양 남성과 여성에게 적용된다. 기독교
도와 유대인은 200년 전 우리의 조상보다 오늘날 더 회의적인 경향이 있다.
기독교와 유대교의 실존주의자는 신이 살아 있고 잘 지내며 번성하고 있다
해도, 각각의 남성 또는 여성이 세상에서 의미를 창조하는 데 책임이 있다고
믿는다. 우리가 기독교도이거나 유대인이거나 이슬람교도이거나 불가지론자
이거나 다른 것이든 간에 우리는 각자 홀로, 공허 위의 위기를 상대로, 의미
를 위한 영웅적인 전투에 참여할 책임이 있다.

인생에서 의미를 만드는 것은 인간 존재의 외견상 혼돈을 합리적이고 일관
되게 만드는 역동적인 이야기를 창조하는 것이다. 이러한 신화 만들기 노력
에 실패한다는 것은 인간 삶의 불충분한 서술과 함께 오는 불안감과 침체를
경험하는 것이다. 의미와 불안감은 개인적 신화에서 형상화의 특성, 주제의
본질, 이마고의 특징, 신화를 윤리적이고 종교적인 맥락에 놓는 사상적인 배
경의 실현 가능성과 같은, 많은 다른 관점에서 볼 수 있다. 내가 제4장에서 언
급한 것과 같이, 가장 성숙하고 심리적으로 가치 있는 개인적 신화는 일관성,
개방성, 신뢰성, 분화, 화해, 생산적 통합을 보여 준다. 하지만 우리 중 다수
는, 우리 인생의 많은 경우에서, 정체성 발달의 이런 정확한 기준을 충족시키
는 것을 어려워한다. 많은 경우, 우리의 개인적 신화는 관습의 힘, 개인적·
환경적 자원의 한계, 그리고 우리가 창조하는 신화의 특징을 때때로 의식적
으로 이해하지 못함으로써 침체되는 것으로 보인다. 그렇다면 우리의 실패
중 일부를 생각해 보자.

불안과 침체

35세의 샘 소벨은 고등학교와 대학교에서 만난 많은 친구와 연락을 유지한다. 열렬한 스포츠광인 그는 정기적으로 남자 친구들과 프로 야구, 농구, 축구 경기에 참석한다. 또한 그와 아내는 정기적인 피크닉, 여행, 각종 야외 활동을 위해 많은 부부와 함께한다. 샘은 좋은 친구이고, 이것에 대해 스스로 자랑스러워한다. 대부분의 미국 남성과 비교하여, 그는 직장과 가정 모두에서 사교적 전화를 하면서 과도한 시간을 통화하는 데 보낸다. 그는 자신의 친구들에 대해 많은 것을 안다. 그는 자녀들의 생일을 외우고 있다. 제6장의 수전 대니얼스와 같이 친구의 이마고는 샘의 개인적 신화 중심에 놓여 있다. 그들 사이의 차이는, 샘에게는 친구만이 유일하게 그의 분명한 이마고로 보이며, 그 결과 그의 정체성은 대체로 덜 발달한 것으로 보인다는 것이다.

친구의 이마고는 20대의 남성과 여성 모두의 인생 이야기에서 비교적 공통적인 것이다. 젊은 성인이 일과 사랑의 영역에서 일시적인 헌신을 할 때, 우정은 그들을 과거의 더 친근하고 편안한 경험들과 연결시킨다. 새롭게 개업한 20대의 변호사는 변호사 역할을 하는 법을 아직 모를 수 있다. 신혼의 남성은 남편으로서 현재의 역할과 아버지로서 기대되는 역할을 낯설고 다소 무섭다고 여길 수 있다. 하지만 두 남성 모두는 친구가 되는 방법을 알며, 적어도 후기 아동기부터 알았을 것이다. 따라서 새로 생겨나는 개인적 신화 안에서 친구의 인물을 위한 주요 역할을 개척하는 것은 특이한 일이 아니다.

사람이 30대에 접어들며 우정은 여전히 중요하지만, 직장과 가정의 영역 속에서 정체성을 공고하게 하기 시작하면서 인물의 중요도는 다소 희미해질 수 있다. 10대와 20대에 강한 친구 관계망을 만든 성인들의 경우, 30대의 성공적인 심리사회적 발달은 친구의 이마고에게 더 작은 역할을 주기 위한 방법으로 개인적 신화를 개정하는 것을 포함한다. 이러한 성인은 결국 자신의 직장 혹은 가정에서의 역할에 더 밀접하게 관련 있는 새로운 이마고들을 표명하게 된다.

우정은 계속해서 샘에게 인생 만족의 주요 원천을 제공하지만, 그는 최근 몇 년간 자신이 누구이며 자신이 성인 세계에 어떻게 들어맞는지에 대해 갈수록 더 불편함을 느낀다고 말한다. 그는 판매원으로서 자신의 일에 성공적이었지만, 그에게 일자리는 그저 식탁에 음식을 놓기 위한 수단이었다. 그는 자신이 주에서 발행하는 복권에 당첨된다면, 직장을 그만두고 다시는 일을 하지 않을 것이라 전한다. 그의 결혼 생활은 비교적 행복하고, 두 아들의 아버지라는 것이 자랑스러움에도 불구하고, 샘은 연인 또는 돌보는 자 등의 인물들을 둘러싼 정체성을 표명하지 못한다. 남편과 아버지는 그에게 사회적 역할들이지만, 이마고들은 아니다. 그는 그것들을 자신의 정체성 속에 의미 있는 방식으로 사용하지 않았다. 그에 반해서 수전 대니얼스의 친구 중심적 이마고는, 그녀가 아내와 어머니의 역할 또한 자신의 신화에 포함시킬 수 있었기에, 자신의 신화를 풍요롭게 하는 것으로 남아 있다.

샘의 인생 이야기는, 20대와 30대의 남성과 여성의 현대 미국적 삶의 윤곽은 크게 직장과 가정에 의해 형성된다는 것을 우리에게 상기시켜 준다. 우리 중 대부분은 이 두 영역 안에서 우리의 정체성을 만든다. 우리가 직장에서 하는 일 또는 가족과 함께 있는 방식에서 우리의 개인적 신화를 위한 주인공을 찾는 데 어려움을 겪을 때, 우리가 중년을 향해 우리의 신화 창작을 이동시키면서 어떤 불만과 불안감을 경험할 가능성이 높다. 수년 동안 친구는 샘을 위한 충분한 이마고였지만, 이제 그는 자신의 인물과 개인적 신화를 더 잘 마무리하기 위해서 다른 필수적인 이마고들을 개발하는 것에 직면해 있다.

우리가 우리의 개인적 신화에서 심상을 이용하는 방식 역시 우리의 불안감에 영향을 줄 수 있다. 26세의 어머니이며 명망 있는 대학의 대학원생인 조앤 커민스키는 그녀가 살면서 수집한 가장 강렬한 이미지들은 그녀가 읽은 소설들로부터 나왔다고 믿는다. 조앤은 6세의 나이에 탐독하기 시작했다. 그녀는 그녀가 마주치는 생생한 인물들과 그것이 제공하는 도피의 힘을 위해 읽는 것을 즐겼다. 조앤의 아버지는 그녀의 어린 시절 동안 여러 차례의 신경쇠약에 시달렸다. 긴장에 대처하고 수치심을 회피하기 위한 방법으로, 조앤은 관찰자의 관점을 취하는 것을 통해 자신의 내면의 걱정과 근심으로부터 떨어져, 자신 '밖으로 나가는' 능력을 개발했다. 그녀는 자주 배우로서의 삶에 접근하여, 그 과정에서 대본을 연기하고 자신을 관찰했다고 주장하며 "저는 남들 앞에서 제 자신 밖에 있어야 했어요."라고 말한다. 혼자 있을 때 그녀는 소설 속 인물들을 관찰하고 자신을 그들과 동일시하며 자신만의 환상 속으로 그들을 불러옴으로써 독서가 그런 환상을 달성하기 위한 그녀의 지배적인 수단이 되었다. 대응 전략으로서 시작된 것일지도 모르는 것이 청소년기의 생활 방식을 특징짓게 되었다고 그녀는 언급한다. 그녀가 '삶의 다름'이라고 부르는 것과 함께, 그녀의 밖에 있는 것에 대한 몰두는 그녀가 직접적이고 생생한 방법으로 현실을 경험하는 것을 방해했다. "저는 제가 읽는 것 속에서 살았어요."라고 조앤은 언급한다. 그녀의 인생에서 가장 중요한 사람들 중 일부는 그녀가 대학생으로서 흠모하고 모방했던, 톨스토이의 여주인공 안나 카레니나와 같은 문학 속 허구적 인물들이다.

과거의 많은 독서로부터 얻은 생생한 이미지들의 모음을 넌지시 언급하기는 하지만, 이것들 중 조앤의 관심을 오랫동안 끄는 것은 없어 보인다. 그녀는 이미지들을 시도해 보고, 그중 어느 하나도 자신의 개인적 신화에 포함시키지 않은 채 버린다. 어떤 의미에서는 아직까지 조앤이 자신의 인생에 맞는 심상을 찾지 못했다는 것을 뜻한다. 그녀는 너무 오랫동안 스스로를 외부의 관찰자로 느꼈기 때문에, 그녀가 멀리서 관찰한 것을 자신의 인생과 인생 이야기에 가져올 수 없어 보인다. "저는 너무 많은 것에 대해 열정을 느끼지 못해요."라고 그녀가 말한다. 그녀가 말하는 것은 부분적으로는 그녀가 그것들이 하기를 원하는 것을 하는, 자신의 인생을 위한 이미지를 아직 찾거나 창조해야 한다는 것이다. 그녀는 그것들이 무엇을 하기를 원하는지조차 아직 알지 못한다. 그럼에도 그녀는 일관되고 활력을 북돋아 주는 개인적 신화를 창조하는 데 자신의 풍부하고 잘 길러진 상상력을 활용할 수 있을 것이라 기대한다. 조앤은 자신이 최근 관찰자로서의 역할을 벗기 시작했다고 믿는다. 아들을 낳은 경험과 그녀가 그를 위해 제공하는 그날그날의 보살핌은 그녀를 자신 속으로 다시 데려오는 것으로 보인다. "제가 제 자신 밖에 있지 않다고 느낀 것은 이번이 처음이에요."라고 그녀는 말한다. 과거에는 "저는 저의 아버지와 매우 비슷했어요." 사는 것보다는 보는 것, "완전히 있는 것은 아님"으로 남아 있는 것. 하지만 이제는 "있는 것이 정말 좋아요."

새로 태어난 아이가 신화 만들기의 과정을 재촉하는 것으로 보이는 또 다른 사람은 내가 몇 년 전 인터뷰했던 24세의 여성이다. 케이트 터커는 친절하지만 놀랍게도 아이 같은 여자라는 인상을 나에게 남겼다. 그녀는 자주 어린아이들이 쓰는 것을 들을 수 있는 표현과 생각들을 이용했다. "그들이 저에게 가장 많은 장난감과 가장 많은 웃음을 주었기 때문에" 그녀의 어머니와 아버지는 좋은 부모였다. 케이트는 초등학교에서의 부끄러운 순간에 대해 이야기를 했다. "저는 사고를 당했어요—무슨 말인가 하면 저는 오줌을 쌌어요." 그녀의 과거 생활 전체에서 오직 두 개의 다른 사건만이 선명하고 구체적인 내용으로 두드러진다.—2학년 때 학부모와 교사의 밤을 위해 책상을 청소해야 했던 것 그리고 학교 복도에서 달리다가 교장 선생님의 사무실에 가야 했던 것이다.

케이트 인생 이야기의 주요 주제는 '관찰되는 것'이다. 어린 시절의 세 가지 주요한 사건 모두에서 그녀는 사람들이 지켜보는 데서 창피를 당했다. 초등학교에서 그녀는 다른 사람들을 웃게 만드는 그녀의 능력 때문에 주목받았던 '학급 광대'였다. 그녀의 인생 영웅들은 해리 후디니—사람들이 지켜보았지만 볼 수 없었던 놀라운 묘기들을 선보인—와 메릴 스트리프다. 케이트는 항상 스스로 여배우가 되고 싶어 했다. 케이트는 우리를 지키고 우리가 선을 행하는지 확인하기 위해 '우리를 언제나 지켜보는' 신을 믿는다. 그녀의 고등학교 시절 최고의 순간은 그녀의 아버지가 지켜보는 가운데 운전면허 시험을 통과한 것이었다. 요즘 그녀의 가장 큰 문제는 사람들이 그녀를 어른으로 대하지 않는다는 것이다. 이런 이유로 그녀는 자신이 지난 두 직장에서 해고된 것이라 주장한다. 그녀는 남들이 그녀의 아이 같은 외모에 지나치게 영향을 받는다고 믿는다.

케이트는 자신이 결코 적절하게 반영되지 않았다고 느낀다. 사람들은 그녀를 적절한 순간에 또는 적절한 빛에서 보지 않았다. 그들은 그녀가 보기를 바라는 화려한 여배우와 성숙한 어른을 보지 않고, 그저 바지에 오줌을 누는 실수를 잘하는 아이만을 보아 왔다. 아이를 가지는 것에 대하여 케이트는 "저는 그것이 정말 훌륭한 것이라 생각하지만 여전히 제가 아이인 것처럼 느껴요." 라고 말한다. 그리고 "저는 한 아이를 보고 이 아이가 저를 대단히 소중히 여기는 것을 깨닫게 돼요. 그것은 꽤 무섭지만 저는 그것이 좋아요."라고 말한다. 아마도 케이트는 보답으로 아기를 비추면서 그녀가 필요로 하는 반영을 위해 아기를 바라볼 것이다.

케이트의 개인적 신화는 24세 여성의 것이라기에는 적절하지 않게 원시적이다. 그녀의 이야기에는 어머니이자 아내로서 그녀의 현재와 미래의 역할에 대한 내용이 매우 적다. 그녀는 인터뷰에서 한 번도 자신의 남편을 언급하지 않았다. 그녀의 인생 이야기의 중심적 이마고는 아이인 듯하다. 케이트에게 세상은 두 가지 종류의 사람으로 이루어진 것으로 보인다—관찰되는 아이들과 관찰을 하는 어른들이다. 어른은 아이보다 더 똑똑하며 물론 더 크다. 그 너머에서 그들은 거의 같은 것이나 마찬가지다. 그녀는 지난해에 자신의 부모가 그녀가 항상 믿었던 것만큼 현명하지 않다는 것을 발견하고 '완전한 놀라움'을 느꼈다. 그녀는 어떤 삶의 영역에서는 그들이 아는 것보다 자신이 더 많이 알 수도 있다는 사실을 이해할 수 없었다. 우리는 케이트의 초기 가족 경험의 특성에 대한 직접적인 지식을 갖고 있지 않다. 우리는 그녀의 과거에 대해 결론을 내릴 위치에 있지 않다. 하지만 그녀의 자신감과 자존감 부족, 그리고 관찰되는 것에 대한 그녀의 집착은, 부분적으로 그녀의 가장 초기 애착관계에서의 부적절한 반영의 경험에서 기인한다고 추측하는 것이 가치 있을 수 있다. 어쨌든 그녀의 잠정적 자기는 그녀 자신의 개인적 신화 창작을 지체시킨 것으로 보인다. 케이트는 아직 심리사회적 유예 기간에 들어가지 않았다. 그녀는 아직 과거와 단절하지 않았으며, 따라서 그녀의 것은 상당히 분화되지 않고 아이 같은 정체성으로 보인다.

한 사람이 이야기를 들려주지만 구체적 내용에서는 꾸물거린다면, 그가 "본론으로 들어가라."라고 요청받는 것도 무리가 아니다. 할리우드에서 명백하게 빌려 온 것, "본론으로 들어가라."라는 자연스러운 발달의 과정보다 뒤처지는 줄거리를 가진 영화를 개선시키기 위해 영화 편집자가 해 줄 수 있는 가장 단순한 충고다. 행동은 막힌 이야기를 움직이게 한다. 분명히 취해진 행동이 어느 정도 적절할 수 있다. 케이트 인생의 현재 시점에서 아마도 그녀가 만들 수 있는 잘못된 이동이 많이 있다. 하지만 어떤 일이 일어날 필요가 있고, 관찰되는 것에 대한 케이트의 증가하는 고통 그리고 그녀의 새로 태어난 아기와의 긍정적인 경험들은 그녀에게 어떤 행동을 취할 것을 재촉하고 있다.

일부 개인은 어떤 불편한 행동의 회피를 지원하는 이야기 인물을 개발한다. 힘과 교제 둘 중 어느 것에게도 동기를 얻지 않는 것으로 보이는 한 인물을 나는 도피주의자라 부른다. 직장과 가정의 책임을 질 수 없거나, 지려고 하지 않는 도피주의자는 기분 전환과 오락을 위해 산다. 개인적 신화에서 도피주의는 주말과 휴가 또는 장난스러운 퇴행의 시기에서 나오는 자기의 재미를 추구하는 부분으로서, 무해하고 종속적인 역할을 자주 한다. 그것의 근원은 즐거움과 놀이로 가득한, 애정을 가지고 기억되는 어린 시절에서 자주 발견된다. 하지만 더욱 문제적인 표현들 또한 있다. 성인기의 책임으로부터 벗어나고자 하는 욕구는 끊임없는 텔레비전 시청, 위험한 약물 남용 등에서 나타나는, 일상생활의 중심 동기가 될 수 있다.

줄리 맥퍼슨은 결혼했지만 자녀가 없으며 힘이나 사랑에 대한 관심을 상실한 것으로 보이는 인생 이야기를 들려주는, 39세의 시장 분석가다.[1) 우리의 인터뷰 초반에 줄리는 아주 조금 감정을 드러냈으며, 다소 우울해 보였다. 그녀의 인생에 대한 설명은 매우 짧고, 대부분 모호한 일반화의 집합이다. 인터뷰가 끝날 무렵에 그녀는 자신의 인생 이야기의 근원적 주제를 설명할 것을 요청받는다. 그녀는 말한다.

글쎄, 우리는 안정성과 그런 것들 또는 책임 포기에 대해 많이 이야기해요. 그것이 저의 유토피아예요. 저는 보살핌을 받고 싶어요. 제가 크면 있고 싶은 곳에 대해 말해 줄 이야기를 들려줄게요. 약 2년 전에 저는 2주 동안 병원에 있었어요. 저는 아팠지만 고통 속에 있지는 않았어요. 저는 혼자 방에 있었어요. 저는 고립되어 있었어요. 어떤 방문객도 없었어요. 저는 약물치료를 받지 않았어요. 어떤 불편함도 없었어요. 저는 그곳에서 2주 동안 있으며 메뉴에서 식사를 골랐어요. 저는 매일 아침 6시에 일어나 샤워를 하고, 약간의 화장을 하고, 깨끗한 나이트가운을 입고, 앉아서 아침 식사를 하고, 신문을 읽고, 정오까지 책을 읽고, 정오에 〈줄리아 차일드〉를 보고, 텔레비전을 끄고, 책이나 무엇을 5시 정도까지 읽고, 그러고는 남편이 저를 만나러 오거나 저녁 식사를 받았어요. 제가 인터뷰 앞쪽에서 이야기했던 커플이 방문하러 오기도 했어요. 그리고 나서 모두가 떠나고는 했어요. 10시에 저는 불을 끄고 잠에 들고는 했어요. 2주 후 저는 집에 가고 싶지 않았어요. 저는 집에 돌아가 세탁과 집 청소와 밖으로 데리고 나가야 할 개들과 시중을 들어야 할 남편을 마주하고 싶지 않았어요. 그리고 그것이 저에게는 보살핌을 받는 것과 같았어요. 저는 식사를 요리할 필요가 없었어요. 저는 제가 원하는 것을 그들에게 말했어요. 저는 오직 제 자신을 개인적으로 돌보면 되었으며, 그 외에 저는 10시에 침대에 누웠어요. 저는 잠이 들었어요. 저는 알약이나 그런 것을 먹지 않아도 되었어요. 저는 알람 없이 6시 제시간에 일어났어요. 그리고 저는 제가 집으로 돌아가야 했을 때 매우 화가 나 있었어요. 그것이 주제예요.

줄리는 자신의 일상의 책임에서 벗어나는 것이 인생의 꿈인, 불만스럽고 소외된 여성으로 보인다. 줄리는 돌봄을 받고 싶어 한다. 중년의 직전, 그녀는 다른 사람들이 그녀의 요구와 변덕을 시중들며 자신은 수동적으로 있기를 원한다. 불만스러운 직장과 우울한 결혼 생활에 갇힌 줄리는 도망을 위해 살아가는 인물로 자신의 인생의 희망을 의인화한다. 하지만 병원에서의 명배우

출연 이후, 도피주의자가 무대 중앙에 있는 것은 매우 드물어 보일 것이다. 오히려 도피주의자는 무대의 양쪽 끝에서 유혹적이고 조용하게 손짓한다.

일상 업무를 잠결에 지나가며, 줄리는 자신의 인생을 중단시킬 수 있었다. 그녀의 환상들은 도피주의자에 의해 지배되므로, 그녀는 자신의 현재 상황을 바꾸기 위한 어떤 조치도 취하지 않는다. 하지만 그녀는 도주를 새롭고 다른 것을 하는 것이 아니라 아무것도 하지 않는 것이라 정의했기 때문에, 어떤 실제적인 도주를 저지르지 못한다. 따라서 그녀는 자신이 있고 싶어 하지 않는 바로 그 장소에 그녀를 가두어 놓는 중심적 이마고를 자신이 직접 저술한 것이다.

개인이 갇힐 수 있는 다른 방법들이 있다. 우리는 의식적이든 아니든, 인물이 에피소드를 결정한다는 사실에 익숙하다. 한 인물의 행동은 개인적인 욕구에 의해 동기를 받게 된다. 우리 각자는 우리가 원하는 것들을 가져오려고 시도한다. 우리가 원하는 것과 우리가 원하는 것을 얻기 위해 우리가 하는 것은 우리의 특성을 설명하는 것들이다. 가장 기억할 만한 이야기는 인물이 자신의 특성에 의해 자신의 욕구를 성취하는 것으로부터 좌절하는 방식을 다룬다. 아리스토텔레스의 비극에 대한 이론은 이 개념에 달려 있다고 말하는데, 그는 매우 우수한 사람이 그를 우수하게 만드는 바로 그 특성 때문에 매장되는 것을 듣는 것에 인간은 매우 깊게 반응한다고 믿었다.

우리는 그런 이야기들이 스스로 정의된 특징들이 어떻게 우리를 곤경에 빠뜨리는지를 상기시켜 주기 때문에 만족한다. 경우에 따라서는 개인의 과거에서 나온 하나의 부정적인 정체성이 성인기까지 계속 스스로 정의적인 신화를 완전히 지배할 수 있다. 나는 언젠가 대학 운동 센터에서 보조 감독으로 근무하던, 새로 아버지가 된 27세의 남성을 인터뷰한 적이 있다. 밥 세이버는 자신의 가족과 일을 좋아하며, 그의 인생의 많은 긴밀한 우정에 대해 애정을 담아 이야기하는, 매우 매력적이고 쾌활한 남성이다. 우리가 수집한 심리학적 실험 데이터는 밥의 성격에 대한 나의 개인적인 인상을 확증했다. 그는 친절하고, 태평하며, 진실하고, 정직하며, 이타적이다. 그는 높은 수준의 친밀감의 동기인 긴밀하고 따뜻한 관계를 위한 강한 필요를 갖고 있는 것으로 보인다. 그는 다른 사람의 인생을 더 나아지게 하는 데 강하게 헌신한다. 삶을 이해하기 위한 그의 개인적 신화는 좋은 기분, 선행, 동료애를 찬양한다.

하지만 그 모든 것의 원천은 이야기 속의 주요 악당인 밥의 알코올 중독자 아버지로 보인다. 밥은 자신을 아버지와 반대로 정의한다. 그는 자신을 반대 종류의 사람으로 만들기 위해 열심히 노력해 왔다. 아버지가 잔인할 때 그는 배려심이 많았으며, 아버지가 방탕할 때 그는 책임감이 있었다. 놀랄 것도 없이, 그의 개인적 신화 속 이야기의 긴장감은 어떤 것이 혹은 누군가가 밥에게 아버지를 생각나게 할 때 주로 발생한다. 그의 과거 상사들 중 두 명과 교회가, 밥에게는 아버지가 보였던 것과 두드러지게 닮은 특성을 구현한다. 이 네 가지 권위자 전부 대단히 부정적인 정체성을 나타낸다. 밥은 그에 따라 권위를 대하는 데 어려움을 겪는다.

밥은 자신의 아버지에 반대하여 자신을 정의하는 것을 통해 그가 인생에서 바라는 것의 성취를 향해 멀리 나아갈 수 있었다. 그는 충분히 젊기에, 권위에 대한 어려움이 개인적 신화의 플롯을 정체—그의 노력을 좌절시킬 수 있는 위치에 있는 중요한 인물과 직접적으로 대결하는 위기나 그를 돕는 위치에 있는 중요한 인물을 상대하지 않으려 함으로써 그의 이야기의 자연적 발달이 저지되는—로 끌고 가지 않도록 했다. 하지만 조만간 밥의 신화는 위기나 정체의 시점에 이를 것이다. 그는 그때 정당한 권위의 이상이 그에게 어떤 의미를 갖든, 그것을 수용하기 위해 그가 신화를 수정하도록 도전받게 될 것이다.

놀랄 것 없이, 제대로 전해지지 않은 이야기들을 괴롭히는 공통적인 문제의 대부분은 인간 정체성에 대한 이야기에서 포착될 수 있다. 개인적 신화의 맥락에서, 발육이 불충분한 인물, 시기를 놓친 이미지, 유치한 주제 그리고 정지된 줄거리는 그저 심미적인 관심사에 불과하지 않다. 그것들은 실제적인 인간 불안감을 야기한다. 앞선 사례들에서, 정체성의 불안감은 가장 일반적으로, 필수적인 인생 과제들에 전적으로 헌신하는 것의 어려움으로부터 생긴다. 삶과 신화에 대한 전적인 헌신은 인간 활동의 어떤 측면에서의 근본적인 믿음을 요구한다. 자유로울 것을 선고받은 성인은 삶 속에서 어떤 믿을 것을 찾기 위해 자신의 불안을 초월해야 한다. 우리가 살아가는 이야기들은 우리의 믿음과 충실함으로 자기보다 더 크고 고귀한 것—신, 인간 영혼, 기술을 통한 발전, 또는 다른 어떤 초월적 목적—으로 향상된다.

여성 포주의 목회 활동

내가 셜리 록을 주민 회의에서 처음 보았을 때, 그녀는 도시 거리의 전쟁 상흔을 입은 참전 용사처럼 보였다. 그녀는 아주 적은 경제적 자원을 가졌지만 남에게 위협감을 주는 개인적 태도를 가진, 줄담배를 피우며 거친 발언을 하는 중년기 후반의 여성으로 보였다. 셜리는 내가 수행하는 연구 과제를 위한 인터뷰에 동의한 작은 무리의 지역 사회 자원봉사자들 중 한 명이었다. 연구는 다음 세대를 촉진시키고, 가르치고, 안내하고, 돕는 데 그들의 삶을 바친 성인들의 삶의 이야기들을 조사했다.[2] 나는 그녀를 인터뷰하는 것을 기대하지 않았기 때문에, 과제를 하는 대학원생들 중 에드가 그녀의 인터뷰를 진행한다고 했을 때, 나는 차라리 안도했다. 놀랍게도 에드는 매혹적인 이야기를 가지고 돌아왔다.

셜리 록은 내가 알았던 적이 있는 사람들만큼, 자신이 누구인지 진정으로 이해하는 여성을 가리키는 극적인 삶의 이야기를 들려준다. 외모는 정말 여러모로 기만적이다. 셜리는 알고 보니 교회 목사였다! 하지만 그녀는 한때 매춘부였고, 다수의 수익성이 있는 사창가를 영업했으며, 조직적 범죄에 깊이 가담했었고, 주 교도소와 연방 교도소에서 복역했었음을 알렸는데 그것 역시 기만적이다. 이 시기의 일부는 독방 감금 속에서, '구멍 속에서' 복역하며 보냈다. 그녀는 또한 자신이 회복된 알코올 중독자이며 약물 중독자라고 말한다. 하지만 셜리의 삶의 이야기에서 갑작스러운 전환과 극적인 변화 전체에 걸쳐, 그녀의 정체성은 일관된 일련의 개인적 믿음과 가치에 의해 유지되어

온 것으로 보인다. 이것들은 그녀의 청소년기 이후 거의 달라지지 않았다. 그녀의 이야기는 사상적인 지속성과 안정성의 무대에서 펼쳐지는 생활 환경의 엄청난 변화들에 관한 이야기다. 셜리는 무엇이 진실되고 옳은지 항상 알아왔던 것으로 보인다. 그녀의 개인적 신화는 그녀의 전적인 사상적 확신으로부터 그 힘이 나온다. "제가 만약 삶을 다시 살 수 있다면, 저는 그 중 하루도 바꿀 것이라 생각하지 않아요."라고 그녀는 말한다. 사창가에서 여성 포주로서의 역할에서도 지속성이 있었다. "제가 생각하기에, 저는 평생 목회활동을 했었던 것 같아요."

그녀는 정통파 유대교도 아버지와, 그리고 사실상 여성은 그런 위치를 차지하지 못했던 시절에 외할머니는 오순절교파 성직자의 일원이었던, 로마 가톨릭교도 어머니 사이에서 태어났다. 셜리는 철저히 초교파적인 가정에서 자랐다. 그녀의 부모는 각자의 신앙 밖에서 결혼하겠다는 결정에 대하여 둘 다 상당한 비난을 겪었다. 그 결과, 그들은 모든 종교에 관대하고 모든 인종 집단을 수용하도록 자녀들을 길렀다. "저희는 모든 사람이 동등함을 믿도록 길러졌으며, 그래서 제가 자라는 동안 우리 집은 작은 청소년 국제 연맹처럼 보였어요, 모든 피부색, 모든 언어, 모든 국적…전부 섞여 있었어요." 셜리는 백인이다. 그녀의 첫 남자 친구는 흑인이었지만, 그녀의 부모에게 "이것은 어떤 문제도 일으키지 않았다." 셜리가 자신이 흑인 남성과 결혼하고 싶다고 부모에게 말하기 전까지, 모든 것은 좋아 보였다. 그들의 반응은 "마치 히로시마 폭탄 같았다."

> 저는 그것을 이해할 수 없었어요. 저는 22살이었고, 그들이 어떻게 하룻밤 사이에 변할 수 있는지 정말 이해하지 못했어요. 저는 어머니와 아버지가 다른 종교 간의 결혼으로 자신들에게 일어난 일들 때문에, 아마 다른 사람들보다 더, 다른 인종 간의 결혼을 이해했어야 한다고 진심으로 믿었어요. 하지만 그들은 그러지 않았고, 저는 그 시점에 큰 결정을 내려야 했어요. 하지만 그들은 그것을 저 대신 처리했고 제가 벌써 임신했다는 사실을 모른 채

> 그를 보내 버렸어요. 그리고 제 딸(부엌에 있는 저 아이입니다.) 펄은 그 결
> 합의 결과물이에요.

셜리의 부모는 자신들이 셜리를 유럽으로 보냈고, 아주 오랫 동안 그녀는
돌아오지 않을 것이라고 셜리의 남자 친구에게 말하고 그를 쫓아 버렸다. 셜
리는 그녀의 부모의 위선에 충격을 받았다. 그들은 그들이 한때 그렇게 강력
하게 강조하던, 관용과 수용의 가치를 배반했다. 자신들의 인생 선택에 관하
여 불순종적이기는 했지만, 그들은 딸의 불순종을 창피해했으며 그녀의 임신
을 몹시 부끄러워했다. 셜리는 집을 떠났고, 마침내 자신의 남자 친구를 따라
갔다. 둘은 세인트루이스에서 부부가 되었다. 그들이 부부가 된 날 밤, 셜리
의 남편은 다른 인종 간의 결혼을 금지하는 오래된 법을 위반한 죄로 체포되
었다. 부모의 배반과 함께 남편의 체포는 그녀의 세속적 권위에 대한 신뢰를
영원히 손상시켰다. 그녀는 자신의 돈과 전망이 고갈되어 감에 따라 중산층
사회에 대한 경멸의 감정과 자신이 박해받는다고 느꼈다.

> 그 시기는 제가 인생에서 가난하고 집이 없으며, 배고프고, 사람들이 먹
> 을 것을 사 주기 전에 술을 사 준다는 것을 깨닫고, 이 세상에는 많은 우유와
> 복숭아와 친절함과 애정과 꿀이 있지 않고, 사람들이 자신에게 무엇인가를
> 해 주면 그들은 숨은 동기가 있으며 보답으로 무엇인가를 원한다는 것을 경
> 험한 시기였어요.

그녀는 웨이트리스, 요리사, 바텐더, 식당 매니저로 일하며, 계속 일자리를
옮겨 다녔다.

> 하지만 제가 일자리를 구하고 안정적이게 될 때마다, 누군가가 불러서,
> 그러니까, 그녀는 흑인이랑 결혼했다고 말하고, 일자리는 날아가게 되었어
> 요. 그들은 저를 불러내고는 했어요. "왜 당신은 우리에게 흑인과 결혼했다

는 것을 말하지 않았나요?" 저는 말하고는 했어요. "저에게 물어보지 않았 잖아요. 저에게 결혼을 했냐고 물었고, 저는 그렇다고 말했어요. 저에게 남 편의 피부색을 묻지 않아서, 저도 굳이 말하지 않았어요." 그래서 그들은 바 람직하지 않은 성격, 온갖 종류의 이유로 저를 해고했어요.

절박하게 돈이 필요했던 그녀는 매춘부가 되었다. 하지만 셜리는 곧 그 일 에서 불쾌감을 느꼈으며 다른 일로 넘어갔다.

제가 그것을 좋아하지 않아서 (매춘은) 오래가지 않았어요. 그것은 저의 모든 것의 반대였어요, 알잖아요, 그래서 저는 여성 포주가 되었어요. 1년 후, 저는 사업을 시작할 만한, 이름과 전화번호로 이루어진 책을 만들었어 요. 그때 저는 범죄 조직과 관계를 형성했고, 그래서 범죄단 사창가들을 소 유하고 15~20명 정도 되는 여자아이를 고용했어요. 저희는 어떤 윤리규정 에 따라 영업하기도 했어요. 제 여자아이들은 깨끗했어요. 그들은 정기적으 로 의사 검진을 받았어요. 사실은, 의사들이 왔어요. 남자들은 집에서 도둑 질이 없었으므로 자신들이 확실하게 안전하다고 생각했어요. 그리고 저는 포주로 있었던 동안 사람들, 남성과 여성, 결혼, 선과 악, 사업, 사람들이 어 떻게 생각하는지, 무엇이 사람들을 자극하는지, 무엇이 사람들을 반응하게 하는지에 대한 대화들을 통해 정말 많은 것을 배웠고, 이것들은 아마 사람들 과 사물들에 대한 자연적인 연구일 거예요.

그녀가 더욱 성공적이게 됨에 따라, 셜리는 조직적 범죄에 더욱 깊이 관여 했다. 1960년대 동안 그녀는 의심하지 않는 사람들과 단체들이 범죄 조직에 큰 액수의 돈을 주도록 속이며, 범죄 조직에서 사기극을 펼쳤다. 1972년에 셜 리는 체포되어 재판을 받았으며, 이러한 활동과 관련된 범죄들에 대해 유죄 를 선고받았고, 그녀는 수감되었다. 그녀 뒤에서 교도소의 문이 세게 닫히는 것을 들은 그날은 그녀의 인생 이야기의 최저점을 나타낸다. 이제 40대 초반인 셜리는 그녀의 인생을 되돌릴 시기라고 결정했다. 그녀는 범죄자들이 정신을 차리는 것을 돕는 '새 희망'이라 불리는 단체에 참여하게 되었다. 그녀는 기독교 모임에 가입했고, 1974년 교도소를 떠날 때 교회를 위해 자원봉사를 하기 시작했다. 그녀는 알코올, 약물 그리고 그녀의 '돈 버릇'을 맹세코 끊었다. 1974년 이후로 그녀는 "법령 혹은 법에 위배되는 그 어떤 불법행위도 저지르지 않았다."

개인적 신화에는 자주, 대단히 흥미로운 전조들이 들어 있다. 셜리가 열 살일 때 그녀의 외조모는 그녀가 50세의 나이가 되면 신이 그녀를 부를 것이라고 들려주었다. "저는 항상 신이 저를 집으로 부를 것이고 제가 죽을 것이라는 뜻으로 그녀가 말한 것이라 생각했어요." 하지만 셜리가 이제 믿기에, 외조모는 신이 셜리를 목회 활동으로 부를 것이라는 뜻을 담아 말한 것이 틀림없다. 교도소를 나온 후 셜리는 빈곤한 사람에게 다양한 종류의 사회복지사업을 제공하는 다수의 유급과 무급의 일자리에서 일했다. 그녀는 맨손으로 교회 회중을 위한 푸드 뱅크를 조직하고 실행했다. 그녀는 장기 체류 외국인을 위한 상담과 교육을 제공했다. 그녀는 아이들을 위한 방과 후 프로그램과 여름 캠프를 진행했다. 그리고 그녀는 남편으로부터 약간의 도움만을 받으며 세 명의 아이들을 키우고 성인으로 내보낼 수 있었다. 그녀의 외조모가 예언한 것보다 단지 1년 늦은 1984년 10월 8일 마침내 그녀는 부름을 받았다.

그 전날 저는 제단으로 가서 저의 목사, 친구, 멘토에게 말했어요. "저에게 무엇이 문제인지는 모르겠는데 저와 함께 기도해 주세요. 무엇인가 잘못되었어요." 그는 엘리야가 하나님의 부름을 받는 사무엘서를 읽으라고 저를 보냈고, 저는 그것을 읽고 돌아와 말했어요. 아니에요, 아니에요, 지금 일어나는 것은 이것이 아니에요. 저는, 알잖아요, 51세예요. 그분께서 제가 학교로 돌아가 그 모든 것을 하라고 부르는 것은 아니라고 확신해요. 그래요, 당신이 잘못 안 것이 분명해요. 그래서 저는 집으로 돌아갔고 그날 밤, 몇 주만에 처음으로 매우 깊게 잠을 잤어요. 다음날 저는 교회에 나왔고, 모든 프로그램이 없어져 있었으며, 교회에는 저밖에 없었어요. 저는 안내 책자를 준비하면서 교회의 각 목회를 성경에 의해 단단하게 묶으려 하고 있었어요. 그리고 그날은 제가 성경 어디를 보든 하나님의 부름과 관련되어 보였어요. 그래서 저는 확증에 다다랐을 때, 확증을 단단하게 묶을 그 어떤 성경적인 것도 찾을 수 없어, 교회 실천에 관한 책을 펼쳤어요. 그리고 제가 그 책을 들자 그것은 스스로 펼쳐져 안수받은 성직자의 자격 조건들로 갔어요. 그래서 저는 말했어요. 그래, 그러니까, 당신이 원하는 것이 이것이라면 당신은 그것을 가졌어요. 그러고는 갑자기 저는 마치 떠다닐 수 있을 것 같이 느꼈어요. 모든 근심, 모든 것이 제 어깨를 벗어나 저의 몸에서 나갔고, 저의 머리는 맑고, 방은 밝은 흰색이었어요. 제 말은 그러니까 그것은 그냥 빛이 났고, 저는 경이로워했어요. 저는 한 번도 그렇게 느껴 본 적이 없었고, 그 이후로 그렇게 느껴 본 적이 없으며, 제가 이해한 바에 의하면, 저는 앞으로 다시는 그렇게 느끼지 못할 거예요. 하지만 저는 무슨 일이 일어났는지 정확히 알았고, 저는 제가 하나님과 접촉했으며 그 앞에 있었음을 알았어요.

오늘날 셜리는 도심 지역 회중을 위한 반일제 근무 목사로 일한다. 게다가 그녀는 도시의 복지 시설 모두를 조직화하는 교파 간의 연합을 위해 풀타임으로 일한다. 그녀의 일 대부분은 교회가 사회적 목회라 여기는 것들이며, 가난한 사람을 돕는 것을 궁극적으로 겨냥한, 광범위한 활동들에 자신을 참여시킨다. 목회는 셜리가 청소년기부터 소중히 여겨 왔던, 신과 세상에 대한 중심적 믿음과 가치를 행동으로 옮긴다. 그녀의 외조모가 예언한 것처럼, 셜리의 부름에 대한 받아들임은 집으로 돌아가는 것을 상징한다. 그녀의 목회는 그녀로 하여금 그녀의 부모가 설교했으나 셜리가 보기에는 충분히 실천하는 데에는 실패한, 관용과 수용의 가치를 실행하도록 한다. 셜리의 개인적 사상은 더욱 깊어졌으며, 그녀의 인생 경험을 통해 더욱 충분히 명료해졌다. 그것은 '새 희망'의 책임자 자격으로 셜리가 수감되었던 시기에 주말마다 그녀의 아이들을 볼 수 있도록 주선했던 마지와 같은 전과자와 가졌던 관계들을 통해 향상되고 강화되었다. 동료 성직자들도 그녀에게 매우 중요했다. 그녀는 흑인 목사이자 멘토, 지혜로운 사람이자 좋은 경청자, 또한 신께 경외감을 가진 사람인 알버트를 특히 소중하게 생각했다. 그러나 그녀의 성인 생활 동안 셜리의 가치관의 근본적 성격은 변하지 않아 보인다. 그녀의 믿음은 그녀의 정체성을 위한 견고한 배경의 역할을 했다.

인간의 신앙과 종교적 사상

제임스 파울러(James Fowler)는 신앙 발달에 관한 자신의 책에서 신앙이 보편적인 인간 현상이라고 주장했다.[3] 파울러에게, 모든 인간은 종교적이지는 않지만 전부 믿음에 따라 산다. 파울러에 따르면, 그것은 우주에 대한 어떤 종류의 질서 또는 형태이고 그것에 따라 살아가는 인간 본성의 일부다. 신앙은, 파울러가 '관계하는 것으로서의 신앙'과 '깨닫는 것으로서의 신앙'이라 부르는, 궁극적인 환경과의 관계와 그것을 이해하는 것을 포함한다. 모든 성인의 개인적 신화의 사상적 배경의 일부분이 되는 것은 이 깨닫는 것으로서의 신앙의 두 번째 측면이다. 사람들은 어떻게 그들의 삶에서 궁극적인 현실을 이해하게 되는가?

나의 연구에서, 나와 동료들은 대학생들과 나이 든 성인들의 깨닫는 것으로서의 신앙의 발달을 조사했다.[4] 대학 연구는 세인트 올라프 대학교(루터교와 연계된 미네소타 노스필드의 작은 학교)와 시카고의 로욜라 대학교(가톨릭 교회와 관련된 중간 크기의 도시 대학교)에서 진행되었다. 나이 든 성인들은 전부 시카고 지역에 있는 루터 교회, 유대교 회당, 무신론자들을 위한 단체에서 표본 조사되었다. 하나로 합쳐져, 서로 다른 연구들은 내가 A, B, C, D 위치라 칭할, 종교적 믿음과 가치에 대한 네 가지의 질적으로 다른 구조의 밑그림을 제공한다. 네 가지 위치들은 다양한 종교적 신념을 가진 사람들에게 적용되며, 어떤 종교적 교파에도 소속되지 않는 사람에게도 역시 똑같이 적용 가능하다. 사실상 모든 사람은 그 이해가 신이나 자연 법칙을 초월하는 힘에 대한 어떤 언급도 포함하지 않는다 해도, 궁극적 실재에 대한 어떤 종류의 이해를 만들어 낸다.

A 위치에서 신앙에 대한 한 개인의 이해는 선행에 대한 몇몇 구체적인 원칙들 또는 신이나 자연 등을 향한 모호한 믿음에 국한되어 있다. 예를 들어, 한 가톨릭 여성은 자신이 대체로 신을 믿고 성인에게 기도하지만, 산아 제한에 대한 가톨릭 교회의 태도가 옳지 않다고 믿으므로 더 이상 교회를 나가지 않는다고 보고할 수 있다. 침례교회에서 자란 남성은 교회가 금하기 때문에 흡연하거나 술을 마시지 않는다고 주장할 수 있지만, 그의 개인적 신학체계는 '예수는 나의 구세주'라는 그의 일반적인 신념보다 더 드러나지 않는다. 그 어떤 종교적 신념에도 속하지 않는 한 젊은 남성은 사람이 서로를 사랑하며 서로를 해하지 않기 위해 노력해야 한다고 주장할 수 있지만, 사랑에 대한 그의 믿음은 궁극적 관심의 사안들을 다루는, 그 어떤 일관적인 체계로 통합되어 있지 않다.

A 위치의 주요한 특징들은 그것의 구체적이고 비체계적인 본질들이다. 대개 종교는 출생 시 세례를 받는 것, 성일에 금식하는 것, 혼전 성관계를 멀리하는 것, 또는 식사 전 기도를 하는 것과 같은 구체적인 행동들로 축소된다. 믿음과 가치가 밝혀지는 정도까지, 그것들은 매우 모호하고 일반적인 용어들로 표현되며, 더 큰 체계 속에서 조직화되지 않는다. 사람의 믿음은 강하고 진실할 동안, 그것들은 분명하게 표현된 방식으로 서로 관련되지 않는 경향이 있다. 자신의 종교적 믿음에 대한 이 대학생의 설명 속에서 우리가 듣는 것처럼, 사상은 다소 산발적이고 분산된 것으로 보인다.

　　저는 하나님을 믿으며, 신실하게 로마 가톨릭 예배에 참석해요. 저의 종
　　교적 믿음은 하나님을 향한 저의 개인적인 헌신과 그분께서 창조하신 인류
　　에 중점을 두고 있어요. 저의 믿음은 제가 행하고 제가 생각하는 것들에서
　　표현돼요. 저는 믿음을 시간 배분으로 분리시킬 수 있다고 믿지 않아요. 저

는 기쁠 때, 슬플 때, 필요할 때, 기도가 떠오를 때마다 기도를 해요. 예배 참
석은 아마 습관에 따른 저의 유일한 제의적인 양보이지만, 저는 하나님과 회
복에 대해 어떤 가까움을 느끼기는 해요. 저의 믿음은 단순해요. "선을 행하
고 악을 피하라."만큼 단순하지는 않지만, 저는 제 자신, 다른 사람, 하나님
이 창조하신 세계 속에서 좋은 것을 찾아내요.

더욱 복잡한 수준에서, B 위치는 체계적인 교리 또는 관습적인 이론을 중
심으로 세워진 신앙 구조를 설명한다. B 위치에서 사람은 산발적인 믿음과
가치를 교회나 학문적 단체와 같은 일부의 외부 권위자들로부터 제공된, 일
관된 개념의 용기(container), 즉 시스템 안으로 모은다. 그 사람은 무엇이 옳
고 진실되며 믿을 가치가 있는지 분명하게 설명하는 외부 교리에 자신을 헌
신할 수 있다. 대개의 경우, 그 교리는 의심 없이 받아들여진다.

파울러는 B 위치를 신앙의 '합성적-관습적' 단계라 부르며, 이것이 청소
년과 청년 사이에서 매우 흔한 구조라 믿는다. 나의 연구는 그의 주장을 뒷
받침한다.[5] B 위치를 분명히 보여 주기 위해서, 한때 바르고 좁은 길을 벗어
났지만 하나님에 대한 관습적인 믿음으로 돌아온 젊은 남성에 대한 설명이
있다.

저는 실재하는 것을 추구해요. 세인트 올라프 대학교에서 성경, 하나님의
본성, 저의 개인적 믿음과 경험들과 관련된 저의 이전 추정들은 의심받고 위
협받는다고 느꼈어요. 성경은 권위적이지 않다고, 그저 책일 뿐이라고 알려
져 있어요. 하나님은 친구보다는 개념이자 실재하는 생각에 더 가까워요. 저
의 개종과 하나님을 이해하는 것의 개인적 경험은 주관적인 감정적 경험으
로 여겨졌어요. 저는 기도하고 또 기도하고 하나님을 바라보는 다양한 방법을
제시하는 책을 많이 읽었어요. 저의 추구는 예수는 진짜이고, 하나님께서는
살아계시며, 성경은 그분의 말씀이라고 말하는 제 안의 감각에 의해 인도되
었어요. 사람들의 삶을 바라보는 것이 저의 초기 관점들을 다시 받아들이게

되는 주요 이유였어요. 저는 누가 좋은 의미에서 다른지, 누가 진짜로 다른 사람들을 돌보고 사랑하는지를 보기 위해 사람들을 바라보고 그들의 삶을 관찰했어요. 그때 저는 그들이 믿는 것을 보았고 그들에게 귀 기울였어요. 그들은 또한 저의 내면의 갈망을 확인해 주었어요. 하나님을 학문적으로 살펴보는 것은 생명과 생명을 주는 가능성이 부족했어요. 그것은 흥미롭고 논리적이었으나, 제가 제 인생에서 찾는 것을 갖고 있지는 않았어요.

사람은 특정 종교적 전통 속에서 세뇌되지 않았어도 자신의 믿음과 가치를 합성적이고 관습적인 방식으로 조직화할 수 있다. 예를 들어, 일부 성인은 모든 종교 제도를 근거 없고, 시대에 뒤떨어진, 또는 반과학적이라고 묵살하며, 철저히 세속적인 믿음 체계로 대체한다. 궁극적 현실을 이해하기 위한 냉철하고 과학적인 접근은 어떤 사람에게는 합성적-관습적 구조를 제공한다. 그런 입장은 믿음과 가치가 외부 권위자(예: 정치적 · 지적 · 과학적 기관)에 의해 제공된, 잘 정리된 체계를 대변하는 정도까지 합성적-관습적이다. 그것은 대부분의 경우 진지하게 의심받았던 적이 없는 체계다.

C 위치에서 사람은 관습을 떠나 개인적이고 독특한 신앙 구조를 만들기 시작한다. 그 사람은 B 위치의 교리와 신조를 의심하기 시작하며, 인생에서 마주치는 모순과 복잡성을 설명할 수 있는 더욱 포괄적이고 개인적으로 연관된 사상을 찾기 시작한다. B 위치에서 C 위치로의 이동은, 함께 자란 관습을 거부하고 더 높은 진실을 찾기 위해 독립하는 것은 실제로 매우 어렵기 때문에, 상당한 자기 탐구를 포함할 수도 있다. 세인트 올라프 대학교의 한 학생은 자신의 B 위치에서 C 위치로의 이동을, 젊은 성인으로서 마주친 상당히 어려운 질문들에 직면하여 어린 시절의 단순한 대답들에 대한 거부로 시작하는 것으로 묘사한다.

저는 심각한 질문의 대부분은 태아를 낙태시키는 친구들, 직장 내 자신의 위치에서의 불법적인 일들 등과 같은 윤리적 문제들에서 발달했다고 생각해요. 옳음과 그름은, 만약 그랬던 적이 있다면, 더 이상 분명하지 않았어요. 이런 단일 쟁점들은 하나하나씩 해결되었을 수도 있으나, 더 큰 것들이 발생했어요. 한 사람의 악에 대한 이해는 나이와 경험에 비례하여 증가한다고 생각해요. 저는 다차우의 오븐에 서서 저의 주일 학교 하나님이 어떻게 이것이 일어나게 둘 수 있었는지 물었어요. 질문은 아직 해결되거나 포기되지 않았어요. 저는 욥처럼 저의 신에게 불평할 수 있는 기회에 기뻐해요.

파울러는 C 위치를 '개별적–반성적' 신앙의 단계라 설명한다. 개인은 관습적인 믿음의 타당성을 반성하고, 궁극적으로 다른 것들을 받아들이면서 그 중 일부는 거부한다. 개인은 지나치게 단순한 해결책들에 반항하는 쟁점들과 문제들을 다루기 위한 방식으로 자신의 사상을 재조직한다. C 위치에서 사람은 처음에는 어린 시절의 수용된 믿음 전부에 대항하고, 이전에는 자신에게 낯설었던 전통에서 온 새로운 제도와 이해를 시도해 볼 수 있다. 예를 들어, 한 기독교 근본주의자는 자신의 주일 학교 가르침을 거부하고, 다른 종교 제도 또는 초월 명상을 탐구할 수도 있다. 정통파 유대교 집안에서 자란 한 소녀는 그녀가 알았던 전통 일부의 유용성을 의심하고, 궁극적인 관심의 쟁점들에 대한 더욱 인본주의적인 관점으로 옮겨 가게 될 수도 있다. 다음에 제시한 내용은 한 가톨릭 대학의 학생이 자신의 C 위치로의 이동을 구체적으로 묘사한 것이다. 자신의 신앙에 대한 그녀의 점진적인 질문은, 그녀의 마음속에서 지키고 있을 가치가 있는 가톨릭교의 측면들에 대한 신중한 선택에 의해 뒤따랐다.

저는 엄격하게 가톨릭적인 가족에서 양육되었어요. 저희는 매주 일요일마다 그리고 대부분의 성일에 항상 교회를 나갔어요. 이러한 예배 도중에는 항상 많은 의례와 상징주의가 사용되었어요. 저는 예배의 의례적인 부분들이 행해질 때마다 공허함을 느끼기 시작했던 때와 같은 시기에 종교적 믿음을 의심하기 시작했어요(이것은 제가 7학년일 때예요). 처음에 저는 무엇인가가 빠진 것처럼 느꼈어요. 다른 사람들 전부가 느끼는 것을 느끼려 열심히 노력하지 않았어요. 저는 그들이 신비적인 일을 경험한다고 확신했어요. 결국 이것은 성찬식의 빵이 그리스도의 몸으로 바뀌었는지에 대한 어머니와의 말다툼으로 이어졌어요. 제 어머니는 성찬식의 빵이 실제로 그리스도의 몸이라고 느꼈어요. 저는 그것이 실제로 변했는지는 상관이 없다고 말했고, 사건의 재연에 가깝다고 여겼어요. 이 사건 이후로 저는 성경의 타당성을 의심하기 시작했어요(11학년). 이것은, 성경에는 일부 매우 좋은 것들이 있지만 그중에서 다수는 불건전하고 현재의 서양 사람의 타락한 상태에 책임이 있다는, 저의 현재 관점으로 발달했어요. 저는 여전히 예수님에 대해 존경의 마음을 가지고 있어요. 저는 항상 그분에 대해 경외심을 가졌어요. 하지만 저는 대부분의 기독교인이 같은 이유로 그렇다고 생각하지 않아요. 저는 '구원' 맥락과 관련해서 그가 십자가에서 죽은 것에 대해 신경 쓰지 않아요. 사람들 역시 강제 수용소에서 죽어 왔어요. 탕자 혹은 간음한 여인의 예수님이 제가 존경하는 존재예요.

　C 위치는 스스로 구성된 사상에의 헌신과 타인의 신앙 교리에 대한 관용을 혼합한다. C 위치의 사람은 다른 사상적 관점들이 그것을 가진 사람들에게 맞을 수 있다는 것을 인정할 수도 있다. 전형적으로 C 위치의 사람은 사유나 논리의 사용을 통해 자신의 신앙 내부의, 또는 자신의 신앙과 다른 사람의 신앙 사이의 불일치를 화해시키고자 노력한다. C 위치의 사람은 대부분의 문제적 쟁점을 성공적으로 다루는 인간 사유의 능력을 믿는 경향이 있다. C 위치의 사람에게, 모든 사람이 조금 더 합리적이고, 조금 더 신중하고, 상충되는 관점들에 대해 조금 더 관대했다면 세상은 훨씬 더 살기 좋은 곳일 것이다.

　하지만 D 위치의 관점에서, 사유는 충분하지 않다. 매우 소수의 사람이 아마 중년에 시작하여, 인생의 역설과 불일치를 수용하기 위해 자신의 믿음과 가치를 재조직한다. 그들의 인간 사유의 한계와 그들 자신의 믿음의 합리적 체계의 부적당함을 보기 시작한다. 진실과 선함에 관련된 궁극적 쟁점들은 더욱 복잡하고 역설적인 관점에서 보이게 된다. 그에 더해 사람은 A, B, C 위치로부터의 이동에서 잃어버렸던 신앙의 요소 일부를 되찾으려고 시도할 수도 있다. 그들은 아이로서 소중히 여겼으나 후에 청소년기와 성인기에서 더욱 수준이 높아짐에 따라 거부했던 신앙의 근원적 이야기들의 진가를 알아본다. D 위치는 가끔 시간이 지나면서 잃어버린 단순하고 아름다운 진실들을 되찾는 면에서 설명된다. 사람은 두 번째 순진한 행위를 보일 수 있지만, 그것은 그것이 존재하는 복잡한 세계를 충분히 인식하는 역설적인 위치에 있다.

파울러는 사람이 보통 따로 분리되어 있는 사상과 이미지를 결합시킬 수 있기 때문에 D 위치를 '결합적 신앙'이라 부른다. 순수와 경험, 전능하신 하나님과 완전히 자비로운 하나님, 히틀러의 선함, 간디의 악함 등과 같은 생각들이 D 위치에서 고려되고 이해될 수 있다. 이 위치는 역설과 모순을 위해 자리를 양보하는 복잡한 사상적 구조들을 허용한다. 셜리 록은 자신의 범죄에 대한 받아들임과 사회의 범죄를 공격하는 것에 대한 헌신 그리고 목회 활동을 하는 포주로서의 자신에 대한 이해에서 이 같은 신앙의 강렬한 모습을 제공한다. 셜리는 인간 삶의 모순에 눈이 먼 것이 아니다. 불일치를 충분히 인식하며, 셜리는 그녀의 목회 활동에 머리부터 뛰어든다. 그녀를 지탱하는 것은, 독특하고 가끔 이해할 수 없는 일련의 개인적 믿음과 가치를 결합하는, 그녀의 정체성을 위한 결합적인 사상적 배경이다.

셜리의 사상은 세상이 부당함으로 가득하며 모두가 연루되었다는 굳은 믿음으로부터 시작한다. 일부 사람들은 다른 사람들보다 낫기는 하지만, 순수하고 고결한 사람은 없다. 흑인 남성과 결혼하면서 그녀가 경험했던 박해에 의해 범죄 생활로 떠밀렸다고 믿는데도 불구하고, 그녀는 자신의 범죄들을 희생당함의 단순한 결과물로 변명하지는 않는다. '깨끗한 집'을 운영하려고 노력하고 그녀의 매춘부들이 자신들의 문제를 갖고 왔을 때 애정이 담긴 충고를 해 주었지만, 그녀는 자신이 그들의 희생당함에도 역시 참여했음을 인식한다. 범죄 조직뿐 아니라 그녀에게도 책임이 있다. 그녀는 자신은 매춘부가 되는 것을 거부하며 다른 이들의 매춘을 통해 이익을 얻는 것에서, 다른 인종과 결혼했다고 자신을 피한 그녀의 부모와 중산층 사회만큼이나 자신이 위선적이라고 본다. 셜리는 자신의 범죄 활동을 변명하지 않는다. 그녀에게 가장 위대한 영웅인 신약성서의 성 바울처럼 그녀는 대담하게 죄를 지었고 그것을 덮을 방법이 없음을 안다. 더 나아가 그녀는 죄를 지으면서 자신이 죄를 짓는다는 것을 알았다. 교도소에 있는 시간 동안 범죄, 약물 및 알코올을 맹세코 끊겠다던 그녀의 결심은 '나쁜 사람'이라는 갑작스러운 자신의 계시에 의해 촉진되지 않았다. 그녀는 이미 자신이 나쁘다는 것을 알았다. 그녀의 결심은 더욱 실용적, 심지어 전략적이다. 단순하게 말해서, 그녀의 범죄 활동의 비용은 이득보다 더 컸다. 범죄 조직과 함께 그녀가 즐겼던 호화로운 생활방식에도 불구하고, 두 차례의 형기는 범죄가 그렇게 좋은 보수를 지불하는 것은 아니라고 그녀를 설득시켰다.

　모든 사람은 나쁘다. 모두는 연루되어 있다. 하지만 셜리의 관점에서는 두 가지 요인이 인류를 구원한다. 우선, 일부 사람은 세상 속 부당함과 희생당함에 자신이 참여하면서도, 그것에 대해 민감하거나 의식하고 있다. 그녀는 자신이 항상 이런 사람들 중 하나였다고 믿는다. 그녀의 현재 생활 스트레스나 문제들에 대한 대답으로 셜리는 "저를 스트레스받게 만드는 것은 저의 개인적인 문제들이 아니에요. 그것은 세상의 문제이고, 그것은 불의예요. 이것은 제가 어린 소녀였던 시절부터 저를 괴롭게 했어요." 라고 말한다. 두 번째이자 셜리에게 더 중요한 요인은 하나님이 모든 사람을 용서하고 받아들인다는 것이며, 그들이 여전히 악함에 연루되어 있어도 그들이 선행을 하도록 힘을 부여한다는 것이다. 셜리는 자신을 높으신 권능의 목회를 위한 수단으로 본다. 바울처럼 그녀는 자신이 '부름'을 받아들이고 바울이 '선한 싸움'이라 부르는 싸움을 계속하는 것을 통해 그러한 권능에 마음을 열었다고 믿는다. 선한 싸움에서 셜리는 불의와 압제에 투쟁한다. 그녀는 현재의 자신이 언제나 그들 중 하나와 같이 될 수 있다는 것을 잊지 않으며, 피해자가 된 죄인을 위해 일한다. 하나님은 모두를 용서하므로, 셜리는 과거의 범죄 행위를 위해 정교한 합리화를 고안해 낼 필요가 없다. 그녀의 마음속에서 그녀는 과거와 현재 알코올과 약물 중독자인 것처럼, 과거와 현재에도 범죄자다. 그녀 인생의 극적인 변화들에도 불구하고, 셜리는 연속성을 축하해 주는 정체성을 구성해 냈다. 그녀는 지금 포주이기보다는 목사이지만, 그녀는 여전히 자신의 약함을 의식하고 타인 역시 스스로의 약함을 다루도록 돕는 데 헌신하는, 변함없이 자각하는 죄인이다. 하나님께서는 모두를 받아들이시므로, 그녀가 현재의 모습이 될 수 있도록 하셨고, 언제나 그렇게 해 오셨다고 말한다.

성인으로서 셜리의 개인적 사상은 그녀를 어린 시절 가족에게 연결시키는 믿음과 가치를 구체화하여, 그녀의 개인적 신화의 연속성을 재차 강화한다. 셜리의 현재 목회는 그녀로 하여금 가장 어린 시절 그녀의 '작은 청소년 국제 연맹'에서의 초교파 정신을 되찾을 수 있게 한다.

> 제가 속한 기독교의 교파에 대해 제가 좋아하거나 인정하는 것은 그것이 사람을 교리에 길들이지 않는다는 것이라고 생각해요. 사람이 자기 자신의 신학, 하나님과의 관계를 이끌어 낼 수 있는 공간을 그것이 갖고 있다는 것. 그것은 수년을 지나오며 긴 시간이었어요. 제 신학과 제 자신의 존재의 일부는 저의 유대교 유산, 오순절파 유산, 로마 가톨릭 전통과 학교 교육, 제가 다녔던 침례교회, 제가 참배했던 시크교 사원 그리고 탐색에서 왔어요. 그리고 제가 저의 가족 안에서 너무도 많은 다양성을 보았기 때문에, 그것은 저에게 손을 내밀어 다른 사람들과, 저의 것과는 다른 방식들로 예배하고 여전히 하나님의 존재를 느낄 수 있는 능력을 주었어요.

하지만 하나님은 누구인가? 셜리는 말한다.

> 저는 모든 존재하는 것, 모든 존재했던 것 그리고 모든 존재할 것들을 창조한 단 하나의 하나님이 있다고 믿어요. 저는 하나님이 저의 천국에 계신 아버지라 믿어요. 저는 또한 하나님이 저를 보살피는 어머니라 믿어요. 저

는 하나님이 저의 언니, 오빠, 이모, 삼촌, 친구, 연인이고, 하나님이 제가 만나는 모든 것이라고 믿어요. 저는 삼위일체 하나님을 믿기 때문에 예수 그리스도를 하나님의 아들로 믿어야 해요. 그리고 성령을 위로자이고 삼위의 세 번째 부분으로…. 저의 종교적 믿음은 저의 온 마음, 영혼, 정신, 힘으로 하나님을 사랑하며 제 이웃을 제 몸처럼 사랑하는 거예요…. 글쎄, 저는 주님을 경배했던 자들이 하나님의 나라에 다 들어갈 자들이 아닐 것이라고 말할 때 성경이 그것을 매우 분명하게 밝힌다고 생각해요. 저는 심판을 받는 것은 당신의 마음이고, 핵심은 당신의 분별력 그리고 가난하며 억압받는 자들과의 참여라고 생각해요.

우리는 셜리의 신이 우리의 신이라고 믿을 필요는 없으며, 이것이 셜리에게 옳고 진실한 것임을 이해하기 위해 그녀의 종교적 믿음을 받아들일 필요는 없다. 이것은 그녀의 사상적 기반이다. 그것은 그녀의 정체성을 위한 토대를 제공한다. 물론 우리는 이 토대에서 흠을 찾을 수 있다. 우리는 그것의 타당성을 의심할 수 있다. 예를 들어, 우리는 셜리가 말하는 '제가 만나는 모든 것'에 하나님이 존재하며 모든 곳에 있다면, 어떻게 사람들이 근본적으로 나쁠 수 있는지를 물을 수 있다. 우리는 가난하고 억압받는 자에 대한 기여에 관해 사람을 심판하지만 본질적으로 억압적인 것 같아 보이는 체계를 다스리는 신의 불일치에 대해 궁금해할 수 있다. 우리는 어떤 종류의 신이든 그 존재에 대한 그녀의 믿음을 기본적으로 순진하고 지나치게 낭만적인 것으로 보고 싶어 할 수 있다. 하지만 이것이 셜리가 진실하고 선하다고 믿는 것이며, 이 믿음들이 그녀의 정체성을 단단히 묶는다는 사실은 피할 수 없다.

여피족의 의미 추구

예전보다 오늘날 정체성을 이해하는 것이 더 어렵다면, 그것은 부분적으로 사상의 문제가 특히 복잡하고 혼란스러워졌기 때문이다. 현대의 세속적 사회는 중세를 지나 17세기와 18세기까지 유럽을 지배했던 획일적인 기독교적 세계관을 기반으로 하지 않는다. 한 학자는 다음과 같이 적는다. "남성과 여성이 하나님에 의해 창조되고 유지되는 영혼을 믿는 이상, 자기의 단일성은 의심할 여지가 없을 것이다."[6]

  현대의 많은 남성과 여성이 계속해서 전통적인 기독교 관점을 고수하기는 하지만, 하나님과 오늘날의 우주를 위한 하나님의 계획의 본성에 대해 널리 퍼진 견해는 확실히 없다. 기독교의 통합적 능력은 지난 200년간 상당히 약화되었다. 과학과 기술의 업적, 산업 혁명의 발생, 광범위한 도시화, 자본주의의 확산, 노동자와 노동의 소외, 무의식의 발견, 두 차례의 세계 대전, 원자폭탄, 대중 매체의 출현, 증가하는 국제적 인식 그리고 다수의 다른 발달은 지금의 현대와 포스트모던의 의식을 형성시키게 되었다. 오늘날 우리는, 대안적이고 경쟁적인 사상적 체계들의 풍부한 집합 그리고 우리의 사상적 관심들의 모든 것을 이야기할 어떤 전통적이고 관습적인 신앙 체계의 힘에 대한 회의주의의 확산적 분위기에 직면해 있다.

  테드 벨리즈는 미주리 주의 세인트루이스 외곽의 지역 사회에서 중산층 집안의 네 자녀 중 첫째로 자랐다. 그의 아버지는 사업가였고, 어머니는 집에서 남자 아이들을 키웠다. 테드는 18개월 어린 남동생과 매우 가까웠고, 그들은 함께 놀며 많은 시간을 같이 보냈다. 그의 초기 기억들은 야외 활동, 가족 그리고 교회에 초점을 맞춘다.

  저는 많은 시간을 야외에서 보냈어요. 저희가 자랐던 지역은 개발되는 중이었기 때문에 주변에 숲과 나무, 야생 지역이 여전히 많았고, 도시에서는 할 수 없는, 숲에서 할 수 있는 일들이 많았어요. 그리고 저는 건설되는 중이었던 집들 주변에서, 그것들을 올라가고, 나뭇가지를 주워 요새를 만들기 위해 집으로 가져오고, 요새를 짓기 위해 숲으로 그것을 가져가고, 그와 같은 많은 일을 하며 시간을 보냈던 기억이 나요. 저는 일리노이 주 남부에 있는

저의 외조부모님 댁에 가는 것에 대한 아주 좋은 기억들이 있어요. 농장이
있었고, 저는 돼지와 콩을 보고, 코에 콩을 넣던 것을 기억하며, 그런 기억들
은 여전히 매우 강렬해요. 그리고 저는 대지와 매우 긴밀한 애착을 형성했다
고 생각하며, 오늘날에도 여전히 그것을 많이 발견해요. 저는 그곳에 강한
감정을 가졌어요. 또한, 제가 생각하기에 또 다른 큰 부분은, 저의 부모님이
교회에서 매우 활동적이었으며 그에 따라 우리도 그러했다는 거예요. 우리
는 그곳에서 많은 시간을 보냈어요.

테드의 부모는 루터 교회 교단의 미주리 노회에 속한 교회에서 활동하였
다. 역사적으로 미주리 노회는 민족적 뿌리를 독일에 둔, 루터교 안에서 비교
적 보수적인 교회 집단이었다. 1950년대와 1960년대의 많은 미주리 노회의
교회들처럼, 테드의 교회는 성경에 대한 엄격하고 문자 그대로의 해석을 강
조했다. 그들에게 기독교의 하나님은 하나의 유일한 신이며, 예수 그리스도
는 그의 아들이자 인류의 구원자다. 이 루터 교회 집단은 초교파적이지 않은
경향이 있으며, 반대되는 관점들에 대해 비교적 너그럽지 못하다. 1970년대
에 미주리 노회는 상당한 수준의 교리적 혼란을 경험했으며, 노회의 보다 진
보적인 계파가 노회에서 분리되어 나갔다. 테드는 어린아이와 청소년으로서
교회의 교리를 받아들였으며, 그의 고등학교 시절 동안 교회와 갈등이나 불
일치를 거의 겪지 않았다고 보고한다. 대개 종교적인 것은 그의 인생에서 배
경 속에 머물렀다. 그는 초기 성인기에 들어서도 궁극적 관심의 쟁점들에 대
해 거의 생각하지 않았다. 그의 일상 생각들은 야외 활동과 스포츠, 학업, 그
리고 그가 청소년기를 거쳐 20대로 들어갈수록 '일과 성공에 대한 최우선적
인 집착'에 집중하는 경향이 있었다. 고등학교 시절 이후로 테드는 그의 최우
선적인 집착을 불신했다. 그는 개인적 성공에 대한 집착이 그의 삶을 '불균
형'하게 만들었다고 주장한다. 균형을 찾기 위한 갈등은 테드의 개인적 신화
에서 되풀이되는 주제다. 테드에게 그 갈등은 개인과 집단 사이의 갈등의 측
면에서 표현된다. 고등학교와 대학에서 그의 운동 활동을 설명할 때, 테드는

대학 라크로스를 제외하고 자신이 팀 스포츠가 아닌 개인 스포츠에서 뛰어났다고 반복하여 언급한다. 그는 육상 경기를 위해 훈련하던, 혼자만의 긴 시간들에 대한 또렷한 기억들을 상술한다. 그의 전체 삶의 이야기에서 가장 생생한 사건은 그가 고등학교 시절 달렸던 1마일 달리기 시합이다.

> 저는 이기고 싶었어요. 저는 제가 이길 수 있는 것을 알았어요. 그래서 저는 나갔고 속도를 내어 선두에서 달리고 있었어요. 저는 매우 빠른 속도를 유지했어요. 그리고 네 번째 바퀴에서 생긴 일은, 1마일은 네 바퀴를 도는 거예요, 네 번째 바퀴에서 네 번째 코너에 갔을 때 저는 다리에 쥐가 났고, 저의 폐는 산소 공급을 못했으며, 제 다리는 그냥 멈췄어요. 저는 다리를 들어 올릴 수 없었어요. 저는 계속 움직이고 있었기 때문에 당연히 넘어졌어요. 저는 넘어졌고, 당시에 선두에 있었어요. 글쎄, 제 학교 친구가 저에게 돌아왔어요. 저는 제가 바닥에 누워 있었던 것을 기억해요. 저는 제 코치님이 일어나, 일어나, 소리 지르던 것을 기억하고 제 팀원이 저를 돌아가 경주를 이긴 것을 기억하는데, 다른 학교들의 주자 중 한 명도 저를 지나쳤는데, 저는 트랙의 마지막 바퀴의 1/4을 기본적으로 기어갈 수 있었어요. 저는 왜 그런지는 모르지만, 제가 그것을 기억한다는 것을 빼면, 저는 그것을 절정의 경험으로 여기며 계속해서 기억해 내요. 저는 그것을 꿈꾸고, 그것에 대해 꿈을 꾸어요.

그 기억은 개인적 성취의 추구에 대한 테드의 깊이 상반되는 감정을 드러낸다. 그는 다른 어떤 것을 원했던 만큼 그 경주를 이기고 싶어 했다. 셀 수 없는 훈련의 시간과 트랙 세 바퀴 반을 완벽하게 돈 후, 그는 이상적으로 이기기에 유리한 조건이었다. 하지만 마지막 순간에 그의 기력은 바닥이 났다. 그의 개인적 추구는 무효가 되었다. 흥미롭게도 그의 팀원이 경주를 이겼다. 상징적으로 개인은 졌지만, 공동의 팀은 우승했다. 이 중요한 기억은 대학 라크로스 팀에 참여했던 그의 경험에 대한 테드의 설명과 확연히 대조를 이룬다.

그는 라크로스에서 스타는 아니었지만 팀원들과 이 스포츠를 하고, 다른 팀들과 경기하기 위해 다른 대학들로 이동하던 경험들은 그의 인생에서 가장 긍정적인 경험들 중 일부다.

　테드의 사상 중 일부는 단련되지 않은 개인주의는 불균형적인 삶으로 이어진다는 믿음이다. 테드는 자신뿐만 아니라 모든 삶에 균형이 무엇보다 중요하다고 믿는다. 대학을 졸업한 후 테드는 주요 회계 법인에서 3년간 일했다. 그는 매우 긴 시간을 투자하고 상당한 돈을 벌며, 매우 성공적이었다. 그의 시간 대부분은 이동을 하며 보냈다. 법인을 위해 그가 했던, 빠르게 진행되고 늘 변화하는 일은 재미있었지만, 그를 지치게 했다. 그것은 신이 나지만 "일에 완전히 헌신하고 다른 모든 것을 희생하는, 제가 불균형한 삶이라고 부르는, 어렵고 힘든 삶의 방식"이었다. 그 이후 3년을 그는 시내 고층 건물의 50층에 호화로운 사무실을 갖춘 사설 컨설팅 회사에서 일하며 보냈다. 셜리 록이 목사로의 부름을 받아들였던 비슷한 시기에 테드와 동료는 자신들만의 제조업 컨설팅 회사를 차렸다. 회사가 지난 8년간 상당하게 성장한 것을 보면, 또다시 테드는 매우 성공적이었다. 이 시기 동안 테드는 역시 사업 세계에서 일하는 한 여성과 결혼했다. 그들은 안락한 주택을 구입했고, 두 명의 어린 아들을 키우고 있다.

　1983년에서 1988년을 지나는 동안의 시간은 테드가 빠르고 자유롭게 선두에서 달렸던 고등학교 시절 그 경주의 첫 세 바퀴 반과 매우 흡사했다. 하지만 1988년에 그의 기력은 바닥이 나기 시작했다. 그는 자신이 이전의 두 직장을 떠나게 만들었던 것과 같은 불안함을 느꼈다. 그에 더해 그의 아내의 부모가 갑자기 병이 났다. 몇 달간의 시기 동안 아내는 두 아이를(그중 한 명은 영아였다) 남편에게 맡기고, 매주 목요일 부모님을 보살피기 위해 친정으로 갔다가 월요일 아침에 돌아왔다. 이 시기까지 테드는 육아에 주로 관여하지 않았기 때문에 일주일의 반 동안 풀타임 부모로서의 자신의 새로운 역할을 매우 힘들게 생각했다. 테드는 이 시기를 자신의 결혼 생활의 매우 힘들었던 시기로 전하며, 자신과 아내가 이혼을 고려했음을 암시한다. 아내의 부모는 결국 세상을 떠났다. 결혼 생활은 견뎌 냈으며, 궁극적으로 더 강해졌을지도 모른다.

이 시기 동안 균형에 대한 오랜 쟁점은 다시 한 번 표면화되었다. 테드는 직장에서 시간을 덜 보내고 그의 가족과 더 많은 시간을 보낼 것을 강요받았다. 가족 긴장의 증가된 수준에도 불구하고, 테드는 아들들을 돌보고 아내가 그녀의 부모의 죽음에 대처하는 것을 돕는 데에서 새로운 만족감을 발견했다. 그는 지역 루터 교회에 더욱 관여했으며, 심지어 주일 학교 아이들을 가르쳤다. 그의 삶이 더욱 균형을 이루게 됨에 따라, 그는 그의 전문적인 업무에 대해 점점 불만족하게 되었다. 오늘 그는 그만두고 싶다. 하지만 그는 다음에 자신이 무엇을 해야 할지 모른다.

균형의 전체적인 개념은 사람이 삶에서 헌신을 할 필요가 있다는, 테드의 또 다른 깊이 박힌 믿음을 거스른다. 테드는 자신의 가족에게 헌신을 느끼지만, 가정의 영역 밖에서는 그 어떤 헌신도 하지 않았다. 그리고 이것은 테드에게 옳지 않다. 고등학교 시절 이후로 줄곧, 테드는 자신이 진심 어린 헌신을 할 수 있는 무엇인가를 찾아왔다고 전한다. "고등학교 전에는 마치 제가 그저 흘러가는 것 같았어요. 저는 정말 삶의 임무나 목적이 없었어요. 아마 지금도 없을지도 몰라요." 균형과 헌신을 동시에 전적으로 믿는 것은 불가능하기에, 문제는 부분적으로 사상적이다. 무엇인가 또는 누군가에 대한 철저한 헌신은 일종의 불균형을 수반한다. 테드의 고등학교 시절 경주는 그에게 특정한 삶의 노력에 전적으로 헌신하면 어떤 일이 일어나는지 상징할 수 있다. 경주를 이기는 것에 대한 그의 헌신은 완전했으며, 그것은 그의 삶을 불균형하게 만들었다. 그리고 그는 경주를 이기지 못했다.

테드는 삶은 균형을 이루어야 하며, 사람은 헌신을 해야 한다는, 그의 개인적 사상의 두 중심 교리에 대해 양면적인 태도를 취하는 시점에 이르렀다. 테드는 여전히 이 두 주요 믿음 사이의 갈등을 조정하는 방법을 찾고 있다. 사상적인 해결에 대한 그의 탐색은 셜리 록의 인생에서 보는 사상적 여정과 분명하게 대조된다. 셜리에게 균형의 개념보다 그녀의 사상에서 더 이질적인 것은 없다. 길거리, 교도소, 교회, 그녀 자신의 가족 안에서 그녀의 태도는 반복하여 극단에 의해 특징지어진다. 테드가 훌륭한 가정적인 남자, 선량한 시민, 생산적인 노동자가 되는 합리적인 방법을 추구하며 중용을 찾는 데 비해, 셜리는 100퍼센트 반항아에서 100퍼센트 범죄자로, 또 100퍼센트 목사 등으로 거칠게 선회한다. 사도 바울처럼, 그녀는 자신이 하는 일 모두에 자신을 완전히 던지며, 자신이 믿는 것 모두를 강하게 믿는다. 테드와 셜리는 또 다른 면에서도 다르다. 셜리의 주류 개신교와 사회적 목회에 대한 포용은 그녀가 언제나 소중히 여기던 것들로 돌아오는 것을 상징한다. 테드에게 옳고 선한 것에 대한 추구는 그의 부모와 교회의 편협한 관점을 뒤로 하고 더 뛰어나고, 더 넓으며, 더 균형 있는 것을 찾는 것을 포함한다. 셜리가 자신의 개인적 신화를 위한 일관성 있는 사상적 배경을 공고히 한 데 반해, 테드는 여전히 찾는 중이다.

먼저, 테드는 새롭고 더욱 성취감을 주는 종류의 일을 찾고 있다. 그는 농장으로 다시 돌아가는 것을 포함한, 많은 대안을 고려했다. 하지만 현재의 직업이 제공하는 안전성과 충분한 보수를 떠나는 것이 그가 결혼하지도 않았고, 아이도 없었고, 대출금도 없었던 전보다 지금은 더욱 어렵다. 개인적 성취와 물질적 성공에 대한 그의 이중적 감정에도 불구하고, 테드가 좋은 보수와 좋은 집을 가진 잘 나가는 전문가로서의 자신의 지위를 즐긴다는 것은 꽤 명백하다.

테드는 또한 최근 몇 년간 철학적이고 종교적인 물음들에 점점 더 관심을 갖기 시작한 것으로 보인다. 그와 그의 가족은 루터 교회를 나가지만 교회와 그들의 관계는 미주리 주에 있는 테드의 부모의 삶과는 매우 다르다. 어떤 면에서 테드의 현재 교회는 그가 자랐던 교회와 현저하게 다르다. 현재 교회는 자신을 포괄적인 사상과 강한 사회적 목회를 가진, 매우 진보적인 교회로 여긴다. 테드 자신의 신학은 그의 보수적인 루터교 뿌리로부터 극적으로 벗어난 것으로 보인다. 최근 몇 년간 독일 철학가 루돌프 슈타이너(Rudolf Steiner)에 의해 20세기 초반에 시작된 영적 운동에 대한 그의 관심이 증대되었다. 이 운동의 교리들이 테드의 인터뷰에서 명백하게 제시되지는 않지만, 운동이 많은 전통적 기독교와 유대교 믿음을 지지하면서, 인간적 심리학과 어떤 동양 종교들로부터 많은 부분을 추가한 것으로 보인다. 운동의 중요한 특징은 환생에 대한 믿음이다. 테드는 이러한 견해에 강하게 끌리는 자신을 발견한다. 그는 그 새로운 운동의 '영적 차원'을 매우 매력적이라 본다. 그리고 그는 환생이 그리스도의 부활에 대한 기독교적 발상과 크게 다르지 않다고 주장한다.

> 슈타이너는 영혼에 대한 과학이 있다고, 실제로 영적 존재들을 인지하고 그들과 소통할 수 있다고, 그들은 전부 우리 주위에 있다고 믿었어요. 그가 그의 연구들로부터 가져온 암시들을 그는 인생을 살아가고 대지를 보살피고 아이들을 가르치는 방법들로 번역했어요. 그래서 그것은 저에게 많은 영향을 미쳤어요…. 모든 기독교인은 부활을 믿어요. 그러니까 부활이 있고, 영혼은 계속 살아간다고요. 하지만 문제는, 그 영혼은 어디로 가죠? 그리고 그것이 기억하지 못하더라도 어쩌면 돌아오지 않을까요? 그리고 얼마나 빨리 돌아오며 왜 돌아오죠? 이것들은 루돌프 슈타이너가 관심을 가졌던 종류의 질문들이에요. 물론, 그가 처음은 아니었어요. 그것은 고대 이집트와 그리스의 수수께끼들로 거슬러 올라가요.

테드는 슈타이너의 다방면에 걸친 영성의 유형이 인간 성장과 발달에 가치있는 교훈을 제공한다고 주장한다. 테드가 스스로의 인생의 주요 주제를 '지속적인 진화, 지속적인 성장'으로 본다는 것에서, 그는 슈타이너에 의해 마련된 영적인 체제가 전통적 기독교보다 자신의 삶의 이야기와 더 어울린다고 믿는다. "저는 대부분의 종교가 영적인 것을 인간의 수준으로 끌고 내려오지만, 슈타이너와 같은 접근은 우리를 영적인 수준으로 올려, 스스로 더욱 영적이 되도록 가르친다고 생각해요." 그는 말한다. "그 방향으로 가는 제 자신이 보이는 것 같아요."

그것은 테드의 개인적 사상 중심에 있는 균형을 위한 탐구를 확인하는 것으로 보이는 방식이다. 테드의 새로운 영성은 어린 시절의 전통적인 기독교 체제와 성인으로서 끌린 더욱 심오한 접근들의 균형 있는 혼합으로 보일 것이다. 테드에게 새로운 영성은 그의 기독교적 유산과 충돌하지 않는다. 하지만 만약 테드가 말하는 새로운 영성이 그가 바라던 삶에서의 전적인 헌신이 가능하도록 도울 것인지는 두고 보아야 할 것으로 보인다. 테드는 그럴 것이라 믿는다. 그는 암암리에 그의 최근 지역 사회 단체에 대한 시간과 돈의 헌신을, 그의 넓어진 인본주의적 관점과 묶는다. 그럼에도 그는 자신의 성인 정체성을 형성할 옳은 신앙을 여전히 찾고 있음을 인정한다. 낙관적으로, 하지만 어느 정도는 신중하게, 그는 자신의 삶과 에너지를 헌신할 더 나은 진실의 균형을 찾으며, 계속해서 나아간다.

후 주

1) 줄리 맥퍼슨의 사례는 다음의 책에 나온다. McAdams, *Power, intimacy, and the life story* (pp. 167-169).
2) 이 연구는 1989년과 1990년 노스웨스턴 대학교로부터 연구 기금과 1990년부터 1993년까지 스펜서 재단으로부터 중요한 지원을 받아 수행되었다.
3) Fowler, *Stage of faith*.
4) McAdams, *Power, intimacy, and the life story*, chpt. 7. McAdams, D. P., Booth, L., & Selvik, R. (1981). Religious identity among students at a private college: Social motives, ego stage, and development. *Merrill-Palmer Quarterly, 27*, 219-239. Oxenberg, J. (1990). *Religiosity, faith development, and reaction to negative life events*. Unpublished master's thesis, Loyola University of Chicago.
5) 78명의 대학생에 대한 연구에서, 41명은 개방형 설문 조사에서 체계적인 신조나 교리에 지지를 표시하는 반응을 제공했다. 종교 기관에 소속된 56명의 학생에 대한 두 번째 연구에서, 31명은 그들이 교회의 가르침을 강하게 믿었고, ① 그들은 교회의 가르침에 대해 결코 의문을 표시하거나 그런 시기를 겪지 않았거나, ② 종교적 관습을 거절하는 시기를 겪었지만 결국 원래의 믿음을 받아들였다고 주장했다. McAdams, *Power, intimacy, and the life story*.
6) Ibid., p. 25.

제8장 중년기에서의 통합

중년의 위기는 대중문화에 의해 경시되어 온 개념의 좋은 예다. 1930년대 이후로 엘스 프렝켈(Else Frenkel),[1] 칼 융(Carl Jung)[2] 및 엘리엇 자크(Elliott Jacques)[3] 같은 사회과학자들은 중년 남성과 여성이 더 큰 심리적 성숙을 향해 발달하면서 어떻게 생의 관점의 중요한 변화를 겪게 되는지에 대한 사려 깊은 설명을 제공한다. 1970년대에 대니얼 레빈슨(Daniel Levinson)이 40인의 남성을 인터뷰한 것에 근거하여 중년기 위기를 성인기 발달에 관한 자신의 새로운 이론의 중심 요소로 삼았다.[4] 삶의 과정에 대한 책을 쓴 게일 쉬히(Gail Sheehy)와 같은 인기 작가들은 성인이 침체되고 무료해지지 않으려면, 나가서 직접 자신만의 중년기 위기를 경험해야 한다고 종용했다.[5] 언론은 이 같은 선정적인 발상에 올라탔고, 배우자의 외도에서 세대 간 갈등에 이르기까지 모든 일을 설명하는 데 이 발상을 이용했다. 1980년대 중반에 이르자 미국인은 중년기 위기를 즐기거나 견뎌 내는 일, 삶이 다시 평범해질 수 있도록 배우자가 위기를 헤쳐 나가길 바라는 것에 대한 농담을 했다.

중년 위기에 대한 대중적 관점은 성인이 40세 생일이 지나면 곧 실성하거나 극도로 무책임해진다는 것이다. 정장을 입은 은행원은 이국적인 여성을 만나 아내를 떠난다. 중년의 어머니는 자녀가 자신에게 '텅 빈 둥지' 만을 남겨 놓고 집을 떠날 것을 예상하며 우울증에 빠진다. 강직한 남성과 여성은 죽음, 나이가 드는 것, 인생에서 아무것도 이루어 내지 못하는 것, 지나친 직업적 성취로 가정과 우정을 해치는 것, 불륜을 저지르는 것, 한 번도 불륜을 저지르지 못하는 것, 부모의 실수를 되풀이하는 것 등에 대해 갑자기 두려움을 느낀다. 중년기 위기가 개인적 성장으로 이어질 수도 있으나, 일반적인 견해는 대개 그러한 성장이 다른 사람들의 희생으로 이루어진다는 것이다. 중년기 위기는 마치 미국 중산층이 누리는 사치인 것처럼 자아도취적인 면이 있어 보인다.

중년 위기의 개념이 대중화되면서 어떤 행동과학자들의 의심은 더욱더 커지게 되었다. 일부는 중년기가 특별히 고통스럽지 않으며, 많은 사람이 이 시기를 쉽게 통과한다고 주장한다. 상당한 양의 연구는 대부분의 미국인 남성과 여성이, 대학 또는 일을 위해 자녀가 집을 떠나는 것 때문에 중년기에 과도하게 우울해지거나 불안감을 느끼지 않음을 시사한다. '빈 둥지 증후군' 은 비교적 드문 일인 것으로 보인다.[6]

심리학 연구가인 로버트 맥크래(Robert McCrae)와 폴 코스타(Paul Costa)는 성인이 40대 초반에 위기를 겪는 경향이 있다면, '정서적 혼란' 을 나타내는 설문지의 점수는 그들의 삶에서 해당 시기에 최고치에 달해야 한다고 추론한다. 그들은 대략 만 명의 34~54세의 남성과 여성을 대상으로 짧은 성격 설문을 시행하였고, 만연하는 중년의 위기에 대한 그 어떤 증거도 찾지 못했다. 맥크래와 코스타는 사람들이 중년기뿐만 아니라 성장하면서 언제든지 위기를 겪을 수 있다고 주장한다. 그들은 어떤 사람은 기질적으로 자주 위기를 경험하도록 맞추어져 있는 반면, 어떤 사람은 극히 드물게 위기를 경험한다고 주장한다. 두 심리학자는 중년기에 위기를 보고하는 소수의 개인은 '신경증' 의 만성적인 특성을 자주 내비치는 경향이 있어, 일생 동안 자주 위기를 겪었으며 미래에도 계속해서 겪을 것이라는 추가적인 자료를 수집했다.[7]

중년의 위기가 문화에 의해 유명해졌고 그 후 사회과학자들에 의해 축소되었기 때문에, 우리는 중년에 있어서 자주 일어나는 성격에서의 중요한 발전에 대한 시각을 잃었다. 이러한 변화는 반드시 짧은 성격 설문지에서 나타나는 극적인 '감정적 혼란' 의 일종을 만들어 내는 것은 아니다. 그것들은 우리가 중년의 위기라는 단어를 사용할 때 보통 내비치는 것보다 더 미묘하고 아마 더 개인적인 변화다. 하지만 그럼에도 그것들은 근본적 변화이며, 그것들은 개인적 신화에서의 실질적 변화를 나타낼 수 있다. 성인은 40대와 50대에 그들의 정체성에 있어서 갈등과 양면성을 직면하기 위해 앞으로 나아가고, 그들의 삶에 대한 마음속에 그려진 종말이라는 관점에서 신화적 반대쪽과 조화를 이룬다.

중 년

　현대 미국 사회에서, 중년은 40대에서 60대까지 지속된다고 여겨진다. 폐경기와 같은, 특정한 생물학적인 변화들은 이 시기의 삶을 경계 짓는 역할을 한다. 하지만 중년은 대부분의 미국인이 보통 인간의 삶의 주기에 대해 갖는 가설에 근거해, 사회적으로 정의된다. 중년은 저명한 사회학자 버니스 뉴가튼(Bernice Neugarten)이 '사회적 시계' 라고 부른 것에 의해 자리 잡는다.[8] 나이에 걸맞은 전환이라는 일련의 기대감, 사회적 시계는 그들의 삶이 제때에 있다고 평가하는 정도에 대항하는 표준이다. 20대 초반에 대학을 졸업하고, 20대와 30대에 가족을 일구고, 40대에 자녀가 가정을 떠나고, 50대와 60대에 부모의 죽음을 목격하고, 이런 것들은 현대의 중산 사회에 있어서 적절한 때라고 생각하는 생활 주기의 전환점들이다. 많은 미국인은 그들의 70대 후반과 80대를 잘 살 것이라고 기대한다. 중년의 시간의 큰 부분은 성인기의 초반부터 퇴직 전까지의 기간을 이루고 있는 것으로 보인다.
　많은 이에게, 40대에 있는 중년의 발달적 경험은 재기와 쇠퇴라는 이상한 결합을 포함한다. 한편으로는 40대에 있는 남성이나 여성은 일, 가족 혹은 조직 생활에 있어서 최고의 힘과 영향력을 가졌을 수 있다. 특히 전문직에 있는 남성에게 있어, 40대는 최고치의 수입 가능성과 향상된 지명도와 명예의 시간일 것이다. 예술가, 과학자 그리고 다른 창조적인 성인에 대한 역사적 연구는 전형적으로 이런 개인들이 35~45세에 그들의 창조적인 결과물의 최고치에 이른다는 것을 보여 준다.[9] 반면에 40대 남성이나 여성은 부정할 수 없는 노화의 증상을 겪기 시작한다. 가장 운동 신경이 좋은 성인 사이에서도, 신체의 힘과 속도는 눈에 띄게 줄어든다. 대부분의 남성은 머리카락이 가늘어지기 시작한다. 여성은 특히 40대 후반에 폐경기를 겪는다. 아이들은 자라나 가족 내에서 힘과 영향력을 위해 더욱 활발하게 경쟁하기 시작한다. 중년 성인의 부모는 이제 70대나 그 이후에 다다르면서 노인이 된다.

한 개인이 지금 인생에 있어 '중간 지점'에 있다고 믿는 것은 기껏해야 흘러간 시간만큼 미래에 시간이 남았다고 믿는 것이다. 이것은 때때로 성인이 '퇴물 파티'를 하며 그들의 40번째 생일을 축하하는 이유다. 개인이 현재 인생의 절반 지점에 있다는 자각은 죽음이 보다 개인화되었기 때문에, 언젠가는 죽어야 하는 것에 대한 고민이 증가되게 할 수 있다.[10] 중년의 연령 감각은 또한 세대 간의 관계에 영향을 끼칠 수 있다. 중년의 성인은 앞선 세대(그들의 은퇴한 부모)와 후세대(그들의 자녀)에 대한 보호와 지지를 제공해야 한다는 더 많은 책임감을 느낄 수 있다. 대니얼 레빈슨은 성인이 40대에 시간을 돌아보면서 내다보고, 인생의 일치된 재평가를 시작한다고 말한다. 가장 강렬한 중년의 재평가의 시기를 겪는 성인들은 레빈슨이 위기의 상태라고 생각하는 것을 겪는다.[11]

> 그들의 모든 삶의 면모가 질문의 대상이 되고, 그들은 밝혀진 것에 대해 대단히 공포를 느낀다. 그들은 자신과 다른 이들에 대한 비난으로 가득 차 있다. 그들은 전처럼 나아갈 수 없고, 새 경로를 선택할지 혹은 옛 경로를 고칠지를 결정하는 데 시간이 필요하다. 이러한 종류의 근본적 재평가는 멋지고, 현명한 과정은 될 수 없다. 그것은 감정적인 혼란, 고통, 어디로 가야 할

지 모르는 감정, 혹은 침체되고 전혀 움직일 수 없는 상태를 가져올 수 있다. 모든 진정한 재평가는 현존하는 삶의 구조가 기반이 된 환상과 기득권에 도전하기 때문에, 고통스러움에 틀림없다.

　레빈슨은 하나의 위기로 그 특성을 강조하기 위해 경험을 지나치게 극적으로 표현한다. 그리고 실제로 우리 모두가 중년의 재평가라는 시기를 겪는다는 것을 의미하기 위해 지나치게 일반화한다. 그가 내놓은 주장들은 좀 더 적절하고 자격을 얻게 된 구조에서 봤을 때는 유용하다. 많은 성인에게, 40대가 삶의 이야기의 재평가와 수정의 시간이 될 수 있다. 수정은 대부분의 사람에게 있어서 위기라고 경험될 만큼 극적이지는 않지만, 그것은 어찌됐든 신화 창작을 하는 데 근본적 의미를 가진 자기 이해에 중요한 변화를 포함한다.

　「죽음과 중년의 위기(*Death and the Mid-life Crisis*)」라는 제목의 매혹적인 논문에서, 엘리엇 자크(Elliott Jaques)는 중년이 창의적이기 위한 성인의 노력에 중요한 변화를 남긴다고 제안한다. 자크는 의심할 여지없이 굉장하거나 천재적인 310명의 화가, 작곡가, 시인, 작가 그리고 조각가의 전기적인 정보와 예술적인 작품들을 검토했다.[12] 그의 목록에는 모차르트, 미켈란젤로, 바흐, 고갱, 라파엘 그리고 셰익스피어가 포함되어 있다. 자크는 중년 이전의 '따끈따끈한' 작품들은 빠르고 열정적인 방식으로 걸작들을 생산하는 경향이 더 강하다고 말한다. 그들의 작품들은 순수한 욕망과 로맨스의 주제를 실어, 매우 긍정적이고 이상적인 경향이 있다.

　하지만 마흔의 나이가 넘게 되면, 천재적인 예술가는 세련되거나 깊이 생각된 걸작을 만들며 더욱 계획적으로 일을 하는 것으로 보인다. 중년에 언젠가는 죽어야 하는 것에 대한 증가된 관심을 갖고, 어릴 적 이상주의는 더욱 관조적인 비관주의와 '내재된 선한 면은 증오와 파괴적인 힘을 수반하고 있다는 것에 대한 인식과 자각'에 길을 내어 준다.[13] 악과 죽음의 측면에 대한 예술가 자신의 직면의 결과로, 창의적인 작품들은 더욱 철학적이고 진지한 배역을 보여 준다. 셰익스피어는 35세 이전에 그의 서정적 희극의 대부분을 창작한 반면, 비극과 로마 연극의 대작 시리즈인 『줄리어스 시저(*Julius Caesar*)』『햄릿(*Hamlet*)』『오델로(*Othello*)』『리어 왕(*King Lear*)』 그리고 『맥베스(*Macbeth*)』는 그의 30대 후반과 40대 초반에 시작되었다. 비슷한 변화가 37세에 『데이비드 카퍼필드(*David Copperfield*)』의 출간을 통해 소설들이 더욱 비극적이고 현실적이 되는, 찰스 디킨스(Charles Dickens)의 글들에서도 분명히 나타난다.

로저 굴드(Roger Gould)는 40대에 노출되는 큰 환상은 "세상에 악은 없다."는 잘못된 믿음이라고 말한다.[14] 1920년대와 1930년대 유럽 생활에 대한 인터뷰에 근거하여, 엘스 프렝켈(Else Frenkel)은 성인은 40대 이후 훨씬 철학적이 되고, 삶과 죽음의 궁극적 의미에 대해 관심을 갖는 경향이 있다고 결론짓는다.[15] 40대는 우리가 청소년기에 길렀던 젊은이답고 열정적인 관점에서 전환을 나타내어 좀 더 부드럽고, 세련된 그리고 철학적인 방향으로 나아간다. 우리를 우리의 일과 사랑의 세계에 열정과 야망을 가지고 참여하도록 한 열정은 승화의 더욱 정교한 형태의 대상이 된다. 우리는 우리의 정신적인 에너지를 소비하려는 방식에서 더욱 예민해질 수 있다. 이것은 화가, 작가, 의사, 사업가 그리고 주부가 중년을 통과하면서 덜 열정적이 된다는 것이 아니다. 하지만 개인적 신화는 자주 더 많은 비극과 역설적 요소를 포함한 이야기 분위기를 사용한다. 변화는 미묘하다. 낙천적인 성인이 40대가 되면 음울한 비관주의자로 변하는 것이 아니다. 하지만 삶에 있어서 절반 지점에 있고, 중요한 손실과 보상을 경험하며, 다가올 더 많은 것을 기대하는 것들에 대한 발달적 경험은 점차 정체성의 색채를 변화시킨다. 성인기의 전반기의 대담한 기본적인 것들과 옅은 파스텔들에서, 우리는 모호성, 양면성, 복잡성 그리고 세상에 대한 새로운 불확실성을 제시하는 더 어두운 혼합물로 나아가게 된다.

열정의 승화는 사고방식의 미묘한 변화와 손을 잡고 가는데, 이것은 어떤 심리학자들이 중년에 있어서 특별히 특징적이라고 이론을 제시한다. 예전의 형식적 조작의 인지발달을 통해 청소년이 추상적인 방식으로 사고할 수 있다는 것을 떠올려 보라. 우리가 청소년기 후기와 청년기에 우리의 삶의 이야기를 위해 형성한 이상적인 배경은 우리가 좋고 사실이라고 믿는 것에 대한 추상적인 가정과 제의를 담고 있다. 일부 인지심리학자들은 우리가 중년을 향해 나가면서 우리 중 일부는 형식적 조작기에서 더 나아가 후기 형식적 사고 방식에 참여한다고 주장한다.[16] 후기 형식적 사고는 형식적 조작기의 절대적인 진리를 거부하고, 대신 상황적으로 특정한 진리와 특정한 맥락에 연결되거나 정의되는 해결 및 논리적 추론에 초점을 맞춘다.

후기 형식적 사고에서 우리는 대인관계와 자기의 영역 등과 같은, 많은 삶의 영역에서 만들어질 수 있는 영원한 진리에 대한 객관적 진술은 없다는 것을 깨닫는다. 대신에 우리는 당분간은 그리고 특정한 장소에서는 진실인 유용한 진술과 관점을 마련하도록 노력해야만 한다. 어떤 문제들에 대한 우리의 생각은 보다 맥락화되고, 보다 급격히 주관적이 된다. 우리는 보편적인 것보다 지역적인 진리를 받아들이게 된다. 우리는 지금 증가하고 있고 모순된 의미를 가진 것처럼 보이는 삶의 영역에 대한 일반적인 법칙에 대해 증가하는 의혹을 갖게 된다. 특정한 종류의 지식이 철저히 맥락적인 것으로 보이기 때문에, 우리는 사실을 이해하려면 어떻게 각각의 상황이 검토되어야 하는지를 안다. 우리는 각각의 맥락이 특별하게 조직된 체계라는 것을 인식한다. 우리는 각각의 체계가 직접적이든 간접적이든, 모든 다른 부분에 어떻게 영향을 끼치는지 이해하기 위해 노력해야 한다.

열정의 승화와 사고의 맥락화는, 절대적인 것들에서 멀어진 인간의 삶에서 일반적 이동의 두 가지 징후다. 중년에 있어서 청춘의 열정과 사유의 능력도 충분하지 않은데, 이제 중간과 예상되는 종말을 통과하는 남성과 여성이 직면하는 역설, 풍자 그리고 모순을 다룰 수 없기 때문이다. 삶은 이제 더 많은 미묘한 차이를 요구한다. 그것은 한 개인이 삶에 대한 두 개의 상반된 요소를 보고 그 둘 모두가 진실이라고 선언하는 데 필요하다. 추상적인 논리는 이를 허용하지 않는다. 가장 유명한 예를 들어 보면, 논리는 빛이 입자나 파동이 될 수 없다고 말하지만, 많은 물리학자가 우주의 구성요소들의 모형을 세우기 위해서 논리를 거부하고 역설을 산출해 내야 했다. 여기서 물리학자들은 진실이 상극에서 찾아지는 변증법적인 사고를 지지하는 명시적인 논리를 거부했다.[17] 변증법에서는, 명제와 반명제가 그들이 'A' 와 'A가 아님' 의 관계처럼 상극의 관계에 있다고 할지라도, 어떤 근본적인 합성의 측면에서는 사실이 될 수 있다.

열정의 승화와 사고의 맥락화 다음에는 상극과의 직면이 뒤따른다. 자크에 따르면, 중년의 예술가는 인간이 찾을 수 있는 극명한 상극인, "내재된 선은 그 안에 증오와 파괴적인 힘들을 동반하고 있다." 는 것을 깨닫고 받아들이게 된다. 제임스 파울러는 중년까지는 일반적으로 경험되지 않는 '결합적 신앙' 을, 그들이 충분히 이해되거나 논리적으로 일치하지는 않더라도, 인생에 내재된 모순과 역설을 인정하는 것이라고 묘사한다.[18] 칼 융은 중년에, 남성은 그들의 무의식적 여성성인 아니마를 탐색하기 시작하는 반면, 여성은 숨겨진 내적 남성성인 그들의 아니무스를 탐색한다고 말한다.[19] 자신의 의식적 자아의 상극을 직면함으로써, 중년의 성인은 자기의 보다 큰 전체성으로 나아가는데, 이것을 융은 '개성화' 라고 명명했다. 데이비드 구트만은 40대와 50대 초반에 있는 성인이 자녀를 청년기에 내보냈기 때문에, 그들은 반대의 성의 자기 자신을 탐험할 수 있도록 해방되었다고 말한다. 구트만이 '부모의 비상사태' 라고 부르는 것에 견디게 되면, 남성은 이제 여성성의 세계를 탐험하게 된다. 그들은 이제 청년기에 경험할 수 있었던 것보다 더 많은 사회적이고 표현적인 행동에 참여하는 데 자유롭다. 마찬가지로 중년의 여성들은 이제 더 남성적이고 권력적인 행동으로 나아간다.[20] 레빈슨도 중년기에서의 주된 도전 중 하나로 남성적 에너지와 여성적 에너지의 통합에 대해 말한다.[21]

남성성과 여성성의 반대는 개인적 신화에 대한 나의 이론의 중심인, 일과 가정, 힘과 교제의 구분을 반영한다. 남성이나 여성은 20대나 30대에 권력과 사랑의 다른 요구와 일과 가정의 종종 상반된 요구를 개인화시키는 다양한 성격을 탐색하고 발전시킨다. '다수와 하나' 의 문제는 한 개인의 다양한 면모를 개인적 신화를 의인화된 성격으로 나누면서 해결된다. 하지만 그 해결은 일시적일 뿐이다. 중년에, 우리는 신화에 있는 근본적인 갈등을 찾아내게 된다. 이야기가 발전하면서, 긴장감은 고조된다. 우리의 40대에, 우리는 긴장을 찾아내고, 그것을 이야기하기 시작한다. 우리는 반대되는 면들을 화해시키며 긴장을 풀기를 모색할 수도 있다. 혹은 우리는 긴장을 가지고 살거나, 우리에게 추가된 관점이나 깊어진 지혜를 공급해 주기 때문에, 어쩌면 긴장을 우리 삶에 있어서 일종의 강점으로 바꿀지도 모른다. 혹은 우리는 긴장을 효과적으로 다루지 못하는 무능함으로 좌절할 수도 있다. 어쨌든, 우리는 긴장에 익숙해지고, 우리의 정체성과 우리의 삶에 자라난 양극의 미덕으로 그것을 창조했다는 것을 깨닫는다.

결국 40대는 좋은 삶은, 좋은 이야기와 같이, 좋은 결말을 필요로 한다는 증가하는 인식을 얻게 해 준다. 성인이 인생에서 단지 절반밖에 못 왔지만, 지나온 시간보다 살아갈 시간이 더 적다는 믿음은 남성이나 여성을 끝이라는 감각에 대해서 더욱 진지하고 더욱 자주 생각하도록 압박한다. 성인은 새로운 시작을 출발시킬 만한 자기의 유산을 창조하려고 노력한다.

열정의 승화, 사고의 맥락화, 양극의 대면 그리고 종말에 대한 불안감은 40대에 우리 중 많은 사람에게 찾아오는 네 가지 기본적인 요소다. 이런 발달은 우리의 정체성을 통합의 감각이나 삶의 목적을 고취시킬 수 있는 방향으로 재창조하도록 도전한다. 우리가 40대에 정체성의 이러한 네 개의 도전을 성공적으로 이야기할 수 있는 정도는 우리가 50대와 60대 초반을 통과해야 할 솜씨에 영향을 끼친다.

레빈슨은 우리가 40대에 경험하는 중년의 변화는 50대와 60대 초반에 '재안정화'라는 더 평온한 시기로 이어진다고 말한다. 다른 이론가들은 남성과 여성이 그들이 누군지에 대해서 점점 더 편안해지기 때문에, 50대를 원숙하게 하는 시기로 말한다. 도발적인 비교문화 분석에서는, 데이비드 구트만은 어린 전사들이 그들의 50대와 그 이후 성숙한 지도자의 위치를 받아들임으로써 공격성을 승화시켜서 평화활동 운동가로 발전한다고 말한다. 여성은 다소 반대되는 방향으로 나아가는데, 성숙해지는 방향이라고 할지라도, 그들은 대체로 가정과 사회에서 보다 사회적인 역할들을 수행하기 위해서 가정적 삶의 교제를 떠난다. 게다가 구트만이 말하기를, 남성과 여성 모두 50대와 그 이후 장난기 많은 것을 즐기고 관능을 발산하는데, 이는 일상생활에서 무엇이 좋은 느낌, 냄새 그리고 맛인지에 대한 어린아이 같은 이해라고 한다.[22] 이제 인생에 있어 성취한 성인으로서, 그들은 조금 휴식을 취할 수 있고 자신의 노력에 대한 열매의 일부를 즐길 수 있다.

현대 소설에 나타난 중년 남성에 대한 한 연구에서, 샤란 메리엄(Sharan Merriam)은 많은 미국 소설이 남성에게 있어서 40대와 50대를 매우 부정적인 용어들로 묘사하는 것을 발견하였다.[23] 문학 작품에서 가장 눈에 띄는 주제는 청춘의 상실에 대한 집착, 의미에 대한 탐구 그리고 직장 생활의 불안감을 담고 있다. 하지만 메리엄은 남성 주인공들이 중년을 통과하면서 '자아의 회춘'의 방향으로 자주 발달한다고 말한다. 그들이 회춘할 수 있는 한 가지 방법은 어린 등장인물들과 멘토 관계를 형성하는 것이다.[24]

> 중년 남성은 멘토가 되기에 특별한 위치에 있다. 중년에는 대부분이 경험에 의해서, 젊은 남성이 열망하는 지위와 권력을 획득했다. 만약 존재한다면, 드물게, 젊은 사람이 멘토가 되기도 하는데, 이 부분에서 중년 남성의 딜레마가 놓여 있다. 인간은 젊음과 다른 이들을 이끌 만한 경험의 기간을 동시에 축적할 수 없다는 것이다. 젊은 남성에게 멘토 역할을 떠맡기는 것은 중년 남성에게 있어 권위의 탐나는 위치에서 기능하면서, 동시에 대리적으로 어린 성인기를 다시 살게 해 준다.

가르치고 멘토가 되는 것은 남성이나 여성 모두에게 가치 있는 경험이다. 그것은 젊음뿐만 아니라 순수성까지도 친밀하게 접촉할 수 있는 방법으로 나이와 함께 오는 권위를 행사할 수 있도록 한다. 게다가 성인기에 가르치고 멘토가 되는 것은 생산성의 표시일 수도 있고, 생산성은 종말에 대한 만족감을 만들어 주는 데 있어 중심적인 것이다. 단지 몇몇 다른 성인이 노력하는 가르치고 멘토가 되는 것은 힘과 교제를 위한 우리의 경쟁적인 필요들을 통합하는 데 이상적인 수단이 된다. 그리고 중년기를 통과하면서, 우리는 다른 신화적 목표를 상징하는 다른 이야기 인물들 간의 갈등과 화해에 대해 점점 더 관심을 갖게 된다. 우리의 신화는 근본적인 대극들을 직면하고, 우리의 삶의 역설들을 수용하도록 발달한다.

통합적 이마고: 권력과 사랑

청년기와 중년기의 남성과 여성에게 허용되는 복잡한 이마고들이 있다. 이러한 성격 유형들은 힘과 교제를 동시에 의인화시킨다. 권력과 사랑은 교사, 치유자, 상담자, 중재자 그리고 인도주의자의 이마고들 속에서 통합될 수 있다. 그것들은 서로 반대되는 것들을 의인화시키기 때문에, 이런 이마고들은 전사와 같이 순전히 힘의 이마고들이나, 또는 연인과 같이 순전히 사교적인 이마고들보다 중년에 직면하는 발달적 문제들을 더욱 잘 나타낸다.

38세의 변호사인 리처드 크란츠는 초등학교 시절부터 마음의 삶을 중요시했다. 몇 년 동안, 현자가 그의 삶에서 중심적인 이마고가 되어 왔다. 그에게 있어, 정통한 현자는 명확하게 생각할 수 있고 문제를 논리적이고 냉철한 방식으로 풀 수 있는 사람이다. 리처드는 복잡한 문제에 간결하고 합리적인 답안에 도달하려고 열심히 일한다. 그의 정치적인 방향을 나에게 전달하기 위해, 리처드는 "나는 20퍼센트는 자유주의자, 40퍼센트는 진보적인 민주당이고, 40퍼센트는 사회주의자다."라는 공식에 도달한다. 종교적인 믿음의 주제에 있어서, 그는 지적이고, 합리적이며, 냉담한 틀을 제공한다.

저는 신이 있다면, 신은 절대적인 존재가 아니라, 인간에 의해 그 존재와는 별개로 인간에 의해 창조되었다고 생각해요. 만약 인간이 이 세상의 일부분이 되는 것을 멈춘다면, 신은 그들과 함께 죽을 거예요. 신은 선을 위한 힘을 반영하는, 우리 모두가 갖고 있는, 혹은 우리 중 많은 사람이 자기 속에 갖고 있는 내적인 믿음이에요. 신은—만약 그런 것이 존재한다면, 그리고 저는 그런 것이 존재한다는 것이 아직도 확실하지 않지만,—우리의 삶에 있어서 좋은 동기를 부여하는 힘이 될 수 있고, 그것이 내가 신이라 부르는 것이에요.

리처드는 가족 중 유일하게 교육을 중요시한 아이였다. "저는 저의 유년기의 많은 시간을 혼자 보냈고, 제 친구는 다른 아이들보다는 책이었어요." 책은 날카롭고 간결한, 다른 무엇보다도 명확함과 구성을 중요시하는 마음인, 지성의 성장을 촉진시켰다. 모든 것에 있어서, 리처드는 정리되고 명료하기를 추구한다. 그의 삶의 이야기에서 가장 중요한 부분은 그의 결혼인데, 그때 그와 그의 아내 될 사람은 모두 그들 스스로 구조화하였다.

> 아내와 저는 우리만의 결혼식을 완전히 계획했어요. 처음부터 끝까지 우리는 모든 것을 완전히 해냈어요. 우리는 새로운 아파트에 이사했고 60명을 6주 후를 위해 초대했고, 우리는 결혼식을 우리의 아파트에서 했어요. 우리는 주례를 서 줄 사람을 정하고, 음식을 정하고, 좌석을 정하고, 모든 것을 정했어요. 우리는 행사를 선택했고, 모든 것을 했어요. 그것은 아무 문제없이 진행되었어요. 그것은 10분이 걸렸고 그와 함께 끝났어요. 우리는 그다음에 파티를 열었고, 저는 제가 긴장하지 않기 때문에 그것이 좋았어요. 저는 제가 이 사람과 결혼하고 싶다는 것을 알았어요. 저는 모든 것이 정말로 잘 계획되었다고 생각했고, 이윽고 그 당시 우리 인생의 중요한 순간이 있었고, 우리는 우리의 쇼에 주도권을 잡고 있었으며, 어느 누구도 우리에게 무엇을 하라고 말하지 않았어요. 그것은 결혼하는 것과 작은 문제들 없이 결혼하는 멋진 경험이었어요.

리처드의 삶의 이야기에서, 명확하고 잘 정돈된 마음은 인간에게 허용된 가장 강력한 도구다. 그것이 현자를 사회에서 강력한 힘으로 만드는 것이다.

하지만 현자라고 할지라도, 문제들이 언제나 사소한 결함 없이 해결되는 것은 아니다. 리처드가 인생에서 가진 많은 다른 목표 중에서, 가장 강한 것 중 하나는 "누군가 혹은 몇몇의 사람들에게 세상을 더 나은 곳으로 만드는 것"이다. 이 목표는 집단 소송 변호사로서의 그의 활동의 주된 동력원이다. 그는 그들이 공장이나 정부에 의해 사기를 당했다고 생각하거나 학대를 당했다고 생각하는 고객을 대변한다. 그것은 지역 식품 창고에서 그의 봉사 활동의 주된 동력원이다. "당신은 작든 크든, 당신이 발견한 것보다 더 나은 세상을 남기기 위해서는, 노력을 해야만 합니다." 하지만 그가 이런 노력들 때문에 직면하는 문제들은, 언제나 이성적인 생각으로 해결되는 것은 아니며, 이런 것들은 리처드에게 상당한 슬픔을 일으킨다. 긍정적인 사회 공헌을 하겠다는 리처드의 요구와 이성적 사고를 완벽히 하겠다는 요구는 함께 잘 어울리지 못한다. 첫 번째 요구는 그를 지역 사회에 더 참여하도록 압박하지만, 두 번째 것은 지성적으로는 그 일이 별 도움이 안 될 것이라고 믿는 냉소주의로 그를 몰아넣는다. 이성적인 현자는 다루기 힘들고 비이성적인 인간 문제들에 의해 반복적으로 좌절감을 맛본다. 중년에 들어서면서, 리처드는 아주 고통스러운 용어들로 그런 갈등을 이해한다.

　　저는 클래런스 대로우(학교에서 진화론을 가르친 것에 대한 1925년의 유명한 재판에서 존 스코프스를 변호한 시민 인권 변호사)를 존경해요. 그는 사물에 대해서 굉장히 냉소적이었어요. 그는 그만큼 냉소적인 누군가가 어떻게 그와 같은 일을 할 수 있는지 질문을 받았어요. 그는 여전히 희망이 없다고 판단되는 사람들이 교도소에 가지 않도록 사회 체제와 싸우는 이런 사건들을 맡을 것이에요. 그는 인간의 본성에 대해 그렇게 냉소적이고, 사람이 착하게 태어나지도 않았으며, 선이 특별히 동기를 부여하지도 않는다고 믿으면서 왜 이런 행동을 한 것일까요? 그리고 그는, "내 지성이 내 감정을 아직 따라잡기 못했기 때문이다."라고 말했어요. 저는 굉장히 냉소적이기 때문에, 그러한 면에서는 대로우와 많이 비슷하다고 생각했어요. 저는 제가 죽을 때 세상이 제가 태어났을 때보다 더 나은 곳이 될 것이라고 전혀 긍정적으로 생각하지 않아요. 저는 우리가 우리 자신의 어리석음을 통해서 절망의 낭떠러지에서 우리 자신을 발견하지 않을 것이라고 생각하지 않으며, 저는 그것에 대해 매우 걱정되고, 매우 냉소적이에요. 저는 그렇게 냉소적인 것과 멀리 있지 않으니 저는 그것 모두를 가진 지옥에 대해 말할 것이에요.

복잡한 인간 문제에 대해 명확한 해결을 바라는 이성적 인간이, 상황이 매우 객관적으로 희망이 없다고 생각할 때, 다른 이들을 돕겠다는 약속을 지키기 힘든 것을 발견하는 것은 놀라운 일이 아니다. 리처드는 그것은 결혼을 준비하는 것과는 다르다고 인정한다. 만약 현자가 이야기를 지배하게 된다면, 리처드는 그것을 모두 담은 지옥에 대해 그냥 말한 후 그가 어렸을 적 알았던 책의 세계로 물러설 것이다. 하지만 리처드에게 힘과 사랑의 마음을 성공적으로 통합시킬 수 있는 새로운 등장인물을 삶의 이야기에서 발달시키도록 압박하는 힘이 너무 많기 때문에, 그럴 가능성은 없어 보인다. 리처드는 마틴 루터 킹을, "네가 믿는 것을 위해 나서는 것이 차이를 만들 수 있다."는 것을 증명하는 사람으로서 대단한 영웅으로 칭한다. 더욱 중요한 힘은 그의 어머니일 것이다. 그는 그녀를 그의 인생에 있어서 가장 중요한 사람으로 묘사한다. "그녀는 나의 유산에 대해서 내게 가르쳐 주었고, 그녀는 나의 가치들을 가르쳐 주었습니다."라고 그는 말한다. "어머니는 가족 내에서 사회 활동가였고, 동시에 가정의 정돈된 사람이었어요. 나는 내가 그녀에게서 그것 중 일부를 물려받았다고 생각하고, 나는 나의 아들에게 또한 물려줄 것이라고 생각하며, 그렇게 혈통을 이어갈 것입니다."

리처드의 어머니는 조직화된 활동가라고 부르는 것을 상징적으로 보여 준다. 이것은 리처드가 중년의 어려운 요구들을 토로하기 위해 그의 삶의 이야기를 다듬게 되면서 자신의 잠재적으로 통합된 이마고를 반영하는 것으로 보인다. 하지만 만약 리처드가 그의 인생 이야기를 위해서 이런 종류의 등장인물을 만들 것이었다면, 그는 그의 지성이 그의 감정을 따라잡도록 압박함으로써, 적어도 한 가지 의미에서는 클래런스 대로우를 뛰어넘어야 할 것이다. 그는 현자로부터 사랑받는 절대적 진리로부터 비켜나 보다 정교하고 현실적인 형태의 문제해결을 발달시킬 필요가 있을 것이다. 중년을 위한 그의 계획에서, 우리는 이런 방향으로의 행동을 엿볼 수 있다.

> 저의 생의 남은 기간 동안 저는 좋은 가족 구성원이 되고, 남편이자 아버지가 되며, 사회에 긍정적인 영향을 만들겠다는 목표를 달성하고 싶어요. 저는 그것을 식품 저장소에서 자원봉사하고 직장에서 하는 일을 통해서 하려고 한다고 생각해요. 미래를 위한 제 계획은 제가 정말 쓸 수 있는 만큼 쓰지 않았을 수도 있는 제 능력과 기술을 연습하도록 요청하기 때문에, 제가 창의적일 수 있게 해 줍니다. 저는 가정생활에서 그리고 사회적이고 정치적인 일에 연관된 사회의 구성원으로서 많은 창의성을 보여 줬다고 생각해요. 제가 적용해야 할 창의성의 종류는 지성과 배고픈 사람을 돕거나 다른 사회적 기술을 필요로 하는 문제들을 다루도록 사람들에게 동기를 주는 사회성일 거예요. 세상에는 그것이 지역 정비를 위한 전략이든 아이 키우기의 방식이든, 전혀 생각지도 못한 것이 발견되기를 기다리는 생각이 많이 있어요. 그리고 저도 겸손함이 있지만, 저는 제가 생각하는 것을 말할게요. 저는 적당히 똑똑하고, 저는 그런 똑똑함을 작동하게 하는 많은 능력을 갖췄어요. 그리고 가끔씩 저는 문제를 보고 "아, 있잖아, 이렇게 하는 게 어때?"라고 말해요. 만약에 그들이 이렇게 했다면, 그들은 시카고 학교 위기를 풀었을 것이거나, 그들은 부랑자를 사무실 밖으로 내쫓거나 그와 비슷한 일들을 할 수 있었을 거예요. 그것이 제가 할 수 있는 일이에요.

리처드가 말하는 조직화된 활동가들은 인도주의자의 변종이다. 고대 그리스 신화에서, 프로메테우스는 인도주의자의 어떤 성격을 의인화한다. 인간에게 불을 사용하는 방법을 가르쳐 준 죄로, 프로메테우스는 30년 동안 절벽에 묶여 있었다. 매일 날개 달린 괴물이 그의 간을 쪼았지만, 매일 밤 그의 간은 다시 자랐다. 프로메테우스는 위대하지만 인간을 위해 고통받는 후원자이자 대변자로 비춰질 수 있을 것이다. 예술과 과학의 아버지인 프로메테우스는, 인간의 가장 고상한 성취를 배양하는 데 영감을 준다. 또한 저항하는 반역자로서, 프로메테우스는 약자와 억압적인 권위의 적을 옹호한다. 그는 이상주의적이고, 도움이 되고, 관대하고, 창의적이고, 인내하고, 직설적이며 다소 반항적인 경향이 있다.[25] 그의 행동과 성격은 집단 소송 변호사라는 리처드의 직업과 그의 영웅들의 속성, 그의 어머니와 마틴 루터 킹에 반영되어 있다. 둘 다 인류의 유산 중 최고의 것을 지키기 위해 목표하면서 긍정적인 사회적 변화를 위해 지치지 않고 일하는 활동가들이었다.

힘과 교제를 통합하는 이마고들은 서서히 다른 이마고로 변하는 경향이 있다. 그러므로 서로 다른 이마고 간의 확실한 구분은 섣불리 결정할 수 없다. 인도주의자는 과거의 좋은 전통을 보존하는 가운데 사회적 변화를 만들기 위해 노력한다. 교사는 그들보다 어리고 경험이 적은 이들에게 지식과 기술을 전수한다. 상담자는 인간의 삶에 있어 감정적이거나 대인관계의 문제들을 해결하기 위해 개인적인 안내나 조언, 치료를 제공한다. 치유자는 병을 치료하고 건강하고 친환경적인 웰빙을 장려하기 위해 노력한다. 중재자는 옳고 그름과 관련해 중대한 결정을 내린다. 이상적으로, 치유자, 교사, 상담자, 중재자 그리고 인도주의자는 실질적인 개인의 능력을 다른 사람의 발전을 위해 사용한다. 힘과 교제의 양면적 성격이 강한 이런 등장인물들은 상반되는 것들의 조합으로, 리처드의 조직적 운동가와 같이 변증법적으로 형성된다.

50대 중반의 초등학교 교사인 게일 워시번에 의해 형성된 개인적 신화에서 교사는 그녀의 중심적 이마고다. 근래 게일은 우수한 교육과 관련된 중요한 상을 수상했다. 그녀의 교실을 방문한 방문자들은 다양한 학습 과제와 주제에 학생들을 참여시키는 게일의 기발한 방법들을 보며 감탄한다. 게일은 말한다.

교사는 학생에게 인생에 불가능한 것은 없다는 것을 설득시켜야 해요. 저는 모든 것이 가능하다고 배워 왔어요. 그리고 학생들도 그렇게 믿도록 배워야 해요. 교사가 그렇게 할 수 있다면, 어두운 길 앞에 헤드라이트를 비춰 준 것과 같다고 생각해요…. 전 가르치는 것이 정말 좋아요. 항상 새로운 도전들이 있죠. 무엇을 하는 데 항상 새로운 길이 있어요. 저는 반복하지 않으려는 경향이 있어요. 몇몇 특징을 다시 사용하기도 하지만, 항상 다른 방법으로 하려고 노력해요. 저는 각각의 학생이 성격을 가지고 있는 것처럼 특색 있는 수업을 하려고 해요. 그런 것 있죠, 한 사람한테 해 줬던 것은 다른 사람한테 하지 않으려는 거죠. 아니면 어떤 사람은 반응을 해 주는데 다른 사람은 그러지 않을 때, 그럴 때가 제가 아직 시도해 보지 않은 다른 방법들을 찾을 때예요. 저는 여러 학문을 응용한 융합적인 방법으로 일을 해요. 그것도 제 방식 중 하나인 셈이죠. 수년간 저는 교육에 대한 저의 시야를 넓혀 왔고, 아직도 배우는 중이죠.

게일은 좋은 교육에 있어서 가장 중요한 것은 각각의 독특한 집단이나 개인에게 가장 적합한 방법이 무엇인지 찾는 것이라고 제안했다. 여기서 우리는 지식에 다가가는 데 있어서 중년기 이전에는 거의 사용하지 않았던 맥락과 관련지어 접근하는 방식을 직면하게 된다. 좋은 교사가 되는 데 있어 보편적인 진리는 거의 없을 수도 있지만, 많은 지역적인 진리는 존재한다. 게일의 개인적 신화에서 좋은 교사는 동시에 좋은 학생이다. 그녀는 대단히 자립적인 아이로 그녀 자신에게 많은 가치 있는 교훈을 가르쳤다는 점에서 자신의 믿음에 자부심을 갖고 있다. 그녀는 학생들에게 접근하는 새로운 기술들을 자신에게 가르치기를 계속할 것이다. 그녀는 교육계에서 퇴직한 이후 봉사활동을 하거나 평화 봉사단으로 활동하며, 다른 사람에게 긍정적인 영향을 미칠 새로운 방법을 배울 것을 기대하고 있다. 게일에게 있어 교사가 되는 것이란 교실 안에서 이루어지는 것 이상의 의미를 갖는 것이 분명하다. 그녀에게 있어 교사는 일과 가정생활 모두에 있어 삶의 이야기의 대부분을 통해 주인공으로 기능하는 의인화되고 이상화된 자기의 이미지다. 그녀의 창조적 취미들의 일부에 대해 언급하며 그녀는 말한다.

그러니까, 제 생각에는 창의적인 많은 일을 하면서 그것을 공유하지 않는다면 그것은 그렇게 큰 가치가 없다고 봐요. 공유하는 동시에 베푸는 거죠. 저는 종이접기를 좋아하는데 아이들에게 종이접기를 보여 줄 때는 말을 아끼려고 노력해요. 그냥 아이들에게 보여 주면서 똑같이 만들어야 한다고만 말하죠. 저는 아이들한테 말해요. "넌 이걸 잘해야 해." "내가 왜 계속 이런 말을 하는 것 같아?" 그리고 이렇게 물어보죠. "아는 사람 있어?" 가끔 몇 개의 대답을 받긴 하지만 전 항상 마지막에 이렇게 말해요. "너희도 알겠지만, 너희에게 이걸 이렇게 가르쳐 주는 것은 너희가 나중에 다른 사람들에게 이것을 가르쳐 줄 것이기 때문이야. 그리고 내가 만약 너희를 제대로 가르쳐 주지 않으면, 너희가 다른 사람에게 가르쳐 줄 것이 없기 때문이란다." 그리고 이것이 제가 말한 것의 전부예요.

게일의 인생에는 어릴 적 독립적으로 배웠던 것보다 훨씬 더 전에 생겼던 또 다른 이마고가 있다. 나는 그것을 생존자라고 부른다. 힘이나 교제와는 관계가 없지만, 생존자는 초기의 인격으로 게일의 어린 시절 건강 문제와 후에 그녀가 시민 평등권 운동 이전 백인 학생을 가르치려고 한 노력이 내면화된 것이다. 생존자는 게일의 이야기에서 초반의 장에 등장하는 인물이다. 하지만 그것은 여전히 그녀의 개인적 신화의 필수적인 부분이며, 오늘 그녀가 누구인지 설명하는 데 부정할 수 없는 부분이다. 생존자는 게일의 초기 기억들로부터 태어났다.

저는 3세였어요. 저는 벽에 부착되어 있는 접속구에 꽂혀 있던 재봉틀의 부분을 집어 들었어요. 저는 그것을 호루라기라고 생각하고 집어 들었고 입에 넣었어요. 저의 엄마는 이모를 만나고 있었고, 그들은 부엌에서 파이를 굽고 있었어요. 음, 제 언니는 종종 작게 흥얼거리면서 걸어 다니는데, 그리고 그들은 이런 흥얼거림을 들었어요. 그렇지만 제 언니가 흥얼거리는 것이 아니었어요. 엄마와 이모는 이것이 단순한 흥얼거림이 아니라는 것을 뒤늦게 알았지요. 그들은 바닥에서 저를 찾았어요. 그래서 제가 그곳에 얼마만큼 있었는지는 저도 몰라요. 그리고 의사들은 제가 살아남았다는 것에 놀랐죠.

감전 사고로 그녀는 혓바닥에 동전만한 사이즈의 화상을 입었고, 그녀의 입 모양은 심각하게 일그러졌다. "제 아랫입술이 턱 끝까지 이어져 있다는 것을 알아요. 그리고 혓바닥 위에 여전히 큰 혹이 있는데 추운 날씨가 되면 때때로 절 괴롭힌다는 것도 알죠." 그녀는 병원에 3개월도 넘게 있었다. 몇 년 뒤에, 그녀는 기관지에 연결된 튜브를 제거하기 위해 중대한 수술을 했다. "저는 어른이 될 때까지 매우 자세한 진단을 받아야 했어요. 왜냐하면 폐에 있는 멍이 폐결핵을 유발할 수 있었기 때문이죠." 그녀의 세 번째 어린 시절 사고에서 그녀는 차에 치였고, 두개골에 금이 갔다.

어린 시절의 충격적인 세 가지 일은 게일이 자신을 생존자로 믿는 신화적 증거다. 그녀는 목숨을 위협하는 장애물들 앞에서도 살아남을 수 있었다. 각각의 장애물은 그것의 상처를 남겼다. 흉터와 상처에 대한 형상화는 게일의 삶에 대한 설명에 다시 나타난다. 1950년대 초반, 게일은 중서부의 조그만 대학에 입학한 유일한 흑인 학생이었다. 그녀는 기차를 타고 신입생 설명회에 도착했다. 첫날 그녀가 기차에서 내리자마자, 그녀는 화난 백인 시위자들과 대치하고 있던 군인들과 마주친 자신을 발견했다.

열차에서 내렸을 때, 그곳에 그들이 있었어요. 그때의 느낌은 제 눈에 눈물을 맺히게 하는 종류의 감정이 아니었어요. 그것은 매우 긴장되었고 무서웠죠. 하지만 눈물은 나중에 나왔어요. 그것은 마치, 음, 저는 그것을 이렇게 설명할게요. 무서운 상황에서는 아드레날린이 지배하죠. 당신은 떨지 않을 수도 있어요. 그것은 사실 뒤에 오는 떨림이죠. 자신이 어떤 상황에 놓였는지 깨닫는 사실과, 당신이 얼마나 취약한지요. 그래서 칼로 찌르는 것은 상처를 유발하죠. 그리고 그 상처는, 음, 완전히 낫기 전에 곪아요. 만약 그것

이 낫는다면 말이죠. 제 말은 상처는 그곳에 있어요. 완전히 없어질 수가 없

죠. 그것은 끔찍한 일이에요.

게일의 개인적 신화에서 생존자는 부상과 인종 차별로 정의된다. 그것은
상처와 고통의 유산을 갖고 있는 주인공이다. 사고와 잔인함의 피해자로서,
생존자는 삶에서 힘과 사랑의 공간을 찾을 수 없다. 그것은 단지 하루에서 그
다음날 살아가는 것으로도 충분했다. 게일의 이야기는 가르치기 위해 생존했
던 것에 관한, 즉 가르치기와 생존하기에 대한 이야기다. 두 개의 이마고는
함께 잘 작용하는 것으로 보인다. 그것들은 개인의 승리와 성숙한 생산성에
대한 인상적인 이야기 속의 주인공들이다.

일반적으로 생존자는 다른 인물들이 연기하는 것을 가능하게 하는 것을 궁
극적인 이야기 목표로 하는 유형의 이마고로 보인다. 하지만 어떤 삶의 이야
기들에서는 유일한 주인공일 수 있다. 학대가 계속되는 상황이나, 지독한 가
난, 만성 질환, 심각한 정신병, 그리고 인간적 힘과 사랑의 표현을 막는 다른
압도적인 장애물들에 있어서, 생존자만이 자기의 의인화를 위한 유일하게 실
행 가능한 후보일 수도 있다. 이런 경우들에는, 많은 양의 인간으로서의 가능
성이 낭비되거나 억압될 수 있는데, 이는 어떤 경우에는 잔인하고 가혹한 환
경에 놓여 있거나, 또는 다른 개인 안에 존재하는 요인들 때문이다.

한 여성의 이야기: 카렌 호나이의 발달

카렌 호나이(Karen Horney, 1885-1952)는 신경증과 인간의 마음에 대해 유
창하고 혁신적인 글을 써서 세계적으로 유명해진, 정신분석 운동의 선구자
다.[26] 프로이트의 초기 제자인 호나이는 중년기에 정신분석학의 기득권층의
이론에서 벗어나 인간의 삶에서의 사회적 관계와 대인간의 갈등을 강조한 인
간 행동에 대한 새로운 학설을 표명했다. 그녀는 치료자이며 교육분석가였

고, 임상의들에게 이론과 기술에 대해 가르쳤다. 세 딸의 어머니로서 호나이
는 여성의 인생 경험이 남성의 그것과는 어떻게 근본적으로 다른지에 대해
특히 민감했다. 그녀는 어려운 심리학적 개념들이 그녀의 책을 읽었을 때, 전
문가와 비전문가에게 똑같이 다가오도록 만든 매력적인 작가였다. 그녀의 의
견들이 1940년대 초반의 미국 정신분석학자들의 가부장적 정통성과 잘 들어
맞지 않았기 때문에, 호나이는 뉴욕정신분석협회에서 제명되었다. 그녀는 곧
자신의 경쟁적 집단을 설립했다. 그녀가 죽기 2년 전에, 그녀는 선불교에 관
심을 갖게 되었고, 동양 철학의 발상들을 그녀의 인간 성격 이론에 포함시키
기를 원했다.

　그녀는 카렌 다니엘슨으로 태어났고, 독일의 함부르크 외곽 지역에 살고
있던 선장과 그의 아내의 둘째이자 외동딸이었다. 어렸을 때부터 카렌은 똑
똑하고 활기찬 여자아이였고, 학교 공부에서 그녀의 오빠를 뛰어넘는 학생으
로 칭찬받았다. 함부르크에서 자라면서 카렌은 1890년대 사회의 동요하는 모
습을 많이 목격했는데, 여성의 인권 신장을 도모하는 강한 시위도 여기에 포
함된다. 그녀는 이런 초기의 여성 운동으로부터 청소년기에 그녀가 형성했던
인습에 얽매이지 않는 목표들에 대한 지지를 발견했을 것이다. 그녀는 중등
학교에서 공부하는 정교한 계획을 그렸고, 궁극적으로 의사가 되려 했다.

　카렌은 열정적이고 지독하게 독립적인 십대였다. 그녀의 부모님의 엄격한
기독교를 거부하고, 그리스 신화의 디오니소스의 축제 중의 "시끌벅적하고
감각적인 풍요로움"을 좋아했다.[27] "열정은 항상 설득력이 있다."라고 그녀
는 선포했다.[28] 성과 여성의 세상에서의 위치에 대한 카렌의 관점은 그녀가
자란 빅토리아 시대보다는 현대적 관점과 더욱 가깝다. 그녀는 여성도 남성
이 할 수 있는 모든 전문적인 목적을 성취할 수 있어야 한다고 믿었다. 여성
은 감각적인 것에 대해 솔직한 방식으로 세상에 참여해야 하고, 그들의 성에
대해 부끄러워하지 말아야 한다. 카렌이 그녀의 세계에 이상적이고 낭만적으
로 참여했던 것은 그녀가 17세에 썼던 그녀의 일기의 열정적인 부분에서 분
명하게 드러난다. 이것을 읽으면서 되풀이되는 이동과 빛의 강력한 형상에

세심한 주의를 기울이라.[29]

내 안에 있는 모든 것은 폭풍우 치고, 혼돈을 해결해 줄 빛을 향해 서로 밀치며 나아간다. 내게 나는 안전한 배에서 바다로 뛰어내려, 그의 몸을 나뭇조각에 의지해 바다의 소동에 그의 몸이 이곳에서 저곳으로 움직이며 끌려가는 것을 허락하는 선장으로 보인다. 그는 그가 어디로 가는지 모른다.

나는 집이 없다
내가 방랑하는 곳에 나를 보호해 줄 곳이 없다.
안전하고 조용한
나는 낡은 석조 건물에 살고 있었다.
천년의 세월 나를 위해 지은 성채
그것은 슬프게도 닫혀 있다 —
나는 자유를 갈망했다.
단지 작은 불빛, 작은 생명
조용히, 내면의 욕구에 따라
나는 땅을 파기 시작했다.
피로 물든 내 손톱, 지친 내 손
다른 이들의 조롱과 쓴 잔소리
힘들게 일한 것에 대한 마지막의 보상
돌이 느슨하게 풀렸다 —
하나 더 힘주어 꽉 움켜쥐자
그것은 내 발로 떨어졌다.
한 줄기의 빛이 틈새를 통해 쏟아졌다.
나에게 상냥하게 인사하며
따뜻하게 초대하며
내 가슴에 기쁨의 홍분을 깨웠다.

하지만 내 자신 속에 끌렸던 적이 거의 없던

이 첫 번째 일렁거림에

낡아 빠진 성채가 조각조각 부서졌을 때,

그것의 붕괴에 나를 묻었다.

오랫동안 난 누워 있었다.

아무것도 생각하지 않고

아무것도 느끼지 않으면서

그러고는 매우 상쾌하게 취해 내 힘이 움직였다.

그리고 나는 내 다부진 팔로 조각들을 들어 올렸다.

모든 것이 힘으로 밝게 빛났다.

폭풍 속에서 피는 꽃,

내 안에 흐르는 기쁨

나는 밖을 멀리, 넓게 보았다

나는 세상을 보았다

나는 생명을 숨 쉬었다.

빛의 밝음은

나를 거의 실명시켰다 —

하지만 곧 나는 그것의 광명에 익숙해졌다.

나는 주위를 둘러보았다.

시야는 거의 지나치게 넓었다.

내 시야는 제한받지 않고 멀리까지 볼 수 있었다.

거의 억압적인

새로운 것, 아름다운 것이 나를 침범했다.

그리고 매우 강력한 욕망이 나를 장악했다.

거의 내 가슴을 터뜨렸다.

그리고 그것은 나를 정처 없이 돌아다니게 했다.

보고, 즐기기 위해서

그리고 모든 것을 알기 위해서

그리고 나는 거닐었다 —

불안하게 이끌려

나는 방랑했다

지하 감옥에서 해방되어

나는 승리감에 찬 목소리로 즐겁게 노래했다.

오래된 인생의 노래를

자유에게, 빛에게

단지 한 가지 불안한 질문이 나를 가끔 둘러쌌다.

무슨 목표를 향해서 나는 걸어가는 것이지?

부드러운 욕구, 가벼운 탄식

언제 마침내 나는 쉴 수 있을까?

그리고 나는 그 답을 이해한다고 생각한다.

나무들이 속삭이는 것에서

"안식은 단지 감옥의 벽 뒤에 있고

하지만 삶은 그것을 모른다."

주시해서 탐색하는

겁쟁이 같은 불만 없이

불안하게 걸어가며

지친 절망 없이,

그것이 삶이다 —

버틸 각오를 해라.

늦은 청소년기에 형성되기 시작했던 카렌의 개인적 신화는 이동과 빛의 형상을 자유롭게 그렸다. 카렌의 청소년기의 일기장과 20대 초반에 그녀가 미래의 남편 오스카 혼비에게 쓴 편지들은 이런 이미지들로 가득 차 있다. 반짝이는 눈빛을 가진 젊은 남자 에른스트 쇼쉬와의 이틀이 전부였던 사랑에서 그녀는 "가능한 모든 형태의 행복을 쫓아가는" 자신의 모습을 발견했다.[30) 몇 달 뒤 그녀는 에른스트가 자기를 차버린 것을 회상하며, "나의 피는 큰 상실 뒤에 천천히 흐르고 있지만, 심장은 이미 빠르게 뛰기 시작한다."라고 적었다.[31) 어린 카렌의 초창기 여성 영웅인 스웨덴의 작가 엘런 키는 그녀에게 "그녀를 위한 열정의 성스러운 불꽃에 불을 밝혔다." 엘런은 "내 영혼의 방향을 정해 준 빛나는 별", 내게 무엇보다도 밝게 빛났던 하나의 이름이었다.[32) 의과대학에서 만난 그녀의 새로운 연인과는, "우리는 두 마리의 강아지처럼 자연스럽고 즐겁게 뛰놀았다."[33) 대조적으로, 그녀의 예비 남편은 움직임이 그에게는 자연스럽지 않다는 듯이 더 천천히 그리고 서투르게 움직이는 듯 보였다. 그는 "무거운 고무장화를 신고 삶을 헤쳐 나가는 것"을 더 선호했다.[34)

한 전기 작가는 말년에 카렌 호나이가 아홉 살의 소녀일 때 아버지의 기선을 타고 남아메리카를 여행했었다고 말했다고 전했다.[35) 전기 작가는 그 이야기의 사실성을 의심했다. 그래도 환상 속에서 호나이는 이동, 여행 그리고 모험에 대한 형상을 사용했다. 그 전기 작가는 카렌을 자주 어린 시절의 환상 속으로 돌아가게 하는 그녀가 가장 좋아하는 자료는 칼 프리드리히 메이의 이야기라고 전했다. 이 이야기들 속 카렌의 영웅은 위니투라는 이름을 가진 가공의 미국 인디언이다. 위니투는 "고결한 미개인으로, 다른 어떤 사람보다 더 빨리 수영할 줄 알고, 수풀 사이로 더 부드럽게 살금살금 움직이며, 흔적을 교묘히 감출 수 있다."[36)

호나이에게 있어 빠른 이동은 젊음, 활력, 열정, 인생의 도전을 의심하지 않고 두려워하지 않고 받아들이는 것을 상징한다. 일이 잘못되면, 사람은 침체된 느낌이 들고, 움직임은 마치 오스카의 무거운 장화를 신은 양 부자연스럽게 느껴진다. 1911년 첫 딸을 임신하고, 카렌은 느릿느릿하고 움직일 수 없는 기분에 대해 계속해서 불평했다. "나는 너무 절박하게 활동적이기를 원한다."라고 그녀의 분석가에게 보낸 편지에 적었다.[37) 사람은 행복과 성취를 찾고자 한다면, 항상 움직여야 한다. 그리고 사람이 가끔 쉬어야 한다면, 햇빛 아래에서 쉬는 것이 가장 좋다. 이틀간 두터운 눈 속에서 하이킹을 한 후에,

카렌과 친구들은 휴식 시간을 가졌다.[38]

> 정오에 우리는 햇빛 아래 누웠고, 우리에게 제공된 식사를 했어요. 어제 우리가 쉬었던 장소는 작은 소나무 숲이었고, 비탈길이 전부 눈에 둘러싸여 있었으며, 그 안에는 작고 동그란 빈터가 있었죠. 충분한 햇빛이 있었고, 큰 돌 몇 개가 이끼에 쌓여 있었어요. 그리고 제 유일한 소원은 그곳에 평생 누워 있는 것이었어요. 햇빛 아래서 말이죠.

호나이에게 있어서 빛은 진리, 이해 그리고 명료함을 상징하는 듯하다. 이것은 우리 모두에게 친숙한 연결이며, '이해하기 쉽게 밝히는' '깨우치는' 등의 말에서도 자주 나타난다. 하지만 우리 이상으로, 호나이는 빛과 이동의 형상에 특별히 강한 정서를 부여했다. 그녀는 생각이나 감정을 전달하기 위해 그런 이미지들을 사용했다. 그녀의 이야기의 주제, 구성 및 인물은 그녀의 개인적인 이미지들의 이런 기본적 사실들을 반영한다.

카렌 호나이의 발전하는 개인적 신화의 주제와 관련된 문장들은 그녀가 어른이 된 초기에 분명하게 드러난다. 고등학교에서 공부를 마친 후, 그녀는 프라이부르크 대학에 의과 대학생으로 입학한다. 그녀는 그 시기에 몇 안 되는 여성 의과 대학생 중 한 명이었다. 1909년에는 오스카와 결혼하여 베를린으로 이사한다. 그곳에서 오스카는 성공적인 사업을 시작하고, 카렌은 그녀의 정신의학 공부를 계속한다. 프로이트는 유럽과 미국의 많은 청중을 즐기기 시작하였고, 카렌은 그의 정신분석학 이론들과 사랑에 빠졌다. 그녀는 프로이트의 신경증, 무의식 그리고 어린 시절의 성과 관련된 이론들이 그녀가 지금까지 만났던 것들 중 가장 흥미진진한 개념임을 발견했다. 그것들은 그녀의 치료법의 방향과 전반적 사상의 배경에 있어서 필수적인 요소가 되었다. 잠시 그녀는 유명한 정신분석가인 칼 아브라함(Karl Abraham)에게 치료를 받은 적이 있었다. 1915년 그녀는 정신의학 훈련을 완수했다. 그녀는 환자들을 정신분석학에 따라 분석하기 시작했고, 치료 과정에 대한 논문을 작성했다.

같은 시기에 카렌과 오스카는 가족을 부양하기 위해 갈등을 겪고 있었다. 1911년 그녀의 딸 브리기테가 태어났다. 제1차 세계 대전의 두려운 기간 동안 두 명의 딸, 마리안느와 레네이트가 곧 뒤따라 태어났다. 전쟁이 끝난 후, 오스카의 사업은 실패하기 시작했고, 결혼 생활 또한 마찬가지였다. 카렌과 오스카가 이 기간 동안 여러 차례 혼외 성관계를 가진 듯이 보였고, 결혼 생활은 결국 1926년에 끝이 났다. 이 시기쯤에 호나이는 또한 자신을 주류 정신분석학 운동으로부터 분리시키기 시작했다. 1922년에서 1935년 사이에 그녀는 여성의 심리에 대해 14편의 연속되는 논문을 썼고, 프로이트의 여성성에 관한 이론과 여성 오이디푸스 콤플렉스에 대한 완강한 거부로 막을 내렸다. 1932년 그녀는 미국으로 이사했고, 1940년에 이르러 그녀는 정신분석학 세계에서 강력하고 독립적인 목소리를 낼 수 있었다.

젊은 여성으로서, 그녀는 이미 힘과 교제의 욕구에 의해 강하게 자극받았음을 보여 준다. 그녀는 힘과 사랑을 원했고, 그것들을 속히 원했다. 카렌의 개인적 신화에서 그녀가 만들 수 있었던 두 가지 다른 종류의 이동이 있었고, 각각은 그와 상응하여 동기를 주는 주제와 연결되어 있다. 첫째는 독립적 통제를 향한 힘과 자기 확장적인 이동이다. 만약 그녀가 뛰어난 학생 시절에 약속된 성공한 의사가 되기를 원했다면, 그녀는 합리적인 마음의 통제력을 표현할 수 있었을 것이다. 그러나 그렇게 하기 위해서, 그녀는 자신을 여성적 성으로부터 해방시킬 필요가 있었을 것이다. 20세에 그녀는 다음과 같이 적었다.[39]

성에서 해방되는 것은 여성에게 큰 힘을 의미한다. 이러한 방식으로만 여성은 남성으로부터 독립한다. 그것이 아니면 여성은 언제나 남성을 원할 것이고, 그녀의 감각의 과장된 갈망에서, 그녀는 자신의 가치에 대한 모든 감정을 이끌어 낼 수 있다. 그녀는 창녀가 되고, 두들겨 맞더라도 원하는 매춘부가 된다.

젊은 여성으로서, 카렌은 그녀의 충동이 통제를 벗어나는 것—사랑이 그녀의 자유를 파괴하는 것—을 두려워했다. 통제를 강화하기 위해서 그녀는 자신을 신중히 지켜보았다. 그녀는 "끊임없이 어느 때보다 정제된 자신을 관찰하는 것, 심지어 어떤 취한 상태에서도 나를 결코 떠나지 않는 것"을 배양했다.[40] 하지만 그녀는 동시에 이런 통제 상태에서 벗어나기를 간절하게 바랐고, 충동의 '잔혹한 자연주의'로 자신을 해방시키기를 원했다. 그녀의 신화에 따르면, 여자는 막을 수 없이 성에 이끌린다. 그녀는 견디지 못하고 굴복하는 수밖에 없다고 믿었으며, 그것은 몇 번이고 계속된다.

굴복은 그녀를 정의하는 신화에서 두 번째 종류의 이동이다. 그것은 자신을 포기하면서 열정적인 유대 속에서 다른 사람들과 합치려는 사교적 필요의 표시다. 그녀의 자서전에서 호나이는 "나를 깨워 줄 만큼 능숙한 남자의 확실한 리드 아래 폭풍이 치는 열정의 바다에 던져지는 포기를 경험하고 싶었다."고 적었다.[41] 굴복은 호나이의 에로티시즘과 친밀함을 나타내는 성격 양식이다. 그것은 그녀가 말하는 '보다 기본적인 수준'에서 다른 사람들과 연결하기 위해 택한 방법이다. 그녀의 정신분석에서 아브라함은 이것을 호나이의 '수동성의 성향'이라 명했고, 그는 그것을 그녀의 사랑에 있어서 지배적인 힘으로 찾아냈다. 그녀는 두드러지고 연쇄적인 성적이고 감정적인 개입에서 계속해서 굴복했다. 굴복은 또한 그녀의 정신분석과의 정사에 있어서도 지배적인 방식으로 보이며, 그녀는 처음엔 그것을 완전히 무비판적으로 수용했다. 호나이에게 있어서 굴복은 빠른 이동을 의미했고, '무엇보다 정제된 자기관찰'의 기능이 따라잡고 이성이 억제력을 회복하지 않도록 하기 위해서였다. 호나이는 충동적인 굴복이 없이는 살 수 없다고 믿었다. 통제를 위한 그녀의 힘의 욕구와 함께, 그녀는 그것들에 신속하게 반응해야 했다.

카렌 호나이의 삶의 이야기에서 세 번째 주제가 될 수 있는 것은 힘의 통제와 교제의 굴복 뒤에 숨어 있다. 그것은 체념하는 것이다. 그녀의 가장 어려웠던 시기 동안—그녀가 첫 번째 아이를 낳으면서 집에 갇혀 있는 것 같은 느낌을 받았을 때, 그녀가 미국으로 이민을 가서 버려지고 격리된 것 같은 느낌

을 받았을 때, 뉴욕정신분석학 협회에서 거부당했을 때—호나이는 깊은 우울
증에 빠졌고, 무기력했으며, 그녀의 글에 언급된 '기본적 불안'에 굴복하였
다. 이것들은 통제와 굴복이 그녀의 삶에 주제의 일관성을 더 이상 제공하지
못하는 기간들이다. 다행히도, 이러한 시기들은 상대적으로 드물었으며 짧았
다. 대부분의 삶에서 호나이는 움직이는 쪽에 남았다.

　1945년 호나이는 자신의 책에서 신경증적 갈등에 대한 세 가지 해결 방안
의 개요를 서술했다. 그녀는 그것들을 다른 사람들로부터 '맞서 움직이는
것' '향해 움직이는 것' 그리고 '피해 움직이는 것'이라 명명했다. 이 세 가
지는 그녀의 신화적인 주제들인 통제, 항복 그리고 회피에 각각 대응하는 것
으로 보인다. 그녀 자신의 정체성에 대한 세 개의 동기가 되는 주제들은 다른
사람들의 행동과 경험에 대해 설명하기 위한 보다 일반적인 범주로 그 모습
을 바꾼 듯이 보인다. 그녀의 이론은 그녀의 신화로부터의 부산물이다.

　카렌은 세 딸에 대해 지극히 자랑스러워하였다. 브리기테는 제3제국 시절
독일의 매력적인 여배우로 자랐다. 마리안느는 정신과 의사가 되었다. 레네
이트는 가족을 부양했다. 말년에 카렌은 친구에게 어렸을 때 자신은 연기자,
의사 아니면 어머니 중 하나가 되고 싶었다고 말했다. "네가 보는 바와 같이
나는 벌써 내 아이들을 통해 계속 살고 있다."[42] 하지만 카렌 호나이는 자신
이 만든 이마고들을 통해 이런 각각의 역할로 사는 것을 해냈다. 그녀의 20대
와 30대에 카렌 호나이는 일과 가족의 영역에서 그녀의 통제와 굴복에 대한
욕구를 깨닫기 위해 갈등했다. 그녀가 중년기에 도달했을 때, 그녀는 세 개의
이마고들, 즉 여배우, 의사(또는 치유자) 그리고 어머니(또는 돌보는 사람)를 형
성했다.

　여배우는 가장 발달하지 못하였고, 그것의 뿌리는 카렌의 어렸을 적 무대
위의 스타가 되고 싶다는 꿈에서부터 비롯된다. 여배우는 카렌의 가만히 있
지 못하고 대담한 천성의 의인화, 어린아이와 같은 화신으로 자연스럽게 움
직이고 현실과 이성으로부터 재빠르게 도망치는 것이다. 여배우는 순간적인
역할에 굴복할 수 있다. 장시간 동안 전념하는 것은 필요하지 않다. 열정은

언제나 설득력이 있기 때문에, 그녀는 큰 열정을 갖고 연기한다. 하지만 다음 달에 그녀는 새로운 주연 남성과 함께 다른 역할을 연기할 수 있다. 그녀의 마지막 글들 속에 호나이는 진정한 자기로부터 경험들의 일부를 분리하려는 신경증적인 경향에 대해 말했다.[43] 여배우는 호나이 자신으로부터 분리된 것처럼 보인다. 그녀의 일생 동안 낭만적 관계들 속의 충동성에서 대부분 나타나면서, 여배우는 카렌 호나이가 그녀의 인생에 대해 만든 드라마에서 조연 역할을 연기한다.

카렌 호나이가 30대에 접어들었을 때, 의사와 어머니로서의 이마고들은 그녀의 개인적 신화에 잘 통합되었다. 청소년기에 그녀는 의사가 되는 것을 계획했고, 청년기에 그녀는 그 계획을 달성했다. 정신과 전문의로서 그녀는, 많은 돈을 받고 고용된 유모들이 그녀의 아이들을 돌보는 동안, 그녀의 많은 환자를 그녀의 집에서 진료하였다. 호나이는 망가진 삶들과 정신적인 상처들을 효과적으로 치료했다. 1920년대에 그녀는 여성이 할 수 있는 만큼 의사와 어머니의 역할을 동시에 잘 수행했다. 그녀의 어머니로서의 역할은 집을 벗어나 확장되었다. 그녀와 일본까지 동행해 주었던 한 젊은 친구는 카렌 호나이는 "제게 어머니와 같았어요."라고 언급했다.[44] 호나이가 미국에서 지냈던 처음 몇 년간 애정 어린 관계를 가졌던 의사 레온 사울은 "그녀는 백 퍼센트 어머니다운 사람입니다."라고 말했다.[45] 그녀가 프로이트와 결별하기 이전, 호나이는 1920년대와 1930년대 정신분석학에서 어머니의 상이었다. 그런 운동에 몇 안 되는 유명했던 여성으로 그녀는 시카고와 뉴욕에서 많은 젊은 분석가를 키웠고 그들의 성장을 도왔다.

그녀의 개인적 신화에서 가장 두드러지고 흥미로운 방식으로 그녀의 일에 영향을 미쳤던 것은 어머니로서의 이마고와 관련이 있다. 그녀 자신과 하나가 되면서, 그녀는 어머니를 그녀의 정신분석학적 사고의 중심에 두는 것을 도왔다. 주제와 관련된 용어로 말하자면, 어머니가 되는 사회적 요구에 순응하면서, 그녀는 궁극적으로 그녀의 직업에 대한 변화를 결정할 수 있었다. 호나이에게 있어서 양육자라는 교제의 이마고는 이례적으로 힘의 기능도 갖고 있는 것으로 밝혀졌다! 프로이트에 따르면, 아이를 낳는 것은 여성에게 있어 남근이 없는 것에 대한 상징적 대용물이며 부분적인 보상이었다. 호나이의 정신분석학의 기득권층으로부터의 첫 번째 창의적인 일탈은 그녀가 모성(motherhood)에 대한 프로이트의 관점을 철저하게 비판한 것을 포함한다. 그녀의 자서전 작가는 이렇게 적었다.[46]

　　이곳에는 아주 멋진 역설이 있다. 모든 남성의 세계에서 선구자 역할을 하는 여성들과 같이, 카렌 호나이는 남자 중에 하나가 되기 위해 많은 양의 에너지를 쏟아 부었다. 그리고 그녀는 속았다고 느꼈는데, 처음에는, 임신이 그녀에게 부여한 부정할 수 없는 여성적 위치에 의해서 그랬다. 그렇지만 출산의 경험의 결과로, 그녀는 자신의 전문직 삶에 있어 처음으로, 독립적인 위치를 취해야 한다고 강요받는 느낌을 받았다. 왜냐하면 그 경험이 정신분석 이론들과 충격적으로 너무 달랐기에 대안적 이론을 제기해야 할 필요를 느꼈기 때문이다. 출산은 너무 독특하여 단지 대용물이나 승화가 될 수 없었다. 결국 그녀는 진실을 추구하는 사람이었기 때문에, 그녀는 자신의 여성성을 부정할 수 없었다. 그리고 그녀가 자신의 첫 번째 독자적이고 중요한 결론으로 이끈 것은 바로 그녀의 여성성이었다.

호나이가 내린 결론은 그녀의 에세이인 『모성으로부터의 도피(*The Flight from Motherhood*)』에 나타난다. 41세에 쓴 그 에세이는 호나이가 중년기로 이동했음을 표현했고, 창의적인 정신분석 이론가로서의 등장을 예고했다. 그 시기에, 그녀는 정통 프로이트 학파의 관습적인 보편적 이론을 넘어서 인간 행동에 대한 보다 미묘한 이론으로 발전했다. 그것은 맥락과 관련짓는 사고를 나타냈고, 종종 중년기의 삶과 관련되었다.

에세이는 또한 호나이의 개인적 신화의 진화를 상징한다. 그녀의 중년기에 의사와 어머니라는 서로 상반되는 이마고들이 합쳐져 더 크고 보다 생산적인 이마고를 형성하는데, 나는 그것을 상상적 교사라고 부르겠다. 이 가장 통합적이고 영향력 있는 이마고는 그녀의 초창기 일기장에 적었던 앞을 내다본 발언이 성인으로 나타난 화신이다. "결국 학교는 유일하게 진실한 장소였다." 그녀는 1901년 1월 3일, 15세 때 이렇게 적었다.[47] 그녀의 전기 작가는 "호나이가 정신분석학의 역사에 기여한 가장 중요한 공헌은 그녀의 교사 역할에서 자라났다."고 썼다.[48] 그녀의 현실적이면서 감정을 이입하는 방식의 발표는 그녀의 학생들로 하여금 그녀가 특별히 자신을 향해 말하고 들어 준다고 느끼게끔 하였다. 사람들은 유명한 남성 분석가의 강의를 듣고 나오며 훌륭한 마음가짐이나 휘황찬란한 논쟁을 만난 것과 같은 느낌을 받는다. 그러나 호나이의 전기 작가가 말했듯이, "사람들은 호나이의 강의를 듣고 나오며 그들 자신과 직면한 느낌을 받았다."[49]

중년기에 카렌 호나이는 그녀의 주변 세계에 계속 확장되는 영향력을 신화 속에 붙잡기 위해 그녀의 정체성을 다듬는 것처럼 보인다. 중년기에 의사와 어머니라는 상반되는 이마고들이 합쳐져 교사를 형성하듯이, 호나이는 직접적인 돌봄과 치료로부터 그녀가 그녀의 학생들과 그녀의 독자들에게 영향력 있는 많은 책을 통해 전수할 수 있는 새로운 아이디어들을 형성하는 것으로 그녀의 에너지를 전환시켰다. 가르치는 것을 통해 그녀는 오늘날에도 생생하게 살아 있는 학문과 실천의 유산을 만들어 냈다. 이동과 빛은 그녀의 가장 강한 형상으로 남아 있었고, 동시에 그녀는 자신이 얻은 통찰을 다른 사람들에게 깨우치기 위해 교묘하고도 창의적으로 움직이며 그녀의 중년기를 보냈다. 통제, 굴복 그리고 체념은 그녀의 개인적 신화의 중심적인 주제들로 남아 있었다. 중년기로 접어들면서, 옛것들을 통합한 새로운 성격의 등장 후에 그녀는 이러한 형상들과 주제들을 다시 만들었다. 어떤 갈등들은 해소되었지만, 다른 것들은 문제가 있는 것으로 남았다. 이야기가 상상적 교사를 수용하도록 부드럽게 발전하는 동안, 여배우는 플롯에서 떨어져 남아 있었다.

중년기에 우리는 삶이라는 이야기의 많은 조각을 합쳐 더욱 통합적이고 생산적인 전체를 만들려고 노력한다. 우리가 삶의 중간 지점에 있다고 인식하면서, 우리의 사고는 더 복잡하고 미묘해질 수 있고, 우리는 청소년기 이후 만들었던 정체성에 대해 근본적인 반대에 직면할 수 있다. 이러한 발달들은 카렌 호나이의 삶에서 분명하게 보인다. 그녀의 개인적 신화에서 상상적 교사의 등장은 전체성, 통합 그리고 생산성으로 향하는 중요한 단계를 표시한다. 교사는 다음 세대를 위한 자기의 유산을 남기기 위해 노력한다. 호나이의 새로운 중년기의 성격은 끝난다는 느낌과, 그녀의 딸들, 학생들 그리고 독자에게 그 끝이 만들어 낼 수 있는 새로운 시작에 대한 그녀의 증가하는 이해를 시사한다.

 후 주

1) Frenkel, "Studies in biographical psychology."
2) Jung, *Memories, dreams, reflections*.
3) Jaques, E. (1965). Death and the midlife crisis. *International Journal of Psychoanalysis, 46*, 502–514.
4) Levinson, *The season's of a man's life*.
5) Sheehy, *Passages*.
6) Nock, S. L. (1982). The life-cycle approach to family analysis. In B. Wolman (Ed.), *Handbook of developmental psychology* (pp. 636–651). Englewood Cliffs, NJ: Prentice-Hall.
7) McCrae & Costa, *Personality in adulthood*.
8) Neugarten, B. L. (1968). (Ed.). *Middle age and aging*. Chicago: University of Chicago Press.
9) Simonton, D. K. (1984). Creative productivity and age. *Developmental Review, 4*, 77–111.
10) Neugarten, B. L., & Datan, N. (1974). The middle years. In S. Arieti (Ed.), *American handbook of psychiatry* (Vol. 1). New York: Basic Books.
11) Levinson, *The seasons of a man's life*, p. 199.
12) Jaques, "Death and the midlife crisis," p. 502.
13) Ibid, p. 505.
14) Gould, "Transformation during early and middle adult years."
15) Frenkel, "Studies in biographical psychology."
16) 후기 형식적 사고가 인지발달에서 정말로 새로운 단계인지 또는 단순히 다른 사고방식인

지에 대해 학문적 논쟁이 있다. 논쟁은 다음의 탁월한 저서에 자세히 설명되어 있다. Rybash, J. M., Hoyer, W. J., & Roodin, P. A. (1986). *Adult cognition and aging*. New York: Pergamon Press.

17) 역설에 관한 흥미로운 설명이 다음의 책에서 발견될 수 있다. Zukav, G. (1979). *The dancing Wu Li masters: An overview of the new physics*. New York: William Morrow & Co.

18) 결합적 신앙에 대한 파울러의 설명은 다음과 같다. "5단계 결합적 신앙은 4단계인 개인적-반성적 단계에서 자기 확신과 의식적 인식과 현실에 대한 감정적 적응에 대한 관심 속에서 억압하거나 인식하지 않는 많은 것의 견해를 자기 속으로 통합하는 것을 포함한다. … 개인의 심층적 자기의 목소리에 대한 어떤 개방이 있어야만 한다. … 명백한 모순 속에서 역설과 진리에 대해 살아 있으면서, 이 단계는 마음과 경험 속에서 서로 반대되는 것들을 통합시키려 노력한다. 이 단계의 새로운 능력은 역설적 상상력의 발현이며, 개인 또는 집단의 가장 강한 의미들 속에서 보고 존재하는 능력인데, 이는 한편 그것들이 상대적이고, 부분적이고, 불가피하게 초월적 실재를 왜곡시키는 이해인 것을 동시에 인식하는 것이다. 그것의 위험성은 진리에 대한 역설적 이해로 인해 자기만족이나 냉소적 철회를 일으키면서, 마비시키는 수동성이나 비활동의 방향에 놓여 있다." Fowler, *Stage of faith*, pp. 197-198.

19) Jung, *Memories, dreams, reflections*.

20) Gutmann, *Reclaimed powers*.

21) Levinson, *The seasons of a man's life*.

22) Gutmann, *Reclaimed powers*.

23) Merriam, S. B. (1980). *Coping with male mid-life: A systematic analysis using literature as a data source*. Washington, D.C.: University Press of America.

24) Ibid, pp. 63-64.

25) 이 형용사들은 다음에서 나온다. Gough, *The adjective checklist*.

26) 카렌 호나이에 관한 이 마지막 내용은 케임브리지의 래드클리프 대학의 헨리 머레이 센터에서 내가 발표했던 논문으로부터 적당히 개작되었다. 논문은 개인의 삶에 대한 연구로 1990년 5월 학술 발표의 일부였다. 학술발표의 제목은 「카렌 호나이의 삶에서 이미지, 주제, 그리고 성격」이었다. 논문에 대한 주요 자료들은 다음과 같다. Horney, K. (1939). New ways in psychoanalysis. New York: Norton. Horney, K. (1945). *Our inner conflicts*. New York: Norton. Horney, K. (1980). *The adolescent diaries of Karen Horney*. New York: Basic Books. Quinn, S. (1988). *A mind of her own: The life of Karen Horney*. Reading, MA: Addison-Wesley.

27) Horney, *Diaries*, p. 63.

28) Ibid.

29) Ibid, pp. 55-57.

30) Ibid, p. 83.

31) Ibid, p. 79.

32) Ibid, p. 92.

33) Ibid, p. 167.

34) Ibid, p. 166.

35) Quinn, *A mind of her own*.

36) Ibid, p. 38.

37) Horney, *Diaries*, p. 271.

38) Ibid, p. 192.

39) Ibid, p. 104.

40) Ibid, p. 166.

41) Quinn, *A mind of her own*, p. 84.

42) Ibid, p. 418.

43) Horney, K. (1950). *Neurosis and human growth*. New York: Norton.

44) Quinn, *A mind of her own*, p. 406.

45) Ibid, p. 262.

46) Ibid, p. 172.

47) Horney, *Diaries*, p. 22.

48) Quinn, *A mind of her own*. p. 200.

49) Ibid, p. 300.

제9장 새로운 시작을 만들기

　살아 있는 유기체들은 시간의 제약을 받는 존재들이다. 그들의 삶은 시작, 중간 그리고 종말을 갖고 있다. 하지만 가장 자기애적인 분자이자 생명의 난해한 코드를 지닌 분자인 DNA는 계속해서 자신을 생성할 수 있다. 살아 있는 유기체는 자신을 복제하기 때문에 그들의 끝은 우리가 처음 결론을 내린 것만큼 불연속적인 것은 아니다. 새로운 형태들은 오래된 형태들로부터 만들어진다. 그 소산은 이전 세대의 문화적이고 유전적인 유산을 미래 속으로 갖고 간다. 종결은 남겨진 시작으로부터 자격이 주어지고, 완화되거나, 희미해진다.

　자기복제는 자연계에서 진화를 만들어 낸다. 생물학자 리처드 도킨스(Richard Dawkins)가 말하는 '이기적 유전자'의 존재 이유는 여러 세대를 걸쳐 최대한 번식하기 위함이다.[1] 유전자는 각각의 유기체를 통해 계속 존재한다. 그러므로 자연 도태 이론의 관점에서 보면 유전적으로 가장 적합한 생물체가 직접적으로 또는 간접적으로 엄청난 번식을 이루어 낸다. 거칠고 무작위적인 자연도태설에 따르면, 가장 적합한 생물체란 그저 다 자란 상태에 이르기 쉽고 번식이 용이한 생물체다.

인간으로서 우리는 자녀 출산을 통해 자기복제의 욕구를 가장 분명하게 표현할 수 있도록 주어졌다. 우리의 살덩이이자 유전자의 운반체인 생물학적 자녀는 우리가 시작점을 설정하였으며 우리의 삶이 종료된 후 이 땅에서 오래도록 번영하기를 간절히 바라는 우리의 자손이다. 그들은 우리가 뭔가를 남기고 떠날 수 있음을 보여 주는 피와 살의 증거이며, 우리의 죽음이 어떤 면에서는 끝이 아님을 나타낸다. 우리가 남기는 그 '무언가'는 우리의 형상 속에서 만들어진다. 창세기에서 신은 남성과 여성을 자신의 형상대로 창조했다. 그들의 삶은 영원하지는 않지만 신과 가장 비슷한 모습을 띤다. 아담과 이브는 그들의 독특한 위치로 인해 창조의 남은 부분과는 분리되었다. 그들은 창세기 이야기에서 특별한 신분을 갖고 있는데, 이것은 마치 우리의 자녀가 우리의 이야기를 갖고 있는 것과 같다.

우리는 왜 자녀를 갖는가? 오랜 세월 많은 신학자가 왜 신이 세계를 창조했는지 설명하려는 다양한 이론을 제시한 바와 같이, 우리는 남성과 여성이 왜 자녀를 낳는지에 대한 여러 그럴듯한 설명을 확인해 볼 것이다. 하지만 이를 위해서는 혈연관계의 생물학적·심리학적 토대가 필요한 것으로 보이고, 이는 자기를 능가하는 무언가를 계속 만들어 내기 위함이다. 이와 같은 필요성은 "종말은 그저 마지막일 뿐이다."라는 아주 근본적인 관습에 대항하는 개인적 신화들을 만들어 낼 것을 요구한다. 우리는 자신이 계속 살아갈 수 있는 시작점을 제공하는 종결을 찾으려 한다. 우리의 끝맺음에서 우리는 마치 한 세대에서 다음 세대로 자신을 복제하려는 유전자처럼 이 결말에 저항하려고 한다. 절망적일 만큼 자기애적인 여러 방법으로 불멸의 삶을 찾으려 한다.

불멸에 관해

조너선 스위프트의 시 〈카시누스와 피터〉의 한 영웅은 인간 삶의 터무니없는 역설을 설명했다.[2] 스위프트의 영웅은 그의 아름답고 이상화된 연인인 카엘리아가 다른 모든 동물과 마찬가지로 때때로 용변을 봐야 한다는 것을 깨닫고 고통스러워했다. 이 사실은 그를 미치기 직전까지 몰아가기에 충분했다.

> 내가 나의 지혜를 잃은 것이 이상할 것도 없다.
> 오! 카엘리아, 카엘리아, 카엘리아가 용변을 보다니!

죽기 직전 출판한 작품인 『죽음의 부정(*The Denial of Death*)』으로 퓰리처상을 수상한 어니스트 베커(Ernest Becker)는 스위프트의 영웅이 단순한 신경질적 노이로제 이상으로 시달린 것이라고 주장했다.[3] 베커는 스위프트의 영웅이 인간 실존의 근본적인 역설을 묘사한 것이라고 주장했다. 그의 연인 카엘리아가 모든 생물체처럼 보편적인 본능을 따라야 한다는 사실은 인간이 초월적인 존재이지만 한 순간에 배변하는 동물로 변할 수 있다는 것을 보여 준다. 그들의 상상력 속에서 인간은 자연 세계 어느 곳에라도 속할 수 있고 때로는 심지어 그 이상으로 날아오를 수 있다. "그들의 광대한 확장, 영리함과 영묘함 그리고 자아 의식은 르네상스 시대 사람들이 말하듯 정말로 자연계에서의 작은 신이라는 지위를 인간에게 주었다."[4]

> 하지만 동시에 동양의 현인들이 알고 있듯이 인간은 벌레이기도 하고 벌레의 밥이 되기도 한다. 이것은 역설적이다. 그는 자연계를 초월하기도 하지만 영락없이 자연의 일부분이기도 하다. 인간은 별처럼 높은 존재인 동시에 한때 물고기에 속했다는 증거로 아가미 표시까지 가지고 있는, 심장이 뛰고 숨을 헐떡이는 육체에 갇힌 이중적 존재다. 그의 육체는 아프기도 하고, 피를 흘리고, 쇠약해져 죽기도 할 것이라는 등의 많은 면에서 그에게 낯설고 불쾌한 살점 포장이다. 인간은 말 그대로 둘로 나누어져 있다. 그는 그가 높이 솟은 위엄을 자연에 내밀 수 있는 엄청난 독창성을 가지고 있다는 것을 인식하는 동시에 이 땅으로 되돌아가 그저 맹목적으로 묻혀 영원히 사라진다. 이것은 우리가 함께 안고 가야 할 무서운 딜레마다.

베커는 무의식에서 인간의 정신은 영혼의 불멸성과 연결되어 자연을 뛰어넘고 이 땅을 벗어나는 존재로 인식된다고 말했다. 육체는 우리에게 신체적 죽음과 연결시키는 것이다. 정신은 이성을 나타내고, 신체는 감정을 나타낸다. 정신은 추상적이고, 신체는 구체적이다. 정신은 하늘의 신에 의해 대표되고, 신체는 땅의 어머니에 의해 대표된다.[5] 이런 연관성은 신화와 꿈속에서 분명히 드러난다.

인류는 그들의 종말을 두려워하고 예상하는 유일한 동물이다. 베커는 죽음에 대한 두려움은 인간의 삶의 근본적인 동기라고 주장했다. 비록 우리가 육체의 덫에서 벗어나 날아오를 수 있는 초월적인 존재라고 할지라도, 우리 모두는 죽어 가고 있다는 것을 알고, 벌레가 언젠가는 우리의 살을 먹을 것이라는 것도 안다. 이런 역설에 대한 우리의 근본적인 반응은 "죽음이라는 재앙을 피하기 위해 만들어진 활동에 참여하는 것, 그리고 인간에 대한 최종적 운명을 어떤 방법으로든 거부하는 것이다."[6]

우리의 거부는 베커가 영웅주의라고 부른 것을 통해 성취된다. 영웅주의는 그 무엇보다도 더욱 죽음의 공포를 반영한다.[7] 육체의 필연적인 죽음을 거부하기 위해서, 인간의 정신은 영웅적이기 위한 방법을 마련했고, 그럼으로써 일종의 불멸성을 획득했다. 이런 관점에서, 인간 사회는 항상 상징적인 시스템으로 존재해 왔고, 이는 영웅주의를 양성하고 묵인했다. 개개인의 성인은 근본적 가치, 우주적 특별함, 창조에 대한 궁극적 유용성 그리고 확고부동한 의미에 대한 어떤 감정을 얻기 위해서 사회에 기여한다.[8] 영웅이 되는 것은 거대한 계획 속에서 중요한 일을 하는 것인데, 즉 육체가 사라진 뒤에도 지속적으로 존재하는 어떤 일을 하는 것이다.[9]

그들은 본능적으로 어떤 장소를 개척하거나, 인간 가치를 반영하는 어떤 건물, 즉 사원, 대성당, 토템 기둥, 삼대에 걸친 가정을 건축함으로써 이런 감정을 얻는다. 그들의 희망과 믿음은 인간이 사회에 만든 것들이 영속적인 가치와 의미를 가진다는 점에 있고, 또한 그들이 죽음이나 부패를 능가한다는 점과 인간과 인간의 생산물이 중요성을 가진다는 점에 있다.

정신과 의사 로버트 제이 리프턴(Robert Jay Lifton)은 인간이 불멸에 대한 탐구의 과정에서 전형적으로 사용하는 다섯 가지 다른 전략을 살펴보며 베커의 주장을 더욱 구체화시켰다.[10] 첫 번째 전략은 생물학적인 자녀 생산과 혈통 유지다. 두 번째는 문화적 전략이다. 즉, 우리는 예술, 과학, 기술 그리고 우리가 지식과 기술을 전달하면서 우리 주변에 영향을 미치는 것을 통해 문화적 불멸성을 성취한다. 세 번째 전략은 종교적인 것이다. 사후 세계의 모습에 대한 믿음은 종교적 전통이 남성과 여성을 불멸의 신과의 결합과 교감을 향해 움직이도록 하는 것이다. 네 번째 전략은 시공간에서 인식되는 유한성을 위한 자연 법칙을 숭배하는 개인과 문화 내에서 일어난다. 다섯 번째는 개인적 신비로움과 황홀한 계시에 존재하며, 개인은 영원성 또는 궁극의 가치를 이런 황홀한 계시를 통해 경험한다. 이 다섯 번째 전략에 대한 에피소드는 아기의 출산이나 문화적 유산의 생산 혹은 종교적이거나 자연적 통찰에 대한 성스러운 환희나 극도의 행복감을 남성이나 여성이 느낄 때처럼, 다른 네 가지 전략 중 어떤 것과 겹칠 것이다.

다섯 가지 전략 중 인간은 고귀하고 영속적으로 보이는 일에 참여한다. 생물학적 그리고 문화적 전략에서 개개인은 자기보다 잠재적으로 오래 살게 될 누군가 혹은 무언가를 만들어 내는 데 적극적인 역할을 한다. 하지만 이것은 단순한 영웅주의 그 이상이다. "만약 당신이 영웅이 되고자 한다면 당신은 반드시 선물을 주어야 한다."라고 베커는 말했다.[11] 베커는 선물 주는 일을 그냥 말한 것이 아니다. 우리는 우리의 선물들이 어떤 결과를 가져올지 결코 알지 못한다. 우리는 그것들이 세상에서 어떻게 받아들여질지 결코 알지 못한다. 그의 인생의 마지막 몇 년간 그의 문화적 선물을 위해 노력했던 베커는 사람들이 그들의 유산을 생산해 내고 제공하는 데 상당한 공포와 혼란이 따른다고 말했다.[12]

인생에서 앞으로의 타성이 미래에 어떤 점에 기여할지, 혹은 우리의 고뇌하는 탐구가 어떤 효용을 만들어 낼지 누가 알겠는가? 우리가 할 수 있어 보이는 대다수는 무언가를 만드는 것이다. 이를 테면, 대상이나 우리 자신을, 그리고 그것을 혼란 속에 두며, 소위 인생의 원동력을 제공하기도 한다.

이런 행위가 결국 어떤 결과를 낳는가? 무엇이 우리가 제공하는 시작이 될 것인가? 여기에는 객관적인 해답이 없다. 우리는 우리의 이야기가 어떻게 전개될지 전혀 모르는 이야기 작가다. 우리의 자연적 운명의 한계를 초월하고 싶은 자기 의식적인 인간으로서 우리가 할 수 있는 최선은 우리가 제공하는 선물이 우리가 그것들을 만들고, 돌보고, 양육하고, 궁극적으로 독립시키는 것을 확대하는 실질적인 노력을 정당화하는 것으로 마무리될 것이라는 희망을 갖고 그 일을 수행하는 것이다.

세대들의 선물

개인적인 신화를 만드는 데 있어 인간이 어떻게 끝과 새로운 시작을 만드는지를 이해하기 위해, 우리는 베커의 영웅주의 개념과 생산성의 개념을 결합시킬 필요가 있다.[13] 심리학적 연구 결과는 중년의 나이를 지나면서 점차 죽음에 대한 걱정은 줄어들고 '어느 정도의 시간이 남았는지'에 대한 생각이 늘어난다고 밝혔다.[14] 이렇게 증가하는 고민에 대한 반응으로, 우리는 중년기에 소위 생산성 대본을 만들도록 도전받는다. 생산성 대본이란 개인이 다음 세대에 영웅적 선물을 남기기 위해 미래에 무엇을 하고 싶은지에 대한 성인의 계획을 말한다. 우리는 인생 이야기를 재구성하고 수정하여, 과거가 현재와 미래를 낳은 것처럼 보이도록 하고, 시작과 중간, 끝이 서로 개연성을 이루게끔 하려고 한다. 에릭 에릭슨의 말처럼, "나는 나를 생존하게 하는 것이다."를 중년의 성인이 깨닫게 되면서, 자기의 유산이 생산되고 다른 사람에

게 제공된다.[15)]

　에릭 에릭슨은 생산성 개념을 처음으로 생각해 낸 심리학자다. 그는 이것을 "주로 다음 세대를 만들고 안내하는 고민"이라고 정의했다.[16)] 에릭슨이 생각했듯이, 성인은 정체감을 공고히 하고 결혼, 우정, 혹은 둘 다를 통해 각별하고 오랜 기간의 유대감을 형성하면, 개인은 한 세대로서 사회의 지속과 개선에 공헌할 마음의 준비가 된 것이다. 생산적인 성인은 다음 세대를 양육하고, 가르치고, 인도하고, 촉진시킨다. 그 또는 그녀는 사회 시스템을 지속시키고, 이익을 줄 목표를 가진 생각과 일들을 만든다.

　에릭슨의 관점에서, 생산성은 아이를 낳고 키우는 것으로 표현된다. 하지만 모든 부모가 특별히 생산적인 것은 아니라고 에릭슨은 말했고, 생산성은 결코 부모의 역할에 국한된 것은 아니다. 누군가는 직장에서, 전문적 활동에서, 자원봉사에서, 종교적 참여에서, 정치에서, 공동체에서, 우정에서, 심지어 여가 활동에서, 폭넓은 방식의 삶의 추구와 여러 다양한 삶의 배경에서 생산적일 수 있다.

　우리의 전통문화는 생산성의 이야기로 가득 차 있다. 헌신적인 유대인 어머니가 그녀의 의사 아들을 먹이고, 재우고, 가르치는 데 온 힘을 쏟은 이야기를 잠시 생각해 보라. 첫째 아이에게 가업을 물려준 자수성가한 사업가를 생각해 보라. 자녀의 교육을 위해 공장에서 일하고, 한 푼이라도 더 절약하기 위해 노력했던 미국으로 이민 온 첫 세대의 이야기를 생각해 보라. 그리고 물론 그들의 선물이 더 많은 사람에게 영향을 준 과학자, 예술가, 교육자, 선교사, 간호사, 자선가가 있다. 유대교와 기독교의 종교적 유산의 상당수는 생산성에 관한 이야기다. 하나님은 아브라함과 사라에게 한 나라를 일으킬 아들을 약속하셨다. 이삭은 에서에게 장자권을 축복해 주려 했고, 야곱은 속임수를 썼다. 모세는 이스라엘 백성을 이집트 땅에서 나올 수 있게 했다. 그리스도는 죄인들을 구하기 위해 십자가에서 죽었다. 신약성서의 순교자들은 세상 끝까지 복음을 전하기 위해 그들의 생명을 바쳤다. 그리고 많은 일상생활의 흔한 이야기들도 같은 이야기를 말한다. 스터즈 터켈(Studs Terkel)의 책『노동(Working)』에서 철강노동자 마이크 레페브레는 무엇이 그의 하루하루의 노동을 가능하게 하는지 설명한다.[17]

> 고지식하게 들릴 수 있지만, 내 아이는 나의 분신입니다. 그는 나의 자유입니다. 헤밍웨이의 책 중 이런 구절이 있어요. 『누구를 위해 좋은 울리나?(For Whom the Bell Tolls)』에 나왔던 것 같은데요. 그들은 스페인 어딘가의 적군의 후방에 있었고, 그녀는 임신 중이었어요. 그녀는 그와 함께 있길 원했죠. 그는 그녀에게 안 된다고 말했어요. 그는 "만약 네가 죽으면, 나 또한 죽는 거야."라고 말했는데, 아기가 죽을 것이라는 걸 알면서 말이에요. "하지만 만약 네가 가면, 나도 가는 거야." 이게 무슨 뜻인지 알겠어요? 신비주의자는 이걸 놋대접이라고 부릅니다. 당신은 내가 무슨 말을 하는지 알겠어요? 이게 바로 내가 일하는 이유예요. 한 청년이 멋진 차림으로 지나가는 것을 보면, 나는 내 자녀들이 그렇게 되길 기대해요. 그게 다예요.

생산성에 대한 에릭슨의 가장 설득력 있는 예시들 중 몇몇은 마틴 루터[18]와 마하트마 간디[19]에 대한 심리전기적 연구에서도 나타난다. 두 사람 모두 가족이나 친구 같은 사적인 일보다 공적인 일에서 가장 생산적임을 보여 주었다. 에릭슨의 『간디의 진실(Gandhi's Truth)』이라는 책의 내용은 중년의 주인공들이 생산적 행위를 위해 노력했던 엄청난 헌신을 보여 준다.[20]

> 1915년 1월, 간디가 봄베이의 부두에 중요한 일을 위해 발을 들였을 때부터, 그는 자연환경을 알고 인도의 재앙과 그의 궁극적 임무를 알고 있는 것처럼 행동했다. 중년의 성숙한 이 남성은 그의 인생의 여러 구획을 거치며, 그가 무엇을 하고, 무엇을 신경 쓰지 않을지, 결단을 내렸을 뿐 아니라, 그가 무엇이 될지 그리고 무엇을 신경 쓸 수 있을지까지 확고히 생각하고 있었다. 그는 그가 유일하게 할 수 있고, 그래서 해야 하는 것을 그가 도달할 기준치로 삼았다.

에릭슨의 연구가 도발적이기 때문에, 최근까지는 생산성의 개념이 대부분의 심리학자로부터 무시되어 왔다. 지난 5~10년 동안, 소수의 심리학자들이 생산성 이론을 심도 있게 다루기 시작했고, 생산성에 관한 보다 발전된 이해를 제공하려고 했다. 이 점에 있어 존 코트레(John Kotre)는 그의 책『자신보다 오래 살기(Outliving the Self)』에서 중요한 업적을 달성했다. 아비게일 스튜어트(Abigail Stewart)와 그녀의 동료들은 미시간 대학교에서 생산성에 관한 중요한 연구에 착수했다.[21] 게다가 나와 나의 제자는 지난 몇 년간 생산성 개념을 연구하는 중에 있고, 특히 매우 생산적인 성인들에 의해 개인적 신화가 만들어지는 점에 초점을 맞추고 있다.[22] 생산성에 대한 우리의 이해는 상당히 커졌지만, 여전히 이 개념은 새로운 연구가 축적되면서 진화하고 있다. 이러한 연구의 진보에 대한 설명이 앞으로 뒤따를 것이다. 새로운 연구가 이루어지면서 몇몇 생산성 개념은 수정될 것이다.

나는 생산성을 일곱 가지 측면을 가진 역동적 형태로 본다. 그 측면들은 욕구(desire), 요구(demand), 관심(concern), 믿음(belief), 헌신(commitment), 행동(action) 그리고 서술(narration)이다. 이 일곱 가지의 모든 측면은 생산성의 개인적이고 사회적인 목적과 연결되어 있다. 성인 각자는 자기 자신을 독특한 방식을 통해 다음 세대로 인도한다. 한 인간의 고유한 삶에서 생산성이 어떻게 기능하는지 이해하기 위해서, 우리는 7개의 측면에 발달되는 특징적 상호관계를 시간을 두고 파악해야 한다.

욕구

힘과 교제는 인간 삶에 나타나는 심리학적 욕구를 확인하는 두 개의 보편적인 배경이다. 생산성은 이 두 동기에서 생기는 것으로 보인다. 생산적이기 위해, 베커의 영웅처럼, 사람은 자신의 이미지를 통해 무언가를 생산해 내어야 한다. 이것은 실행해야 할 강력한 일이다. 한 사람은 또한 생산된 것을 돌보아야 하고, 베커의 영웅의 선물 개념에서 드러나듯이, 그 생산물이 결국 독립할 수 있도록 해야 한다. 돌봄과 놓아줌은 생산성이 보다 교제의 측면을 가졌다는 것을 보여 준다.

생산성의 개념에 관해 나와 동료가 수행한 첫 번째 연구에서, 우리는 심리학적 척도를 관리했고, 35~50세의 50명의 성인을 인터뷰했다.[23] 인터뷰에서 각각의 성인들은 미래에 관한 그들의 계획이나 꿈을 자세하게 묘사하도록 요구되었다. 우리는 그들의 인터뷰를 상중하 수준의 생산성으로 점수를 매겼다. 생산성이 높게 평가된 사람들은 직접적으로든(돌봄, 가르침, 인도함, 멘토링 등), 간접적으로든(그들이 만든 것을 타인에게 기여하기) 다음 세대에게 무언가를 만들고 안내하기 위한 강한 관심을 보여 주었다. 생산성에서 낮은 점수를 받은 사람들은, 무엇을 공헌하고 지식을 나누는 등의 행동으로, 다음 세대에 무엇인가를 전달하고 만들어 주는 데에 거의 관심이 없었다. 이런 낮은 생산성을 받은 사람들 중 몇몇은 그들 자신의 개인적 일에 깊이 얽매여 있어, 다음 세대를 위해 다른 시간과 에너지의 중요한 투자를 해 보려는 상상을 할 수 없었다.

우리의 결과는 미래를 위한 가장 강한 생산적 계획을 가진 성인들이 힘과 친밀성 동기에서도 매우 높은 점수를 받았다는 것을 보여 준다. 즉, 타인과 가깝고 싶다는 강한 교제의 욕구와 세상에 영향력을 끼치고 싶다는 강한 힘의 욕구를 모두 가진 사람들이 다음 세대에 상당한 투자를 할 것으로 보였다.

생산성에 관해, 사람들이 표현한 힘의 욕구는 베커가 묘사했던 불멸에 대한 욕구로부터 궁극적으로 나온 것일 것이다. 영원히 살고 싶어 하며, 죽음을 거부하고, 신의 지위를 얻고 싶어 하는 사람보다 더 큰 힘의 욕구를 지닌 사람은 상상하기 어렵다. 존 코트레(John Kotre)는 생산성이 주로 "자신보다 오래 지속될 생명이나 활동의 형태 속에서 개인의 물질을 투자하려는 욕구"라고 주장한다.[24] 리처드 도킨스(Richard Dawkins)는 불멸의 욕구에 대해 다음 세대로 본인의 유전자를 물려주는 것이며, 발명, 예술, 아이디어, 기술, 지혜 등 본인이 죽고 나서도 사회에 계속 영향을 줄 것을 물려주는 사회적 관습이라고 설명했다.[25]

우리가 죽으면, 두고 갈 수 있는 것이 두 가지 있다. 유전자와 사회적 관습이다. 우리는 유전자 기계로서 유전자를 넘기기 위해 만들어졌다. 하지만 우리의 그러한 측면은 3세대 내에 잊혀질 것이다. 당신의 자녀, 심지어 당신의 손자들은 아마 당신과 얼굴에서, 음악적 재능에서, 머리의 색에서, 유사성을 가질 것이다. 하지만 한 세대가 지날 때, 당신의 유전자의 공헌은 반으로 줄어들게 된다. 공헌이 거의 없어질 때까지는 그리 오래 걸리지 않는다. 우리의 유전자는 아마 불멸할 것이지만, 유전자의 집합체는 흩어져 사라질 것이다. 엘리자베스 2세는 정복자 윌리엄의 직손이다. 하지만 그녀는 그 오래된 왕의 유전자를 전혀 가지지 않았을 가능성이 크다. 우리는 번식에 있어서 불멸을 찾으려 해서는 안 된다. 하지만 당신이 세계의 문화에 기여를 한다면, 만약 당신이 좋은 아이디어를 내놓는다면, 작곡을 한다면, 자동차 부품을 발명한다면, 시를 쓴다면, 그것은 당신의 유전자가 분해되어 모두 사라진 후까지도 남아 있을 것이다. G. C. 윌리엄스가 지적했듯이, 소크라테스는 지금 세상에 남겨진 유전자를 가지고 있지 않지만. 그래서 어쩔 것인가? 소크라테스, 레오나르도, 코페르니쿠스 그리고 마르코니의 문화적 복합체는 여전히 강력하다.

도킨스의 말에는 힘의 자만심이 상당히 내포되어 있다. 그는 자신만만하게 인간 불멸성에 대한 공식을 내놓았다. 그는 우리의 자녀 또는 손자를 통해 영원한 삶을 꿈꾸지 말라고 한다. 차라리 무언가 위대한 것을 하며 불멸을 찾으라고 한다. 하지만 심지어 레오나르도나 코페르니쿠스도 언젠가는 잊혀질 것이라는 사실을 우리 모두는 인정해야 한다. 존 메이나드 케이에스(John Maynard Keyes)가 전에 말했듯이, 결국 우리는 모두 죽는다. 아주 길게 보면, 지구는 언제가 죽을 것이고, 태양도 모두 타 버릴 것이다. 불멸에 대한 욕망은 힘의 가장 순수한 형태이고, 그 순수한 형태를 통해 그것은 다소 불합리해진다. 힘은 교제에 의해 중재되고, 유연해지고, 인간적이 되어야 한다.

교제는 다른 사람들에 의해 필요한 존재가 되고 싶다는 깊은 욕망을 통해 생산성으로 표현되었다. 에릭슨은 이것을 "필요로 되고 싶은 욕구"라고 불렀는데, 이것은 다른 사람들을 양육하고, 도와주고, 그들에게 중요한 존재이고 싶다는 욕구다. 에릭슨은 생산성의 주요한 덕목은 "보살핌"이라고 썼다. 만약 우리의 유전자가 세대를 지나면서 희미해질지라도, 그리고 우리의 관습이 언젠가 모든 사람으로부터 잊혀질지라도, 인간은 여전히 다양한 방법으로 다음 세대에 기여하고자 한다. 다음 세대를 위해 더 나은 세상을 만드는 데 우리에게 주어진 몫을 함으로써, 우리는 우리보다 더 크고 더 오래 지속되는 것을 위해 긍정적인 방식으로 기여한다.

가장 생산적인 성인들은 상징적 불멸성을 위한 힘의 욕구와 필요로 되고 싶다는 교제의 욕구 모두에 창조적으로 따른다. 힘과 교제의 생산적 합성은 대니얼 웹스터(Daniel Webster)의 다음 말에서 찾아볼 수 있는 정신이다. "우리가 우리의 땅으로부터 자원을 개발하도록 하고, 그 힘을 불러일으키게, 단체들을 만들 수 있게, 모든 위대한 관심을 촉진시키게, 그리고 우리가 기억될 가치가 있는 어떤 것을 수행하지 못하는지 확인하도록 하라." [26]

요구

에릭 에릭슨이 그랬듯이, 인간 삶의 주기에서 생산성이 정체감과 친밀감 단계를 뒤따르는 별개의 단계라고 말하는 것은 옳지 않다. 이런 말은 한 사람이 청년기 처음으로 정체감을 얻고 친밀한 관계를 형성하고 나서야, 중년의 나이에 생산적으로 된다는 뜻을 전달한다. 이것은 사실이기에 너무 정돈된 주장이다. 나는 정체감이 젊은 시절 확립하는 단계에 자리 잡는다고 믿지 않는다. 오히려 정체감은 우리가 청소년기 후기와 성인기 초기에 형성되기 시작하고, 중년기와 그 이후 계속 발전되어 진화하는 개인적 신화다. 우리가 성인기 동안 우리의 정체감에 경험을 더해 넣으면서 생산성은 그 신화의 일부분이 된다. 우리는 정체감을 발달시키는 것을 멈추고, 생산성으로 나아가는 것이 아니다. 대신, 정체감은 우리가 성숙하면서 생산성과 보다 더 관련이 깊어진다.

　우리가 나이 들수록 생산성에 관심이 많아지는 이유 중 하나는 사회가 우리에게 그렇게 하도록 요구하기 때문이다. 우리의 30대와 40대 때, 우리는 생산적인 역할인 부모, 조부모, 교사, 멘토, 지도자, 대표자 등이 되도록 기대를 받는다. 우리는 20대의 청년이나 청소년, 아동과는 다른 기대를 갖고 있다. 아이들은 이타적이고 친사회적으로 행동할 수 있지만, 우리는 매우 이타적이고 도움을 주는 아이들에게도 생산적이라는 표현을 쓰지는 않는다. 아이들은 다음 세대를 위한 책임을 아직 생각하지 않는다. 기껏해야 그들은 생산성의 대상이지 행위자가 아니다. 생산성은 그러므로 사회적 기대 속에서 촉진된다. 그 요구는 규범적이고 연령 등급적이다. 한 사람의 30대, 40대, 50대 때 생산적인 사회 역할을 기대하는 것이 적정 시간으로 여겨진다. 성인이 이 기간을 지나면서, 다음 세대에 대한 책임을 생각하고 기여하지 못했거나 하기 싫었던 사람은, 대체로 가족이나 직장에서, 사회적 시계와 더불어 이상한 존재로 여겨진다.

관 심

　내부적 욕구와 외부적 요구에 의해 고무되어서, 생산성은 다음 세대를 위한 점점 더 커지는 관심으로 표현될 것이다. 성인기를 보내면서, 사람은 젊은 세대가 어른들의 보살핌과 헌신을 필요로 한다는 것을 점점 더 인식하게 된다. 그들은 지속적인 효과가 있는 기여를 하기 위해 성인의 삶에서 기회들에 관해 관심을 갖게 된다. 생산적 관심은 여러 가지 다른 방식에 초점이 맞춰질 수 있다. 어떤 성인은 사회적 또는 공동체 문제들에 폭넓게 초점을 맞춘다. 그들은 이 세상 환경의 질에 대해 걱정할 텐데, 환경 오염이 심하고 천연자원이 고갈되는 것이 미래 세대의 세계를 망칠 것이라며 말이다. 또는 그들은 아마 국가 차원의 마약에 대한 전쟁, 학교 근처의 환경, 아이들과 비기득권자들의 권리 등에 관해 더욱 관심을 갖게 될 것이다. 마치 간디와 같이 그들의 생산적 관심은 그 시대의 큰 문제들 속에서, 그리고 폭넓은 공적 분야에서 가장 잘 표현된다. 또 다른 성인은 그들의 관심사를 좁지만 보다 깊이 있게, 그들의 가족에 대한 관심에 주력할 것이다. 그들은 많은 양의 시간과 자원을 자녀를 올바르게 키우고, 그들의 교육 또는 성공을 보장하기 위해 헌신한다. 그들은 그들의 친족의 터전을 더욱 개선하고자 노력하면서 가족의 사업과 가정에 크게 투자할 것이다.

생산적 관심에 대한 전반적인 능력은 사람마다 다르고, 시간이 지나면서 변할 수도 있다고 추정된다. 다음 세대에 대한 관심으로 개개인의 차이점을 평가하려는 시도로서 나의 동료와 나는 로욜라 생산성 척도(LGS)라는 간단한 설문 조사를 만들었다.[27]

20개의 항목들 속에는 "내가 나의 아이를 가질 수 없다면, 나는 입양을 결정할 것이다." "나는 나의 이웃의 삶을 향상시킬 책임이 있다." "난 나의 경험을 통해 얻은 지식을 전달하고자 한다." 등의 내용이 포함되어 있다. 응답자는 각 항목을 4점 척도로 측정하는데, 3점은 "이 진술은 나에게 매우 자주 적용된다."이고 0점은 "이 진술은 나에게 전혀 적용되지 않는다."이다. 높은 점수는 생산성과 다음 세대에 대한 기여에 있어서 강한 관심을 나타내며 낮은 점수는 약한 생산적 관심을 표명한다.

거의 500명의 미국 성인을 조사한 로욜라 생산성 척도의 최근 조사 결과를 통해 우리는 다음과 같은 결론을 얻었다.

1. 중년층 성인들이 청년층이나 노년층보다 다음 세대에 대해 더 깊은 관심을 나타냈다. 37세와 42세(중년층) 사이인 약 50명의 남성과 여성을 22세와 27세 사이인 청년층 50명과 67세와 72세 사이인 노년층 50명과 비교했다. 중년층이 가장 높은 점수를 가졌다. 청년층과 노년층의 평균 점수는 서로 별로 차이가 없었다.

2. 특히 청년층에서 여성이 대체로 남성보다 약간 더 높은 관심을 드러내는 경향이 있다. 여성이 남성보다 약간 더 높은 생산성 점수를 얻는 경향이 있지만, 청년기를 지나서는 그 차이가 미미한 것으로 보인다. 그러므로

여성은 더 강한 관심으로 성인기를 시작하고, 남성은 중년기가 되면서 그 차이를 줄이는 것으로 보인다.

3. 아버지들이 자녀가 없는 남성들보다 더 강한 관심을 보였다. 한 조사에서, 아버지들의 생산성 점수가 아버지가 전혀 아니었던 남자들의 점수보다 훨씬 높았다. 여자들 사이에서는 생산성 관심도가 어머니인지의 여부와 상관관계가 없는 것으로 나타났다. 이것은 많은 남성에게 아버지가 된다는 것이 그들이 생산성 관심을 발달시키는 데에 큰 영향을 주는 것으로 볼 수 있다. 여성에게는 어머니가 되는 것이 이런 발달을 초래하지 않는 것으로 보이는데, 이는 아마도 여성이 시작부터 생산적 관심이 상대적으로 높아서인 것으로 보인다.

4. 높은 생산성 관심을 보인 성인들은 그들의 일상생활에서 더욱 많은 생산적 활동에 참여하여 그들의 관심을 실행하려는 경향이 있다. 높은 생산성 점수는 아이들에게 책을 읽어 주거나, 다른 이를 가르치는 일 등의 행동에 더 많이 참여하는 것과 관계가 있었다. 하지만 생산적인 어른이 대체로 더 활동적인 것은 아니다. 그들은 모든 종류의 행동에 더 많이 참여하는 것은 아니다. 다만 그들은 다음 세대에 대한 생산성 관심이 적은 것으로 나타난 성인들에 비해서 보다 생산적인 행동에 더 많이 참여한다.

5. 다음 세대에 대한 생산성 관심이 적은 성인들보다 관심이 높은 성인들이 그들의 삶에 더욱 만족하는 경향이 있다. 우리는 생산성 점수와 삶의 만족도 점수 사이의 약간의 하지만 꽤 중요한 긍정적 상관관계를 찾을 수 있었다.

6. 생산성 관심이 높은 성인들은 그들의 일대기를 상당히 생산적인 용어로 묘사하는 경향이 있는데, 이를 테면 새로운 상품을 만들어 내거나 남에게 자신을 헌신하거나 젊은 세대와 긍정적인 관계 형성을 하는 것을 강조한다. 개인적 신화의 관점에서, 생산성 점수를 높게 받은 사람들은 세대적 주제와 관련된 과거의 일을 중요시하는 면이 있다.

믿음

만약 생산성 관심이 사회적 요구와 내적 욕구로 인해 동기화되는 것이라면, 그것은 믿음에 의해서 재강화된다. 에릭슨은 생산성의 실패에 대해 이렇게 썼다.[28)]

> 그 이유들은 종종 초기 아동기의 느낌에서, 스스로 열심히 만든 성격에 기반을 둔 과도한 자기애 속에서, 마지막으로 아동을 공동체의 환대하는 위탁으로 보이도록 할 인간에 대한 어떤 믿음의 결여에서 발견된다.

에릭슨이 말한 믿음은 인간 삶의 궁극적인 선에 대한 근본적이고 일반적인 믿음이며, 특히 미래에 대해 그려지는 것으로서의 믿음이다. 인간에 대해 강하게 믿는다는 것은, 심지어 인간의 파멸과 결핍을 직면하고 있더라도, 다음 세대의 삶에서 진보와 발전이 있을 것이라는 희망을 품는 것이다. 그러므로 인간에 대해 본질적으로 악하다고 믿는 사람들, 혹은 지상에서의 삶은 더럽고 잔인하다고, 미래에도 발전되지 못할 것이라고 믿는 사람들은 다음 세대에 대한 관심을 갖기가 어렵다는 것을 알게 될 것이다.

인간에 대한 믿음이 우울한 예언과 같은 특이한 형태를 지닌다는 것에 주목하는 것도 중요하다. 침례교 교회에서 성장하면서, 내가 처음으로 외우도록 요구받은 구절은 로마서 3장 23절이었다.—"모든 사람이 죄를 범하였으매 하나님의 영광에 이르지 못하더니" 침례교에서의 출발점은 모든 인간이 악하게 시작한다는 사실이다. 우리는 모두 죄인이다. 우리의 본성에 남겨져서, 우리는 서로를 파멸시키고 지구 또한 파멸시킬 것이다. 나는 우리 모두가 마지막 시대에 살고 있다고 배웠다.

내가 어릴 적 배운 근본주의적 믿음은 생산성 문제와는 상충되는 것으로 보이는데, 그 이유는 인간은 악하고 세상은 더 나은 곳이 되지 않는다고 주장하기 때문이다. 이런 믿음은, 만약 세상이 언젠가 망할 것이라면, 개인이 미래 세대를 위해 걱정하는 데 시간을 너무 쏟으면 안 된다고 주장하는 것처럼 보인다. 하지만 이런 믿음도 흥미로운 점을 갖고 있다. 비록 인간이 악할지라도, 신은 선하고 자비롭다. 인류는 예수 그리스도를 믿음으로써 구원받을 것이다. 그러므로 인간의 삶은 신성한 힘의 개입을 통해 잠재적으로 완벽할 수 있고 영원할 수 있다. 신에 대한 믿음은 인류에 대한 믿음을 강화할 수도 있다. 사실 마지막 날들에 대한 기원은 개인의 생산적 관심에 대한 더 큰 긴박감과 강렬함을 제공하는 데 기여할 수 있다. 만약 세상이 언젠가 종말이 올 것이라면, 우리가 침례교회에서 배웠듯이, 우리는 즉각 그곳에서 빠져 나와 그리스도가 돌아오기 전 최대한 많은 사람을 구원하기 위해 그리스도의 구원의 좋은 소식을 퍼뜨릴 것이다. 30년 전 침례교회의 지도자들과 오늘날 문을 두드리는 여호와의 증인 교인들은 영혼을 구하는 것이 긴급한 생산적 관심이다.

도나 밴 드 워터(Donna Van de Water)는 시카고 로욜라 대학교에서의 그녀의 박사학위 논문에서 여러 생산성 측면을 다루었고, 22~72세의 성인들을 대상으로 인간에 대한 믿음을 측정하는 설문을 실시했다.[29] 인간에 대한 그녀의 믿음을 조사하는 설문지는 "인간에게는 많은 문제가 있지만, 결국 그들이 해결할 수 없는 문제는 없다."와 같은 문항을 포함하고 있다. 밴 드 워터는 생산성과 믿음 사이의 어느 정도의 긍정적 연관성을 찾아냈고, 인류의 미래에 가장 낙관적으로 답한 사람들이 다음 세대에 대한 관심을 가장 많이 표명하는 경향이 있다는 사실을 알아냈다. 그녀는 또한 생산성 관심과 '자기에 대한 믿음' 사이의 긍정적 상관관계를 밝혔다. 그들 자신의 능력에 대한 자신감을 표현한 항목들—예를 들면 "내 인생의 목표를 성취할 가능성이 높아 보인다."와 같은—에 표시한 성인들은 생산성 관심에서도 높은 점수를 보고하는 경향이 있었다.

밴 드 워터의 결과는 다음 세대에 대한 성인의 관심을 강화시켜 주는 두 가지 영역의 믿음을 보여 준다. 이상적으로 생산적인 성인은 인간에 대한 강한 믿음과 자신에 대한 강한 믿음을 보여 준다. 생산적 관심은 미래에 대한 인류의 희망적이고 낙관적인 태도로부터 강화되고, 미래 세대의 인간의 삶이 관심을 받을 가치가 있다는 믿음으로부터도 강화된다. 또한 이것은 생산적 행위자로서의 자기의 가치와 효과에 대한 강한 믿음에 의해 강화된다.

헌 신

이상적으로 불멸에 대한 욕망과 필요한 존재가 되고 싶은 욕구, 사회적 요구 속에 표현된 생산성에 관한 발달적 기대, 다음 세대에 대한 증가하는 관심, 인류의 선과 자기의 가치에 대한 강한 믿음, 이 모두가 합쳐져서 헌신을 가져온다. 생산성의 다섯 번째 측면에서 성인은 결정을 내리고, 목표를 설정하며, 욕구와 요구와 관심과 믿음을 생산적인 행동으로 바꾸기 위한 계획을 세운다. 이것은 한편으로는 관심받을 것이고, 또 한편으로는 일련의 행동을 위한 헌신이다.

가장 생산적인 성인은 구체적인 계획과 일련의 목표들을 설정하여 생산적 행동의 내재적 프로그램을 개발하는 자들이다. 그들의 인생 여정은 다음 세대를 위한 헌신을 통해 인도되며, 그들의 인생 이야기는 미래를 위한 예상 가능한 생산적 성취를 향해 나아간다. 생산적인 성인은 사회로부터 상호작용적 헌신을 기대한다. 이상적으로 성인과 그들이 사는 세상 모두가 내재된 사회적 계약을 성취하기 위해 노력하는데, 그에 따라 성숙한 개인이 장기간 생산적인 추구를 하도록 스스로 헌신하게 되고, 사회는 이런 생산적 노력을 지지하고 보완하도록 상호적인 헌신을 제공하게 된다.

행 동

욕구, 요구, 관심 그리고 믿음은 헌신으로 이끈다. 헌신은 행동으로 이끈다. 생산적 행동에는 세 가지 일반적인 등급이 있다. 그것들은 생산, 유지 그리고 제공이다.

생산적 행동의 한 가지 의미는 사람과 사물을 생산하고, 창조적이고 생산적인 행위를 하며, 문자적으로 그리고 비유적으로 생명을 불어넣는 것이다. 이것은 생산성의 기능적 의미이고, 상징적 불멸성에 대한 기능적 욕구와 가장 가깝게 연결되어 있다. 한 사람의 이미지 속에서 무언가를 창조한다는 것은 최상위 수준의 기능적 행위다. 생명을 불어넣는 것, 새로운 것을 발명하는 것, 책을 쓰는 것, 옷을 만드는 것 등은 모두 창조적인 행동이 생산적인 행동으로 표출된 것이다. 하지만 창조하는 기능적 행동 속에서도, 창조자는 모든 것이 그의 통제 아래 있는 것은 아니라는 사실을 느낄 것이다. 예전에 심리학자 헨리 머레이(Henry Murray)는 창조적인 사람을 "사로잡을 만한 무언가를 만들 수도 있고 못 만들 수도 있는 내재적 거래를 주도하는 자"라고 묘사했다.[30] 머레이는 창조적인 과정은 우리의 힘 밖에 있을 것이라고 주장했다. 우리는 우리의 창조물을 충분히 통제할 수 없는데, 왜냐하면 그것들은 그들 자신의 생명을 지니고 있기 때문이다. 마거릿 애트우드(Margaret Atwood)의 소설 『고양이의 눈』에서 주인공은 그녀가 창조한 예술을 통제할 수 없음에 대해 탄식한다. "나는 더 이상 이 그림들을 통제할 수 없고, 어떤 의미를 가지라고 말할 수도 없어. 그들이 가진 그 어떤 에너지도 나로부터 나와. 나는 남겨진 어떤 것에 불과해."[31]

두 번째 종류의 생산적 행동은 과거와 현재에서 미래로 무언가를 전달하는 것이며, 미래를 개선하고 향상시키기 위해 전통을 보존하고 유지하는 것이다. 이것은 힘과 교제의 생산적 행동이다. 정신과 의사 조지 베일런트(George Vaillant)는 이런 생산성의 의미를 그가 중년 남성과 여성의 삶을 묘사할 때 "의미의 보존자"라고 칭하였다.[32] 그에 따르면, 중년의 성인은 가장 중요한 문화적 전통과 상징적 체계를 보전하고, 그것들을 후손들을 위해 안전하게 지킬 책임을 받아들여야 한다. 대니얼 브라우닝(Daniel Browning)은 그의 책 『생산적 인간(Generative Man)』에서 이런 개념을 전세계적 환경으로 확장시켰다.[33] 브라우닝의 관점에서, 가장 생산적인 성인은 지구의 이로움을 지켜내는 자들이다. 그들은 '창조적 의식주의자들'이며 미래로부터의 도전을 받아들이기 위해 새롭고 참신한 방식으로 과거의 모습을 지키려 노력한다. 이

런 능력으로, 생산적인 남성과 여성은 세계와 인류의 수호자, 관리자, 청지기
로서 행동한다.

생산적인 보존은 여러 가슴 아픈 방식으로도 표현될 수 있다. 아마 가장
드라마틱하고 근본적인 형태는 문자 그대로 삶의 구원일 것이다. 스터즈 터
켈(Studs Terkel)의 『노동』에 나온 잊혀지지 않는 구문에서, 톰 패트릭이라
는 브루클린의 소방관은 생산적 행동에 대한 그의 관점을 다음과 같이 설명
했다.[34]

> 이 망할 세상은 너무 망해 먹었어. 이 나라가 망했어. 그러나 소방관인 너
> 는, 실제로 그들이 생산하는 것을 보아. 너는 그들이 불 끄는 것을 보고, 그
> 들이 아기의 손을 잡고 나오는 것을 봐. 너는 그들이 죽어 가는 사람을 살리
> 기 위해 인공호흡을 시도하는 것을 보기도 해. 너는 그 망할 것들로부터 벗
> 어날 수 없어. 그게 현실이야. 나에게는, 그게 내가 되고 싶은 바야.
> 나는 은행에서 일해. 알다시피 그건 그냥 좋잇조각이야. 현실이 아니야.
> 9시부터 5시까지 다 쓸데없어. 너는 숫자들을 보고 있는 거지. 근데 나는 이
> 렇게 말할 수 있어. "나는 불 끄는 것을 도왔어. 나는 사람들 구하는 것을 도
> 왔어." 이것은 내가 지구에서 한 무언가를 나타내.

세 번째 방식의 생산적 행동은 다음 세대에게 선물이나 헌금을 준다는 개
념을 포함하고, 또 자신의 창조물이 결국에는 그들 자체의 새로운 창조를 시
도할 수 있도록 그냥 보내 주는 것과 관련이 있다. 이것은 생산적 행동의 가
장 공동체적인 의미이고, 이것은 필요로 되고자 하는 교제의 욕구와 주제적
으로 연결된다. 이것은 또한 창조하는 데에 있어서 더욱 기능적 측면의 생산
적 행동과 팽팽한 긴장관계를 유지한다. 자신의 창조물을 만들어 내고 그것
들을 자유롭게 보내 주는 것은 아마 생산성에 있어서 가장 강력한 도전 과제
일 것이다. 진정 생산적 아버지는 자기 확장의 창조자이면서 자기희생의 기
부자다. 생물학적 그리고 사회적으로 그는 자신의 이미지로부터 자녀를 만들

고, 열심히 일하며 자녀의 발달을 꾀하고, 자녀에게 유익하고 요구되는 모든 것을 양육한다. 하지만 그는 결국 자녀의 자율성에 맡겨야 하는데, 때가 되면 보내 주고, 자녀 자신의 정체성을 발달시킬 수 있도록 하고, 스스로 결정하고 헌신하게 만들고, 궁극적으로 또 다른 생명을 만들 수 있는 생명력을 부여받은 존재로 특징짓는 생산성의 제물을 만들어야 한다.

　사회와 개인의 관점에서 가장 의미 있고 이로운 성인의 생산적 헌신은 창조하고 유지하고 공급하는 것을 하나로 합치는 행동의 프로그램이어야 한다. 가장 생산적인 인간은 자신의 형상 속에 유산을 남길 만큼 강력하고, 과거로부터 미래로 가장 잘 보존할 수 있을 만큼 지혜로우며, 후대를 위해 만들고 유지했던 것을 제공할 만큼 너그럽다.

서 술

　생산성의 마지막 측면은 서술이다. 진화하는 개인적 신화의 맥락에서, 성인은 자신의 유산을 남기기 위해 미래에 무엇을 할 것인지에 대해 구체화하면서 생산성 대본을 만든다. 생산성 대본이란 동시대 사회에서 개인의 이야기에 어떤 생산적 노력이 들어맞을 것인지에 대한 개인적 의식의 내적 서술을 말한다. 생산성 대본은 종결에 대한 감각, 개인의 삶이 끝나더라도 자신의 어떤 면이 어떻게 계속 살아갈지에 관한 만족스러운 관점 또는 계획에 대한 서술적 필요를 이야기하기 위해 기능한다.

　생산성에 관한 이야기 모델은 아주 많다. 하지만 우리는 각자 우리에게 가장 잘 맞는 형태를 골라 만들어야 한다. 생산적이기 위한 방법은, 특히 한 사람의 직업적인 삶에서, 창조적 행위에서 그리고 공동체 참여에서 엄청나게 많다. 그리고 자신을 정의하는 개인적 신화의 관점에서 이런 활동들—부수적인 욕구, 요구, 관심, 믿음, 그리고 헌신—을 이해할 수 있는 많은 방식이 있다. 특별히 생산적인 사람이 그의 인생 이야기를 어떻게 이해하는지에 관한 한 가지 특별한 방식을 알아보자.

내가 지닌 가치를 시행하기 위해 무엇을 할 수 있을까

38세 대니얼 케싱어는 단체 조직자이자 정신건강 기관의 총괄자다. 그는 25년간 결혼생활을 했고, 그의 아내 라이네트는 사회복지사다. 그들에게는 초등학교 2학년인 딸이 있다. 그들은 최근 들어 대대적인 재개발 사업을 통해 부동산 가격이 상당히 오른 시카고 근교의 평범한 집에 살고 있다. 대니얼과 라이네트가 1978년에 집을 샀을 때는 젊은 전문직들의 유입으로 인해 그의 동네가 시카고에서 젊은 층들에게 가장 인기 있는 지역으로 만들어지기 훨씬 전이었다. 대니얼은 그의 주택 구입을 방어적 행동으로 묘사했다. 집주인이 되기 전에 그와 아내는 아파트 세입자였는데, 항상 집주인이 돈을 잃거나 해서 결국 집이 버려지거나 팔려 버리곤 했다. 대니얼은 그것을 보면서, 그들이 그 동네에 계속 살 수 있는 방법은 집을 사는 것뿐이라고 생각했다.

지역의 재개발 사업에도 불구하고 대니얼의 동네에는 여전히 상당한 수의 노동자와 저소득층, 마약중독자 그리고 노숙자가 살고 있다. 대니얼과 라이네트는 바로 이들을 위해 그들의 삶을 헌신했다. 어린 시절 미국 인권 운동에 참여했던 것부터 2년간 평화봉사단에서의 활동, 그리고 요즘 하는 '내가 가진 가치를 시행하자'는 단체를 세운 것까지, 대니얼은 생산성 대본에 의해 지배받는 개인적 정체성을 조직했다. 공개적으로 잘난 척하지는 않지만, 그의 성취와 헌신과 열정에 대해 개인적으로는 꽤 뿌듯해한다. 그는 스스로 많은 것을 이루어 냈다고 믿는다. 그는 자신을 마틴 루터 킹처럼 여기지만 마틴 루터 킹이 그의 영웅은 아니다. 오히려 그는 "나에게 그는 영웅이라기보다는 동료죠."라고 말했다. "내 인생의 주제는 더 나은 세상을 만드는 일이에요."

대니얼의 개인적 신화에 대한 서술적 화법은 낭만적이기도 하고 역설적이기도 하다. 책을 좋아하는 외로운 아이였던 대니얼은 "나에게 의지하고 나 자신을 돌보며 내 삶을 만들자."는 것을 일찍 결심했다. 오스트리아에서 태어난 그의 아버지는 1939년 제2차 세계 대전 전날 미국으로 이민을 왔다. 그는 핵 물리학자였고, 미국 여러 대학에서 교수와 연구직을 맡았었다. 1940년대와 50년대에 대니얼의 가족은 한 대학 주변에서 다른 대학 주변으로 떠도는 생활을 했다. "우리는 자유민주주의의 가치로 만들어진 애들레이 스티븐슨(Adlai Stevenson) 형태의 가족이었다."라고 대니얼은 말했다. 그의 부모는, 비록 아들과의 관계는 썩 좋지 않았지만, 아들에게 미국이 자유가 보장된 나라라는 믿음과 미국 역사에 대해 감사하는 마음을 심어 주었다.

　대니얼의 어린 시절과 청소년기의 이야기를 통해 보면, 그의 중심 주제는 힘이다. 대니얼은 성실하고, 자기에 충실하며, 조금 외로운 사람이었다. 어린 시절에도 그는 옳고 그름, 자유와 정의에 대한 강한 신념이 있었던 것 같다. 청소년기 전에 강하고 정교한 사상적 배경이 머릿속에 심어진 듯하다. 6학년 때 그는 그가 알던 친구들과 함께 가는 동네 중학교에 가지 않기로 했는데, 부유한 집안의 아이들이 너무 많아 그에게 이것은 어떤 면에서 비도덕적으로 비춰졌다. 대신 그는 더 다양한 사회 계층의 모르는 아이들이 모인 다른 학교에 갔다. 고등학교 때 그는 아침 예배에서 신약성서 읽기를 강요하는 것에 항의했다. 그는 이것이 많은 유대인 학생을 배려하지 않는 것이라고 생각했다. 그는 그 당시 유니테리언 교회에서 활동했고, 동양 종교에 강한 관심을 갖고 있었다.

　　나는 이걸 싫어했어. 나는 거의 하기 싫다고 말했어. 뭔가 종교적인 것을 아침에 하는 건 좋아. 그것에 대한 어떤 반대는 실제로 없었어. 난 그저 누군가가 코란을 읽고 싶으면 코란을 읽어야 한다고 생각해. 근데 내 담임은 내가 이 일과를 빠지기 위해선 기본적으로 부모님 허락이 필요하다고 말하셨어. 그래서 어머니에게 말했더니, "너, 학교에서 하라는 대로 해야지."라며 날 지지해 주지 않으셨어. 이건 나와 어머니에게 큰 벽을 가져왔고, 아버지는 그해 돌아가셨어.

이것은 대니얼의 삶의 이야기에서 낮은 지점이다. 그의 어머니는 그에게 신념을 조금 꺾고 학교와 타협하라고 요구했으나, 그는 거절했고 가족에게 실망하고 단절되었다고 느꼈다. 이 사건 전후로, 정확히는 그가 기억하지 못하지만, 대니얼의 아버지는 심장마비가 일어났다. 대니얼은 그의 아버지가 들것에 실려 나가는 것을 한밤중에 보았다. 그 전날 대니얼은 아버지와 심한 논쟁을 벌였고, 그들의 관계는 결코 원만하지 못했다. 이제 아버지는 돌아가셔서 대니얼은 그 논쟁을 해결할 기회조차 잃었다.

1960년 대니얼이 애머스트 대학교에 가면서 단절과 고립은 흥분과 즐거움으로 바뀌게 되었다. 어린 시절부터 대니얼은 자신이 대학교수가 될 것이라고 믿었다. 대학에서 만난 교수들은 현자의 새로운 힘의 이마고를 위해 영감을 주는 모델들이었다. 애머스트 대학교는 비판적 사고를 강조했다. "마치 정답이 존재하지 않는 것 같았다."라고 대니얼은 말했다. "모든 것은 해석의 여부였고, 모든 목적은 비판적 사고와 생각하는 방법을 가르치는 것이었다. 그래서 1학년 물리 수업은 물리를 가르치는 것이 아닌 물리학자처럼 생각하는 법을 가르치는 것이었다."

대니얼이 대학의 지적 측면에 점점 더 빠져들면서 그는 또한 학내 정치와 사회적 이슈에 점점 더 적극적이 되었다. 존 F. 케네디가 미국의 새 대통령이 되었고, 그의 학교는 그의 젊은 시절 흥미로 가득 차 있었다. 이것은 대니얼이 찾아낸 백인 자유주의 지식인을 위한 평온한 날들이었다. 이런 지식인들은 케네디의 평화봉사단과 평등과 정의를 추구하는 사회적 운동에 고무되었다. 대니얼이 십대였음에도 불구하고, 이 시기는 생산성 대본의 구체화에 적합했다. 밝고 이상주의적인 젊은 사람들은 더 나은 세상을 만들기로 되어 있었는데, 이것은 그 시대의 메시지였다. 그에 따라 대니얼은 인종 평등을 위한 학회에 가입했다. 그는 학교 직원들과 일하며 흑인 학생 모집을 위한 프로그램을 개발했다. 그는 필라델피아의 소수 인종 학생들을 위한 개인 지도 수업을 준비했다. 그는 남부 작은 마을의 KKK 회원들과 직접 대면하기도 했다. 베트남전이 격화되면서, 대니얼은 애머스트에서 예일로 옮겼고, 대학원에서 동아시아 학문을 계속 연구하기 위해 노력했다. 그는 반전 운동에 일찍이 참여했고, 1966년 라이네트와 결혼했다.

　1966년은 대니얼의 삶에서 전환점이 되었다. 베트남 전쟁이 점점 더 치달으면서, 대니얼은 전쟁을 피하기 위한 방법을 물색하며, 국제적인 봉사에 발을 들였고 더 나은 세상을 위한 그의 프로젝트를 더욱 진전시켰다. 전쟁에 반대하면서도, 대니얼은 그가 정말 양심적인 반대자가 되기는 힘들다고 생각했다. 그는 그 당시에 동료가 되기 위해서는, 종교적으로 뿌리를 내린 반전주의를 표방해야 했다. 그런 종교는 신은 창조자라는 식의 개념에 묶여 있어야 하기에 대니얼은 거부했다. 게다가 그의 삶에서 자신을 반전주의자라고 생각하면서도 그는 철학적으로는 모든 전쟁에 반대하는 것은 아니었다. "내 생각에 미국 시민 혁명과 중국 혁명에서 사람들은 총을 들고 그들의 자유와 독립을 얻었다고 생각한다."라고 말했다. 미국 해외봉사위원회는 해외봉사에 대한 그의 신청을 거절했는데, 그는 자신을 충분히 반전주의자로 말할 수 없었기 때문이다. 그래서 그와 라이네트는 평화봉사단에 가입했고, 인도에서 가족계획의 활동을 위해 다른 미국인들과 작은 집단으로 일하도록 배정받았다.

　　인도 동료들과 마을을 걸어 다니고 출산 계획과 정책에 대해 토론하면서, 아내와 나는 거의 2년을 인도에서 보냈다. 우리는 인도 정부를 위해 일했다. 우리는 콘돔을 배부했다. 그리고 나는 정관 수술에 대해 사람들을 교육시키고, 그 수술을 위해 사람들을 모집하는 일을 했다. 그리고 라이네트는 기본적으로 여성들과 일하며 초기 자궁 내 피임기 같은 것을 사용했다. 이것은 많은 문제가 있는 것으로 나타났다. 그래서 그녀는 수두, 신생아 건강, 출산 통제 등과 같은 자녀양육 교육을 하기로 바꿨다.

　대니얼은 인도에서의 라이네트와의 시간을 "우리가 미래에 뭘 할지 기본적 계획을 세우는 가장 중요한 시간"이라고 설명했다. 그의 정체감의 발달과 관련해서 그 2년은 중요한 도약을 이룩했다. 어린 시절부터 그는 자신의 미래를 자유롭고 지적이며, 현자의 힘의 이마고 속에서 의인화된 대학교수로 자신의 이미지를 배양시켰다. 인도에서 그 현자는 대니얼의 건강과 공동체 조직에 대한 성장하는 재능과 관심을 의인화시킨 새로운 인물들과 함께 무대를 공유하기 시작했다. 현자는 대니얼이 이미 형성했던 자유롭고 박애적인 사상과 보다 일치하는 이마고들인 치유자와 박애주의자에게 자리를 양보하고 말았다. 치유자와 박애주의자는 그 전에는 주도적으로 힘의 신화이었던 것 속에 교제를 받아들였다. 라이네트 또한 그녀의 이야기에 교제를 포함시켰다. 비록 자기만족이고 격렬히 독립적이었지만, 대니얼은 그의 인생을 다른 것들과 함께 통합시킬 수 있었다.

20대 중반에 대니얼은 전형적으로 중년기에 예정된 그의 인생 이야기의 특정한 변화들을 겪었다. 1960년대 초반 여러 사회 운동에서 그가 보여 줬던 강렬한 열정은 이제 작지만 보다 심도 있는, 중년의 삶에 연관된 열정의 승화를 통한 생산적 활동으로 바뀌어 갔다. 현자로부터 더욱 정교한 인물들인 치유자와 박애주의자로의 변화는 보다 맥락화된 사고를 의미한다. 대니얼은 여전히 자유민주주의 가치에 감명받았었으나, 그는 인도에서 사회적 문제들에 대한 구체적이고 현실적인 해결책은 덜 추상적이고 더욱 상황에 적합한 사고를 필요로 한다는 사실을 배웠다. 이런 새로운 이마고들의 등장으로, 대니얼은 자신의 개인적 신화에서 아마도 처음으로 곤란한 선택을 해야 했다. 그는 생각 위주의 사람인가, 실천 위주의 사람인가? 그는 지식인인가, 행동주의자인가? 그는 힘을 추구해야 하는가, 교제를 추구해야 하는가?

베트남 전쟁으로 인해 국가가 극렬하게 양극화되어 있었기 때문에, 대니얼과 라이네트는 미국으로 1968년 귀국했다. 진보적인 백인들과 흑인들 간의 동맹은 1960년대 초반보다 전투적인 흑인 의식의 등장으로 와해되기 시작했다. 대학가는 더욱 극단화되었고, 도시는 폭력이 지배했다. 새로운 반문화는 자유로운 연애와 마약의 유익함을 주장했다. 여전히 박애주의적이고 진보적인 가치에 확고한 상태로, 대니얼은 그런 극단적 미국 사회 분위기에 불편함을 크게 느꼈고, 그는 보수적인 백인 주류의 반발이 걱정되기 시작했다. 좌파와 우파 모두에서 감정이 격해졌다. 대니얼은 그것을 이성과 인내의 목소리로 묘사했다. 어느 때보다 더욱, 그는 더 나은 세상을 위해 일하고 싶었다. 그는 급진적 변화를 믿었다. 하지만 그는 그런 변화가 쉽고 **빠르게** 일어날 것이라고 기대하진 않았다.

나는 인도에서 돌아왔고, 보수주의자가 되었다. 내 말은 당신이 2년 동안 인도와 같은 나라에서 사람들의 태도를 변화시키려고 노력한다면, 이 사회가 얼마나 느리게 변화하는지 깨달을 수 있다는 것이다. 즉, 종말론적이거나 급진적인 것은 내 마음과 거리가 멀다. 나는 사회적 변화가 몇 천 년에 걸쳐 이루어진다는 생각을 하며, 고통과 잘못된 시작도 따른다고 생각한다. 그것은 단계적으로 이루어지는 것이다.

대니얼과 라이네트는 시카고로 이사했다. 그는 파트타임으로 일하기도 하고 자원봉사를 하기도 하면서, 사회복지사로 일했다. 또한 그는 두 번째 석사 학위를 사회복지행정 전공으로 받았다. 이 부부는 소득이 거의 없었지만, 몇 년간 굉장히 절약하며 살았다. 대니얼은 건강, 주택, 직업의 문제들과 관련해서 여러 공동체 집단을 조직하기 시작했다. 얼마 동안, 그는 장애 아동을 위해 일했다.

인도에서 나는 신체적으로 좀 다른 사람들과 일하는 데에 익숙해졌다. 알다시피, 인도 마을에서는 나환자들이 나무막대기로 얼굴을 찌르며 돈을 구걸하곤 한다. 이건 때때로 끔찍했던 적도 있었다. 그런데 어떻게 해서인지, 이렇게 여러 장애를 가진 아이들을 보는 것은 나에게 쉬운 일이었다. 나는 책을 읽어 주고, 학교에 데려가 주는 등 일을 잘했다.

아이들, 가족들과 사회적 배려 대상자들을 위해 일을 하는 몇 년을 보낸 후, 대니얼은 33세에 첫 번째 정규직 직업을 얻었다. 그는 정신건강위원회의 총책임자가 되었다. 그는 6만 2천 달러의 예산과 4명의 고용원들과 일하기 시작했다. 15년이 지난 후, 그 예산은 이제 200만 달러를 넘어섰고, 정규직 직원도 55명이 되었으며, 12명의 파트타임 정신과 의사도 고용했다. 로날드 레이건 대통령이 1980년 당선되고 우파가 집권하면서, 대니얼은 다른 방향으로 꾸준히 노력했다. 최근 들어서 그는 지역 선거에서 진보적 후보자들을 위해 열심히 일했고, 라틴 아메리카 국가에 미국이 개입하는 것을 반대하는 데 적극적이 되었다. 그는 어려운 가정에 무료로 음식을 제공하는 그 지역 급식소의 총괄 책임자이며 설립자다. 그는 미국 사회의 더욱 인내심 있고 따뜻한 모습을 위해 헌신하고 있다.

1983년에 그의 딸 사만다가 태어나면서, 대니얼의 이야기는 다시 불을 밝혔고 보다 교제적이 되었다. 여러 번 겹치는 생산적 프로젝트의 연속으로 보이는 삶을 살아온 남성으로 대니얼은 "나의 역사적인 프로젝트는 현재 사만다다."라고 말했다. 중년의 대니얼은 그가 보다 나은 세상을 만들기 위해 시작했던 중요한 프로젝트들로부터 떠난 것으로 보이진 않는다. 하지만 여기 눈에 띄는 점이 있다. "나는 가정에 좀 더 투자하는 사람으로서의 인생으로 재정비하고 싶었다." 그는 이제 더 많은 시간을 그저 놀기 위해 쓴다. 딸과 스케이트를 타고, 피아노를 치고, 인도 음악을 듣고, 동물원에 가는 등의 행동은 그의 중년에서의 새로운 이마고로 떠오른 것으로부터 시작되었는데, 그것은 바로 '사만다의 좋은 아빠'다. 좋은 아빠는 그의 개인적 신화에서, 현자, 치유자 그리고 박애주의자와는 새롭고 다른 대조적인 면으로, 보다 교제적 성격을 갖는다. 여전히 생산적이지만, 좀 더 부드러운 면에서 그렇게 보인다.

우리는 대니얼 케싱어의 신화에 들어 있는, 그래서 다른 생산적인 성인들과 공유할 수 있는 네 가지 보편적인 특징을 확인할 수 있다. 2년 전 동료들과 함께 연구했던 바에 따르면, 우리는 적어도 2~3개의 특징을 굉장히 생산적인 성인들의 삶의 이야기들로부터 찾을 수 있었고, 반면 덜 생산적인 사람들의 개인적 신화와는 공통점을 띠지 않았다.

첫 번째 특징은 어린 시절의 선택받았다는 느낌이라고 할 수 있다. 대니얼처럼 특히나 생산적인 사람은 종종 자신의 어린 시절을 굉장히 긍정적인 대우를 받고 사회에 노출이 되었던 시절로 기억한다. 그들이 이것을 신화적으로 재정비하면서, 대단히 따뜻한 가정에서든 가치에 대한 강력한 신념이든 간에 이것들이 그들의 정체성을 형성할 수 있는 발판을 마련해 준다. 대니얼의 경우에, 애들레이 스티븐슨(Adlai Stevenson) 형태의 가족은 결정적인 요인이었다. 그의 예가 보여 주듯이, 신화의 첫 번째 장은 긍정적인 감정을 띠지 않는다. 그는 종종 외로웠고 사회성이 결여되어 있었다. 하지만 인생 전체 이야기에서 무언가 긍정적인 요인이 있을 텐데, 사람이든, 관계든, 가치관이든, 그래서 그것은 그 아이에게 "너는 특별하고 달라. 너에게만 맞는 좋은 것이 있을 거야."라고 말한다.

두 번째 특징은 흔들림 없는 신념이다. 나는 특히 생산적인 사람이 자신의 인생에 회의감을 가졌다고 묘사하는 것을 본 적이 거의 없다. 그들은 옳고 그름의 모호함 때문에 고민을 하지는 않는 것으로 보인다. 대니얼이 대학에 들어갔을 때 그는 정교하고 설득력 있는 사상적 배경을 그의 인생에 만들었고, 그 이후로 많이 변했음에도 그는 한 번도 근본적 믿음에 회의감을 가진 적이 없었다. 대니얼은 여러 다른 사상, 삶의 방식 그리고 문화적 전통에 개방된 사람이었다. 그는 많은 대안적 관점을 수용하고 있다. 그는 그가 하고 있는 것이 옳다는 확신이 있었고, 그런 확신을 갖고 행동을 해 나갔다.

생산적인 사람들로부터 묘사되는 흔들림 없는 신념은 선택받은 아이라는 인식에서부터 시작한다. 이러한 서술적 특징을 통해서, 생산적인 어른은 그의 운명이 인도받았고, 지지받았고, 심지어는 무언가 크고 깊은 것이 방향을 가리켜 주었다고 말하는 듯하다. "내가 하는 걸 지금 왜 하는 거지?"라고 매우 생산적인 교사가 물었다. "왜냐하면 이게 내가 할 일이기 때문입니다. 이게 나예요. 나는 더 이상 설명할 수 없어요." 그의 인터뷰에서 대니얼은 이 질문을 똑같이 받았다. 그는 자신이 왜 이걸 하는지 모르겠다고 결론지었다. "나는 이 생각이 어디서부터 나온 것인지 나도 잘 모르겠어요."라고 말했다.

대니얼의 개인적 신화는 나쁜 것을 좋은 것으로 바꾸는 많은 예를 찾아볼 수 있는데, 이것이 바로 우리가 특별히 생산적인 성인의 삶의 이야기에서 보게 되는 세 번째 특징이다. 어린 시절 외로운 것은 좋지 않지만, 그 결과로 자기 충족을 배우는 것은 좋았다. 대니얼은 아버지와 안 좋은 사이였다고 생각했지만, 결과적으로 그는 딸에게 좋은 아버지가 되기 위한 과업에 크게 투자하게 되었다. 나쁜 전쟁 때문에 대니얼은 인도에 갔고, 거기서 그의 인생의 길을 찾았다. 대니얼과 같은 자유민주주의자의 관점에서, 로날드 레이건의 당선은 매우 좋지 않았다. 그는 이것 또한 그의 신화에서 좋은 점으로 바꾸었다. 1980년대에 보수주의가 미국을 지배하면서, 대니얼은 지역에서 자유주의 후보의 당선을 위해 두 배로 더 힘을 썼다. 대니얼이 시작한 프로그램의 재정은 레이건 집권 시 대폭 삭감되어, 그는 더욱 열심히 일해 사기업에서 지원을 받고자 했다. 1980년대에 미국이 점점 더 경제 위기에 직면하게 되어, 대니얼은 무료급식소를 설립했다. 대니얼이 그의 가치를 실현해 나가는 단체를 만들 수 있었던 것은 인간이 직면한 난처한 문제들 때문이었다.

생산적인 많은 사람과 마찬가지로 개인적 신화 안에서 대니얼은 힘과 교제 사이의 피할 수 없는 충돌을 맞닥뜨려야 했다. 대니얼의 경우에 이런 충돌은 깊고 특히 복잡했는데, 그 원천은 적어도 인도에서의 평화봉사단 기간으로 거슬러 올라갈 수 있다. 전체적으로 대니얼은 시간이 지나면서 보다 교제의 성격이 커지는 힘의 이야기를 구성하고 있다. 현자가 치유자, 박애주의자 그리고 좋은 아버지에게 자리를 양보하면서 대니얼의 이야기의 주제들은 보다 복잡해졌고, 힘과 교제는 흥미로운 방식들 속에서 서로 직면하게 되었다. 현재는 사만다의 보호자로서의 역할에서 가장 뚜렷하게 갈등이 나타날 것이다. 그는 사만다를 밝고 재능 있는 아이로 묘사하지만, 대니얼이 원하는 만큼 자기 통제가 뛰어나지는 않다고 말한다. 그녀는 그가 어렸을 때 했던 것만큼 그렇게 열심히 살지는 않는다고 한다. "나는 사만다보다 재능은 훨씬 부족하더라도, 열심히 일해서 더욱 크게 된 아이들을 많이 보았다." 좋은 아빠로서 그는 무엇을 해야 하는가? 그가 얼마나 강하게 그녀를 밀어붙여야 하는가?

음, 나는 일종의 양극단의 상황에 잡혀 있어. 한쪽 끝에는 모든 것에 대해

굉장히 높은 기준이 작용하고, 다른 한쪽에는 무정부주의자가 되어 그녀가
하고 싶은 대로 두고 싶은 마음이 있어.

대니얼의 개인적 신화에서 양육 갈등은 이중적으로 중요하다. 그 갈등은
생산성에 있어서 보편적인 문제를 드러낸다. 바로 자신의 창조물을 보내 주
는 것이다. 자신이 가진 가치로 무언가를 만든 사람은 그 창조물에게 베커
가 말하는 영웅적 '헌납'을 하기가 어렵다. 생산성의 힘의 형태는 교제의
형태와 갈등을 일으킨다. 언제 창조자가 마음을 내려놓는가? 통제하고 싶은
노력으로부터 언제 마음을 비우는가? 일곱 살의 딸은 안내와 지시가 분명히
필요하다. 하지만 얼마나? 이것은 대니얼의 사례가 보여 주듯이, 답을 찾기
힘들다.

힘과 교제 사이의 갈등은 또한 가치와 삶의 방식과 연관이 있다. 대니얼은
자신이 항상 정치적으로는 매우 진보적이었지만, 개인적으로는 매우 보수적
이었다고 말한다. 그는 두 접근법 모두를 강하게 믿는다. 그에게는 둘 다 옳
다. 하지만 대니얼의 개인적 신화에서, 정치적 진보주의는 사회정의 운동, 공
동체의 조직, 아픈 자를 치유하는 것, 가난한 자를 대표하는 것에 묶여 있었
다. 이것은 고등학교 시절의 반항과 연관이 있고, 남부 작은 마을에서 KKK단
과 대면한 것과 관련이 있고, 인도에서의 이성적인 문제해결과 관련이 있고,
애머스트 대학에서의 비판적 사고와도 관련이 있다. 그러므로 대니얼의 정치
적 진보주의는 용기 있는 독립적 인간의 공적 행위로 표출되고, 세상에서 자
신의 길을 선택하여 그 길을 찾은 강력한 행위자로 표현된다. 유니테리언 교
회에서 그의 이런 정치적 진보주의의 힘의 양상이 강화되었다.

유니테리언들은 근본적으로 각 개인이 자신의 종교적 위치와 방향성, 길
을 찾기 위해 노력한다고 믿는다. 그리고 나는 이런 신념의 장점이 많다고
생각한다. 하지만 다른 면에서, 나는 모든 종교가 개인에게 초점을 맞추는
것은 좋지 않은 일이라고 생각한다. 이것은 인류에게 최선을 가져다주지 않

는다. 나는 신화를 믿지 않았기 때문에 예전에는 기독교인이 될 수 없었다. 하지만 기독교에는 개인 이상의 사람들을 돕는 어떤 요소들이 있다. 그것들은 집단적 헌신을 가져온다. 개인은 그저 홀로 서 있는 것이 아니다. 나는 이것을 상당히 좋게 평가한다.

이런 점을 좋아한다는 것은 보수적이고, 교제적인 부분이다. 1960년대 후반의 히피와 무정부주의자와는 달리, 대니얼은 인간성의 억제되지 않은 표출은 달가워하지 않았다. 결국 그는 25년간 한 여자와 결혼 생활을 했다. 집을 소유하고, 가정을 꾸리고, 사만다의 대학 교육을 위해 돈을 모으고 있다. 그는 그녀가 미국 중산층이 누릴 수 있는 모든 기회를 갖기를 원한다. 심지어 그가 자신을 위해서는 받아들일 수 없다 하더라도, 그는 전통적인 기독교의 교제의 장점을 알고 있다. 대니얼의 개인적 신화에서 힘과 교제 사이의 분열은 대니얼이 그의 이중적 천성이라고 여겼던 보수적인 가정과 진보적인 사회 활동을 포괄한다.

힘 또는 교제? 진보주의 또는 보수주의? 일 또는 가정? 반대 측면은 항상 존재한다. 대니얼 케싱어의 개인적 신화에서 힘과 교제 사이의 긴장은 그의 이야기의 플롯을 추진시켰다. 시간이 지나면서 그의 정체성이 더욱 풍부해지고 통합될수록, 대니얼은 힘과 교제가 점점 복잡한 수준에서 서로 직면하게 된다는 사실을 알게 되었다. 매우 생산적인 사람은 이런 갈등을 그들 고유의 방식으로 직면하고 해결한다. 창조와 수여, 통제와 자율, 홀로서기와 함께하기 등의 중대한 갈등을 겪는 사람은 아마도 후대를 위해 가장 훌륭하고 오래 지속되는 선물을 만드는 자일 것이다. 하지만 이런 영웅적 삶의 이야기에서, 인간은 자신의 종결을 더 나은 세상을 위한 시작점으로 만들 수 있는 성숙한 남성과 여성으로서 이 땅에서의 그들의 시간을 가장 잘 정당화시킨다.

후 주

1) Dawkins, R. (1981). Selfish genes and selfish memes. In D. R. Hofstadter and D. C. Dennett (Eds.), *The mind's I: Fantasies and reflections on self and soul* (pp. 124-144). New York: Basic Books.

2) 베커의 작품에서 다음의 내용이 나의 책에 개작되었다. McAdams, *The person*, pp. 474-475.

3) Becker, *The denial of death*.

4) Ibid, p. 26.

5) deReincourt, A. (1974). *Sex and power in history*. New York: David McKay.

6) Becker, *The denial of death*, p. ix.

7) Ibid, p. 11.

8) Ibid, p. 5.

9) Ibid.

10) Lifton, *The broken connection*.

11) Becker, *The denial of death*, p. 173.

12) Ibid, p. 285.

13) 생산성에 대한 긴 내용이 ① 이전의 학문적 출판물에서 나타났거나, ② 진행 중인 저술의 일부 생각들과 연구 결과들을 보고한다. 진행 중인 작품은 댄 매캐덤스의 학술과제를 위해 스펜서 재단으로부터의 주요 연구기금에 의해 지원을 받았다. "The Generative Adult: How Men and Women Work, Teach, and Contribute to Promote the Next Generation." 다른 자료들은 다음과 같다. McAdams, D. P., & de St. Aubin, E. (1992). A theory of generativity and its assessment through self-report, behavioral acts, and narrative themes in autobiography. *Journal of Personality and Social Psychology, 62*, 1003-1015. McAdams, D. P. de St. Aubin, E., & Logan, R. L. (in press). Generativity among young, midlife, and older adults. *Psychology and Aging*. McAdams, Ruetzel, & Foley, "Complexity and generativity at mid-life: A study of biographical scripts for the future." Van de Water & McAdams, "Generativity and Erikson's 'belief in the species.'"

14) Marshall, V. (1975). Age and awareness of finitude in developmental gerontology. *Omega, 6*, 113-129.

15) Erikson, *Identity: Youth and crisis*, p. 141.

16) Erikson, *Childhood and society*, p. 267.

17) Terkel, S. (1972). *Working*. New York: Pantheon Books, p. 10.

18) Erikson, *Young man Luther*.

19) Erikson, *Gandhi's truth*.

20) Ibid, p. 255.

21) Kotre, J. (1984). *Outliving the self: Generativity and the interpretation of lives*. Baltimore: Johns Hopkins University Press. Peterson, B. E., & Stewart, A. J. (1990). Using personal and fictional documents to assess psychosocial development: A case

study of Vera Brittain's generativity. *Psychology and Aging, 5*, 400–411. Stewart, Franz, & Layton, "The changing self: Using personal documents to study lives."

22) 이 과제에 포함된 학생들은 에 드 생 오뱅, 로드니 데이, 지나 로건, 베스 맨스필드, 카렌 딕키, 자넷 슈라에스, 캐롤 앤 스토위를 포함한다.

23) McAdams, Ruetzel, & Foley, "Complexity and generativity at mid-life: A study of biographical scripts for the future." 우리는 각 사람의 힘의 동기와 친밀감의 동기의 상대적 강도를 주제통각검사(TAT)를 통해 측정했다. TAT 이야기들은 힘과 친밀감 주제를 위해 과학적으로 인정된 코딩 방식에 따라 점수를 정했다. 또한 다음의 자료들을 보라. McAdams, *Power, intimacy, and the life story.* Appendix C. Winter, *The power motive.* Appendix.

24) Kotre, *Outliving the self*, p. 16.

25) Dawkins, "Selfish genes and selfish memes," pp. 143–144.

26) 대니얼 웹스터에 따르면, 미네소타 대학교의 한 건물에 새겨진 것이다.

27) McAdams & de St. Aubin, "A theory of generativity and its assessment through self-report, behavioral acts, and narrative themes in autobiography."

28) Erikson, *Childhood and society*, p. 267.

29) Van de Water, D. (1987). *Present and future in generativity.* Doctoral dissertation in developmental psychology, Loyola University of Chicago.

30) Murray, H. A. (1981). Vicissitudes of creativity. In E. S. Shneidman (Ed.), *Endeavors in psychology: Selections from the personology of Henry A. Murray* (pp. 312–330). New York: Harper & Row, p. 322.

31) Atwood, M. (1988). *Cat's eye.* New York: Doubleday, p. 43.

32) Vaillant, G. E., & Milofsky, E. (1980). The natural history of male psychological health: IX. Empirical evidence for Erikson's model of the life cycle. *American Journal of Psychiatry, 137*, 1348–1359.

33) Browning, D. S. (1975). *Generative man: Psychoanalytic perspectives.* New York: Dell.

34) Terkel, *Working*, p. xxx.

제10장 자신의 신화를 탐색하기

나의 대학원 학생이 개인의 신화에 관해 많은 사람을 인터뷰한 후, 나에게 〈섹스, 거짓말 그리고 비디오테이프〉라는 영화를 봐야 한다고 했다. 면접자로서 그녀는 영화의 주인공의 경험과 자신의 경험이 정말로 일치하는 것을 알았는데, 그 영화의 주인공은 여성들이 직접 자신들의 성적 환상들을 말하는 것을 촬영한 젊은 남성이었다. 나는 그녀와 그 영화 주인공의 상관관계가 맞지 않다고 생각을 했는데, 왜냐하면 면접을 받은 사람들이 성적 환상에 대해 언급한 적이 없었기 때문이다. 이 주제는 우리 면접 주제의 일부분이 아니었다.

하지만 영화를 본 후 나는 나의 학생의 의견에 동의하게 되었다. 영화의 주인공은 인터뷰에 응한 여성들에게 꿈꾸는 성적 환상에 대해 원하는 만큼 최대한 자세히 설명해 달라고 부탁한다. 그리고 원한다면, 인터뷰 도중 옷을 일부분 또는 전부 벗어도 된다고 했다. 주인공은 간간이 여성들이 설명하는 데 도움을 줄 정도로만 질문을 하고 그녀들의 이야기를 들어 준다. 하지만 그는 결코 여성들의 말에 끼어들거나 그들의 말을 끊지 않았다. 그는 여성들에게 어떤 판단도 하지 않고, 조언도 하지 않았다. 그는 지지하지만, 결코 위협하지는 않았다. 이 인터뷰를 통해서 주인공과 여성들 사이에서는 묘하지만 아주 가까운 관계가 맺어지는 것을 느낄 수 있다. 대개 그는 그 여성들을 다시 볼 수 없을 것이다. 여성들은 촬영되는 동안 전에 말한 적이 없는 것들을 말하지만, 그 순간 주인공은 열심히 들어 준다. 짧은 시간이지만 자신의 이야기를 누군가가 적극적으로 들어 주고, 자신을 있는 그대로 받아 주는 것이 그 여성들에게는 매력적으로 다가왔을 것이다. 이것이 아마 그 여성들이 사실상 낯선 남성에게 자신들의 가장 개인적인 이야기를 나누도록 했던 동기일 것 같다.

이 영화의 주인공의 동기는 무엇이었을까? 그 또한 친밀감을 원했다. 여성들이 자신들의 속마음을 열면, 그는 아주 깊은 애정과 관심을 느꼈다. 그리고 촬영한 영상들은 그의 성적 환상을 위해 쓰였는데, 그는 여성들이 집에 간 후 혼자 다시 그 영상들을 보았다. 촬영한 영상은 그가 영상 속 여성과 사랑에 빠질 때까지, 여성들과 성관계를 위한 대체물로 사용된다. 이 비디오테이프는 주인공의 자위행위를 위한 도구로서 진짜 건강한 다른 방법으로 다른 사람과 관계를 가지는 것을 그저 모방하는 것이라고 결론 내릴 수 있는 것은 사실이다. 하지만 내가 생각할 때는 이렇게 결론짓는 것은 너무 간단하고 영상이 담고 있는 경험의 질에 대한 요점을 알아채지 못한 것 같다. 그 여성들은 연기를 한 것이 아니고, 그들은 가능한 진실하게 촬영에 임했다. 자신의 진정한 모습을 공개한 것은 듣는 사람과 말하는 사람 사이에 감정적으로 강한 결합을 만들 수 있었기 때문이다. 이렇게 진심을 공개하는 순간들이 현대 생활에서는 드물고 이상하게 느껴지는 것이 참으로 슬픈 일인 것 같다. 하지만 여기서 우리는 그것들을 비디오테이프에 담았다. 공감적인 청취자가 그것을 수용하면서, 실제로 사람들이 자신의 이야기를 통해 진실을 이야기하는 순간을 말이다.

인터뷰 요청자가 인터뷰를 받는 사람들에게 그들의 이야기를 풀어 나가도록 질문을 할 때, 나는 그 영화의 공감적인 청취자와 같다. 나는 판단을 내리지 않는다. 나는 충고를 하거나, 치료나 상담을 하지 않는다. 나는 최대한 지지해 주려 하고, 비디오테이프에서 공개한 진정한 신화가 가능하도록 사람들이 분명하게 이야기할 수 있도록 돕는다. 물론 나의 목적은 영화에서의 그들과는 다르다. 나는 개인적 신화에 관한 자료를 수집하기 위해 사람들을 인터뷰한다. 실제 사람들의 실제적 삶에 대해 지식을 얻는 것은 과학과 객관적인 연구의 이름을 빌려서 진행되는 것이다. 나는 영상을 다시 볼 때, 분석적인 태도로 신화를 특징짓는 주제, 이미지, 상징 등 다른 것들을 고려하면서 들었다.

하지만 나의 학생들과 나는 면접에 참가한 사람들과 강한 애정과 친밀감을 느낄 수밖에 없었고, 그들 또한 우리에게 강한 감정을 갖게 되었다. 인터뷰가 끝난 후, 대부분의 사람은 이야기하는 도중 눈물도 흘리기도 했지만, 아주 만족스럽고 즐거운 경험을 했다고 보고했다. 그리고 많은 참가자는 인터뷰의 대가로 돈을 받지 않겠다고 했는데, 인터뷰 경험 자체로 충분히 보상받았다고 느끼기 때문이었다. 그리고 가끔 그들은 내가 그들이 인터뷰에 응해 줘서 아주 감사해하는 것에 대해 혼란스러워했다. 왜냐하면 그들은 오히려 내가 그들의 이야기를 들어 주느라 시간을 내 줘서 고마웠기 때문이었다. 그리고 그들은 자신들의 이야기가 너무 지루하지 않았기를 간절히 바랐다. 사실 나를 포함해 나의 학생들은 결코 지루해하지 않았다. 우리는 오히려 사람들이 진지하게 자신의 이야기를 해 줘서 특권이고 약간 당황스럽게 느껴지기도 했다. 나는 나의 일상적인 삶의 관계들이 이 인터뷰에서 경험한 것처럼 현실적이고 진실한 것은 드문 것처럼 느꼈다.

인터뷰가 끝난 후, 많은 사람이 그들의 이야기를 말하는 과정이 깊이 통찰적이라는 것을 알게 됐다고 종종 말했다. 사람들은 "저는 저에 대해서 정말 많을 것을 배웠어요."라고 말할 것이다. 또는 "제가 평소에 생각하지 못했던 것들에 대해 생각하게 해 줬어요."라고 말했다. 이 인터뷰의 의도된 기능은 사람들의 인생에 대한 자료를 수집하는 것이었지만, 우리의 삶의 이야기에 관한 인터뷰는 사람들에게 자신이 살아온 개인적 신화를 찾아내는 것을 돕는 데 쓰이기도 했다. 자신의 신화를 확인하는 과정은 신화가 바뀌어야겠다고 느끼는 사람들에게 개인적 신화가 바뀌는 과정이 되기도 했다. 이 마지막 장에서 나는 ① 우리 삶에서 의미를 형성하고 부여하는 개인적 신화를 찾기, ② 신화를 살아가기 그리고 ③ 신화를 바꾸기에 대한 나의 개인적 성찰을 끌어낼 것이다. 여기서 나의 목적은 사람들에게 대중적인 심리학에서 유명한 자기개발서의 방식으로 인간의 행복에 대한 간단한 처방책을 전달해 주는 것이 아니다. 나는 책을 한 권 써서 살아가는 방법을 말할 자격이 있는 사람은 세상에 거의 없다고 진지하게 믿는다. 그러나 나는 또한 자신의 삶과 개인적 신화에 이 책에 있는 생각들을 적용할 때, 고려할 만한 유용한 지침이 있다는 것을 믿는다. 그래서 당신만의 가이드라인을 개발하기를 바란다.

신화를 찾기

현대 생활에서, 자신의 개인적 신화를 찾아내는 것을 촉진하기 위해 가장 일반적으로 사용되는 두 가지 도구는 심리치료와 자서전이다. 심리치료의 방법 중 하나는 의뢰인이 자신을 이해하고 성격적 변화를 촉진시키는 명백한 목적을 통해 심리치료사와 의뢰인이 함께 의뢰인의 의식적이고 무의식적인 인생의 부분들을 탐색하는 것이다. 심리치료에는 많은 형태가 있는데, 대부분이 대화치료나 심층적 접근으로 분류되고, 전형적으로 정신분석·정신역동·인지정서 방식을 사용하는데, 이것들은 개인적 신화를 찾도록 돕는 데 요구되는 개인적 탐색을 하기에 가장 적절하다. 자서전에서는(그리고 일기나 일지 같은 개인적 글에는), 한 인간이 의식적으로 삶에 대한 이야기 구조를 찾는다. 우리가 제1장에서 성 어거스틴과 작가 필립 로스의 사례들을 보았듯이, 삶에 초점을 맞추고 그것을 글로 번역하는 과정은 저자가 자신의 일관된 관점을 찾고 구성하도록 돕는다.

이 두 개의 가치 있는 접근을 넘어, 자기 자신을 이해하는 것을 더 강화하고 개인적 신화를 확인하는 것을 더 촉진시킬 수 있도록 쓸 수 있는 더 간단하고 저렴한 방법들이 있다. 이들 일부는 자신의 꿈을 계속 주시하고, 환상적인 삶을 계발하고, 중요한 문제와 갈등을 생각하고, 자신의 다양한 측면과 내면적 대화에 참여하고, 자신의 신체적 리듬을 주의 깊게 살펴보는 등의 방법들을 통한 내면세계의 개인적 탐색을 포함한다.[1] 이런 방법들이 매우 유용하지만, 자기를 탐색하는 데 있어 나의 연구는 대인관계에서 대화의 중요성을 강조한다. 심리치료의 어떤 형태와 같이 공감을 잘하는 청취자에게 자신의 삶의 이야기를 하는 것은 상당히 통찰적일 수 있다. 그러나 심리치료사와 달리, 청취자는 훈련받은 전문가일 필요는 없다. 또한 청취자는 충고나 판단을 해 주는 역할을 해서는 안 된다. 대신 청취자는 삶의 이야기를 인터뷰하면서 인터뷰하는 사람의 역할을 잘 따라야 한다. 그래서 청취자는 공감하고 격려하는 안내자로 상대편의 이야기를 지지해 주어야 한다.

그렇다면 청취자는 어떤 사람이어야 하는가? 이상적으로 청취자는 당신의 인생 형성에 도구적으로 참여하지 않은 친구다. 당신과 친구는 둘의 관계가 그런 탐색을 함으로써 강화될 것에 대비해야 한다. 영화와 나의 인터뷰와 달리, 당신과 당신의 친구의 관계는 몇 주일이고 몇 년이고 지속될 것이다. 그러므로 당신의 탐색은 특정한 우정의 맥락에서 평가되어야 한다. 이런 탐색의 결과로 우정에 무슨 일이 생길까? 서로를 향한 감정은 어떻게 바뀔까? 어떤 사례들에서 당신의 친구가 자신의 신화를 탐색하는 것이 특별히 풍요로울 것이다. 당신은 때때로 서로의 역할을 바꾸고 싶을 수도 있다. 당신이 청취자가 되고 당신의 친구가 이야기하는 역할을 맡는 것이다. 당신의 상호작용을 녹음하는 것이 도움이 될 수 있는데, 내용을 나중에 다시 들을 수 있고 그 의미와 중요성을 다시 생각해 볼 수 있기 때문이다. 당신이 당신의 신화를 훗날 변경하고자 결정할 때, 녹음은 특히 유용하다. 그래서 당신이 변경하려고 하기 전에 무엇을 바꾸려고 하는지 녹음으로 남기면 도움이 될 것이다.

당신의 이야기를 들어 줄 수 있는 다른 후보자들은 배우자, 형제, 애인, 부모, 심지어 성인이 된 자녀를 포함한다. 이 모든 관계는 내가 앞에서 설명한 이상적인 우정관계보다 훨씬 더 복잡하다. 이런 맥락에서의 자기 탐색은 좀 더 위험할 수 있는데, 이들은 과거 당신의 정체성을 형성하는 데 가까이에서 영향을 미쳤을 가능성이 있기 때문이다. 당신이 좋은 친구와 이야기할 때보다 배우자와의 의사교환에서 덜 솔직할 수 있다. 그렇지만 많은 경우 개인적 탐색의 가치는 잠재적 책임감을 초과할 수 있다. 자기 탐색은 자신의 정체성을 좀 더 이해할 수 있는 계기도 되고, 애인, 배우자 그리고 가족과의 지속적인 관계도 풍요롭게 할 수 있다.

따라서 누가 청취자가 될지 고려할 때 두 가지 중요한 기준들은 아마 다음과 같을 것이다. ① 청취자와 화자의 관계의 성격 그리고 ② 역할에 대한 청취자의 적합성이다. 첫 번째 기준은 당신과 청취자가 관계의 시점에서 그런 탐색을 적절하고 편하게 느껴야 한다. 두 번째 기준에서는 청취자는 열정적이고, 긍정적이며, 선입견이 없는 자세를 취할 수 있어야 한다. 또한 청취자는 개인적 신화라는 개념에 대해 친숙해져야 한다. 준비 과정으로 당신과 청취자는 이 책에서 내가 설명한 어떤 주요 개념들을 토론해 보기를 바란다. 이것은 문학과 삶 속에서 이야기들의 의미, 이야기의 분위기, 원형적인 이야기의 형태들(예: 희극, 비극, 로맨스, 풍자), 이야기의 형상, 힘과 사랑의 주제, 청소년기의 개인적 우화, 존재론적 전략, 사상적 배경, 이마고, 중년기의 변화, 생산성의 대본 그리고 이야기에서 종결의 의미를 포함한다.

그렇다면 청취자는 무엇을 해야 하는가? 이야기하기의 과정이 전개되면서, 화자와 청취자는 대화와 탐색을 위한 지침을 개발한다. 그러나 시작하기 위해, 나는 내가 개인적 신화에 대한 연구에서 사용했던 인터뷰 질문을 따라 해 볼 것을 제안한다. 인터뷰는 보통 한 시간 반에서 세 시간 동안 진행된다. 그리고 한 번 또는 두 번에 걸쳐서 끝낼 수 있다. 당신은 우리가 쓴 질문들을 개인적으로 좀 더 적절한 질문들로 보충하고, 불필요하거나 반복된다고 생각되는 질문들은 생략해도 된다. 하지만 이 질문들은 단지 알고자 하는 것들을 위한 도구로 봐야지, 이것들을 목적 그 자체로 보아서는 안 된다. 이상적으로 질문들은 미래의 대화에서 추가적인 탐색을 촉진시켜야 한다. 당신은 청취자와 인터뷰를 하면서 떠오를 관련된 주제들에 대해서도 준비를 해야 한다.

만약 당신이 남들과 자신의 이야기를 함께 나누고 싶지 않다면, 스스로가

청취자가 되면 된다. 내가 경험해 본 바로는 이 방법은 다른 사람들과의 대화
에서 나오는 친밀함과 같이 자기 개방으로 이끌지는 않는다. 하지만 이 방법
은 다른 사람과 자신에 대해 이야기하는 것이 극도로 어렵게 느껴지는 사람
이나, 삶에서 적절한 청취자가 존재한 적이 없었던 사람에게는 맞는 방법일
수가 있다. 만약 당신이 이 둘 중 하나에 해당한다고 생각하더라도, 나는 여
전히 다른 사람과의 대화를 통해 탐색을 해 보기 위해 가능한 모든 노력을 해
볼 것을 격려하고 싶다.

　　인터뷰는 삶의 이야기에 관한 일반적인 질문들로부터 시작한다.

> 　　나는 당신이 당신의 인생을 책으로 생각해 보길 바란다. 당신의 인생의
> 부분들은 책의 각 장들로 이루어져 있다. 당연히 책은 아직 다 끝나지 않았
> 다. 그래도 이 책은 몇 개의 흥미롭고 잘 쓴 장들이 있을 것이다. 당신의 인
> 생을 주된 장들로 나누고, 각 장들을 간단하게 설명하라. 책의 각 장들은 당
> 신이 원하는 만큼 만들면 되는데, 나는 적어도 2~3개에서 많게는 7~8개 정
> 도면 좋을 것 같다. 이것을 대략적인 당신 책의 목차라고 생각하라. 각 장들
> 에 이름을 붙이고 각 장들의 전반적인 내용을 설명하라. 그리고 간략하게 한
> 장에서 다른 장으로 넘어가는 것이 어떠한 것인지에 대해서 토론하길 바란다.
> 이 인터뷰의 첫 번째 부분은 길게 한다면 길게 할 수 있지만, 나는 30~45분
> 정도로 간략하게 하기를 강조한다. 왜냐하면 첫 번째 부분에서 모든 이야기
> 를 다 하고 싶지 않을 것이기 때문이다. 그저 전체 이야기의 개요, 당신 인생
> 의 중요한 장들에 대해서만 이야기하면 된다.

　　이야기의 흐름을 너무 많이 끊을 수 있는 위험이 있지만, 청취자는 인터뷰
의 첫 번째 부분에서 이야기의 명료화나 정교화를 요구하기를 바란다. 청취자
는 각 장의 제목을 제안함으로써 화자를 위해 목차를 구성하지 않도록 주의해
야 한다. 인터뷰의 첫 번째 부분은 가장 개방된 부분이다. 어떤 사람은 시간이
된다면 몇 시간씩 걸려서 이야기를 하겠지만, 또 어떤 사람은 5분 안에 끝낼

수 있다. 우리는 가장 계몽적이고 설득력 있는 반응이 25분에서 1시간 사이에 완료될 수 있다는 것을 알게 되었고, 그래서 우리는 전형적으로 35~45분의 면담을 제안한다. 화자의 과제는 나중에 더 자세하게 말할 내용들에 대해 일반적인 맥락을 제공하는 것이다. 아마 이 부분에서 중요한 주제들과 사건들을 탐색하는 것이 유익할 수도 있지만, 화자는 이야기 속에 너무 깊게 들어가는 것을 조심해야 한다.

인생의 각 장들에 대한 질문들은 이야기를 풀어 가는 당신에게 좀 더 정리된 틀을 제공해 줄 수 있다. 대부분의 사람은 먼저 나오는 장들을 어린 시절과 연결시키면서, 연대기 방식으로 삶의 각 장들을 구성한다. 또 어떤 사람은 주제별 구성을 더 잘 만드는 것 같다. 그들은 한 장은 대인관계에 관해, 또 다른 장은 학창 생활과 직장 생활에 대해 쓸 수 있을 것이다. 당신에게 맞는 것을 정하기 전에, 여러 다른 구성 방식을 실험해 보기를 원할 수도 있다. 당신은 이런 것들을 구성하면서, 특별히 당신의 삶에서 중요한 척도와 발달 성향을 보여 주게 될 수 있다. 또한 인생의 장들을 시작하는 부분에서의 질문들은 자신을 정의하는 개인적 신화의 많은 다른 요소를 표현하는 기회를 제공한다. 특히 이야기의 분위기나 이미지들이 눈에 띌 것이다. 개인이 과거를 구성하면서 긍정적이거나 부정적인 분위기를 도입하는 정도와 희극, 비극, 로맨스, 풍자의 형태를 따르는 정도가 인생의 각 장들을 구성하는 데 있어 명백해지기 시작한다. 더 나아가, 청자와 화자 양쪽이, 개인적으로 의미 있는 이미지, 상징 그리고 은유의 단서로, 시작하는 부분에서 사용한 언어의 유형에 조심스럽게 주의를 기울여야 한다.

인터뷰의 두 번째 부분은, 개인의 삶에서 여덟 가지 중요한 사건들에 관해 자세히 설명하도록 요청하면서, 일반적인 것에서 구체적인 것으로 이동한다.

나는 당신에게 8개의 중요한 사건에 대해 물어볼 것이다. 이런 핵심적인 사건들은 당신의 과거의 삶 속의 어떤 시간과 장소에서 특별한 경험, 중요한 사건, 의미 있는 에피소드여야 한다. 이런 사건들은 당신 인생의 특정 순간을 만들었고, 어떤 이유로 눈에 띄는 부분이라고 생각하면 된다. 그래서 당신이 12세 때 어머니와 했던 대화나 지난여름 오후에 했던 특별한 결정이 당신의 삶의 이야기에서 중요한 사건이 될 수 있다. 이것들은 특별한 성격, 행위, 사고, 감정과 완성된 어떤 특정한 시간과 장소에서의 특별한 순간들이다. 매우 행복했거나 매우 슬프거나 매우 중요하거나 어떻든지 여름 방학 전체 기간이나 고등학교 때 어려웠던 시절은 중요한 사건들이라 볼 수 없는데, 이것들은 확장된 기간에 걸쳐 발생했기 때문이다. 이것들은 오히려 인생의 각 장에 해당한다. 각 사건에서 어떤 일들이 있었고, 어디에 있었고, 누구와 있었고, 당신이 무엇을 했고, 그 사건 당시 당신은 무엇을 생각하고 느꼈는지를 자세하게 설명하기를 바란다. 그리고 각 사건들이 당신의 인생 이야기에 어떤 영향을 미쳤는지, 그래서 이 사건들이 당신이 어떤 사람이었는지에 대해서 무엇을 전달하려고 하는지 이야기하기 바란다. 이 사건들은 당신을 어떤 방식으로 변화시켰는가? 여기서 아주 자세히 이야기하기 바란다.

여덟 가지 중요한 사건들은 다음과 같다.

1. 절정 경험: 인생 이야기에서 가장 높은 지점, 당신 인생에서 가장 좋았던 순간
2. 침체 경험: 인생 이야기에서 가장 낮은 지점, 당신 인생에서 최악이었던 순간
3. 전환점: 당신 자신을 이해하는 것이 크게 바뀐 일을 겪은 사건이다. 그 사건이 발생했을 때, 그 사건을 전환점으로 인식했던 것은 필요하지 않다. 과거를 회상하면서 지금 중요한 것은 당신이 그 사건을 인생의 전환점 또는 최소한 당신 삶을 크게 바꾸는 데 상징적인 것으로 본다는 것이다.
4. 초기 기억: 배경, 장면, 인물들, 감정과 사고를 다 가진 사건에 대한 가장 오래된 기억. 이것이 특별히 중요한 기억이라고 간주할 필요는 없고, 오랜 기억이라는 것에 의의를 두면 된다.

5. 아동기의 중요한 기억: 긍정적이든 부정적이든 현재 생각나는 당신의 어린 시절에 관한 기억

6. 청소년기의 중요한 기억: 긍정적이든 부정적이든 현재 생각나는 당신의 청소년 시절에 관한 기억

7. 성인기의 중요한 기억: 긍정적이든 부정적이든 현재 생각나는 20대 이후 당신에 관한 기억

8. 다른 중요한 기억: 당신의 과거에서 중요하게 떠오르는 긍정적이거나 부정적인 기억. 그것이 오래전일 수도 있고 최근일 수도 있다.

나는 개인의 삶의 이야기에서 중요한 사건들을 가리킬 때 핵 에피소드라는 말을 쓴다. 이런 풍부한 설명은 개인적 신화의 이미지와 분위기뿐 아니라 지배적인 주제들에 대해 매우 가치 있는 정보를 제공한다. 만약 내가 단 한 가지 질문을 해서 그 사람이 누구인지 얼른 알기 원한다면, 아마 나는 과거의 절정 경험을 회상해 보도록 요청할 것이다. 나는 사람이 자신의 삶에 관한 특별하고 구체적인 에피소드에 대해 이야기할 때, 매우 표현적이고 통찰적이 되는 것을 알았다. 하지만 반대로, 일반적인 경향과 추상적인 구성을 논의할 때는 성격이나 정체성의 선명하고 개방적인 것이 거의 나타나지 않는다. 그래서 당신은 회상하는 각 사건에 상당한 시간과 에너지를 써야 한다. 될 수 있는 대로 자세한 내용을 끄집어내야 한다. 전반적인 삶의 이야기의 포괄적인 형태 속에서의 특정한 순간의 중요성을 이해하기 위해 열심히 노력해야 한다. 그리고 같은 사건을 다르고 충돌하는 의미로 바라볼 준비가 되어야 한다. 가장 중요한 핵 에피소드는 가장 풍부한 의미의 연계를 내재적으로 소유하고 있다.

제3장과 부록 1, 2에서 나는 그런 과거의 중요한 사건들의 재구성이 개인적 신화에서 힘과 교제의 큰 주제들을 어떻게 전개시키는지를 이야기하였다. 자신의 삶에서 이러한 사건들을 해석할 때, 당신의 인생에서 정말로 원하는 것이 무엇인지에 대해 이 에피소드들이 당신에게 무엇을 이야기하는지 질문

해야 한다. 당신은 힘이나 사랑에 의해 어느 정도까지 움직여지는가? 보다 중요하게, 힘과 사랑에 대한 당신의 필요가 어떤 특별한 방식들로 이야기 속에서 그것들을 표현하는가? 당신은 중요한 사건들에 대한 당신의 설명이 당신이 만든 자서전적인 결정을 반영한다는 것을 기억해야 한다. 비서가 당신의 이야기를 회의록을 통해 객관적으로 보고하는 것이 아니라, 당신은 주관적으로 당신의 삶에서 특정한 사건들을 최고의 순간, 밑바닥의 순간, 전환점 등으로 선택하여 강조하는 것이다. 그리고 당신은 다른 사건들은 무시하기로 선택했다. 왜 교사의 평범한 칭찬이 당신의 어린 시절 기억에 아주 크게 기억되는 것인가? 왜 당신 아버지의 죽음이 당신의 삶에서 발생했던 최악의 사건으로 떠오르지 않는 것인가?

면담은 정말 중요한 사건들에서 중요한 인물들로 이동한다.

> 모든 사람의 인생 이야기는 이야기의 주인공의 삶에 큰 영향을 준 몇몇의 사람들로 채워져 있다. 그들은 부모, 자녀, 형제, 배우자, 연인, 친구, 선생님, 동료, 멘토를 포함하지만, 이들로만 제한되지는 않는다. 나는 당신이 당신의 삶의 이야기에서 가장 중요한 4명에 대해 설명하길 바란다. 이들 중 적어도 한 명은 당신과 관계가 없는 사람이어야 한다. 그리고 그들이 어떻게 당신의 인생 이야기에 영향을 끼쳤는지, 그리고 어떤 관계인지 자세히 설명하라. 이것들을 설명한 후, 당신의 인생에서 특별한 영웅들에 대해 말해 주길 바란다.

인터뷰의 세 번째 부분은 삶의 각 장들과 중요한 사건들의 항목에서 아마 이미 언급했을 당신의 삶에서의 몇 사람을 보다 자세히 설명할 기회를 제공한다. 당신이 설명한 중요한 사람들은 당신의 개인적 신화에서 중요한 인물들 또는 이마고들을 위한 기초를 형성할 것이다. 부모, 친구, 연인은 돌보는 자, 치유자 그리고 전사와 같은 중심적 이마고들의 원형으로 사용될 수 있다. 영웅은 이야기 역할에서 특히 적합하다. 또는 중요한 사람은 당신의 삶의 이야기에서 특정한 인물의 발달을 촉진시키거나 방해하는 기능을 하기도 한다. 예를 들면, 고등학교 때 코치가 당신이 피겨스케이팅을 열심히 하도록 도와 줘서 당신이 운동선수가 되는 이마고를 개발하도록 도와줬을 수 있다. 아니 면 당신의 여자 형제가 당신이 성장하는 동안 당신의 예술 작품을 계속 비판 해서, 예술가로서 당신의 이마고의 표현을 방해했을 수도 있다. 다시 말하지 만, 당신의 삶에서 가장 중요한 사람에 대한 설명은 당신이 누구인지 정의 내 린 방식을 암시하면서 당신의 자서전적인 결정을 보여 준다. 당신은 자신이 선택한 사람들을 왜 선택했는지, 그리고 당신은 그들을 왜 기억하기로 선택 했는지 자신에게 질문할 필요가 있다.

과거에 대해 충분한 시간을 쓴 후, 이제 인터뷰는 미래에 대한 대본으로 이 동한다.

> 이제 당신이 나에게 과거와 현재에 대해 이야기를 어느 정도 했으니, 미 래에 대해 생각하길 바란다. 당신의 인생 이야기가 미래로 확장되면서, 당신 의 삶에 일어날 삶의 대본이나 계획은 무엇인가? 나는 당신이 자신의 미래 에 관한 전체적인 계획과 개요 또는 꿈을 설명하길 바란다. 우리 대부분은 삶에서 얻고 싶은 것에 관심을 기울이고, 그것을 미래에 실현시키고 싶은 어 떤 계획이나 꿈을 갖고 있다. 이런 꿈과 계획은 우리 삶에 목적, 관심, 희망, 포부 그리고 소원을 제공한다. 더욱이, 우리 꿈과 계획은 시간이 지나면서 변할 수 있는데, 이것은 우리의 성장과 변화의 경험들을 반영한다. 당신의 현재 꿈과 계획 또는 미래에 대한 개요를 설명하라. 그리고 당신의 꿈, 계획 또는 개요가 당신을 ① 미래에 창의적일 수 있도록 하는지, 그리고 ② 다른 사람에게 기여할 수 있도록 하는지에 대해 말해 보라.

미래 대본을 통해, 오늘 당신은 미래의 장으로 이야기를 확장할 수 있는 기 회를 갖는다. 인터뷰의 이 부분은 많은 종류의 정체성에 관한 다양한 정보를 제공한다. 가장 중요한 사건들처럼, 삶의 이야기에 동기를 주는 주제들을 알아내는 것에 특히 민감한데, 당신이 삶에서 기본적인 욕구와 필요를 반영하는 미래에 대한 목적을 만들 수 있기 때문이다. 그리고 미래 대본은 종결이 어떻게 될지를 조금 보여 줄 수 있다. 이야기는 어디로 가고 있는가? 그 이야기는 여기서 어떻게 진행될 것인가? 좋은 이야기는 처음, 중간 그리고 마지막 부분이 그럴 듯한 플롯으로 잘 구성되어 있다. 그래서 임시적인 연속성이 개인적 신화 만들기에서 하나의 중요한 도전이다. 이 부분에서 현재 당신 자신을 보는 방식과 이제 과거에서 당신 자신을 보는 방식으로부터, 당신은 미래에 대한 자신의 비전이 의미 있는 방식으로 따라오거나 그렇지 못한 것을 알게 될 것이다. 그러므로 인생의 장들과 중요한 사건들을 연결시켜 분석하면서, 미래 대본은 개인적 역사 기록에 대한 당신의 특별한 접근 속에 영감을 제공한다. 당신은 좋은 과거는 좋은 현재와 미래를 만든다고 보는 왕조적인 존재 전략을 따르는가? 당신은 나쁜 것이 좋은 것으로 이끈다는 보상 전략을 사용하는가? 이런 전략은 잘 작동하는가? 그리고 그것은 믿을 수 있고 활력 있는 신화를 만들어 주는가?

인터뷰의 이 부분에서 얻을 세 번째 종류의 정보는 생산성에 대한 당신의 특징적인 접근에 관한 것이다. 이 항목은 미래에 대한 당신의 계획이 당신이 어떻게 창의적일 수 있게 하고, 다른 사람에게 어떻게 기여하는지 당신에게 생각해 보도록 요청한다. 우리가 제9장에서 보았듯이, 생산적인 것은 자기의 선물을 만들어 내고, 그것을 다음 세대에 제공하는 것이다. 30대와 그 이후부터의 가장 좋은 이야기들은 명시적인 방식으로 생산성을 포함한다. 성숙한 성인은 자신이 다음 세대를 위해 어떤 창의적인 기여를 할 것인지 자세한 계획을 세운다. 그리고 이런 계획은 인터뷰를 통해서 알게 된다. 만약 이 부분의 삶의 이야기에서 실패의 흔적이 보인다면, 어떤 협력된 작업이 필요하고, 개인적 신화가 개선될 필요가 있는 부분이고, 그래서 자신의 삶과 다른 사람들의 삶을 향상시킬 필요가 있을 것이다.

다섯 번째 항목은 스트레스와 문제들을 다룬다.

모든 삶의 이야기는 중요한 갈등, 해결되지 않은 문제, 해결해야 할 문제 그리고 심한 스트레스의 기간을 포함한다. 나는 이제 당신이 이것들을 생각하길 바란다. 현재 당신이 다음 중 적어도 하나를 경험하고 있는 당신의 삶에서 두 영역을 설명해 보라. 즉, 심각한 스트레스, 중요한 갈등 또는 이야기해야 할 어려운 문제나 도전이다. 두 부분의 각각에 대해, 고민의 근원, 그것의 발달과정, 미래에 그것을 다룰 당신의 계획의 요점을 말하면서, 스트레스, 문제, 갈등의 성격을 자세히 설명하라.

인터뷰에서 이 부분까지 접근했다면, 당신은 아마 당신의 삶에서 하나 또는 두 개의 중요한 문제를 건드렸을 것이다. 이 부분은 당신에게 두 개의 문제, 스트레스 또는 도전과 이것들을 대처할 방안들을 생각할 기회를 준다. 여기서 얻은 정보는 가끔 삶의 이야기에서 일치하지 않는 성격들 사이의 내적인 전투를 포함한다. 예를 들면, 행복했던 어린 시절에 자리 잡았던 태평한 현실도피자의 이마고는 책임감 있는 돌보는 자의 이마고와 같은 이야기 속에서 활약하기가 어렵다는 것을 알게 될 것이다. 그래서 이 부분에서는 당신의 개인적 신화의 연속적인 개정에서 해결될 필요가 있는 문제들과 갈등들에 대해 당신의 미래 이야기에서 잠재적인 해결을 보여 주도록 도울 것이다. 그러나 정체성의 측면에서 문제들을 과도하게 보지 않도록 주의하고, 또는 사소한 문제들을 신화적 수준으로 부풀리지 않도록 주의하라. 많은 삶의 문제는 정체성 자체와 관계가 있기보다는 자동차를 수리하고, 체중을 줄이고, 또는 직장 상사와 사소한 다툼을 하는 일상적인 문제를 포함한다. 이런 문제들은 당신의 매일의 삶의 질에 큰 영향을 끼치는데, 그것들이 행복감과 만족감에 영향을 줄 수 있기 때문이다. 하지만 당신의 개인적 신화 자체와는 별 관계가 없을 수 있는데, 다시 말해서 당신의 삶의 의미 말이다. 나는 나중에 행복과 의미 사이의 차이를 생각해 볼 것이다.

이제 인터뷰의 결론을 향해 이동하면서, 개인적 사상을 생각해 볼 시간이다.

이제 나는 당신에게 당신의 근본적인 믿음과 가치에 관해 몇 가지 질문을 할 것이다. 각 질문에 생각을 하고, 할 수 있는 대로 자세하게 말하길 바란다. ① 당신은 우주를 지배하거나 어떤 방식으로 영향을 주거나 조직하는 어떤 종류의 신, 신성 또는 세력의 존재를 믿는가? 이에 대해 설명하라. ② 당신의 종교적 믿음을 간략하게 설명하라. ③ 만약 그렇다면, 어떤 방식에서 당신의 믿음은 당신이 아는 대부분의 사람들이 지지하는 믿음과 다른가? ④ 당신의 종교적 믿음이 시간을 두고 어떻게 변해 왔는지 설명하라. 당신은 종교적 믿음에서 급격한 변화의 어떤 시기를 경험했는가? 설명하라. ⑤ 당신은 어떤 특별한 정치적 성향을 갖고 있는가? 설명하라. ⑥ 사람이 살아갈 때 가장 필요한 가치는 무엇인가? 설명하라. 그리고 ⑦ 내가 당신이 세상과 인생에 대해 믿는 가장 근본적인 믿음과 가치를 더 잘 이해할 수 있도록 더 이야기해 줄 것이 있는가?

사람들은 이 부분에서 매우 다양하게 답변한다. 철학적인 사람은 이 부분을 제일 좋아할 것이라서 꽤 길게 대답할 것이다. 그렇지 않은 사람들에게 이 질문들은 특히 어려워 보일 것이다. 그들의 답변은 더 짧고, 주저할 것이다. 우리가 단순히 기존 종교와 정치에 대한 이야기를 하고 있는 것이 아니라는 것을 알게 되면, 나는 사람들이 이야기에 영성, 궁극적 의미, 좋은 사회 등의 표현을 써서 더 편안해하고 더 많이 마음을 연다는 것을 알게 되었다. 이 부분에서 화자로서 당신은 개인적 신화를 위한 사상적 배경이 당신의 믿음과 가치가 다른 사람이 중요하게 여기는 것과 어떻게 같거나 다른지를 구체화한다는 것을 기억해야 한다. 많은 사람이 서로 다른 것에 대해 말하기를 주저한다. 그들은 보통 다른 사람이 믿는 것을 똑같이 믿는다고 말한다. 하지만 조금 더 물어보면, 그들은 곧 상당히 독특한 이해와 관점을 지닌 개인적 사상을 보여 준다. 그래서 당신은 이런 특정한 성격을 갖고 있는 개인적 사상을 잃어버리지 말고 최대한 지키면서, 특정한 사람이 특정한 가치를 공유하고 있다는 것을 생각해야 한다.

인터뷰의 마지막 부분에서는 당신이 전반적인 인생 주제에서 말했던 것을 다시 살펴보기를 요청한다.

당신의 전체 인생을 책의 장, 에피소드, 주인공들을 가진 책으로 보면서, 당신은 책 전체에 흐르는 중심 주제, 메시지 그리고 아이디어를 구별할 수 있는가? 당신의 삶에서 중요한 주제는 무엇인지 설명하라.

우리가 실행한 연구에서 응답자들은 이 부분에서 꽤 인상적인 모습을 보여주었다. 몇 시간 동안 끊임없는 관심 속에서 자신의 인생을 돌아본 참가자들은 자신의 신화에 대한 주된 의미나 본질을 간결한 말이나 표현으로 알 수 있었다. 연구의 맥락에서 이것은 참가자가 자신의 말의 의미를 분석해야 하는 유일하게 명시된 기회다. 인터뷰 마지막에서의 빠른 자기분석은, 우리가 나중에 인터뷰 내용을 읽을 때, 심리학적인 심층분석을 위한 발판으로 사용될 수 있다. 하지만 당신의 목적을 위해, 인생 주제의 부분은 청취자와의 미래의 대화에서 당신이 자기 성찰을 수행하도록 촉진시키는 초기 성찰을 위한 기회를 제공한다.

자신의 신화를 찾는 것은 인생의 과정이라고 봐야 한다. 이것은 단 한 번의 인터뷰로 충분히 얻을 수 있는 것이 아니다. 내가 제시한 질문들이 당신을 도와줄 것이다. 하지만 내 질문들로만 제약하지 말고, 당신의 청취자와 또 다른 만남을 계획하라. 그리고 첫 번째 인터뷰를 따라 흥미로운 만남을 하라. 시간을 갖고 자신을 알고, 자신을 청취자와 공유하라. 왜냐하면 이 과정 자체가 즐겁기 때문이다. 그리고 그것은 당신이 살아가는 이야기의 이해를 증진시키는 데 개인 배당금처럼 지불할 것을 약속한다.

신화를 살아 보기

인터뷰는 일반적으로 일상적인 의식의 밖에서 이미 내재적으로 존재하는 것을 의식적이고 명시적으로 만드는 것을 도와야 한다. 나는 자신을 정의하는 개인적 신화의 구체적 내용에 관한 의식적 이해에 도달하는 것이 한 인간으로 당신의 삶을 풍요롭게 하고 당신의 발달을 촉진시킬 수 있다고 믿는다. 그리고 당신의 개인적 신화를 더 좋은 것으로 바꾸기 위해 필요한 첫 번째 단계다. 하지만 당신은 자신을 정의하는 개인적 신화를 그것에 따라 살기 위해, 충분한 의식적 이해에 이를 때까지 찾아낼 필요는 없다. 사실 당신이 당신의 신화를 명백하게 조사하든 그렇지 않든, 당신은 여러 해 동안 자신을 위한 신화를 구성하고 구성한 신화 주변에 당신의 삶의 부분들을 형성해 나가는 데 이미 어느 정도 성공적이다. 당신은 살아온 이야기를 이미 만들었고, 계속해서 살아갈 이야기를 만들 것이다. 그리고 지금까지 당신은 그 이야기를 살아왔다.

그럼 이제 인생 이야기를 살아가는 과정을 심리적이고 사회적인 관점에서 생각해 보자. 신화를 살아가는 것이 당신과 사회에 무엇을 해 주는가? 개인의 심리에서 본다면, 신화를 살아간다는 것은 당신의 삶에 행복보다는 의미를 제공해 주는 것이다. 하지만 개인의 신화가 당신을 불행하게 한다는 것은 아니다. 오히려 개인의 신화는 인생에 무엇보다 의미, 조화 그리고 목적을 제공하기 위해 기능한다고 본다. 행복함은 따라오겠지만, 어떤 경우에는 그렇지 않을 수도 있다. 사회적으로 보았을 때, 신화를 사는 것은 당신의 사회적 세계의 거대 담론과 연결시키는 것이다. 사회적 참여자로서 당신은, 인류의 생산적 의제에 대해 당신의 삶을 헌신하는 방식에 있어, 개인적 신화를 만들고 살아가는 데 책임이 있다. 이런 헌신이 없다면, 정체성은 사회적 책임을 잃어버리고, 하찮은 일이나 나르시시즘에 빠져 버리게 된다.

획일적인 금광에서 모든 좋은 일이 함께 온다고 제안하는 것은 대중 심리학에서 별로 희한한 일이 아니다. 대중적 관점에서 보았을 때, 인생의 의미를 찾는 것은 행복해지고, 만족하고, 충분히 기능하고, 자기를 실현하고, 성취하고, 잘 적응하고, 성숙하고, 두려움에서 자유롭고, 해방되고, 영감을 얻고, 개성화되고 그리고 구원받기 위해서다. 이러한 다른 항목들의 정의나 내포되고 있는 느낌들이 꽤나 겹친다는 것은 사실이다. 하지만 우리는 이들의 중요한 차이점에 대해 알고 있어야 한다. 실제로 경험적 연구에 따르면, 사람들이 이용어들을 이해하는 데 상당한 차이가 적용되고 있고, 사람들은 자신의 삶을 많은 다른 측면에서 평가한다고 보고한다.[2] 인생의 전체적인 질을 생각할 때, 단 하나의 개념이 그것을 다 설명할 수는 없는 것이다. 모든 개념이 제한되어 있고, 자격이 있고, 어떤 심리적 과정이나 결과물이 그것을 다 다룰 수는 없는 것이다.

그래서 개인적 신화를 다루는 것이다. 여기서 강조해야 할 두 가지 핵심적인 조건들이 있다. 첫째, 그 자체로 중요한 요소인, 당신이 하는 모든 행동이 당신의 개인적 신화를 반영하는 것은 아니라는 것이다. 당신의 대부분의 일상은 당신의 개인적 신화와 거의 또는 전혀 관계가 없다. 당신이 직장에 입고 가는 것, 아침 식사를 하면서 한 대화, 과제를 시간에 맞춰서 하려는 것, 배우자와 말다툼하는 것, 대학 동창회에서 과음하는 것―이런 행동들과 다른 많은 행동이 당신이 살아가는 이야기와 상관이 없을 수 있다. 다른 말로 하자면, 당신의 이야기를 살아가는 것은 당신의 이야기가 당신의 인생을 의미하는 것은 아니라는 것이다. 심리학자들은 성격과 정체성을 구별한다. 당신의 성격은 세상에 대한 당신의 적응을 특징짓는 전체적인 동기, 태도 그리고 행동방식이다. 성격은 특성, 가치, 동기 그리고 많은 다른 과정과 구성으로 만들어진다. 성격의 집합이 정체성이라는 개념인데, 이것은 당신이 누구인지를 정의하기 위해 당신이 구성하는 개인적 신화다. 당신의 모든 행동은 내적인 성격 요소인 특성, 동기 등의 산물로서, 당신의 환경(외부의 상황적인 특성들)과 상호작용하면서, 한 가지 방식이든 또는 다른 방식이든 당신의 성격과 연결된다. 하지만 내가 누구인지에 대한 중요성을 지닌 행동들과 삶의 사건들만이 개인적 신화와 연결된다.

나의 삶을 예로 든다면, 오늘 아침 직장에 운전해서 온 것은 나의 정체성과 어떤 관계가 없다. 이것은 나를 정의하는 행동이 아니다. 지난 주말 내가 참석했던 저녁 식사 파티도 정체성이 아닌데, 심지어 내가 거기서 아주 좋은 시간을 보냈더라도 말이다. 하지만 이 책을 쓰는 것은 나의 정체성에 적용된다. 이것은 나의 개인적 신화의 매우 큰 부분인데, 그것이 나의 사상적 배경, 나의 생산성 대본, 그리고 우리가 단순히 교수라 부르는 나의 중요한 이마고와 연결되기 때문이다. 매우 실제적인 방식으로 나는 이 책을 쓰면서 나 자신을 정의하고 있다. 나는 나의 정체성과 개인적 신화에 따른 행동을 취하고 있는 것이다. 나의 행위는 내가 갖고 있는 신화에 의해 부분적으로 이루어진 것이고, 미래를 위해 만들려고 하는 신화를 부분적으로 형성해 줄 것이다. 나는 당신도 당신의 삶에서 같은 방식으로 구별해 낼 수 있다고 생각한다.

사람은 자신이 하는 모든 것에서 신화적 의미를 찾으려고 자신을 미친 듯이 내몰 수 있다. 인생은 너무나 크기에 모든 것을 정체성을 위해 의미 있게 만들 수가 없다. 당신의 독특한 성격 특성들이 당신의 일상적 활동들을 구체화할 때, 당신의 정체성은 추가적인 자기 정의를 기대하는 순간들이나 행동들에 참여하게 된다. 당연히 가끔은 그 행동들이 무엇이 될지 알기 어렵다. 친구들과 하는 사소한 대화도 생각해 보면, 나중에 당신 인생의 전환점으로 재구성되는 개인적 신화의 핵심적인 요소가 될 수 있다. 요약하면, 당신은 삶이 개인적 신화를 살아가고, 그것을 새롭게 만드는 많은 기회를 선사할 수 있다는 것을 알아야 한다. 당신은 그것들을 위해 준비해야 한다. 당신은 개인적인 신화 만들기를 위해 일상생활에서 생기는 기회들에 개방적이 되어야 한다. 그러나 과도하게 긴장할 필요는 없다. 당신은 모든 것에서 의미를 만들 수가 없기 때문이다.

두 번째 조건은 의미와 행복 사이를 구별하는 것이다. 로이 바우마이스터(Roy Baumeister)는 『삶의 의미(*Meanings of Life*)』라는 최근 책에서 다음과 같이 썼다.[3]

좀 겹치는 부분도 있지만, 행복하다는 것과 인생이 의미 있다는 것은 같은 것은 아니다. 아마 그 관계를 말하는 가장 좋은 방법은 의미 있는 삶이 행복을 위해 필요하지만 충분하지는 않은 것 같다고 할 수 있을 것이다. 인생이 의미는 있지만 행복하지는 않은 것도 가능하다. 게릴라나 혁명적인 삶은 꽤 열정적으로 의미 있지만 거의 행복한 것은 아니다. 하지만 반대의 경우는 훨씬 더 가능하지 않다. 자신의 삶이 공허하고 목적이 없다면, 행복을 꾸려 갈 수 있는 사람은 거의 없다.

연구 결과가 바우마이스터의 제안을 지지하고 있다. 상대적으로 행복하다고 보고한 사람이 또한 자신의 삶이 더 의미 있다고 말하는 약간의 경향이 있었다.[4] 하지만 경향은 완전한 관계를 보여 주는 것은 아니다. 삶이 의미 있다고 느끼는 어떤 사람은 매우 행복하다고 느끼지 않는다. 더 낮은 확률로, 행복하다고 느끼는 어떤 사람은 삶이 매우 의미 있다고 보고하지 않는다. 후자의 경우에, 어떤 사람은 삶이 의미 있을 필요를 느끼지 못하는 것 같다. 그들은 편안함을 제공하지만 의미를 찾지 않아도 되는 세상에서 사는 것에 만족해할 수 있다. 이런 상황이 아니고서는, 개인적 신화를 만드는 과정은 인생을 의미 있게 만드는 데 중요한 도구가 된다. 정체성은 의미를 가리킨다. 인생이 의미 있고, 일관성이 있고 그리고 목적이 있다는 신화를 사는 것이 삶에서 행복과 만족을 경험하는 기회를 증가시킬 수 있다. 그러나 그것은 보장된 것이 아니다. 행복은 사람의 내면과 환경 같은 많은 요소와 세력으로부터 결정된다.

한 걸음 더 나아가, 행복은 인생에서 많은 목적 중 오직 하나다. 미국인은 행복을 궁극적인 인생의 목적으로 보는 경향이 있다. 결국 미국은 생명, 자유 그리고 행복 추구의 원칙 위에 세워졌다. 하지만 행복을 강조하는 우리의 성향은, 예컨대 자유와 같이 동등하게 가치 있는 다른 추구를 경시할 수 있는 위험을 수반한다. 만약 어떤 것이 우리를 행복하게 하지 않는다면, 무슨 소용이 있는가? 만약 의미가 행복을 보장해 주지 않는다면, 왜 행복한 삶을 추구해야 하는가? 이 문제들에 대한 답변 중 하나는 바우마이스터가 주장한 것이 핵심을 찌른다. 의미가 행복을 보장해 주지는 않지만, 의미는 행복해질 수 있는 가능성을 증가시킨다. 두 번째 답변은 의미는 행복에 직접적으로 기여하지는 않더라도, 그 자체로 유익한 것이라고 제안하는 것이다. 모든 것을 행복이라는 말로 규정하려는 것은 인간의 삶을 동물의 차원으로 축소시키는 것이다. 만약 의미를 추구하는 것이 인간의 독특한 면모라면, 인간 스스로 의미가 주는 특전을 생각해 보기를 바란다. 우리의 삶은 우리가 개인적 신화를 살아감으로써 의미 있게 만들어진다. 우리의 신화가 더욱 생명력 있고 의미 있는 이야기로 좋아진다면, 우리의 삶도 좋아질 것이다. 따라서 의미는 지상에서 우리의 삶을 풍요롭게 해 주고 향상시켜 준다. 의미는 행복 자체가 보장해 줄 수 없는 어떤 특성을 삶에 선사한다. 우리는 신화를 통해 만드는 의미 안에서 행복을 찾기를 바라고 노력해야 한다. 하지만 그런 노력이 항상 보상을 가져다줄 것이라고 생각하는 것은 너무 순진한 생각이다.

　　대중 심리학에서는 사회적 세계보다는 자기에 중요한 강조점을 놓는 것이 흔한 일이다. 서점의 진열대는 자기 조력서들로 가득하다. 이것은 자기는 도움을 필요로 한다고 암시하는 것이다. 물질적이고 사회적인 세계는 우리에게 너무 크다. 그래서 개인은 지원, 영감, 치료, 구원 그리고 유사한 어떤 것들을 필요로 한다. 대조적으로, 사회를 돕기 위해 쓴 책들은 전형적으로 정책 연구로 간주된다. 이것들은 사회학과 경제학의 영역으로 귀착된다. 거의 예외 없이, 이런 책들은 잘 팔리지 않는다. 자기의 탁월함은 연구물과 학문적인 심리학에서도 명백하다. 어떤 비평가들은 심리학은 사회적 유익은 무시하는 반면, 이기주의를 격려한다고 제안했다. 마이클과 리즈 발라흐(Michael and Lise Wallach)는 그들의 영향력 있는 책, 『이기주의를 위한 심리학의 편들기(Psychology's Sanction for Selfishness)』에서, 그들이 '이기주의의 실수'라고 부른 것을 심리이론과 치료에서 찾아냈다. 그들은 심리학자들이 자기실현과 찬사에 그렇게 많은 에너지와 생각을 쏟아붓는 것이 윤리적인지 묻는다. 그들은 "우리가 항상 첫 번째가 되려고 애써야 하는가?"라고 묻는다.[5]

이 책은 자기에 관한 책이고, 어떻게 자기가 이야기를 통해 만들어졌는지에 관한 책이다. 그러나 이 책의 중요한 메시지는 자기는 사회적 맥락에서 만들어진다는 것이다. 우리가 살아가는 이야기는 우리의 상상 속에, 우리의 개인적 경험 속에, 우리가 살고 있고 말하는 사회적 세계 속에 그 자료들을 갖고 있다. 사회는 우리가 만드는 이야기들에 이해관계를 갖고 있다. 사회적 세계는 우리의 개인적 신화에 기여하는 자료를 제공할 뿐 아니라, 우리가 살아가는 신화의 수혜자와 피해자가 되기도 한다. 사회의 관점에서, 그리고 더 크게 지구의 관점에서 본다면, 우리는 우리가 살아가는 세계를 향상시킬 신화를 살아갈 책임을 갖고 있다. 우리의 개인적 신화를 통해, 우리는 우리가 알고 사랑하는 사람에게, 우리가 전혀 모르지만 현재 지구의 자원을 공유하고 있는 사람에게, 그리고 미래의 세대에게, 우리의 생산적 노력의 유산을 헌신해야 한다.

사회의 관점에서 본다면, 그렇다면 좋은 신화는 생산적 통합을 촉진시키는 개인적 신화다. 제9장에서 나는 특히 중년기와 그 이후 우리가 만드는 생산성 대본에서 우리는 개인적 신화를 위한 의미 있는 종결을 찾는다고 제안했다. 생산성 대본은 영원한 힘과 양육적 교제에 대한 우리의 염원을 이야기 형태로 바꾼다. 우리는 영원히 살고 싶고, 필요한 존재가 되길 원한다. 건강하고 인간적인 사회는 사회 활동과 기여 속에 이들 내적인 욕구들의 교화된 해석을 요구한다. 대니얼 케싱어(사회운동가), 셜리 록(포주였던 목회자) 그리고 베티 스완슨(티셔츠 여인) 같은 사람들은 자신의 사회적 세계의 복지를 촉진시키는 방식들 속에서 개인적 신화를 살고 있다. 그들은 좋은 이야기를 만들었고, 그것에 따라 살고 있다. 삶에서 일치와 목적을 향한 그들의 개인적 추구는 자유와 평등, 정의와 교화, 오는 세대의 진보적 발전, 가난한 자를 돕기 위한 더 커다란 인간적 갈등과 결합되었다. 뻔뻔한 불평등과 줄어드는 자원들의 세계에 직면하여, 우리는 대니얼 케싱어, 셜리 록 그리고 베티 스완슨이 잘해 주기를 기대한다. 우리는 그들의 이야기를 빌려 그것들을 우리 자신의 것으로 만들 수는 없다. 그러나 우리는 우리 자신의 삶에 의미와 고통스러운 세상에 희망을 가져올 이야기들을 만들기 위해, 그들의 헌신을 모방할 수 있다.

신화를 바꾸기

사람들은 어떻게 변하는가? 정말로 심리학에서는 수천 권의 책이 이 중심적인 문제에 대해 썼다.[6] 많은 책은 정체성에서의 변화를 직접적으로 말하는데, 나는 개인적 신화를 바꾸는 것으로 해석한다. 정체성의 이론을 사회에서 만들어진 개인적 신화라고 했을 때, 나는 심리치료, 상담 또는 어떤 다른 방법으로 자신과 다른 사람들을 변화시키려는 접근과 동일하게 묶지 않는다. 나는 많은 유형의 심리치료사들과 상담자들이 내가 이 책에서 제시한 문학적 은유와 이야기 관점을 도입하여 도움을 받을 것이라고 생각한다. 나는 특별한 프로그램을 제공해서 변화를 도와주는 것은 아니지만, 자신의 삶을 바꾸고 싶은 사람들에게 이 책에서 자신을 이해하는 것으로 도움을 얻을 수 있을 것이다. 연구자로서 나는 신화를 바꾸는 것보다 찾는 것에 더 신경을 썼다. 이 책은 당신의 신화를 찾고, 어떻게 당신이 그 신화를 살아가고 있는지 보다 분명히 알 수 있도록 해야 한다. 당신의 신화를 찾는 것은 그 자체로 매우 가치 있는 일이다. 당신에게 풍요롭고 교화적이기 위해서 어떤 것을 바꿀 필요는 없다. 하지만 당신의 신화를 바꾸고 싶다면, 그것을 찾는 것이 아마 필요한 첫 단계일 것이다.

그렇다면 두 번째 단계는 무엇인가? 안타깝지만 나를 포함해 다른 작가들도 말을 해 줄 수가 없다. 어떤 자기 조력서들은 당신의 인생에서 바꿔야 할 구체적 문제들(예: 성 문제, 알코올 중독, 상호 의존, 이혼)에 대한 유용한 조언을 해 주지만, 정체성은 그것들에 비해 더 크고, 보다 포괄적이며, 보다 개인적인 것이다. 당신의 이야기도 모르고, 어떻게 살아왔는지도 모르는데, 당신이 어떻게 바뀌어야 좋을지 나는 말을 해 줄 수 없다. 답은 당신의 특정한 세상에서 경험한 것으로부터, 그래서 당신으로부터 나와야 한다. 하지만 나는 필요한 긍정적인 변화들이 무엇일지 찾는 것을 도와줄 수 있다. 일반적으로 개인적 신화를 만들 때 두 가지 다른 종류의 발전적인 변화가 있다.

첫 번째 종류의 변화는 발달적이다. 발달이란 단어는 성장, 성취, 성숙 그리고 전진을 의미한다. 발달은 미래 지향적이다. 만약 당신의 신화가 정체되어 있는 것처럼 느낀다면, 또는 당신의 인생이 목적을 가지고 나가고 있지 않은 것 같다면, 또는 정체성의 성장에서 남들보다 뒤처져 있다고 믿는다면, 당신이 찾고 있는 것은 개인적 신화에서의 발달적 변화다. 나는 명시적인 발달적 구조를 이 책을 쓰는 데 적용했다. 개인적 신화를 만들 때의 각각의 개념은 특정한 발달적 시기와 연결되어 있다. 예를 들면, 이야기의 분위기는 영아기의 애착에 기원을 갖고 있고, 이미지는 유아기의 놀이와 상상에서 나오며, 동기를 주는 주제는 초등학교 시절로 거슬러 올라갈 수 있다. 사상적 배경은 청소년기에 형성되고, 이마고들은 청년기에 형성되기 시작한다. 생산성의 대본은 우리가 중년기로 이동하면서 보다 뚜렷해지고, 이야기의 화해는 중년기와 그 이후를 위한 도전이다. 당신의 개인적 신화에서 요구된 발달적 변화의 종류를 분간하기 위해, 당신은 내가 설명한 발달체계 안의 어디에 있는지를 먼저 결정해야 한다.

만약 당신이 세상에서 사랑과 일을 위한 적합한 자리를 만들고 싶은 청년이라면, 당신이 가장 소중하게 여기는 믿음들과 가치들이 무엇인지를 정확하게 결정하고 공고히 해 줄, 그래서 당신이 만들려고 하는 이마고들 속에서 그것들이 의인화될 수 있도록, 당신은 사상적 배경을 탐색해 볼 필요가 있을 것이다. 만약 당신이 45세이고 자녀가 대학 진학을 위해 집을 떠나려 한다면, 당신의 개인적 신화가 당신으로 하여금 미래를 위한 새로운 유산을 만들어 낼 방식들을 탐색하도록, 당신은 자신의 생산성 대본의 내용을 검토해 보고 싶을 수 있다. 발달적 변화에서 당신은 심리사회적 발달의 특정 수준에 적합한 문제들을 다루어야 한다. 어쩌면 탐색과 성장을 위한 때가 지났을 수도 있지만, 당신의 이야기에서 때가 되었다는 관점에서, 당신은 당신의 정체성 작업에 집중할 필요가 있고, 그래서 당신은 인생에서 의미와 목적을 갖고 나갈 수 있다.

발달적 변화는 제4장에서 내가 설명한 신화 만들기의 여섯 가지 발달적 경향들, 즉 일치, 개방, 분화, 화해, 생산적 통합 그리고 신뢰의 맥락에서 이해되어야 한다. 삶의 좋은 이야기인 이상적인 개인적 신화는 여섯 가지 모든 지표에서 높은 점수를 얻는다. 하지만 다른 지표들도 삶의 다른 단계에서 크든지 작든지 중요하다.

처음 두 개의 지표들인 일치와 개방은 정체성에서 변증법적인 긴장을 형성한다. 만약 개인적 신화가 지나치게 일치한다면, 그것은 개방성이 결여되어 있을 것이다. 만약 그것이 너무 개방되어 있다면, 불일치하게 될 것이다. 이상적으로 당신의 개인적 신화는 이 둘 사이에서 균형을 잘 잡아야 하지만, 그 균형은 발달의 다른 지점에서 다르게 비중을 차지하기 쉽다. 예를 들면, 일반적으로 청소년기와 청년기에는 개방이 일치보다 더 가치 있게 여겨진다. 사상적 배경의 강화와 초기 이마고들의 형성은 삶에서 대안적 가능성에 대한 개방을 요구한다. 에릭 에릭슨은 이 시기에 정체성 발달에서 중요한 문제는, 자기와 지나치게 일치하는 또는 협소한 자기 일관성의 이야기를 위해, 성급하게 정체성의 탐색을 그만두는 경향인 너무 이른 선택이라고 썼다. 대조적으로, 20대와 30대에 이마고들의 정교화와 명료화는 개인적 신화 만들기에서 상당한 일치를 요구하는 듯하다. 이때 대안적인 사상적 · 직업적 가능성과 대인관계의 가능성에 대한 지나친 개방은 당신의 신화에서 인물들을 표현할 가정과 일터의 목표들에 초점을 맞추는 것을 방해할 수 있다. 그러므로 이른 선택이 청소년기에 큰 위협이 될 수 있는 반면, 20대와 30대에 계획과 목표에 대해 심지어 잠정적인 결단도 하지 못하는 만성적인 무능함은 당신으로 하여금 삶의 발달주기가 요청하는 일종의 일치된 개인적 신화를 구성하는 것을 방해할 수 있다. 중년기에, 시계추는 개방성으로 다시 돌아올 수 있는데, 당신이 청년기에 확신을 갖고 신중하게 만들었으나 갈등을 일으키는 이마고들과 화해를 하려고 하기 때문이다.

비슷한 종류의 역동성은 분화와 화해의 지표에서 찾을 수 있다. 성숙한 개인적 신화는 다양한 면과 요소를 보여 주어야 한다. 그것은 풍부하게 분화되어야 한다. 20대와 30대에, 당신은 개인적 신화에 등장하는 다양한 인물들에 초점을 맞출 것이다. 당신은 자신의 삶의 이야기에서, 자세한 내용과 성격 묘사를 하면서, 수많은 중요한 이마고를 설명할 수 있을 것이다. 이때 당신은 자신의 삶의 이야기에서 화해에는 별로 관심을 두지 않을지도 모른다. 바꾸어 말하면, 어떤 근본적인 방식 속에서 서로 불일치하는 다양한 이마고와 그 추구에 초점을 맞추는 것이 발달적으로 적절할 수 있다. 이들 각각은 최대한 자신을 표현할 수 있는 공간과 자유를 요구한다. 그러나 중년기에 당신은 신화 만들기에서 당신의 관심을 분화에서 화해로 옮기기를 원할 것이다. 이제는 당신이 일찍이 형성했던 다양하고 갈등을 일으키는 이마고들 속에서 일치와 통합을 추구하는 것이 발달적으로 적절할 수 있을 것이다. 당신은 다른 인물들을 가져오는 방식 속에서, 또는 반대쪽을 보다 분명하게 하는 방식 속에서 이야기를 재구성할 필요가 있을 텐데, 그래서 중년기의 변증법적 불일치 속에서 일치와 목적을 찾을 수 있도록 말이다.

당신이 청소년기에서 청년기를 지나 중년기로 이동하면서, 생산적 통합은 개인적 신화 만들기에서 점차 중요한 지표가 된다. 삶의 주기에 걸쳐 개인적 신화 만들기에서, 일치가 개방과 교환하고, 분화가 화해와 교환하면서, 생산적 통합은 어떤 가치 있는 반대쪽을 갖고 있지 않다. 이것의 중요성은 그저 꾸준하게 시간이 지날수록 생긴다. 만약 25세의 남성이 생산성에 대한 개인적 신화에서 거의 어떤 공간을 갖고 있지 않다면, 정체성에서 가벼운 것이지만 주목할 만한 문제다. 만약 35세라면 문제는 더욱 심각하고, 45세라면 그것은 비극적인 발달적 실패다.

여섯 번째 지표인 신뢰성도 동일하게 지속적인 것이다. 그러나 신화에서 신뢰의 중요성은 발달주기를 통해 일반적으로 증가하거나 감소하지 않는다. 바꾸어 말하면, 당신이 10대이든 은퇴했든지 간에, 당신의 개인적 신화가 당신의 삶과 세계의 사실들에 진실한 정도는 그것의 적합성에 중요한 기준이다. 삶의 어떤 지점에서도, 우리는 고의적인 기만이나 환상적인 거짓말로 신화를 만들 심리학적이거나 윤리적인 면허증을 갖고 있지 않다. 좋고 성숙한 개인적 신화는 사회적이고 개인적인 현실에 기반을 두고 있다. 그것은 당신에게 주어진 현실적인 자원으로부터 만들어진 것이다. 성숙한 정체성은 그것의 자원들을 뛰어넘지 않고, 그것의 상황에 진실하다. 우리가 신뢰할 수 있는 세계에 살고 있다면, 신화와 신화를 만든 자도 신뢰할 수 있어야 한다.

요약하면, 발달적 변화는 신화 만들기에서, 새로운 발달적 문제들과 변하는 삶의 상황들을 이해하도록, 당신이 당신의 신화를 구성하고, 고치고 그리고 재구성하면서, 당신을 앞으로 나가게 한다. 내가 삶의 주기에 걸친 발달적 변화에 대해 어떤 규범적인 기대들을 설명했지만, 당신은 이것이나 어떤 다른 일반적인 배열도 당신에게 완벽하게 적용되지 않을 수 있다는 것을 알아야 한다. 모든 사람이 독특한 길을 걸어가기 때문이다. 당신은 자신의 발달적 궤도에서 무엇이 적당한 시간인지를 정해야 한다. 어떤 사람들은 20대 초반에 생산성 문제로 소모적이 된다. 또 어떤 사람은 성인기 내내 대안적 사상들에 개방적인 채로 살아간다. 게다가, 예정에 없었고 일반적이지 않은 삶의 사건들은 신화 만들기 과정에서 중대한 영향을 줄 수 있다. 젊은 남편이 사망하면 그 미망인은 표준적인 발달 계획에 맞지 않는 방식으로 자신의 신화를 재구성해야 할 도전을 받게 될 것이다. 복권에 당첨되는 것도 당신의 정체성을 바꾸도록 하는 도전이 될 것이다.

두 번째 종류의 변화는 성격론적인 것이다. 나는 여기서 전형적으로 집중적인 심층심리학의 문제인, 보다 깊이 있고 어려운 유형의 정체성 변화를 언급한다. 이런 유형의 변화는 미래보다는 과거지향적이다. 목표는 발달적으로 앞으로 나아가는 것이 아니라, 처음부터 다시 하는 것처럼 뒤로 돌아가는 것이다. 문제는 당신의 신화가 정체된 상태로 있지 않다는 것이다. 그렇게는 작동하지 않는다. 아마 그것은 결코 작동하지 않았거나, 존재하지 않을 것이다. 그런 정체성이나 자기의 개념은 결코 존재하지 않는다.

성격론적인 변화에 있어, 당신은 자신을 새롭게 만드는 놀라운 과제에 직면한다. 프로이트로 되돌아가서, 정신분석가는 그들의 내담자에게, 초기 아동기의 경험과 환상에 변함없이 기원을 둔, 근원적이고 무의식적인 마음의 역동을 탐색하도록 강요한다. 정신분석학은 새로운 자기를 만드는 데 목표를 둔다. 개인적 신화에 대한 나의 이론적 관점에서, 무의식에 대한 정신분석적 탐색은 다른 것들 중에 새로운 이야기 자료를 찾는 것을 포함한다. 반복적으로 나는, 우리가 우리의 삶을 개념화하기 전에, 심지어 영아와 유아로서, 이야기의 관점에서 우리가 언젠가 구성할 이야기를 위한 자료들을 수집한다고 말했다. 정신분석에서, 자기의 구성을 위한 새로운 자원인 원자료들을 찾기 위해, 내담자는 상징적으로 아동기로 돌아간다. 밑에 묻어 둔 어떤 정체성이 있는 것이 아니고, 표면 밑에서 기다리고 있는 숨겨 둔 어떤 이야기가 있는 것이 아니다. 우리는 우리를 계속 기다리고 있었던 개인적 신화를 찾기 위해 과거로 결코 돌아갈 수 없다. 우리가 살아가는 이야기들은 찾아지는 것이 아니고, 만들어지는 것이다. 하지만 유능한 상담자의 조력으로, 우리는 자신을 다시 통합시키는 힘든 과정을 시작하기 위해, 보다 적합한 분위기, 보다 좋은 이미지, 그리고 오랫동안 잊어버렸던 동기를 주는 주제들을 찾아낼 수 있을 것이다.

　당신의 정체성에서 찾고 있는 변화들은 본질상 성격론적이라기보다는 매우 발달적이기 쉽다고 말하면서 마무리 짓고자 한다. 발달적인 변화는, 근원적인 성격론적 변화의 필요 속에서 이야기의 형태가 없이 완전히 부서지고, 공허하게 느끼는 사람보다, 덜 극적이고, 다소 덜 심하며, 덜 복잡한 문제들에 의해 안내받는다. 성격론적인 변화의 사례에서처럼, 심리치료는 발달적 변화를 촉진시키는 데에도 도움이 될 수 있을 것이다. 그러나 많은 경우에는 그것이 필요하지 않을 수 있다. 많은 사람은 자신의 일상의 개인적이고 대인관계적인 맥락에서, 새로운 발달적 요구와 변화하는 삶의 환경들을 충족시키기 위해, 자신의 정체성을 수정하거나, 조정하거나 그리고 변화시킬 수 있다. 그들은 이런 문제들에서, 친구, 연인, 배우자, 부모, 자녀, 성직자, 교사 그리고 심지어 작가로부터 도움을 얻는다.

1) 이 점에 관해 매우 유익한 책은 다음과 같다. Feinstein & Krippner, *Personal mythology: The psychology of your evolving self*. 이 책은 당신이 당신의 내적 이야기를 발견하기 위해 의례, 꿈, 상상력을 어떻게 사용할 수 있는지를 이야기하고 있다. 개인이 자신의 개인적 신화를 바꾸기를 바란다면, 저자들은 다음의 5단계를 제시한다. ① 이끌어 주는 신화가 더 이상 협력자가 아니라고 인식하기, ② 신화적 갈등의 뿌리에 초점을 맞추기, ③ 통합시키는 신화적 비전을 만들기, ④ 비전에서 헌신으로 이동하기 그리고 ⑤ 새로워진 신화를 일상의 삶으로 엮어 놓기다.

2) 사람들이 그들의 삶의 질을 어떻게 평가하는지에 관한 수많은 연구문헌들이 있다. 그것들 가운데 많은 내용이 '주관적 웰빙' 또는 당신이 당신의 삶에 어떻게 만족하는지에 관해 당신이 내리는 개인적 판단에 대해 이야기한다. 예를 들면, 다음의 글을 보라. Bradburn, N. M. (1969). *The structure of psychological well-being*. Chicago: Aldine. Bryant, F. B. (1989). A four-factor model of perceived control: Avoiding, coping, obtaining, and savoring. *Journal of Personality, 57*, 773-797. Veroff, J., Douvan, E., & Kulka, R. (1981). *The inner American*. New York: Basic Books. 중년기와 노년기 성인들의 웰빙에 관한 흥미로운 탐구가 다음의 논문에 실렸다. Ryff, C. D. (1989). In the eye of the beholder: Views of psychological well-being among middle-aged and older adults. *Psychology and Aging, 4*, 195-210. 최근의 도발적이고 전문적인 종합은 다음의 책에 실렸다. Baumeister, R. (1991). *Meanings of life*. New York: Guilford Press.

3) Baumeister, *Meanings of life*, p. 214.

4) Ibid, chpt. 9.

5) Wallach, M. A. & Wallach, L. (1983). *Psychology's sanction for selfishness*. San Francisco: W. H. Freeman. 또한 다음의 자료를 보라. Sampson, E. E. (1989). The challenge of social change for psychology: Globalization and psychology's theory of the person. *American Psychologist, 44*, 914-921.

6) 나는 성격 변화의 주제에 관한 중요한 자료들을 올릴 수 없고, 나는 그것들의 대부분을 읽은 척할 수 없다. 하지만 다음 두 권의 탁월한 작품은 고전이다. Frank, J. (1961). *Persuasion and healing*. Baltimore, MD: Johns Hopkins University Press. Mahoney, M. (1988). *Human change processes*. San Francisco, CA: Jossey-Bass.

후기 이야기를 넘어서

환상적인 빛은 어디로 달아나는가? 영광과 꿈, 그것은 지금
어디에 있는가?

— 윌리엄 워즈워스(William Wordsworth)

우리의 삶은 대략 세 단계, 즉 전신화적 단계, 신화적 단계 그리고 후신화
적 단계로 나누어진다. 이 책은 처음 두 단계에 관심을 둔다. 영아기와 아동
기의 전신화적 단계에서 우리는 언젠가 구성할 이야기들을 위한 자료를 수집
한다. 이야기 분위기, 이미지 그리고 주제의 기원은 삶의 의미와 목적을 찾는
일에 의식적으로 관심을 두지 않는 우리 삶의 시간으로 거슬러 올라갈 수 있
다. 그것은 정체성 이전의 시간으로, 우리가 아직 이해할 수 없는 질문들을
준비하고 있는 시기다. 조작적 사고의 발달과 자기에 관한 역사적 관점의 발
현과 함께, 삶은 10대에 들어서 신화적 비중을 취하기 시작한다. 청년기에 우
리는 개인적 신화를 위한 사상적 배경을 공고히 하고, 대본을 위한 중요한 힘
과 교제의 역할을 해 줄 올바른 유형의 인물들을 만들기 위해 노력한다. 중년
기로 이동하고 통과하면서, 우리는 이야기의 종결에 대해 더욱 더 관심을 갖
게 된다. 생산성을 통해, 우리는 새로운 시작을 낳고, 지상에 거주하는 임시
적인 공간을 넘어 우리의 정체성의 이야기 줄거리를 확장시키는 종결을 계획

할 수 있다.

하지만 그 후 어떤 일이 발생하는가? 서구 민주사회에서 살고 있는 20세기 후반의 성인은 자신이 70대와 80대에 잘 살기를 기대할 수 있다. 많은 사람에게 좋은 건강과 강한 활동의 세월이 있다. 중년기 이후 개인적 신화와 신화 만들기에 어떤 일이 생기는가? 우리 자신에 대한 개념은 삶의 주기에 걸쳐 변하고, 심지어 삶의 마지막 날까지 우리 자신과 자신의 삶을 어떻게 볼지를 계속 변경한다. 긍정적이고 부정적인 경험, 계획된 대본 그리고 주어진 기회는 우리가 자신을 어떻게 이해하는지에 강한 영향을 줄 수 있다. 개인적인 건강에서의 변화와 사랑하는 사람과의 분리나 죽음을 통한 대인관계의 상실이 특히 영향력이 있다. 이것들 중의 어떤 것이나 모든 것이 우리의 개인적 신화 속으로 결합되고, 그 영향력이 변하는 분위기, 이미지, 주제, 인물 그리고 종결에서 느껴질 것이다. 우리의 삶의 이야기에 관한 한, 어떤 것도 결코 최종적인 것은 아니다. 사물은 항상 변할 수 있다.

여전히 어떤 삶에서, 신화에 관한 주된 관점이 만드는 데서 만든 것에 대해 회고하는 것으로 변하는 시점이 오는 듯하다. 노인학자 로버트 버틀러(Robert Butler)는 최근 삶의 평가에 대한 어떤 과정을 이야기했다.[1] 버틀러에 따르면, 많은 노인에게 중요한 심리적 과제는 죽기 전 마지막 결산을 하기 위한 과거에 대해 합의된 성찰이다. 에릭 에릭슨은 성인은 마지막 단계인 노년기로 들어가, 거기서 우리의 삶을 되돌아보고, '자아 통합 대 절망'이라는 마지막 심리사회적 문제에 직면한다고 제시했다. 에릭슨에게 자아 통합은 '필요에 의해 어떤 대체물이 허용되지 않는 것으로, 자신의 유일한 삶의 주기에 대한 수용'과 동반되는 '인간적 자아의 후기 자기애'와 '질서와 의미의 축적된 확신'이다.[2]

삶의 후반부에서, 우리의 신화 만들기는 우리가 만든 신화를 평가하기 시작하면서 다소 진정될 수 있다. 이제 제작된 이야기를 평가할 시간이다. 에릭슨이 삶에 대한 후기를 자기애적 접근으로 설명했던 것은, 적어도 어떤 수준에서, 개인적 신화와 그것을 만드는 과정에서 어떤 종류의 거리를 획득하는 것을 의미할 수 있다. 자아 통합은 그런 신화의 궁극적인 수용을 포함한다. 그런 것으로 통합은 생산성과 흥미로운 대조를 이룬다. 우리의 정체성 대본에서, 다음 세대에 주려는 어떤 선물을 만들려고 하면서, 후신화적 시기에 통합의 전망은 우리로 하여금 개인의 하나이고 유일한 개인적 신화를 마치 선물처럼 받아들이도록 도전한다. 노년기에 우리는 청소년기부터 만들어 왔던 신화의 수혜자가 된다. 통합을 경험하는 것은 자진하여 그 신화를 받아들이는 것이다. 절망을 경험하는 것은 그 선물을 가치 없는 것으로 거절하는 것이다.

윌리엄 워즈워스가 '영광과 꿈'으로 부른 것은, 우리 삶에 일치, 의미 그리고 목적을 공급하기 위해, 우리가 만드는 개인적 신화에 담겨 있다. 〈초기 아동기의 회고로부터 불멸의 암시(*Ode: Intimations of Immortality from Recollections of Early Childhood*)〉라는 워즈워스의 시는 유년기의 즐거웠던 시절이 지나감을 아쉬워하면서 시작한다. 시는 우리 삶의 소중한 시간에서 쇠퇴의 겨울로 들어가야 하는 피할 수 없는 이동에 관심을 두고 있다. 그러나 워즈워스는 희망, 힘 그리고 은총으로 마무리한다.[3] 과거는 영원히 사라졌지만, 그 유익함은 결코 우리를 떠나지 않는다.

> 초원의 화려함이나 꽃들의 영광 속에서도
> 시간을 되돌릴 수 있는 것은 아무 것도 없지만,
> 우리는 슬퍼하지 않고
> 오래된 연민 속에서
> 지금까지 계속 존재해 오고 있어야만 했던
> 뒤에 남아 있는 힘을
> 대신 찾을 것이다.

오랜 세월을 두고 우리는 신화를 통해 자신을 만들어 나가기 위해 애쓴다. 그런 노력은 필요하고 유익한 것이다. 그것은 인간의 삶에서 영광과 꿈이다.

우리는 자기와 세계를 만들 단지 하나의 기회를 받는데, 그런 기회에서 가장
많은 것을 만드는 것이 우리의 기쁨인 동시에 책임이다. 모든 열의와 열정 속
에서 도전을 받아들이면서, 우리는 마침내 우리의 마지막 후신화적 시기에
그것을 보낸다. 대신 우리는 노력의 결과물을 받는다. 우리가 행하고 만든 것
이 가치 있는 선물들이었다는 믿음을 갖고, 개인적 신화를 회고하고 소중히
여긴다.

 후 주

1) Butler, R. N. (1975). *Why survive? Being old in America*. New York: Harper & Row.
2) Erikson, *Childhood and society*, p. 268.
3) Wordsworth, W. (1807). Ode: Intimations of immortality from recollections of early
   childhood. In *W. Wordsworth, Poems*. London: Longman, Hurst, Rees, & Orme. X, 10–
   15.

부록 1 힘과 교제

이 책을 통해, 나는 개인적 신화에서 두 가지 중심적인 주제로 힘과 교제를 밝혔다. 한 가지 또는 다른 방식 속에서, 대부분의 삶의 이야기는 힘과 교제의 줄거리를 따라 조직된다. 제3장에서 나는, 초등학교 아이들이 이야기에 있어서 이미지에서 주제로 그들의 관심을 옮기기 시작할 때쯤, 힘과 교제에 관해 동기를 주는 성향이 인간의 성격에 연합하기 시작한다고 주장했다. 힘과 성취에 관한 동기와 친밀감과 교제에 관한 동기의 근원은 초등학교 시절로 거슬러 올라갈 수 있다. 제3장에서 살펴보았지만, 우리가 청소년기에 구성하기 시작하는 사상적 배경은 힘(성취, 독립, 지배, 정의 등)이나 교제(사랑, 친밀감, 상호의존, 책임, 돌봄 등)가 개인이 소중하게 여기는 믿음과 가치를 조직하는 정도에 따라 특징지어지게 될 수 있다. 제6장에서는 신화에서 힘과 사랑을 의인화하는 주된 인물들로 힘과 교제의 이마고의 원형들을 자세히 살펴보았다. 제9장에서는 힘과 교제가 생산성에서 어떻게 서로 얽히는지, 그리고 특히 생산적인 성인의 개인적 신화가 이들 경쟁하는 인간의 욕구들 사이의 역동적인 긴장의 대본을 어떻게 쓰는지를 보았다. 부록 1에 추가하여 나는 인간 동기에 관한 성격 연구에 나타난 이들 개념에 대한 어떤 연구물을 제공함으로써, 힘과 교제의 논의를 보충한다.

힘과 성취의 길

모든 사람이 자기를 어느 정도 주장하거나 확대하기를 바라지만, 어떤 개인은 힘, 자율, 통제 그리고 성취에 대한 예외적으로 강한 성향이 있는 듯하다. 어떤 사람은 높은 수준의 힘의 성향을 갖고 있다. 그들의 행동은 대부분의 사람들과 비교하면, 특히 지배적이고 강압적인 방식을 보인다. 그들은 파티의 주역이 되어, 사람들과 그들의 환경에 실질적인 통제를 행사하기 위해, 사회적 환경에 큰 관심을 쏟는 경향이 있다. 또 어떤 사람은 강한 힘의 가치와 믿음을 지니고 있다. 그들은 인간의 궁극적인 덕목으로 용기를 소중하게 여긴다. 그들은 모든 사람이 자신을 찾고 강인한 개인으로 행동해야 한다고 주장한다. 그들은 국가 안보, 인간적 독립, 평등과 자유에 대한 강한 믿음을 신봉하는 경향이 있다. 또 다른 사람은 자신에게 힘의 특성을 부여하고, 어떤 심리학자들이 힘의 자기 도식 또는 자기 개념이라고 부르는 것을 표현함으로써 강한 힘을 표현한다. 이런 그 또는 그녀는 자신을 특별히 지배적이고, 자기주장적이고, 성취적이고, 독립적이고, 규율적이고 그리고 공격적인 면으로 표현한다. 이런 성향들은 남성성의 전형적인 성 역할과 전통적으로 연결된다.[1]

특히 힘을 추구하는 사람은 성취에 대한 되풀이되는 욕구에 이끌린다. 힘의 동기는 강하게 느끼고 세상에 영향력을 가지려는 욕구다. 성취의 동기는 유능하게 느끼고, 다른 사람들이 어떤 일을 하는 것보다 더 잘하려는 욕구다. 힘과 성취의 동기는 중요한 점에서 서로 다르다. 심리학자들은 개인의 힘과 성취의 동기가 어떻게 높거나 낮은지를 결정하는 민감한 방식들을 개발했다. 심리학 연구에서 주제통각검사(TAT)라는 이름의 평가 방식인 이 측정 방식은 모호한 그림들에 반응할 때 사람이 만드는 상상적인 환상들 속의 내용의 주제를 분석하는 것을 포함한다.[2] 지난 40년간, 심리학자들은 인간의 삶에서 이 두 가지 강한 힘의 성향의 표명, 관계 그리고 기원을 이해하기 위해서 힘과 성취의 동기에 대한 수많은 연구를 수행해 왔다.[3]

힘의 동기에 높은 점수를 기록한 사람은, 다른 사람에 대한 자신의 영향력을 높이고 자신의 명성을 높이기 위해, 의식적으로 그리고 무의식적으로 계획된 행동들에 참여하는 것으로 보인다. 연구들은 높은 힘의 동기가 ① 선출된 공직을 얻는 것, ② 작은 집단들에서 적극적이고 강력한 방식들로 행동하는 것, ③ 신용카드나 스포츠카와 같은 소유물을 계속 늘리는 것, ④ 과시하기 위해 무모한 행위를 하는 것, ⑤ 논쟁에 끼어드는 것, ⑥ 다른 사람들의 행동을 강하게 지시하는 직업들을 선택하는 것(예: 회사 간부, 교사, 심리학자) 그리고 ⑦ 남성 속의 충동적이고 공격적인 행위와 긍정적으로 연결되어 있다고 보여 준다.[4]

많은 연구가, 정기적으로 강한 지도자의 역할을 취하는 사람들이나 기관에서 강한 영향력을 행사하는 위치에 오르는 사람은 힘의 동기에서 상대적으로 높은 점수를 받는 경향이 있음을 보여 주었다. 어떤 실험 연구들은 힘의 동기가 높은 사람이 리더십 역할에서 실제로 어떻게 영향을 주는지를 보다 자세하게 살펴보았다. 한 연구에서, 연구자들은 힘의 동기가 높은 경영학 전공 학생들이 집단 의사 결정에서 어떻게 다른 사람의 행동을 지시하는지를 조사했다.[5] 각기 5명의 학생들을 포함한 40개의 집단들이, 회사가 새로운 전자 제품을 시장에 내놓아야 하는지에 관한 비즈니스 사례 연구를 토론하기 위해 만났다. 각 집단의 리더가 지명되었다. 리더의 절반은 이전에 TAT에서 측정한 힘의 동기에서 높은 점수를 받았고, 나머지 절반은 낮은 점수를 받았다. 집단 행동에 대한 관찰로부터, 높은 힘의 동기를 지닌 리더들과 함께 있던 집단 속의 학생들은, 낮은 힘의 동기를 지닌 리더들과 함께 있던 집단 속의 학생들과 비교하여, 위선적인 기업의 행위에 대한 더 적은 도덕적 관심을 보이고, 더 적은 대안적인 계획들을 토의하기 위해 더 적은 제안들을 내놓는 경향이 있다는 것을 알게 되었다. 연구자들은 이런 결과는 높은 힘의 동기를 지닌 리더들이 집단 사고—책임감의 발산으로 특징지어지는 성급한 의사결정의 형태, 장기간의 추이를 생각해 보지 못하는 실패, 자신의 의견이 어떤 도전에 직면하지 않는 단독 리더에 의한 지배—를 격려하는 것을 의미한다고 해석했다.

힘의 동기가 높은 사람의 개인적인 삶은 어떠한가? 이 주제에 관해, 흥미로운 성 차이가 발견되었다. 놀랍게도, 남성이 여성보다 힘의 동기에 있어 일관성 있게 높은 점수를 차지하지 않았다. 그러나 높은 힘의 동기는 남성과 여성의 다른 사랑의 관계 방식에 연결되어 있는 것으로 보인다. 남성의 경우, 높은 힘의 동기는 결혼과 이성 교제에서 더 큰 불만, 이성 교제에서의 불안정성, 시간을 두고 더 많은 성적 대상 그리고 높은 수준의 이혼율과 연결된다. 하지만 여성의 경우, 힘의 동기의 기능으로 이런 부정적인 결과들이 보이지 않는다. 오히려 한 연구는 여성의 힘의 동기는 결혼의 만족감과 긍정적으로 연결된다고 제시했다.[6] 더 나아가, 힘의 동기가 높은 고학력 여성은 성공적인 남성과 결혼하는 경향이 있다.[7] 여성은 아동기 이후부터 다른 사람에게 책임감을 갖는 돌봄의 역할을 받아들이도록 사회화되기 때문에, 힘의 동기가 높은 여성은 힘의 동기가 높은 남성보다 더욱 자애로운 방식들—친밀한 관계를 손상시키기보다 촉진시키는 방식들—로 힘의 동기를 표현하기가 쉽다.[8]

우정의 영역에서, 힘의 동기가 높은 남성과 여성은 높은 힘의 용어로 자신의 우정관계를 이해하는 경향이 있다. 내가 스티븐 크라우스(Steven Krause)와 쉴라 힐리(Sheila Healy)와 수행한 한 연구에서, 2주간에 걸쳐 대학생들에게 우정 에피소드를 추적하기 위한 질문을 했다.[9] 우리는 우정 에피소드를 적어도 15분 동안 친구와의 어떤 지속적인 상호작용으로 정의했다. 우리는 힘의 동기가 높은 학생들이 힘의 동기가 낮은 학생들에 비하여, 많은 친구(다섯 친구 또는 때때로 그 이상)와 상호작용한 상당히 많은 우정 에피소드를 보고한 것을 발견했다. 추측하건대, 강력한 행동과 자기 과시를 위한 보다 많은 청중을 위해 보다 많은 친구를 만들어야 했을 것이다. 힘의 동기가 높은 학생은 우정 에피소드에서 적극적, 자기주장적 또는 지배적인 역할을 특징적으로 맡는 것으로 보고했다. 친구와 함께 있을 때 힘의 동기가 높은 학생은 다음의 행동들을 전형적으로 받아들이는 것으로 보고했다. 즉, 상황을 떠맡는 것, 책임을 받아들이는 것, 논쟁에서 자기주장을 역설하는 것, 충고하는 것, 계획을 세우는 것, 활동을 구성하는 것, 다른 사람들을 설득하려고 하는 것, 그리고 자주 다른 사람들을 돕는 것 등이다.

　자신의 친구를 돕는 것은 힘의 동기가 높은 사람들에 의해 제공되는 우정을 설명하는 중심적인 활동이다. 내가 학생들에게 지금까지 해 봤던 가장 훌륭한 연구인 우정에 대해 자세히 회상하도록 요청했던 한 연구에서, 힘의 동기가 높은 남성과 여성은 자신과 친구가 도움을 주고받으면서 가까워졌던 특별한 사건들을 압도적으로 설명했다.[10] 힘에 이끌리는 사람에게, 좋은 우정의 증거는 자신의 친구를 구하는 것에 대한 능력이다. 세상의 강하고 지배적인 존재로서, 친구는 서로를 위해 어떤 일들을 해야 한다. 특별한 우정의 이야기에서 그들은 힘의 전환점으로 기억되는, 강력한 위업을 수행한다. 우정은 힘의 부적절한 주장으로 와해되는 경향이 있다. 힘의 동기가 높은 학생은 우정에서 자신의 가장 큰 두려움이 자신과 친구가 서로 반복적인 갈등 속에 빠지는 것이라고 언급했다. 결과적으로, 이들은 자신의 힘의 추구가 우정을 손상하지 않도록 갈등을 피하기 위해 조심하고 있었다.[11]

　힘이 영향력과 명성을 제시하는 반면, 성취는 유능함, 탁월함 그리고 더 잘하는 것에 보다 초점을 맞춘다. 많은 심리학적 연구는 성취 동기가 높은 사람은 기능적인 과제에 있어 효과적인 실행, 즉 사람보다는 물건과 관련된 과제에 특히 관심이 있다고 알려 준다. 성취 동기가 높은 사람은 성공과 실패에 관해 즉각적인 피드백을 주므로 적당한 도전을 주는 과제를 더 좋아하고 높은 성과를 보이는 경향이 있다. 그들은 결과물을 극대화하기 위해 때때로 생략하거나, 심지어 속이기도 하면서, 많은 종류의 실행에서 끈기 있고 효율적인 경향이 있다. 그들은 강한 자기 통제를 보이고, 미래에 대해 주의 깊은 계획을 세우는 데 자신의 에너지를 쏟는 경향이 있다. 그들은 가만히 있지 않고, 혁신적이고, 변화와 이동에 끌리는 경향이 있다.[12]

　성취 동기에 대한 연구에서 가장 흥미로운 대목 중 하나는 이런 동기가 다른 사람이 어떻게 직업을 찾고 직업 환경에 적응하는지에 관한 것이다. 많은 학생에게 직업에 대한 개인적 참여는, 그들이 어떤 직업을 준비할 수 있도록 특별히 고안된 학과목을 수강하면서 대학에서 시작한다. 연구는 성취 동기가 높다는 것이 대학의 학과목에서 높은 성적을 반드시 보장하지는 않는다는 것을 보여 준다.[13] 그러나 학과목이 그들의 미래 직업과 직접적으로 관계가 있다고 인식될 때, 성취 동기가 높은 학생은 성취동기가 낮은 학생보다 높은 점수를 얻는다. 더 나아가, 성취 동기가 높은 학생은 직업 선택에서 분별 있고, 실용적인 방식을 채택하면서, 너무 많지도 않고 너무 적지도 않게, 적절한 도전과 부담을 주는 길을 정하면서, 보다 현실적인 직업에 대한 포부를 갖고 있는 것으로 보인다.[14]

  미국 성인들에 대한 전국적인 조사는 성취 동기가 높은 남성은 성취 동기가 낮은 남성보다 그들의 직업을 더 재미있는 것으로 평가했고, 여가보다 일을 좋아했으며, 직업에 대한 더 높은 만족을 보고했다고 지적했다.[15] 그러나 같은 관계가 여성에게서는 발견되지 않았다. 성취 동기가 높은 청년은 비즈니스 직업에 끌리는 경향이 있다. 실제로 비즈니스의 많은 영역은 성취 동기와 잘 어울리는데, 그것들은 사람들에게 적절한 모험을 하도록, 그들의 성과에 대해 개인적인 책임을 지도록, 비용과 수익의 관점에서의 반응에 관심을 기울이도록, 제품을 만들고 서비스를 제공하는 새롭고 독창적인 방식들을 찾도록 요구하기 때문이다. 이런 기업 정신의 특징은 실험 연구가 성취 동기가 높은 사람에게 속해 있다고 보여 준 특성들과 정확하게 동일한 행동적이고 태도적인 특성들이다. 이 점에 있어, 성인 사업가들에 대한 연구들은 성취 동기와 생산성 사이의 긍정적인 연결점을 보여 주는 경향이 있다. 예를 들면, 한 연구는 영국의 작은 의류 회사들 중에 시간을 두고 회사의 투자, 생산고, 직원들 숫자의 증가는 회사의 소유주와 경영자의 성취 동기 점수와 긍정적으로 연결되어 있다는 것을 찾았다.[16] 7년 이상 영농 기업가들을 추적한 또 다른 연구는 높은 성취 동기를 가진 사람이 성취 동기에서 낮은 점수를 가진 농부보다 시간을 두고 생산에서 더 많은 소득을 올리는 것을 보여 준다는 것을

찾았다.[17)]

일반적으로 남성과 여성은 성취 동기의 전반적인 수준에 있어 다르지 않다.[18)] 그러나 단지 약간의 연구가 여성의 성취 동기와 직업 추구 사이의 관계를 조사했다. 얻어진 결과들은 남성에 대한 발견과 대체로 일치한다. 예를 들면, 성취 동기가 높은 여대생은 성취 동기가 낮은 여대생보다 더 도전적인 직업을 추구하는 경향이 있다.[19)] 직장과 가정을 결합하려는 계획을 가진 청소년 여학생은 직업을 추구하려는 계획이 없던 다른 여학생보다 성취 동기가 높은 경향이 있었다.[20)] 하지만 비즈니스 세계의 여성들 사이의 기업 정신과 성취 동기의 주제에 관해서는 거의 연구가 없다.

교제: 사랑과 친밀성의 길

힘과 같이 교제는 많은 다른 방식 속에서 자신을 표현할 것이다. 어떤 사람은 높은 수준의 교제의 특성을 갖고 있다. 그들의 행동은, 대부분의 다른 사람들과 비교하면, 특히 따뜻하고 다정한 태도를 보인다. 그들은 친구, 돌보는 자, 경청하고 친절하게 상담을 해 줄 사람으로 특히 그 가치를 인정받는 경향이 있다. 또 어떤 사람은 매우 강한 교제의 가치와 믿음을 지니고 있다. 그들은 사랑과 동정을 궁극적인 인간의 가치로 소중히 여긴다. 그들은 사람들은 서로 책임을 져야 하고, 무조건적인 사랑과 애정을 표현하는 데 헌신해야 한다고 주장한다. 그들은 세계 평화, 인간의 상호의존, 자유를 넘어 평등권에 대한 강한 믿음을 신봉하는 경향이 있다. 또 다른 사람은 교제의 성격을 교제적인 자기 도식이나 자기 개념을 설명하면서 자신의 탓으로 돌린다. 교제적인 남성이나 여성은 자신을 특별히 따뜻하고, 동정심이 많고, 책임감이 있고, 자상하고, 부드럽고, 양육적이라고 표현할 것이다. 이런 자질들은 전통적으로 여성성의 성 역할 고정 관념과 연결되었다.[21)]

개인의 삶에서 인간 동기의 교제의 측면에 대한 가장 구체적인 과학적 탐색은 나의 책, 『친밀감: 가까워지려는 욕구』에서 설명한 친밀감의 동기에 대한 연구다. 친밀감 동기는 다른 사람들과 가깝고, 따뜻하고, 상호작용을 함께 나누려는 반복적인 욕구다. 힘과 성취 동기와 같이, 친밀감 동기에서의 개인적인 차이들은 사람들이 주제통각검사(TAT)에 대한 반응으로 구성하는 상상적 환상들에 대한 분석을 통해 평가될 수 있다. 지난 13년에 걸쳐, 나와 동료들은 인간의 삶에서 친밀감의 동기의 발현과 상관관계를 조사하는 수많은 연구를 수행했다. 연구는 친밀감 동기가 높은 사람이 자신의 행동과 경험에서 대인관계의 교제를 강하게 추구한다는 일반적인 명제를 지지한다.

친밀감 동기가 높은 사람은, 그들의 친구들과 아는 사람들에 의해, 특별히 '자상하고' '진실하고' '자연스럽고' 그리고 '감사하는'으로 설명되고, '자기중심적'이고 '지배적'과 같은 형용사에서는 특히 낮은 것으로 평가된다.[22] 작은 집단들에서, 그들은 때때로 자신의 위신과 지위를 희생하면서도, 다정한 관계들과 집단의 결속을 촉진시키는 경향이 있다.[23] 지배적인 다른 사람들보다 그들은 오히려 들어 주는 사람이지만, 대인관계의 조화나 선행을 촉진시키기 위해 무대 뒤에서 일하는 사람의 역할을 선택함으로써, 많은 대인관계의 상황에서 통제를 포기하기를 좋아한다. 일상생활에서 친밀감 동기가 높은 사람은, 친밀감 동기가 낮은 사람과 비교하여, 다른 사람과 그들과의 관계에 대해 생각하는 데 보다 많은 시간을 쓰고, 다른 사람과 보다 많은 대화에 참여하며, 다른 사람과 함께 있으면서 즐거움과 행복의 높은 수준을 경험하는 경향이 있다.[24] 다른 사람과의 대화에서, 그들은 다른 사람에게 긍정적인 정서와 따뜻한 관계를 표시하는 비언어적 행위인 높은 수준의 웃음과 미소, 시선을 맞추는 경향이 있다.[25]

친밀감 동기는 특히 교제적인 우정과 연결된다.[26] 친밀감 동기가 높은 학생은 함께 시간을 보내고, 이야기를 나누는 일대일 종류의 많은 우정 에피소드를 보고한다. 그들은 많은 큰 집단에서의 우정 에피소드에 참여하지 않는 경향이 있다. 친밀감 동기가 높은 학생은 개인 정보를 많이 나누는 것을 포함한 자신의 우정 에피소드를 표현하는 경향이 있다. 그들의 가장 위대한 우정에 대한 설명은 이런 생각을 강조한다. 그런 우정의 중대한 시기는, 대개 한 친구가 전에 어느 누구에게도 거의 말한 적이 없는 자기 자신의 비밀을 함께 나누는, 친밀한 자기 개방의 장면을 포함한다. 친밀감 동기가 높은 사람이 보기에 이상적인 친구는 그 친구가 들어 주고, 받아 주고, 결코 당신의 신뢰를 저버리지 않을 것을 알면서 당신이 가장 개인적인 정보를 함께 나눌 수 있는 사람이다. 한 친구가 약속을 어기고, 삼자에게 비밀을 누설하여 신뢰를 저버리거나, 기대하는 따뜻함과 이해심을 보이지 못할 때, 결과적으로 우정은 깨진다. 친밀감이 높은 사람은 우정에 있어서 갈등보다는 분리를 두려워한다. 마음이 떠날 때, 사람들은 더 이상 따뜻하고 상호적인 방식들로 연결시키기가 어렵다. 그들의 마음에서, 우정은 친밀감의 악화를 견딜 수 없다.

최근의 어떤 조사는 친밀감 동기가 건강과 심리적 복지에 연루될 수 있다고 제시한다. 성격과 심리치료에 관한 많은 이론은 친밀성에 대한 능력이 삶에서의 적응과 성숙의 증표라고 제시한다. 이 이론과 같은 맥락에서 나와 조지 베일런트(George Vailant)가 진행한 연구는, 30세 정도에 평가한 것과 17년 후—연구 대상들이 중년의 나이가 되었을 때—에 결정한 전반적인 심리사회적 적응으로의 친밀감 동기 사이에 강한 연결을 보여 준다.[27] 1940년대 초에 하버드 대학교를 졸업한 남성들에 대한 연구에서, 졸업하고 10년 후 높은 친밀감 동기를 갖고 있는 것은 나중에 결혼의 즐거움과 직업의 만족을 예고했다. 바꾸어 말하면, 그들의 TAT 환상들에서 따뜻하고 가까운 관계들에 강한 관심을 보인 남성은 결혼과 직장에서 직면했던 도전들에 보다 성공적이고 행복하게 적응하는 경향이 있었다.

1,200명 이상에 대한 전국적인 연구에서, 사회심리학자 프레드 브라이언트(Fred Bryant)와 나는, 친밀감 동기가 높은 여성은 친밀감 동기가 낮은 여성에 비하여 상대적으로 그들의 삶을 행복하게 생각하고, 아내, 어머니, 전문직 등의 다양한 역할에 만족한다는 것을 발견했다. 친밀감 동기가 높은 남성은 그들의 삶에서 스트레스를 덜 받고, 미래에 대한 불확실함에 대해 관심을 덜 갖는다고 보고했다.[28]

친밀감 동기에 대한 연구는 힘과 성취의 연구와는 달리, 상당히 일치하는 성 차이를 보여 준다. 일반적으로, 여성과 소녀는 남성과 소년보다 친밀감 동기에서 다소 더 높은 점수를 받는 경향이 있다.[29] 그 차이가 압도적인 것은 아니지만, 오히려 일관된 것이다. 즉, 친밀감 동기가 높은 남성도 많고, 친밀감 동기가 낮은 여성도 많지만, 집단으로 남성과 여성의 평균 점수에서, 여성이 더 높은 점수를 얻는 경향이 있다. 우리는 왜 이런 차이가 생기는지 정확하게 알고 있지 않지만, 성별에 따라 가능한 생물학적 차이부터 보편적인 문화적 차이에 이르기까지, 우리가 남성과 여성이 어떻게 행동하고, 생각하고 그리고 느끼기를 기대하는지에 관한 많은 논리적인 설명이 제공될 수 있다.[30]

친밀감과 사랑 사이의 관계는 무엇인가? 이 두 가지 개념은 인간의 교제적 측면으로 보이지만, 이 두 가지가 정확하게 같지는 않다. 친밀감은 주로 인간 관계에서의 공유적 측면을 가리킨다. 친밀해지는 것은 다른 사람과 자신의 내적 자기를 함께 나누는 것이다. 서로 나눔을 통해 서로를 더 잘 알게 되고, 서로를 돌보게 된다. 친밀감의 이상적 모형은 철학자 마틴 부버(Martin Buber)가 '나와 당신'의 관계로 설명한 것이다. 나와 당신의 경험 속에서, 두 사람은 그들의 가장 깊은 생각과 감정을 나누면서, 그러나 그 과정에서 분리된 존재들을 남기면서, 서로에 대해 강하고 확고하게 초점을 맞춘다. 우리는 친밀감 속에서 다른 사람들과 합쳐지지 않는다. 오히려 관계를 통해 서로 풍부해지는 방식 속에서, 나는 당신과 직면한다. 부버는 그 경험을 다음과 같이 잘 설명했다.[31]

　　내가 한 인간을 나의 당신으로 대면할 때, 그리고 그에게 기본적인 용어인 나와 당신을 말할 때, 그는 사물들 가운데 어떤 것도 아니고, 사물들로 이루어지지도 않는다. 그는 시공간 세계의 어떤 좌표상의 한 점이나, 경험하고 설명된 어떤 상태나, 특징들로 이름 붙여진 어떤 한 다발의 묶음이 더 이상 아니다. 주변에 누군가가 없이, 연결이 없이, 그는 당신이고, 창공을 채운다. 오직 그만 존재했던 것이 아니라면, 그 밖의 모든 것은 그의 빛 안에 살고 있다.

친밀감은 사랑을 증진시키지만, 그것은 사랑과 동일한 것은 아니다. 사랑은 친밀감보다 복잡한 것으로 보인다. 한 가지를 보면, 사랑은 많은 종류가 있는 것으로 보이는데, 친밀감은 오히려 한 가지 특성을 갖고 있는 듯하다. 또 다른 면을 보면, 사랑의 경험은 많은 다른 요소를 포함하고 있는 것으로 보이는데, 이것들 중 어떤 것은 서로 모순되는 것일 수 있다. 친밀감은 종종 그런 요소들의 하나다. 바꾸어 말하면, 사랑하는 관계는 그들의 가장 깊은 자기를 공유할 수 있는 하나가 되어야 한다. 그러나 사랑하는 것은 그 이상이어야 할 것 같다. 예를 들면, 성적인 사랑에서 연인은 하나처럼 서로 합쳐지고(연합), 서로를 완벽하게 보고, 낭만적으로 영웅적인 것처럼 그들의 관계를 보고(이상화), 그리고 상대방을 자신의 것으로 소유하기를 바란다(질투).

성적 사랑에서 친밀감, 연합, 이상화 및 질투는 네 가지 중요한 구성요소다. 하지만 이 네 가지는 때때로 엇갈리는 목적으로 작동하기도 한다. 연인은 서로 소유하기를 원하지만(질투), 또한 서로 개방하고 그들의 서로 가장 깊은 자기를 공유하기를 원한다(친밀감). 하지만 그들은 어떻게 둘 다 맘껏 할 수 있을까? 상대방을 소유하는 것은 상대방을 물건과 같이 대하는 것으로서 친밀감을 해치기가 쉽다. 인간은 소유된 대상과 더불어 동등하게 공유할 수가 없다. 상대방을 이상화하는 것은 상대방의 본질적인 부분이지만, 완벽함에 미치지 못하는 많은 면을 간과하는 것이기 때문에 이것도 친밀감을 손상시킬 수 있다. 그리고 어떻게 한 연인이 상대방을 숭배하면서, 동시에 연합할 수 있는가? 만약 두 연인이 하나가 된다면, 상대방을 숭배하는 것은 자기애의 형태가 되고 만다. 성적 사랑은 많은 지배자에 의해 이끌린다. 시인들이 그것을 우리의 통제에서 벗어난 '신성한 광기'로 보았던 것도 그리 놀라운 일이 아니다.

성적 사랑을 넘어서서, 우리는 적어도 세 개의 다른 종류의 사랑을 확인할 수 있는데, 그들 각기 이런 저런 방식으로 친밀감을 포함하고 있다.[32] 가장 겸손하고 폭넓게 퍼져 있는 형태의 사랑은 애정인데, 고대 그리스인이 '스토르게(storge)'라고 부른 것이다. 애정은 부모가 자녀에게 보여 주는 사랑의 형태로, 우리는 매우 친숙한 사람이나 대상에게 그런 사랑을 보여 준다. 애정은 특히 부드럽고, 자연스러우며, 시간을 두고 더 강해지는 겸손한 형태의 사랑이다. 친밀감이 애정의 중요한 부분일 수 있지만, 친밀감이 애정 경험의 본질적인 것이라고 보이진 않는다. 한 사람이 다른 사람에게 큰 애정을 느낄 수는 있지만, 애정의 대상과 더불어 자기를 함께 나눌 필요는 없다. 어떤 부모는 신생아에게 엄청난 애정을 느낄 수 있지만, 아기가 아주 어릴 때는 친밀감으로 거의 기대되지는 않는다.

두 번째 형태의 사랑은 우정인데 고대 그리스인이 '필리아(philia)'라고 부른 것이다. 이상적으로, 이것은 동등한 사람들 사이의 이성적이고 평온한 형태의 사랑이다. 두 친구는 공유하는 진실 또는 공통 관심사에 의해 연합한다. 친밀감은 부버가 설명한 나와 당신의 나눔의 종류를 통해, 우정의 풍부한 유대감 속에서, 친구들이 서로 더 잘 알게 되고, 서로 더 잘 돌보게 되면서, 특히 도구적인 것으로 보일 것이다. 필리아는 또한 친구를 위한 존경을 포함한다. 좋은 친구는 때때로 자신이나 친구들 속에서 자신이 되고 싶은 것을 보면서 서로의 자질들을 칭찬한다.

마지막으로 사랑은 자선의 형태인데, 고대 그리스인이 '아가페(agape)'라고 부른 용어 속에서 나타난다. 아가페는 모든 인류를 위한 무조건적이고 비이기적인 사랑이다. 그것은 네 가지 사랑 중에 가장 조건적이거나, 선택적이거나, 자연적이지 않다. 그러나 그것은 또한 어떤 신학자나 시인이 이상적이고 신성한 것으로 묘사한 사랑의 형태다. 이론적으로, 모든 인류를 향한 비이기적인 사랑은 교제의 궁극적인 형태다. 아가페 속에서 자기는 모든 다른 사람과 하나가 되고, 모두의 복지는 하나의 복지가 된다. 힘은 무산되고 마는데, 더 이상 자기는 주장하고 보호하고 확장할 필요가 없기 때문이다. 어떤 의미에서, 자기는 상대방과 동일시되었다.

후 주

1) 남성성은 보통 자기 보고 설문지들과 체크리스트를 통해 평가되고, 사회적 관계에서 적극적, 지배적 그리고 도구적 접근의 용어 속에서 정의된다(Ickes, 1981, p. 96). 그러므로 남성과 여성 모두에게서 남성성에서 높은 점수가 나올 수 있다. 높은 점수는 남성적 행위의 정형화된 표현들과 전통적으로 연결되는 많은 특성(단호함, 공격성, 지배성, 성취지향성 등)을 자신의 것으로 여기는 사람을 의미한다. 다음의 자료를 보라. Ickes, W. (1981). Sex-role influences in dyadic interaction: A theoretical model. In C. Mayo and N. Hanley (Eds.), *Gender and nonverbal behavior* (pp. 95–128). New York: Springer-Verlag.

2) Murray, *The thematic apperception test: Manual.*

3) 힘과 성취의 동기에 대한 TAT 평가에 대한 중요한 자료들은 다음과 같다. McClelland, D. C. (1961). *The achieving society.* New York: The Free Press. McClelland, D. C. (1975). *Power: The inner experience.* New York: Irvington. McClelland, *Human motivation.* Winter, *The power motive.* Winter, D. G., & Carlson, L. (1988). Using motive scores in the psychobiographical study of the individual: The case of Richard Nixon. In D. P. McAdams and R. L. Ochberg (Eds.), *Psychobiography and life narratives* (pp. 75–104). Durham, NC: Duke University Press. Winter, D. G., & Stewart, A. J. (1978). The power motive. In H. London and J. E. Exner, Jr. (Eds.), *Dimensions of personality* (pp. 391–448). New York: John Wiley & Sons.

4) McAdams, *Power, intimacy, and the life story.* McClelland, *Human motivation.* Stewart, A. J., & Chester, N. L. (1982). Sex differences in human social motives: Achievement, affiliation, and power. In A. J. Stewart (Ed.), *Motivation and society* (pp. 172–218). San Francisco: Jossey-Bass. Winter, *The power motive.*

5) Fodor, E. M., & Smith, T. (1982). The power motive as an influence on group decision making. *Journal of Personality and Social Psychology, 42,* 178–185.

6) McAdams, D. P. (1984). Human motives and personal relationships. In V. Derlega (Ed.), *Communication, intimacy, and close relationships* (pp. 41–70). New York: Academic press.

7) Winter, McClelland, & Stewart, *A new case for the liberal arts: Assessing institutional goals and student development.*

8) Winter, D. G. (1988). The power motive in women—and in men. *Journal of Personality and Social Psychology, 54,* 510–519. 윈터는 여성은 아동기에 높은 수준의 책임감 훈련에 영향을 받게 되고, 그에 따라 궁극적으로 힘의 동기에 대한 그들의 표현을 부드럽게 한다고 주장한다. 또한 이런 방식으로 훈련받은 남성은 마찬가지로 동기에 대해 사회적으로 책임감 있는 표현들을 보여 주어야 한다. 그가 논문에서 보고하는 연구는 동생이 있는 남성(그들이 아기를 보거나 다른 양육과 돌보는 활동에 참여했다고 가정했다)과 힘의 동기가 높은 남성은 남성에게 있어 전통적으로 높은 힘의 동기와 연결된 방탕한 행위(예: 공격성과 충동적인 행위)를 보이지 않았다는 사실을 보여 주는 생각을 지지한다. 동생이 있는 높은 힘의 동기를 가진 여성도 상대적으로 낮은 수준의 방탕한 행위를 보여 주는 반면, 동생이 없는 높

은 힘의 수준을 가진 여성은 다소 높은 수준의 방탕한 행위를 보여 주는 경향이 있다.

9) McAdams, D. P., Healy, S., & Krause, S. (1984). Social motives and patterns of friendship. *Journal of Personality and Social Psychology, 47*, 828-838.

10) McAdams, "Human motives and personal relationships."

11) 갈등을 두려워하면서 강한 힘의 동기를 가진 사람은 적극적 행위자들 사이의 가능한 충돌에 대해 관심을 표현한다. 힘의 관계가 잘 작동하기 위해서, 친구는 서로의 힘의 갈등, 자기 확장, 자기 주장 그리고 자기 과시의 모험에 대해 인내해야 하고, 관대해야 한다. 갈등은 친구의 힘의 갈등을 지지했던 균형을 깨뜨리도록 위협한다. 그러므로 윈터(1973)가 높은 힘의 동기를 가진 남성이 동료와의 관계에서 갈등의 가능성을 조심스럽게 피하려 한다는 것을 발견한 것은 놀랍지 않다. McAdams, "Human motives and personal relationships." Winter, *The power motive.*

12) McClelland, *Human motivation.* Winter & Carlson, "Using motives scores in the psychobiographical study of the individual: The case of Richard Nixon."

13) Entwisle, D. R. (1972). To dispel fantasies about fantasy-based measures of achievement motivation. *Psychological Bulletin, 77*, 377-391.

14) Mahone, C. H. (1960). Fear of failure and unrealistic vocational aspiration. *Journal of Abnormal and Social Psychology, 60*, 253-261.

15) Veroff, J. (1982). Assertive motivations: Achievement versus power. In A. J. Stewart (Ed.), *Motivation and society* (pp. 99-132). San Francisco: Jossey-Bass.

16) Kock, S. W. (1965). *Management and motivation.* English summary of a doctoral dissertation presented at the Swedish School of Economics, Helsinki, Finland.

17) Singh, S. (1978). Achievement motivation and entrepreneurial success: A follow-up study. *Journal of Research in Personality,* 12, 500-503.

18) Stewart & Chester, "Sex differences in human social motives: Achievement, affiliation, and power."

19) Baruch, R. (1967). The achievement motive in women: Implications for career development. *Journal of Personality and Social Psychology, 5*, 260-267.

20) Bloom, A. R. (1971). *Achievement motivation and occupational choice: A study of adolescent girls.* Unpublished doctoral dissertation, Bryn Mawr College.

21) 남성성과 같이 여성성도 남성들과 여성들 양쪽에 적용할 수 있다. 이키즈(1981)는 여성성을 상대적으로 반응적인 것으로, 정서적으로 반응하고 표현하는 성 역할의 이해로 정의한다(p. 96). 여성성으로 높은 점수가 나오는 남성이나 여성은 자신이 전통적으로 여성의 성 역할로 연상되는 많은 특성을 갖고 있는 것으로 여긴다: 동정적인, 부드러운, 양보하는, 관계적으로 이해하는 등. Ickes, "Sex-role influences in dyadic interaction: A theoretical model."

22) McAdams, "A thematic coding system for the intimacy motive."

23) McAdams, D. P., & Powers, J. (1981). Themes of intimacy in behavior and thought. *Journal of Personality and Social Psychology, 40*, 573-587.

24) McAdams, D. P., & Constantian, C. A. (1983). Intimacy and affiliation motives in daily living: An experience sampling analysis. *Journal of Personality and Social*

Psychology, 45, 851–861.

25) McAdams, D. P., Jackson, R. J., & Kirshnit, C. (1984). Looking, laughing, and smiling in dyads as a function of intimacy motivation and reciprocity. *Journal of Personality, 52*, 261–273.

26) McAdams, "Human motives and personal relationships."

27) McAdams, D. P., & Vaillant, G. E. (1982). Intimacy motivation and psychosocial adjustment: A longitudinal study. *Journal of Personality Assessment, 46*, 586–593.

28) McAdams & Bryant, Intimacy motivation and subjective mental health in a nationwide sample.

29) McAdams, D. P., Lester, R., Brand, P., McNamara, W., & Lensky, D. B. (1988). Sex and the TAT: Are women more intimate than men? Do men fear intimacy? *Journal of Personality Assessment, 52*, 397–409.

30) 이것에 관한 충분한 토론이 나의 책에 나온다. *Intimacy: The need to be close*, chpt. 6.

31) Buber, M. (1970). *I and thou*. New York: Charles Scribner's Sons, p. 62.

32) 나는 여기서 사랑의 네 가지 유형에 대한 C. S. Lewis의 설명에 의존하고 있다. Lewis, C. S. (1960). *The four loves*. New York: Harcourt Brace.

부록 2 핵 에피소드

   과거의 사물에 대한 회상은 매우 선택적이고, 그것은 실질적인 재구성을 포함한다. 인간의 삶을 녹화하는 어떤 객관적인 방식은 없다. 경험은 본질적으로 주관적인 것이다. 성인으로서 우리가 어린 시절의 주어진 큰 부분으로부터 기억하는 것은 바로 실제 사건들의 복잡한 결과물, 사건들이 발생했을 당시 우리 마음의 상태, 우리가 그 사건들을 기억하게 되었을 때 우리 마음의 상태, 그리고 성인기 삶의 맥락에서 어린 시절 사건들 때문이라고 여기면서 우리가 선택하는 특정한 의미다.[1)]

   예를 들어, 당신이 35세 이상의 나이라면, 당신이 매우 분명하게 기억할 수 있을 것 같은 한 가지 특정한 사건을 생각해 보라. 1960년대 초 학령기였거나 그 이상의 나이였던 대부분의 사람은 1963년 11월 22일 오후의 어떤 일을 기억한다.[2)] 내가 기억하기로, 초등학교 4학년 학생들에게 그날은 늦가을의 흐리고 추운 날로 시작했다. 평범한 아침이었다. 우리는 국기에 대한 맹세를 하고, 애국가를 불렀다. 정오 무렵, 우리는 포터 선생님과 미술 수업을 시작했다. 수업 중간에, 교장 선생님은 교실로 들어와 라디오를 틀었던 것을 나는 분명히 기억한다. 수업은 중단되었고, 우리 모두는 케네디 대통령이 달라스에서 저격당했다는 소식을 들었다. 우리는 어떤 큰일이 발생했다는 것을 깨닫으면서 침묵 속에 빠졌다. 교장 선생님이 그렇게 갑작스럽게 수업을 방해한 적은 전에는 결코 없었다.

수업이 중단되면서, 우리는 자리에 자유롭게 앉아 친구들과 이야기를 했다. 우리는 누가 대통령에게 총을 쏘았는지에 관해 흥분하여 재잘거렸다. 우리는 위급한 상태라는 말에 크게 의아해했다. 그것은 희망이 없다는 말처럼 들렸다. 두세 명의 아이들은 대통령이 죽을 것인지, 그러면 어떻게 되는지를 선생님에게 물었다. 선생님은 우리에게 부통령이 대통령직을 맡게 될 것이라고 말했다. 우리는 부통령이 누구인지 알지 못했다. 어떤 아이들은 부통령은 아마도 리처드 닉슨일 것이라고 생각했는데, 그가 1960년의 선거에서 2등을 했었다. 상황의 중대함을 인식하지 못해서 우리 중 대부분은 약간 혼란스럽고 흥분되었다. 단지 나중에, 우리 중 많은 아이는 고통, 분노 그리고 상실의 절망감을 느꼈다. 하지만 그때 우리는 케네디 대통령이 죽었다는 사실을 알기도 전이었지만, 몇몇 아이들은 정말 슬프게 보였다. 내 왼쪽 두 번째 줄에 앉았던 메리 월터스는 책상 위에 엎드려 심하게 울었다. 그녀는 "대신 내가 총에 맞았더라면!"이라고 계속 말했다.

왜 이런 기억이 우리 마음에 이렇게 생생할까? 인지심리학자들인 로저 브라운(Roger Brown)과 제임스 쿨릭(James Kulik)은 1970년대 중반에 수행했던 연구에서 동일한 질문을 했다.[3] 브라운과 쿨릭은 20세에서 44세에 이르는 80명의 미국 남성과 여성에게, 최근 미국 역사에서 중요한 사건들에 대한 그들의 기억을 설명해 달라는 질문을 했다. 응답자들 중 한 명을 제외하고는 모두가 케네디 대통령의 암살에 대해 알게 된 순간을 회상했다고 보고했다. 연구자들은 회상 기억을 개인의 삶에서 특정 사건에 대한 특히 생생하고 구체적인 기억으로 정의했다. 사진과 같이, 기억은 섬광처럼 어떤 일이 지나간 순간, 본인이 무엇을 했고, 생각했고, 느꼈는지, 발생한 일에 대한 구체적 경험을 영원히 붙잡는다. 그러나 사진과 달리, 회상 기억은 선택적이다. 나는 포터 선생님, 교장 선생님 그리고 메리 월터스를 매우 분명하게 기억한다. 나는 반에서 바로 내 옆에 누가 앉아 있었는지, 내가 무엇을 입고 있었는지, 또는 저격과 죽음을 알게 된 사이에 얼마나 시간이 경과했는지는 기억나지 않는다.

또 다른 심리학자는 기억에 대한 다른 해석을 내놓는다. 울릭 나이서(Ulric Neisser)에 따르면, 케네디 암살은 회상 기억보다는 오히려 생애사 척도에 가깝다.[4] 오랜 세월에 걸쳐, 나와 나의 세대의 다른 사람들은 1963년 11월 22일의 중대한 성격을 이해하게 되었다고 나이서는 주장한다. 우리는 마음속에서 그 사건을 리허설하고 재연했다. 시간을 두고, 그 사건은 우리의 삶을 역사적 과정 속에 배열해 놓고, "내가 거기에 있었어."라고 말하는 자리들 중의 하나로서 기억 속에 각인되었다.[5]

나는 나이서가 옳다고 생각한다. 우리의 과거로부터 어떤 사건들은, 우리 삶의 전체적인 이야기에서 그 중요성이 알려지게 되면서, 시간을 두고 특별한 의미를 띤다. 어떤 의미에서, 우리 삶에서 현재 상황과 미래가 부분적으로 가져올 것에 대한 기대가 우리가 기억하는 내용과 방식을 결정하게 된다. 따라서 플래시 전구의 은유는 전적으로 잘못이다. 과거는 객관적인 내용으로 녹화되고 있는 것이 아니다. 그것은 인간에 의해 주관적으로 구성되고 있다. 사람들은 어떤 '잘못된' 사실들을 얻게 될 수도 있다. 예를 들면, 나는 과거에 내가 다녔던 초등학교의 2학년과 3학년 때의 교장 선생님이었던 다마스코스씨가 교실로 갑자기 들어온 것을 기억하지만, 그는 그렇게 하지 않았을 수도 있다. 나는 그 후의 학교의 교장 선생님이 누구인지 기억하지 못한다. 그날의 구체적인 내용의 어떤 부분에서는 나의 기억이 정확하지 않다. 플래시 전구는 그때 꺼지지 않았다. 그러나 회상 속에서, 그 사건은 큰 중요성을 띤다. 반응에서 나는 무의식적으로 자서전적인 자료들을 선명한 장면 속으로 합쳐 넣었는데, 아마 어느 정도 정확하지만, 전체적이고 감정적인 윤곽 속에서 사실 어떤 오류들을 갖고 그렇게 한 것이다.

나 자신의 삶의 이야기에서, 나는 케네디 대통령 암살이 순수성의 상실과 세상의 복잡성에 대해 커지는 의식을 상징화하는 중요성을 추가했다고 믿는다. 케네디 정권은 어떤 사람들에 의해 화려하고 매력 있던 시대로 평가된다.

나에게 초등학교의 처음 몇 년간은 그렇게 화려하고 매력 있던 특징을 가졌다. 4학년 때 비로소 나는 반에서 욕을 입에 달고 사는 불량배들을 무서워하기 시작했는데, 그래서 나는 좋은 성적을 받는 것(바로 친구들의 적개심을 일으키게 했던)에 대한 나의 재능에 대해 고통스럽게 의식하게 되었다. 한 소녀가 내가 우쭐댄다고 말한 것이 4학년 때였다. 나의 첫 번째 가까운 친구들뿐 아니라, 나의 첫 번째 적들을 만들기 시작한 것이 그 무렵이었던 것 같다. 내가 기억하기로, 나의 세계는 크고 위험한 것들을 막 포함하기 시작했는데, 용감한 대통령이 총에 맞아 쓰러지고, 학생들이 얻어맞고, 어른들뿐 아니라 아이들도 서로 미워하면서 말이다. 1963년 11월 22일이 직접적으로 나를 변화시킨 것은 아니라고 말하는 것이 아마도 올바른 말일 것이다. 그러나 나는 그 사건이 나의 삶에 일어났던 변화를 상징화시켰다고 믿는다. 적어도 그것이 내가 지금 그것을 알고 있는 방식이다. 당분간 그것이 나의 이야기의 이 부분을 읽는 방식이다.

우리가 청소년기와 청년기에 자기에 대한 역사적 관점을 도입하기 시작하면서, 삶의 이야기의 다양한 국면들의 최고점인 장면들을 우리의 과거로부터 선택하고 재구성한다. 나는 그런 장면들을 핵 에피소드라고 부른다.[6] 이런 과거 에피소드들은 우리가 과거에 누구였고, 현재 누구인지에 대한 자신의 이해 속에서, 특히 중요한 위치라고 여기는 어떤 시간과 장소에서의 특정 사건들에 대한 우리의 주관적 기억들을 대표한다. 핵 에피소드들은, 어떤 것에 제한되지 않고, 과거에 대한 우리 삶의 이야기 중에서 높은 지점, 낮은 지점 그리고 전환점을 포함할 수 있다.

어떤 핵 에피소드는 자기 속의 연속성을 제시하지만, 다른 에피소드는 변화를 제시한다. 연속성의 핵 에피소드는 좁은 이야기 반경 내에서 일관성 있는 특성이나 성격을 보여 준다. 자신의 삶을 통해, 사람들에게 충실한 친구로서 자신을 보는 한 여성은 그녀가 좋은 상담을 제공한 어떤 사건들을 기억할 수 있다. 특히 생생한 사건들은 그녀의 개인적 신화에서 핵 에피소드들이 된다. 따라서 하나의 핵 에피소드는 내가 무엇인지의 이야기 증거로 쓰일 수 있다. 또는 그것은 개인적 특성이 어떻게 스스로 표현하기 시작하는지에 대한 이야기 설명을 제공할 수 있다. 예를 들면, 한 간호학과 학생은 무서웠던 아동기 경험 속에서 의료 환경에 대한 모호한 매력을 탐색한다.[7]

　　나의 가장 초기 기억은 공포의 감정을 수반한다. 나는 오래된 집의 거실에서 놀고 있었고, 나의 어머니가 전화로 병원에 예약하는 것을 엿들었다. 나는 날짜가 언제인지, 어떻게 가지 않을 수 있는지를 알아내려고 했던 것으로 기억한다. 나는 벽장 속에 숨으려고 했다. 어머니가 부엌에서 나와 무엇이 잘못인지 말하는 것을 듣지 않을 때, 나는 울기 시작했던 것으로 기억한다. 나는 내가 왜 그렇게 의사에게 가는 것을 무서워했는지 기억할 수 없지만, 나는 항상 그랬었다. 이런 전체적인 이야기에서 우스운 것은 내가 지금 간호사 일을 하고 있다는 것이다. 언젠가 어떤 어린아이가 나를 무서워할 것이다.

　　다른 종류의 핵 에피소드들은 개인적 변화를 상징화한다. 많은 사람은 자기에 대한 새로운 이해를 했거나, 자신의 삶에서 중요한 변화를 경험한 극적인 전환점을 이야기한다. 다음은 자신의 삶에서 중요한 전환점을 서면으로 설명하도록 요청했을 때, 43세의 여성이 제공한 답변이다.

　　몇 년 전 새해 전날, 남편과 나는 두 딸과 친구의 딸과 함께 집에 있었다. 우리 어른들은 파티에 초대를 받았다. 샘과 바바라는 아만다를 우리에게 맡겼다. 나의 남편은 파티에 가기를 원치 않았지만, 내가 가기를 원했다. 나는 피곤하고, 외롭고, 무서웠다. 나는 사랑받는다고 느끼고 싶었다. 그는 나에게 더욱 화가 나 있었다. 우리는 샘과 바바라가 아만다를 데리러 오기를 기다렸다. 그들은 새벽 네 시쯤 도착했다. 나의 남편은 아주 차갑고, 화가 났고, 냉담했다. 그는 같은 방에 있었지만, 나에게 말을 하려고 하지 않았다. 나는 패배했고, 버림받았고, 거부당했다고 느꼈다. 나는 이것은 살기엔 너

무 끔찍한 방식이라고 누군가에게 말하는 어떤 일을 해야 한다고 느꼈다. 이
것이 내가 어딘가에 전문적인 도움을 청하러 가기로 결심한 때였고, 삶이 더
나을 수 있다는 것을 알기 때문이었다. 다음 날 나는 상담을 해 볼 것을 강권
한 두 명의 친구와 이야기했다. 이런 지지로 나는 상담을 받았다. 그것은 내
가 지금까지 했던 가장 건강한 행동 중의 하나였다. 이제 몇 년이 지났다. 형
편은 더 좋아졌지만, 미래는 여전히 잘 알 수 없다. 나는 삶을 더 건강하고
행복한 방식으로 살도록 세상은 더 좋아지고 있다고 느낀다.

　핵 에피소드들은 종종 정체성에서 중심적인 주제 내용들을 보여 준다. 힘
과 교제의 상위 주제들은 연속성과 변화의 핵 에피소드들의 많은 이야기를
꿰뚫는다. 그러므로 핵 에피소드들의 이야기 내용들은 인간 욕구의 조직을
볼 수 있는 창들이다. 성취를 위한 힘의 필요와 사랑과 친밀성을 위한 교제의
필요는 삶의 이야기의 높은 지점, 낮은 지점, 그리고 전환점에 대한 많은 보
고에서 분명히 표현된다. 그리고 기대했던 것처럼, 나와 동료들이 지난 10년
이상 수행한 연구는 힘에 대한 강한 욕구를 지닌 사람들은 힘의 주제가 지배
하는 삶의 이야기들을 구성하는 경향이 있는 반면, 친밀감 동기가 강한 사람
들은 교제의 주제들을 강조하는 경향이 있다고 제시한다.[8]
　강한 힘의 동기를 지닌 사람들은 다음의 네 가지 힘의 이야기 동기들이 자
주 등장하는 과거로부터 중요한 사건들을 기억하는 경향이 있다.[9]

1. 힘/영향: 향상된 신체적 · 정신적 · 정서적 · 도덕적 힘의 감각을 얻음으
로 강력한 힘을 추구하는 특성 또는 다른 사람들에 대한 강한 영향력을
갖거나 가지려고 하는 것
2. 지위/인정: 높은 지위나 위치를 얻으려거나 칭찬과 인정을 받으려는 특
성 또는 유명해지거나 중요하게 여겨지려는 행위들
3. 자율성/독립성: 자율성, 독립성, 자기 충족성, 분리, 자유, 해방 또는 자
기 통제의 감각을 추구하는 특성

4. 자신감/성취: 목적을 성취하고, 탁월한 기준에 도달하고, 유능한 방식으로 해내고, 능률적 · 생산적 · 효과적인 면에서 성공을 추구하는 특성

친밀감에 대한 강한 필요를 가진 사람들은 다음 네 가지 교제의 동기에 의해 특징지어지는 핵 에피소드들을 떠올리게 하는 경향이 있다.

1. 사랑/우정: 대인관계의 결과로서 긍정적인 감정들(사랑, 좋아함, 행복, 흥분, 평화 등)을 경험하는 특성
2. 대화/공유: 다른 사람과 좋은 대화 속에서 상호 소통을 경험하는 특성
3. 돌봄/지지: 도움, 위로, 지지, 또는 치료를 제공하거나 받는 것을 포함하여, 다른 사람을 돌보거나 돌봄을 받는 특성
4. 일치/연합: 다른 사람들과, 또는 전체적으로 세상과의 일치, 조화, 연합 또는 결속의 감각을 경험하는 특성

개인적 신화들에서 반복되는 주제들에 대해 제공하는 단서들에 추가하여, 어떤 핵 에피소드들은 특별한 삶의 이야기 특성의 출현과 발달을 또한 알릴 수 있다. 힘의 동기가 높은 남성은 전사로 등장하는 일련의 핵 에피소드들과 관계가 있을 수 있다. 이 사건들 속에서, 그는 비유적으로 또는 문자적으로 전쟁에 나가기도 한다. 그는 반복하여 다양한 세력 및 적들과 전투를 한다. 그는 무력적인 용어, 즉 전투, 접전, 무기, 습격, 지원군, 성전, 평화협정, 비무장지대, 휴전, 재소자, 전략, 방어, 전선, 승리자 그리고 패배자로 자신의 행동들을 표현하기도 한다. 각각의 에피소드에서의 수사적 표현, 행동 그리고 특성은 이들 사건들 속에서, 그 남성이 전사를 가장하여 행동하고, 생각하고, 그리고 느꼈던 것을 제시한다. 그 남성은 실제로 전사라는 것을 주장할 필요가 없다. 그의 전사는 많은 다른 것 중에서 단지 하나의 이마고다. 그러므로 전사는 그의 삶의 이야기에서 현재 또는 지금까지의 그 남성이었던 것들 중의 하나다. 그것은 그의 개인적 신화에서 중심적인 인물들 중의 하나다. 그의

이야기는 다른 중심적 인물들도 갖고 있을 수 있다.

후 주

1) 기억의 재구성은 현대 인지심리학의 필수조건이 되었다. Bartlett, F. C. (1932). *Remembe-ring*. Cambridge: Cambridge University Press. Bolles, E. B. (1988). *Remembering and forgetting: Inquiries into the nature of memory*. New York: Walker & Co.

2) 케네디 대통령 암살에 대한 다음의 내용은 나의 책으로부터의 내용을 개작했다. McAdams, *The person*, pp. 516-518.

3) Brown, R. & Kulik, J. (1977). Flashbulb memories. *Cognition*, 5, 73-99.

4) Neisser, U. (1982). *Memory observed: Remembering in natural contexts*. San Francisco: W. H. Freeman.

5) Ibid, p. 48.

6) McAdams, *Power, intimacy, and the life story*, chpt. 5.

7) Ibid, p. 143.

8) Ibid.

9) 힘과 교제에 관한 주제들의 여덟 가지 유형은 『*Power, intimacy, and the life story*』의 제5장에서 가져왔다. 심리학적 연구에서 이들 주제들을 사용하는 코딩 방식은 저자로부터 가능하다. Dan P. McAdams, Human Development and Social Policy, Northwestern University, 2003 Sheridan Road, Evanston, IL 60208.

찾아보기

인 명

내용

저자 소개

Dan P. McAdams

매캐덤스(Dan P. McAdams)는 노스웨스턴 대학교의 발달심리학 교수다. 1976년 인디애나 주의 발파라이소 대학교에서 심리학을 전공했고, 1979년 25세의 나이에 하버드 대학교에서 성격과 발달심리학으로 박사학위를 취득했다. 그는 세인트올라프 대학교, 미네소타 대학교, 시카고의 로욜라 대학교에서 강의를 했으며, 1989년 성격심리학과 삶의 이야기 연구에 대한 업적으로 미국심리학회에서 헨리머레이상을 받았다. 그는 여러 책의 저자이자, 현대 심리학 학술지의 편집인이기도 하다.

역자 소개

양유성(梁有盛, Yang Yoosung)

평택대학교 피어선신학전문대학원 목회상담학 교수로 재직 중이다. 총신대학교 신학과와 신학대학원 석사를 거쳐, 미국 칼빈신학교에서 석사학위를, 보스턴 대학교에서 목회상담을 전공하여 박사학위를 취득했다. 백석대학교와 한영신학대학교에서 강의를 했으며, 한국목회상담협회 부회장, 한국독서치료학회 회장, 한국부부가족상담학회 부회장, 한국통합예술치료학회 부회장 등을 역임했고, 수원지방법원 전문상담위원으로 활동했다. 저서로 『이야기치료』(학지사, 2004)와 『외도의 심리와 상담』(학지사, 2008) 등이 있고, 목회상담, 부부가족상담, 이야기치료 등의 학술 주제로 다수의 논문을 발표했다.

이우금(李雨錦, Lee Wookeum)

평택대학교 외래 교수와 한국목회상담협회 운영위원으로 활동하고 있다. 이화여자대학교 국문학과와 성균관대학교 경영대학원을 거쳐 서울신학대학교 상담대학원에서 상담학 석사학위를, 평택대학교 신학대학원에서 상담학 박사학위를 취득했다. 부천시 건강가정지원센터, 연세대학교 상담코칭센터에서 상담활동을 했고, 기독상담, 통합예술상담, 교류분석 등의 전문상담사 자격을 취득했다.

이야기 심리학

개인적 신화의 탐색과 재구성

The Stories We Live By

2015년 3월 30일 1판 1쇄 발행
2022년 11월 25일 1판 3쇄 발행

지은이 • Dan P. McAdams
옮긴이 • 양유성 · 이우금
펴낸이 • 김 진 환
펴낸곳 • (주) **학지사**

        04031 서울특별시 마포구 양화로 15길 20 마인드월드빌딩 5층

대표전화 • 02) 330-5114   팩스 • 02) 324-2345

등록번호 • 제313-2006-000265호

홈페이지 • http://www.hakjisa.co.kr
페이스북 • https://www.facebook.com/hakjisabook

ISBN 978-89-997-0663-9 93180

정가 **17,000**원

출판미디어기업 **학지사**

간호보건의학출판 **학지사메디컬** www.hakjisamd.co.kr
심리검사연구소 **인싸이트** www.inpsyt.co.kr
학술논문서비스 **뉴논문** www.newnonmun.com
원격교육연수원 **카운피아** www.counpia.com